Klaus Prößdorf Rudolf Barten

1000 mal Köln

in Frage und Antwort

emons:

Inhalt

Vorwort

1000 Fragen – 1000 Antworten …

… sollen dazu anregen, Köln näher kennen- und die Stadt lieben zu lernen. Angesprochen sind Alt- und Neukölner, aber auch Fremde, die einen knappen, leicht verständlichen Einstieg in Geschichte, Kultur und Gegenwart der 2000-jährigen Rheinmetropole finden möchten.

Die Literatur über Köln ist nahezu unüberschaubar. Immer wieder erscheinen aus kompetenter Hand neue, fundierte und sachkundig illustrierte Publikationen. Es gibt kaum eine Stadt, deren Geschichte und kulturelles Erbe so vielfältig dokumentiert und dem interessierten Leser oft mit erstaunlicher Detailgenauigkeit nahegebracht werden.

Warum also »wieder ein Köln-Buch«, noch dazu in dieser ungewöhnlichen Form? Die Verfasser glauben, dass 1000 Fragen und ebenso viele kurze Antworten – verbunden mit sorgsam ausgewählten Bildern – ein guter Weg sind, Wissen zu verdichten und zugleich die eigenen Kernkenntnisse zu überprüfen.

Auf zu umfangreiche Details musste bei vielen Antworten verzichtet werden, um in überschaubarem Rahmen zu bleiben. Dennoch bleibt die Fülle der Fakten beeindruckend – manchmal auch bedrückend. Sie wird manchen Leser dazu animieren, sich mehr über diese Stadt, ihre mit der Römerzeit beginnende Geschichte und ihre kulturelle und wirtschaftliche Bedeutung im Verlauf von zwei Jahrtausenden zu informieren.

Die fast 350 Illustrationen, Tabellen und Grafiken sollen dazu beitragen, den Gang durch die 2000-jährige Geschichte und durch das Köln, wie wir es heute nach Kriegszerstörung und Wiederaufbau erleben, anschaulicher zu machen.

Mögen Text und Bilder der Stadt neue Freunde erwerben.

Klaus Prößdorf, Rudolf Barten

Gläsersammlung mit Diatretglas vorne

Römerzeit 50 v. Chr.–400 n. Chr.

1. Welche großen römischen Namen sind mit der frühesten Epoche der Kölner Geschichte verbunden?

Cäsar, Augustus, Agrippa, Tiberius, Germanicus, Agrippina die Jüngere und Claudius.

2. Wie werden sie in Köln heute noch sichtbar geehrt?

Unter den 124 Figuren, die den Kölner Ratsturm schmücken, nehmen Kaiser Augustus und Agrippa im Zentrum der unteren Galerie der Nordseite einen besonders repräsentativen Platz ein. Agrippina die Jüngere steht in gleicher Höhe vor dem links folgenden Fensterpfeiler. An Kaiser Claudius erinnern die im Deutzer Rheinpark gelegene Claudius Therme und sein im Römisch-Germanischen Museum ausgestellter überlebensgroßer Marmorkopf (1911 am Heumarkt ausgegraben). Cäsar, Tiberius und Germanicus le-

Marcus Vipsanius Agrippa, 63–12 v. Chr.

ben mit ihren Namen weiter in den nach ihnen benannten Straßen in den Vororten Bayenthal und Marienburg. Cäsar steht außerdem als 1,90 m hohes Standbild in der Reihe der »Neun guten Helden« an der südlichen Stirnseite des Hansesaals im Rathaus.

3. Welche Bedeutung hat Cäsar für Köln?

Im siebenjährigen Gallischen Krieg (58 bis 51 v. Chr.) unterwirft Gaius Julius Cäsar, römischer Prokonsul und Feldherr, ganz Gallien und dehnt das Römische Reich bis zum Rhein aus. Damit wird das linksrheinische Gebiet der Kölner Bucht Teil des Römischen Reichs. Den linksrheinisch ansässigen keltisch-germanischen Stamm der Eburonen *(siehe 5)* löscht er in einem Rachefeldzug weitgehend aus. Cäsar nimmt erste kooperative Kontakte zu dem rechtsrheinisch zwischen Sieg und unterem Main ansässigen Germanenstamm der Ubier auf. 38 v. Chr. knüpft der römische Feldherr Agrippa daran an. Unter ihm beginnt ab 20 v. Chr. die Ansiedlung der Ubier in dem entvölkerten linksrheinischen Gebiet, in deren Verlauf als städtisches Siedlungszentrum das Oppidum Ubiorum entsteht. In dieser römischen Gründung wird lange Zeit zur Erinnerung an Cäsar dessen Schwert im Marstempel (Standort in Nähe des heutigen Wallraf-Richartz-Museums & Fondation Corboud) als kostbare Reliquie aufbewahrt.

4. Von wann bis wann war der Rhein bei Köln die Grenze des Römischen Reichs?

Der Rhein war seit der Eroberung Galliens durch Cäsar Grenze des Imperium Romanum. Augustus' Plan, ganz Germanien zu unterwerfen, die Grenze zur Elbe vorzuschieben und eine Provinz Großgermanien (Germania magna mit der Hauptstadt Köln) zu schaffen, wurde nach der vernichtenden Niederlage im Teutoburger Wald (9 n. Chr.) aufgegeben. Der Rhein blieb die Grenze, Köln blieb Grenzstadt. Um die Frontlinie gegen das freie Germanien im Winkel von Rhein und Donau zu verkürzen, begann Kaiser Trajan (98–117) von Andernach aus mit dem Bau des rechtsrheinischen Limes, der bei Hienheim nahe Regensburg auf die Donau stieß. Zu Beginn des 5. Jahrhunderts zog Rom seine Truppen vom Rhein ab, der im Kölner Raum über 450 Jahre Grenze des Imperium Romanum war. 406 überschreiten Franken den Rhein und siedeln am linken Niederrhein. 456 wird auch Köln endgültig fränkisch *(siehe 78)*.

Gaius Julius Cäsar, 100–44 v. Chr.

5. Wer waren die Eburonen, welche Rolle spielten sie in der Kölner Geschichte?

Die Eburonen waren ein keltisch-germanischer Stamm mit Siedlungsgebiet zwischen Rhein und Maas. Nachdem sie sich im Gallischen Krieg zunächst Cäsar unterworfen hatten, erhoben sie sich im Winter 55/54 v. Chr. unter Führung ihres Häuptlings Ambiorix, der fünfzehn römische Kohorten (9.000 Mann) in einen

Hinterhalt lockte und niedermetzelte. In einem Rachefeldzug löschte Cäsar daraufhin den Stamm der Eburonen nahezu vollständig aus. Damit war der Raum zwischen Rhein und Maas entvölkert. Er wurde drei Jahrzehnte später unter Agrippa das Ansiedlungsgebiet der Ubier.

6. Wer waren die Ubier, was erinnert an sie?

Der germanische Stamm der Ubier hatte sein Siedlungsgebiet auf der rechten Seite des Rheins zwischen Sieg und unterem Main. Ab 20 v. Chr. werden Ubier von Agrippa auf dem linken Rheinufer angesiedelt. Siedlungszentrum wird das Oppidum Ubiorum – die Keimzelle Kölns. An die Ubier erinnert der Ubierring (südlicher Anfang der die ehemalige mittelalterliche Stadtmauer seit 1880 umgebenden Ringstraße) und das Ubiermonument *(siehe 8)*.

7. Wie lange blieb in Köln das Bewusstsein lebendig, in einer ehemaligen Ubierstadt zu leben?

Nach der Besetzung durch französische Revolutionstruppen 1794 wehrte sich die Stadt gegen die Beschränkung ihrer Freiheitsrechte mit einer Denkschrift, die den Titel trug »Der Senat der Ubierstadt an den Nationalkonvent zu Paris«. Darin berief sich Köln darauf, eine freiheitliche Republik mit zweitausendjähriger Tradition zu sein. Bürgermeister Johann Maria Nikolaus DuMont trug im März 1795 persönlich die Denkschrift im Nationalkonvent vor *(siehe 304)*.

8. Wo befindet sich in Köln das »Ubiermonument«?

1965 wurde an der Südostecke der Stadtmauer (Mühlengraben/An der Malzmühle) ein aus mächtigen Quadern gefügter, bei seiner Errichtung dreigeschossiger quadratischer Turm (9x9m) freigelegt, der schon vor dem Bau der daran ansetzenden Mauer als Molenkopf zur Sicherung der südlichen Einfahrt des Hafens errichtet war. Er gilt als ältester römischer Steinbau nördlich der Alpen. Der 5/6 n. Chr. errichtete Turm erhielt den Namen Ubiermonument. Er kann im Erdgeschoss des dort stehenden Hauses (An der Malzmühle 1, Tel. 0221/24198) unter Führung besichtigt werden.

Gaius Octavianus, ab 27 v. Chr. »Kaiser Augustus«

9. Wer war Agrippa?

Oktavian (Großneffe und Adoptivsohn Cäsars), ab 29 v. Chr. »Kaiser Augustus«, setzte 39 v. Chr. seinen Jugendfreund, Vertrauten und späteren Schwiegersohn Marcus Vipsanius Agrippa (63–12 v. Chr.) zum Oberbefehlshaber und Statthalter für das von Cäsar eroberte Gallien ein. Agrippa (31 v. Chr. Sieger in der Seeschlacht von Actium über Antonius und Kleopatra, die die Herrschaft Oktavians endgültig sicherstellte) begann tatkräftig in allen Teilen Galliens mit dem Aufbau einer administrativen Organisation und dem Ausbau der militärischen und zivilen Infrastruktur. Unter anderem ließ er das gesamte Gebiet – und damit auch das linksrheinische Rheinland – vermessen, baute den Pont du Gard in der Provence bei Nimes und das Pantheon in Rom. Er war der zweitmächtigste Mann des augusteischen Roms.

10. Welche Bedeutung hat Agrippa für Köln, was erinnert in Köln an ihn?

Etwa 20 v. Chr. leitete Agrippa die Übersiedlung der Ubier in den entvölkerten linksrheinischen Raum ein, in dem zuvor der von Cäsar ausgelöschte Stamm der Eburonen heimisch war. Dies führte ca. 8 v. Chr. zur Gründung des Oppidum Ubiorum, der Keimzelle der späteren Stadt Köln. Agrippa wird deshalb als Gründer Kölns bezeichnet. Nach ihm sind die Agrippastraße und das an ihr gelegene Agrippabad benannt. Außerdem stehen seine Skulptur und die seines Freundes und Schwiegervaters Augustus nebeneinander an repräsentativer Stelle in der Figurengalerie des Ratsturms (Nordseite, Erdgeschoss Mitte).

11. Was war das Oppidum Ubiorum?

Die von Agrippa ca. 20 v. Chr. eingeleitete Ansiedlung rechtsrheinischer Ubier auf der linken Rheinseite im ehemaligen Eburonengebiet war verbunden mit der Gründung eines Siedlungs- und Verwaltungszentrums auf einem hochwasserfreien Plateau am Rhein. Die Römer gaben ihm den Namen Oppidum Ubiorum = Stadt der Ubier. Diese hatte mit einer Fläche von ca. 1 km² im Wesentlichen bereits die Ausdehnung der späteren »Colonia« (ab 50 n. Chr.). Sie wurde durch einen mit Palisaden verstärkten Erdwall geschützt.

Cardo Maximus – heute Hohe Straße – 1.950 Jahre später

Wie bei römischen Gründungen üblich, wurde das Oppidum auf rechtwinkligem Grundriss mit geraden Straßen angelegt, die bis heute den Stadtkern prägen. Das Straßenraster gliederte den Ort in 85 »Insulae« (Bebauungsblöcke) von 65 x 85 m bis 120 x 120 m. Die Nord-Süd-Hauptachse (Cardo maximus – heute Hohe Straße) und die Ost-West-Achse (Decumanus maximus – heute Schildergasse) haben Lage und Bedeutung 2.000 Jahre bewahrt.

12. Wer war Agrippina die Ältere?

Diesen Namen trug die Tochter Agrippas und Julias, einer Tochter des Kaisers Augustus. Seit 5 n. Chr. mit dem Feldherrn Germanicus verheiratet, gebar sie 15 n. Chr. im Oppidum Ubiorum ihre für Köln außerordentlich bedeutsame Tochter Agrippina die Jüngere. Ihr Sohn Caligula war von 37–41 n. Chr. Kaiser in Rom. Ein Porträtkopf Agrippinas der Älteren steht im Römisch-Germanischen Museum vor dem Torbogen des römischen Nordtors.

13. Wer war Agrippina die Jüngere, welche außerordentliche Bedeutung hat sie für Köln, was erinnert an sie?

Agrippina die Jüngere (15–59 n. Chr.), blutsverwandt mit Cäsar und ehrgeizige Urenkelin des Kaisers Augustus sowie Enkelin Agrippas, war für Köln von größter Bedeutung. Seit 49 n. Chr. mit ihrem Onkel, dem Kaiser Claudius, verheiratet, erreichte sie erstmals als Gemahlin eines Kaisers den Ehrentitel »Augusta« und setzte durch, dass ihr Geburtsort Köln im Jahr 50 zur römischen Veteranenkolonie italischen Rechts (Colonia) erhoben wurde: Die ubischen Bewohner der Stadt erhielten das römische Bürgerrecht, die Kolonie wurde den italischen Gemeinden

Agrippina die Jüngere, 15–59 n. Chr.

rechtlich gleichgestellt. Um ihren Sohn Nero aus erster Ehe zum Kaiser zu machen, vergiftete Agrippina die Jüngere 54 n. Chr. Claudius. Fünf Jahre später wurde sie selbst von Nero umgebracht. Trotz des Gattenmordes wird sie seit dem späten Mittelalter neben Agrippa, den Heiligen Drei Königen und Marsilius zu den Stadtpatronen Kölns gerechnet. An sie erinnert das Agrippinaufer (an der Südbrücke) und die davor am Rheinufer liegende Agrippinawerft. Ihre Skulptur steht auf der Nordseite des Ratsturms (Erdgeschoss, halb links) neben ihrem Großvater Agrippa und Kaiser Augustus.

14. Was bedeutete »CCAA«?

Mit der Erhebung zur Kolonie 50 n. Chr. erhielt das Oppidum Ubiorum den Namen Colonia Claudia Ara Agrippinensium (abgekürzt CCAA) – eingemeißelt im Torbogen des Nordtors *(siehe 39)*. Das Wort Claudia weist auf die Regierungszeit Kaiser Claudius' hin, Ara Agrippinensium (= Altar der Agrippinensier) bezieht sich auf den von den Römern im Zentrum des Oppidums als gewaltiges Monument für die Göttin Roma und für Kaiser Augustus errichteten Altar (Ara Romae et Augusti), der seit 9 n. Chr. zunächst »Ara Ubiorum« genannt wurde. Im 3. Jahrhundert wurde »Ara« durch das damals höherwertig klingende »Augusta« ersetzt. CCAA bedeutete fortan Colonia Claudia Augusta Agrippinensium. CCAA wurde auch zum Warenzeichen für in der Stadt hergestellte Güter, insbesondere für Glaswaren, mit denen im gesamten Imperium Romanum gehandelt wurde.

15. Was war die Ara Agrippinensium?

Das Oppidum Ubiorum war für Römer und Ubier nicht nur Siedlungs-, militärisches Kommando-, Verwaltungs- und

Kaiser Claudius, 41–54 n. Chr.

Handelszentrum, sondern auch religiöser Mittelpunkt. Wie die Ara Lugdunensis (Altar in Lyon) für Gallien wurde die etwa 9 v. Chr. errichtete »Ara Ubiorum« zentrales Heiligtum der Römer für ihren germanischen Herrschaftsbereich. Es war dem römischen Staatskult – dem Kult der Göttin Roma und des Kaisers Augustus – geweiht. Mit der Erhebung zur Stadt 50 n. Chr. erfolgte die Umbenennung in »Ara Agrippinensium«.

16. Wann erhielt Köln Stadtrechte, welche Bedeutung hatte dies?

Mit der Erhebung zur römischen Veteranenkolonie (50 n. Chr.) erhielt das vormalige Oppidum Ubiorum den Status einer Stadt italischen Stadtrechts. Die Stadt wuchs seitdem beschleunigt in die Rolle eines zentralen Kommando-, Verwaltungs-, Gewerbe- und Handelszentrums. Mit der Erhebung zur Colonia wurde den Bürgern – ortsansässigen Römern, angesiedelten Veteranen, eingebürgerten Ubiern – das italische Stadtrecht (ius Italicum) verliehen. Damit war das Recht verbunden, Grund und Boden als uneingeschränktes Privateigentum erwerben zu können und von der üblichen Grundsteuer befreit zu sein. Dieses Privileg bezog sich auf Grundeigentum in der Stadt und im Umland, etwa in Form von Landgütern. Zu den Stadtrechten zählte ferner, dass die Colonia von der Militärverwaltung ausgenommen war, sich selbst verwaltete und unmittelbar dem Provinzstatthalter als oberster Verwaltungsinstanz unterstellt war.

17. Wie viele Einwohner hatte das römische Köln?

Exakte Zahlen über die Einwohnerzahl Kölns zur Römerzeit sind nicht überliefert. Es ist davon auszugehen, dass die Erhebung zur Veteranenkolonie (50 n. Chr.) und die Aufwertung zur Provinzhauptstadt mit Sitz des Statthalters (85 n. Chr.) zur Zunahme der Bevölkerung in und außerhalb der Stadt führte. Nach wissenschaftlichen Schätzungen betrug im 2. Jahrhundert zur Blütezeit der Stadt die Zahl der Einwohner innerhalb der Mauern 20.000–40.000. Hinzu kamen noch einige Tausende, die in den Vorstädten vor den Mauern lebten. Dort hatten sich schon früh entlang der Hauptverkehrswege emissionsstarke und mit Feuer arbeitende Gewerbe (Metallwerkstätten, Ziegeleien, Töpfer, Gerber, Glashütten) angesiedelt. Im 3. und 4. Jahrhundert sank die Einwohnerzahl als Folge der Einfälle und Plünderungen der Franken (276 und 355) auf geschätzt etwa 15.000 *(siehe 44, 74)*.

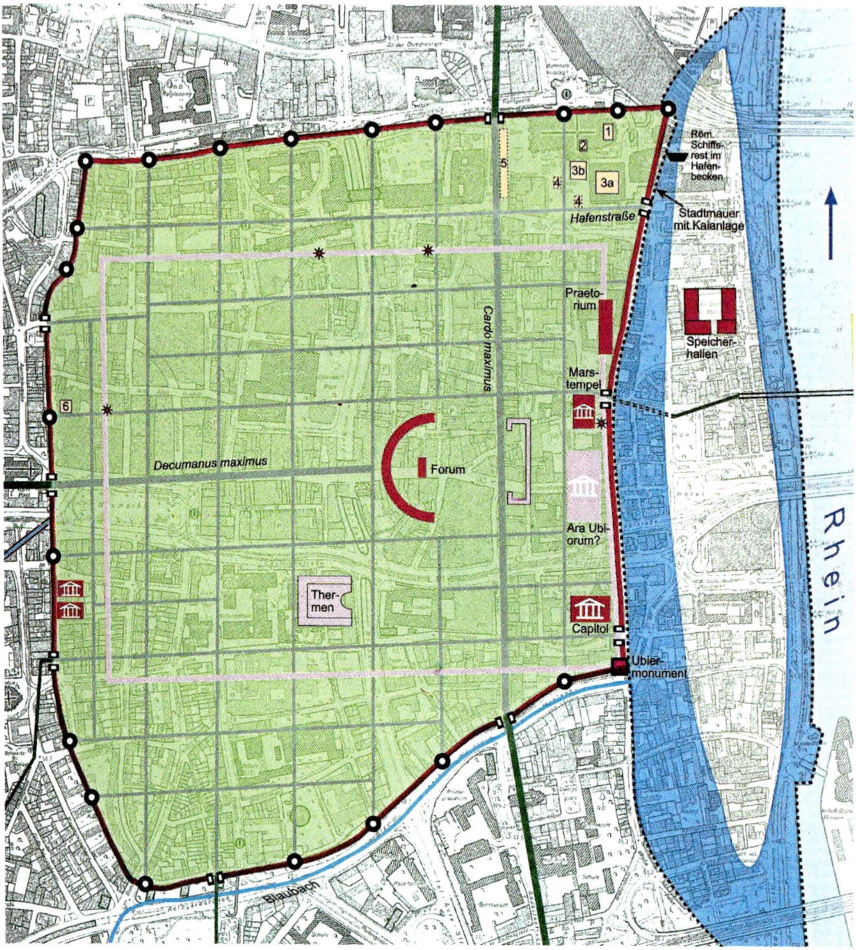

Plan des Oppidum Ubiorum (inneres Quadrat) und die CCAA-Erweiterung ab 50 n. Chr.

18. Was waren die wichtigsten öffentlichen Bauwerke der CCAA?

- Der Hafen
- Die Stadtmauer
- Das Forum, Haupthandelsplatz und Zentrum des öffentlichen und sakralen Lebens (Lage am Schnittpunkt Hohe Straße/Schildergasse)
- Die Curia, Rathaus der städtischen Verwaltung (Lage wird am Forum vermutet)
- Das Prätorium, ab Anfang des 1. Jahrhunderts zunächst Sitz des Befehlshabers des niedergermanischen Militärbezirks, ab 85 n. Chr. Sitz des Statthalters der Provinz Germania inferior
- Das Amphitheater
- Die Thermen (südöstlich des Neumarktes)
- Das Capitol, Tempel für die Göttertrias Jupiter, Juno, Minerva (Maria im Kapitol)

- Der Marstempel (Lage beim heutigen Wallraf-Richartz-Museum & Fondation Corboud. Die nahe des Tempels gelegene Porta Martis hat zum Straßennamen Obenmarspforten geführt)
- Die Ara Ubiorum/Ara Agrippinensium, Mittelpunkt des Kaiserkults für Roma und Augustus (Lage wird zwischen Capitol und Marstempel vermutet)
- Die Wasserleitung, Vorläufer der späteren großen Wasserleitung *(siehe 41)*
- Die Abwasserkanalisation *(siehe 43)*

19. Wo lag im Oppidum Ubiorum – später in der CCAA – das Forum, wo sind noch Reste zu besichtigen?

Der wichtigste Platz der Stadt – das Forum – lag an der Kreuzung Hohe Straße/Schildergasse. Es wurde nach Westen durch eine riesige, halbkreisförmige Markthalle begrenzt, deren äußerer Umfang 220 m und deren innere Tiefe 10 m betrug. Der Durchmesser des von der Markthalle gebildeten Halbkreises, an dessen Scheitel heute das Kaufhaus C&A steht, betrug 141 m. Die Markthalle reichte vom Perlenpfuhl bis zur Antoniterstraße. Im Untergeschoss des Kaufhauses C&A in der Schildergasse kann man Reste des Forums besichtigen.

20. Wo wird das römische Amphitheater vermutet?

Es wird als sicher angesehen, dass es in einer Stadt von der Größe und dem Rang der CCAA auch ein Amphitheater gab. Der Standort lag vermutlich außerhalb der Stadtmauern. Bisher ist es nicht gelungen, den Standort zu lokalisieren.

21. Wie war die zivile Verwaltung der Stadt organisiert?

Bereits das Oppidum Ubiorum war eine von Ubiern und Römern bewohnte Zivilsiedlung. Sie hatte eine eigenständige Magistratsverfassung, die der des republikanischen Roms entsprach. Belegt sind je zwei für ein Jahr gewählte »Duoviri« (Bürgermeister), »Aediles« (Polizei und Bauangelegenheiten), »Quaestores« (Kämmerer) und ein »Sacerdos« (oberster städtischer Priester, der an der Ara Ubiorum Dienst tat). Neben dem Magistrat war oberstes Organ ein Stadtrat, vergleichbar dem stadtrömischen Senat, dem ca. 100 auf Lebenszeit gewählte Bürger (»Decuriones«) angehörten. Ihre Wahl war an Grundbesitz und Vermögen gebunden.

22. Ab wann entwickelte sich Köln zu einem Gewerbe- und Handelszentrum?

Das Oppidum Ubiorum mit den Kasernen zweier Legionen vor den Toren löste schon bald erheblichen militärischen und zivilen Versorgungsbedarf aus. Mit den römischen Truppen kamen auch Handwerker an den Rhein, die sich in der Nähe der Militärlager niederließen und zunächst zur Deckung des militärischen Bedarfs arbeiteten. Das Handwerk blühte in Köln rasch auf. Öfen für Glas- und Keramikherstellung gab es schon in der Ubierstadt. Außerdem lebten hier Schmiede, Tischler, Stellmacher, Wagner, Schuhmacher, Lederverarbeiter, Schiffbauer, Seiler und nicht zuletzt Maurer und Bauhandwerker, die alle ihr Handwerk auf hohem Niveau ausübten. Einen zusätzlichen Entwicklungsschub brachte die Erhebung zur Kolonie (50 n. Chr.), wodurch ein beträchtlicher Zuzug von Veteranen hinzukam.

23. Welche Spitzenerzeugnisse machten Köln in der ganzen römischen Welt berühmt?

Die in Köln hergestellten Glaswaren erwiesen sich als begehrte Spitzenerzeug-

Vitrinen mit den kostbarsten Schätzen aus der römischen Glassammlung (Römisch-Germanisches Museum)

nisse, die an Qualität, Formenreichtum und künstlerischer Gestaltung im ganzen Römischen Reich unübertroffen waren. Sie wurden in die gesamte römische Welt, aber auch nach Skandinavien, Polen und Südrussland exportiert. In den schon für das 1. Jahrhundert nachgewiesenen Glasschmelzöfen wurden die exzellenten heimischen Quarzsände – besonders aus dem Frechener Raum – zu Glas geschmolzen, durch Zusätze farblich verändert und mit höchster Kunstfertigkeit verarbeitet. Das Glas wurde gezogen, gewickelt, geknetet, in Formen gegossen und gepresst. Die Ende des 1. Jahrhunderts in Syrien erfundene Glasbläserpfeife eröffnete auch der Kölner Glasmanufaktur ganz neue Gestaltungsmöglichkeiten. Auf die geblasenen Flaschen und Vasen legte man farbige Zierfäden oder Noppen, gravierte und schliff Ornamente ein. Beispiele höchster Kunstfertigkeit sind heute in den Vitrinen des Römisch-Germanischen Museums zu bewundern. Höhepunkt ist das 1960 in Braunsfeld als Grabbeigabe gefundene Diatretglas *(siehe 72)* aus dem 4. Jahrhundert.

24. Ist Köln die älteste deutsche Stadt?

In der frühen Regierungszeit Kaiser Augustus' (29 v. Chr.–14 n. Chr.) kam es in den eroberten keltisch-germanischen Gebieten zur Gründung zahlreicher römischer Siedlungen, die heute darum streiten, welche von ihnen den Titel beanspruchen könne, älteste oder zweitälteste deutsche Stadt zu sein. Solche Gründungen waren unter anderen Augsburg (15 v. Chr.), Kempten (15 v. Chr.), Mainz (13 v. Chr.) und Koblenz (9 v. Chr.). Im Zuge der Neuordnung Galliens bestimmte Kaiser Augustus 16 v. Chr. die Trevereresiedlung an der Mosel zur Hauptstadt der Provinz Belgica mit überregionalen Verwaltungsfunktionen. Ihm zu Ehren erhielt diese Gründung römischen Rechts den Namen Augusta Treverorum (Kaiserstadt der Treverer = Trier). Sie gilt als älteste Stadt Deutschlands, obwohl es wegen der Definitionsschwierigkeit des Begriffs »Stadt« amtlich eine älteste Stadt Deutschlands nicht gibt. Köln hat sich an diesem Wettstreit nie beteiligt, sondern – ausgehend von der Erhebung des Oppidum Ubiorum 50 n. Chr. zur römischen »Colonia« – 1950 das Jubiläum »1.900 Jahre Stadt Köln« gefeiert.

25. Wie entwickelte sich der römische Name der Stadt zum heutigen »Köln«?

Statt des langen Namens Colonia Claudia Ara Agrippinensium verwendete bereits Tacitus im 1. Jahrhundert auch die Kurzform Colonia Agrippinensis. Ende des 4. Jahrhunderts setzte sich allgemein der Kurzname Colonia Agrippina durch. Noch während des 5. Jahrhunderts wurde Colonia zum alleinigen Namen der Stadt. Daraus entwickelte sich im Laufe der Zeit »Cöln«, bis ab Januar 1919 schließlich amtlich die Schreibweise »Köln« eingeführt wurde.

26. Wo waren in Niedergermanien die römischen Legionen stationiert?

Schon vor der Erhebung zur Kolonie (50 n. Chr.) war Köln Sitz des römischen Oberbefehlshabers, der eine Reihe an der Rheingrenze stationierter Legionen befehligte. Bei Köln – jedoch nicht innerhalb der Stadt – lagen zwei Legionen (die I. und die XX.) und die Rheinflotte *(siehe 44–46)*. Das Doppellegionslager lag außerhalb der Stadt, vermutlich in der Nähe des Nordtors. Weitere Truppenstandorte in Niedergermanien waren Bonn, Neuss, Moers-Asberg, Xanten, Altkalkar, Nimwegen, Arnheim und Vechten.

27. Wie groß war eine römische Legion?

Die Legionen bildeten die aus Berufssoldaten bestehenden römischen Kerntruppen. In ihnen dienten ausschließlich römische Bürger mit vollem Bürgerrecht. Eine Legion bestand aus 5.500–6.000 Soldaten. Sie gliederte sich in zehn Kohorten (cohortes), von denen die erste 1.000, die übrigen 500 Mann zählten. Letztere waren in je sechs Centurien (zu je 80 Mann mit einem Centurio an der Spitze) aufgeteilt, von denen je zwei ein Manipel bildeten. Die Schlagkraft und Überlegenheit dieser schweren Infanterie beruhte auf hartem Drill und eiserner Disziplin. Die Legion wurde von einem Legaten (Legatus legionis) geführt, der vom Kaiser ernannt war und dem Statthalter unterstand.

28. Welche Funktion und Bedeutung hatten in der römischen Armee die Hilfstruppen (auxilia)?

Neben den Legionen spielten die Auxiliareinheiten eine wichtige Rolle, da sie die Kavallerie stellten. Ihre Mitglieder wurden in den Provinzen aus den unterworfenen Völkern rekrutiert. Sie besaßen nicht das römische Bürgerrecht und erhielten ein Sechstel weniger Jahressold als die römischen Legionssoldaten. Die Auxiliartruppen waren in Infanteriekohorten oder Kavallerieeinheiten (genannt »alae« = Flügel) gegliedert. Nach 25-jähriger Dienstzeit wurde ihren Mitgliedern das begehrte römische Bürgerrecht verliehen.

29. Was war in der römischen Armee ein »Veteran«?

Die Soldaten einer römischen Legion waren Berufssoldaten mit römischem Bürgerrecht. Ihre aktive Dienstzeit betrug zwanzig Jahre. Danach dienten sie ihrer Einheit noch fünf Jahre im Bereitschaftsdienst als Veteran, ehe sie ihre Altersversorgung in Form von Bargeld oder Land erhielten. Die Soldaten der Legions- und Hilfstruppen siedelten sich häufig nach Ende ihrer Dienstzeit als Veteranen in den Grenzprovinzen an und trugen so zur Romanisierung der Bevölkerung bei.

30. Welches berühmte Grabmal eines römischen Veteranen steht in Köln?

1964 wurde am Chlodwigplatz das 14,60 m hohe Grabmal des aus Teretina bei Neapel stammenden Veteranen Lucius Poblicius ausgegraben, das heute restauriert im Römisch-Germanischen Museum steht. Poblicius hatte im Castra Vetera bei Xanten in der V. Legion gedient und war nach seiner Pensionierung in das Oppidum Ubiorum gezogen. In

Grabmal des römischen Veteranen Lucius Poblicius im Römisch-Germanischen Museum

dem hier herrschenden Bauboom war er als Bauunternehmer zu viel Geld gekommen, sodass er sich als ehemaliger Soldat, für alle sichtbar, an der Straße nach Bonn um 40 n. Chr. ein pompöses Grabmal leisten konnte.

31. Wann war die Varusschlacht (im Teutoburger Wald)?

Der in Köln als Statthalter residierende Publius Quinctilius Varus (Schwiegersohn Agrippas) führte 9 n. Chr. drei Legionen, sechs Auxiliarkohorten und drei Auxiliarkavallerieeinheiten (alae) zur Unterwerfung des Gebietes bis zur Elbe in das rechtsrheinische Germanien. Die aufgebotenen Truppen waren mit etwa 20.000 Mann die halbe Rheinarmee. Sie wurde von Germanen unter Führung des Cheruskerfürsten Arminius (der selbst römischer Offizier war) völlig vernichtet. Den Untergang vor Augen, stürzt Varus sich in sein Schwert.

32. Welche Verbindungen hatte Armin (lat. Arminius) nach Köln, was erinnert an ihn und seine Frau Thusnelda?

Der römische Historiker Tacitus berichtet, ein Schwager Armins mit Namen Segimund habe in Köln als Priester an der Ara Ubiorum gedient und sich dem Aufstand seines Schwagers angeschlossen. Er habe deshalb aus Köln fliehen müssen. An Arminius und seine Frau erinnern die Arminiusstraße und die Thusneldastraße in Köln-Deutz.

33. Welche Aufgabe erhielt nach der Varusschlacht Germanicus, welche Bedeutung erlangte er für Köln?

Nach der Katastrophe der Varusschlacht ernannte 13 n. Chr. der bereits altersschwache Augustus seinen Stiefneffen Germanicus (Adoptivsohn des Tiberius) zum Statthalter Galliens und zum Oberbefehlshaber der beiden Rheinarmeen und beauftragte ihn mit einem Rachefeldzug. Germanicus begann von Köln aus unverzüglich mit der Planung einer auf zwei Jahre angelegten Großoffensive. An ihr sollten die gesamte Rheinarmee mit acht Legionen und den am Rhein stationierten Hilfstruppen sowie starke Flottenverbände teilnehmen. Während dieser Zeit hielt sich Germanicus häufig in Köln auf, wo ihm am 6. November 15 n. Chr. im »Haus des Germanicus« (Lage im Bereich des späteren Prätoriums) seine Tochter Agrippina die Jüngere *(siehe 13)* geboren

Kaiser Tiberius, 14–37 n. Chr.

wurde. Sie erlangte größte Bedeutung für die Geschichte Kölns. An Germanicus erinnert die Germanicusstraße in Köln-Marienburg.

34. Wie endet der Rachefeldzug des Germanicus gegen die Germanen?

15/16 n. Chr. wird das Unternehmen gegen die Germanen mit wechselndem Erfolg geführt. Bei einer der Operationen gelangt Thusnelda, die schwangere Frau Armins, in römische Gefangenschaft. Germanicus führt sie 17 n. Chr. mit ihrem in der Gefangenschaft geborenen Sohn Thumelicus im Triumphzug durch Rom. Letztlich aber bleiben die Germanen unbesiegt. Als Germanicus nach Rom meldet, das nächste Jahr werde das Ende der Offensive und den gewünschten Erfolg bringen, entscheidet sich Kaiser Tiberius (14–37 n. Chr.), der früher selbst einmal den Oberbefehl über die rheinischen Legionen gehabt hatte und die Germanen gut kannte, anders. Er befiehlt den Abbruch des Feldzugs und verzichtet damit endgültig auf den Anspruch Roms auf das rechtsrheinische Germanien. An Tiberius erinnert die Tiberiusstraße in Köln-Marienburg.

35. Wann entsteht die römische Stadtmauer?

Unmittelbar nach der Erhebung des Oppidum Ubiorum zur Kolonie (50 n. Chr.) wird die alte Wallbefestigung innerhalb von nur 15 Jahren durch eine gewaltige Stadtmauer ersetzt (Höhe: mindestens 7,80 m über einem bis zu 3 m hohen Fundament, Stärke: 2,40 m). Die von ihr umschlossene Fläche ist etwas größer als das exakte Quadrat der Ubierstadt. Sie umfasst ein knapp 1 km² (96,8 ha) großes Areal. Vor dem Hintergrund der Vernichtung der Hälfte der Rheinarmee in der Varusschlacht im Teutoburger Wald *(siehe 31)* soll diese gewaltige Festungsanlage an der Rheingrenze den Germanen Stärke und die militärische Macht Roms demonstrieren. Sie ist das eindrucksvollste antike Befestigungswerk nördlich der Alpen.

36. Wie ist der Verlauf der römischen Stadtmauer und des davorliegenden Wassergrabens?

Die Lage der 3.911 m langen römischen Stadtmauer ist im heutigen Stadtgrundriss noch weitgehend zu erkennen: Die Mauer verläuft in gerader Linie ca. 1 km ostwestlich am Nordportal des Doms vorbei (Trankgasse, Komödienstraße, Zeughausstraße) bis zu dem gut erhaltenen Römerturm. Dort knickt sie rechtwinkelig nach Süden ab, führt gerade bis zum Blaubach (Griechenpforte) und folgt von dort in westöstlicher Richtung in einer geschwungenen Linie dem Lauf des (heute unterirdischen) Duffesbachs (Straßen: Rothgerberbach, Blaubach, Mühlenbach) bis zum Ubiermonument (Ecke Mühlen-

Römerturm, ca. 50 n. Chr.

bach/An der Malzmühle, *siehe 8*). Dort schließt im rechten Winkel der ca. 1 km lange östliche Mauerzug an, dem zur Römerzeit der Hafen (heute Alter Markt) und eine Insel (Umgebung von Groß St. Martin) vorgelagert waren. Die römische Stadtmauer wird zusätzlich durch einen 13 m breiten und 3,30 m tiefen Wassergraben gesichert.

37. Wie viele Türme und Tore hatte die römische Stadtmauer?

Die römische Befestigung an der Rheingrenze sollte Macht demonstrieren, weshalb ihr Erscheinungsbild bewusst imponierend war. Es war geprägt von neunzehn runden Türmen und neun mehrheitlich repräsentativen Zwei- oder Dreibogentoren (jeweils drei an der Ost- und Westseite, zwei im Süden und eines an der Nordseite).

38. Sind noch Türme und Tore erhalten, wo kann man noch Teile der römischen Stadtmauer sehen?

Von den Türmen blieb hervorragend erhalten der mit Steinornamenten geschmückte »Römerturm« an der nordwestlichen Ecke der römischen Stadt (Zeughausstraße/Ecke St. Apern-Straße). Von den Toren ist keines erhalten. Als Letztes wurde 1826 das Nordtor abgerissen *(siehe 39)*. Dafür stößt man an vielen Stellen auf sichtbare Reste der 3.911 m langen römischen Stadtmauer. Zur Orientierung sind dort Bronzetafeln mit dem Grundriss der Römerstadt auf dem Boden des Bürgersteigs eingelassen. Mauerreste sind zu sehen auf der:

- Nordseite: Domgarage (Eingang vor dem »KölnTourismus Office«, Komödienstraße, Zeughausstraße; Höhepunkt ist der besonders gut erhaltene nordwestliche Eckturm, der »Römerturm«.
- Westseite: In der Alexianerstraße ist in den Grünanlagen der Häuser Nr. 33–35 die Mauer in 55 m Länge (bis zu 2 m Höhe) sichtbar und zugänglich. In dem beim Wiederaufbau frei gelassenen Grüngelände zwischen Mauritussteinweg und Thieboldsgasse ist ein Mauerstück von 85 m Länge zu besichtigen.
- Südseite: Von den Straßen Rothgerberbach, Blaubach und Mühlenbach aus sieht man deutlich den Verlauf der Mauer, die in leichtem Bogen dem Lauf des heute unterirdisch verlaufenden Duffesbach folgt. Sie grenzte das au-

Mittelbogen des römischen Nordtors mit den Initialen »CCAA« – Colonia Claudia Ara Agrippinensium (im Römisch-Germanischen Museum)

Seitenbogen des römischen Nordtors, Westseite des Doms

ßerhalb der Mauer tiefer liegende Gelände des römischen Stadtgrabens gegen das um mehrere Meter höher liegende Stadtgelände ab. Als Folge dichter Vorkriegsbebauung ist die Südmauer weitgehend ziegelverblendet. Westlich des Hauses Rothgerberbach 2 ist ein Originalstück der Mauer zu sehen. Die dort in Sichthöhe eingelassenen Architekturreste wurden in der Nähe gefunden.

39. Wo stand das römische Nordtor, was blieb von ihm erhalten?

Die von Neuss kommende Römerstraße führte durch das mächtige, 30,50 m breite Nordtor auf die Hauptachse des römischen Kölns (Cardo maximus/Hohe Straße) und setzte sich hinter dem südlichen Pendant (Porta alta – Hohe Pforte) mit der Straße nach Bonn fort. Das Nordtor, im Mittelalter »Pfaffenpforte« genannt, wurde bis um 1200 als Stadttor genutzt und blieb bis 1826 vor dem nördlichen Domturm als Teil des mittelalterlichen Domstifts erhalten. Mit einer Höhe von etwa 24 m war es ein imponierendes Bauwerk mit Haupt- und zwei Seitenbögen, von denen einer auf der Domterrasse in der Nähe des alten Standorts wieder aufgebaut ist. Der Mittelbogen mit einer Weite von 5,60 m und einer lichten Höhe von 8,60 m trug feldseitig die Aufschrift CCAA. Er ist mit dieser Aufschrift im Römisch-Germanischen Museum aufgestellt. Fundamente des Nordtors sind in der Domgarage (Eingang vor dem »KölnTourismus Office« zu sehen.

40. Welche Fernstraßen führten nach Köln?

Der überregionale zivile und militärische Verkehr bewegte sich zur Römerzeit:

- Nach Norden: auf der Straße nach Neuss – Xanten – Nimwegen – Rheindelta;
- Nach Westen: auf der Straße Jülich – Aachen – Lüttich – Kanalküste;
- Nach Südwest: auf der Straße Zülpich – Trier – Metz – Toul – Langres – Lyon – Marseille;
- Nach Süden: auf der Straße Bonn – Remagen – Andernach – Koblenz – Mainz – Straßburg.

41. Wie lang war die Wasserleitung, die Köln mit Eifelwasser versorgte, wo kann man in der Stadt ein Teilstück besichtigen?

Bereits im 1. Jahrhundert bauten die Römer eine 95 km lange Wasserleitung, die aus dem Urftquellgebiet bei Nettersheim mit einem Gefälle von 370 m täglich 24.000 m³ klares Eifelwasser über Tunnel und Aquädukte nach Köln brachte. Von Nettersheim bis Hermülheim war die

Teil der römischen Wasserleitung, Kolpingplatz

Begehbarer Abwasserkanal unter dem Rathaus (Prätorium)

Wasserleitung als unterirdischer Kanal angelegt. Von Hermülheim wurde sie oberirdisch als Arkadenaquädukt bis zur Stadtmauer geführt. Reststücke dieses technischen Meisterwerks sind in der Eifel und im Stadtgebiet erhalten. Ein besonders gut erhaltenes Stück ist neben dem Museum für Angewandte Kunst auf dem Kolpingplatz zu bewundern.

42. Wo überquerte die Wasserleitung die römische Stadtmauer?

Wo die heute vom Neumarkt nach Süden führende Straße »Im Laach« im rechten Winkel nach Westen abbiegt, kreuzte die Wasserleitung die römische Mauer. Dort befand sich ein großes, gemauertes Wasserreservoir, dem die Straße vermutlich ihren Namen verdankt (lacus = See), denn aus dem Reservoir trat bei mangelhafter Wartung Wasser aus. Die sich westwärts fortsetzende Straße führt den Namen Marsilstein, den sie einem bis ins 18. Jahrhundert dort erhaltenen hohen Aquäduktbogen der römischen Wasserleitung verdankt, der diesen Namen trug.

43. Wie erfolgte die Abwasserentsorgung im römischen Köln, wo sind noch Teile der Kanalisation zu sehen?

Die Stadt verfügte über ein leistungsfähiges System unterirdischer Abwasserkanäle. Zehn Kanäle unterschiedlicher Größe verliefen in westöstlicher Richtung. Sie mündeten in den Rhein. Die Abwässer der nördlichen, westlichen und südlichen Randbereiche der Stadt wurden in den Wassergraben vor der Stadtmauer geleitet. Ein mehr als 100 m begehbarer Abwasserkanal von 1,20 m Breite und bis zu 2,50 m Höhe befindet sich neben dem Prätorium (Eingang Prätorium, Kleine Budengasse). Ein Teilstück des Kanals wurde gehoben und steht seit 1979 an der Ecke Kleine Budengasse/Unter Goldschmied.

44. Wo war die römische Rheinflotte stationiert, was erinnert noch an das römische Flottenkastell?

Die römische Rheinflotte (classis germania pia fidelis) war zuständig für den gesamten Rhein, seine Nebenflüsse sowie für den Küstenstreifen im Gebiet des

Die Römerstadt am Rhein – eingesetzte Kriegsschiffe: Flussliburne siehe rechts, und Flusstrireme.

Rhein-Maas-Schelde-Deltas. Ihr Hauptstützpunkt lag 3 km südlich des römischen Köln. Dort war für die Besatzung auf einer 18 m ansteigenden Uferhöhe das Flottenkastell Alteburg errichtet. Es wurde beim großen Frankeneinfall 276/280 (bei dem unter anderem Trier erobert wurde) endgültig zerstört, während die Kölner Stadtmauern diesmal noch *(siehe 74)* dem Ansturm standhielten. An das Flottenkastell erinnert die Straße »Am Römerberg« in Köln-Bayenthal.

45. Aus welchen Schiffen bestand die römische (Kriegs-)Rheinflotte?

Die Römer setzten auf dem Rhein leichte Wachschiffe, schwere Kriegsschiffe und Flottentransporter ein. Die Schiffe wurden gerudert, verfügten aber auch über Segel. Am häufigsten war als Flusskampfschiff die 21 m lange und 3,30 m breite Flussliburne mit einem Tiefgang von 70 cm vertreten. 44 Ruderer trieben von zwei übereinanderliegenden Ruderreihen aus das Schiff an. Zu der nautischen Besatzung kamen bei Kampfeinsätzen ca. 16 Marineinfanteristen hinzu. Neben den Liburnen gab es Flusstriremen, die sich von den Liburnen durch eine zusätzliche dritte Rudererreihe unterschieden.

46. Was wissen wir über die Größe der römischen (Kriegs-)Rheinflotte?

Der 14 n. Chr. von Köln aus organisierte zweijährige Feldzug des Germanicus gegen das freie Germanien fand mit großer Flottenunterstützung (ca. 1.000 Schiffe) statt. Die Schiffe fuhren über die Nordsee

Tetricus Aureus, Kaiser von 271–273

Postumus Aureus, Kaiser von 260–268

es zu einer Art Nebenresidenz mit eigener Münzstätte aus. 258 erhebt er in Köln seinen Sohn Saloninus zum Cäsar. Dieser lässt sich 260, als Köln von dem Statthalter und selbst ernannten Kaiser Postumus belagert wird, in der Stadt zum Kaiser proklamieren, wird aber an Postumus ausgeliefert und von diesem hingerichtet.

- Postumus *(Kaiser des Gallischen Sonderreichs von 260–268) (siehe 52).*
- Marius *(Kaiser des Gallischen Sonderreichs von 268–269),* ehemaliger Lagerschmied, wird anscheinend aus Privatrache erschlagen.
- Victorinus *(Kaiser des Gallischen Sonderreichs von 269–271),* ehemaliger Mitkonsul des Postumus, fällt nach zweijähriger Regierungszeit der Verschwörung eines gekränkten Beamten zum Opfer. Er wird in Köln ermordet.
- Tetricus *(Kaiser von 271–273),* ursprünglich in Bordeaux residierender Provinzgouverneur, verlegt 271 die Residenz des Sonderreichs von Köln nach Trier *(siehe 52).*
- Konstantin der Große *(Kaiser von 306 bis 337),* in Trier geboren, unternimmt große Anstrengungen, die Rheingrenze militärisch zu stabilisieren. Dazu gehören auch die Anlage eines Brückenkopfes auf der rechten Rheinseite bei Köln (Deutz) und der Bau der konstantinischen Brücke, die der Kaiser 310 in Köln persönlich einweiht *(siehe 55).*
- Silvanus, als Sohn eines fränkischen Generals in Gallien geboren, steigt in der römischen Armee bis zum Heermeister auf. 355 lässt er sich in Köln von seinen Soldaten zum Kaiser (Gegenkaiser) ausrufen, wird aber nur 28 Tage später in Köln durch bestochene Soldaten ermordet.

54. Wie viele Kaiser wurden in Köln ermordet?

Zwischen 260 und 271 wurden drei Kaiser in Köln ermordet: Saloninus (260), Marius (269), Victorinus (271). Als vierter wurde 355 Silvanus gewaltsam beseitigt *(siehe 53).*

55. Welcher Kaiser lässt in Köln erstmals eine feste Rheinbrücke bauen?

Zum Schutz der zunehmend von Germanen bedrängten Rheingrenze lässt Kon-

310 lässt Konstantin der Große die erste feste Rheinbrücke erbauen

stantin der Große (306–336) von den Pionieren der XXII. Legion (in Höhe von Groß St. Martin) eine feste Brücke von 420 m Länge bauen. Sie wird durch einen Brückenkopf auf der rechten Rheinseite mit dem Namen Divitia (= Deutz) gesichert. Die Brücke besteht aus Holzbauteilen, die auf 19 steinernen Strompfeilern ruhen. Sie wird 310 in Anwesenheit Konstantins eingeweiht. Konstantins Skulptur steht in der Figurengalerie des Ratsturms (Untergeschoss, links).

56. Wie lange stand die römische Brücke?

Nach Abzug der Römer 406 fehlten die Ingenieure, um die konstantinische Brücke fachgerecht zu unterhalten. Die Franken waren dazu nicht in der Lage. Darum war die Brücke nur noch bis zum 5. Jahrhundert mit Fuhrwerken befahrbar. Sie wurde schließlich im 10. Jahrhundert unter Erzbischof Bruno abgerissen.

57. Was erinnert heute noch an die konstantinische Brücke, wo sind Relikte zu sehen?

Die heutige Brückenstraße führte zur Römerzeit geradewegs auf die konstantinische Brücke. Sie behielt bis heute ihren

Gründungspfeiler der konstantinischen Rheinbrücke

Namen, obwohl die Brücke seit mehr als tausend Jahren nicht mehr existiert. Im Römisch-Germanischen Museum sind auf der ersten Etage mehrere eichene Gründungspfeiler der Brücke ausgestellt.

58. Wie hieß der Brückenkopf auf der rechten Rheinseite, was ist von ihm noch zu sehen?

Der rechtsrheinische Brückenkopf war ein Kastell mit quadratischem Grundriss. Es trug den Namen Divitia (= Deutz) und war durch eine massive, 3,30 m starke Mauer von je 150 m Seitenlänge und durch 14 Türme gesichert. In dem Kastell befanden sich 16 Kasernen für 1.000 Soldaten. Die konstantinische Brücke führte auf die Hauptachse des Kastells, an deren Ende das Osttor lag. Dessen Fundamente sind freigelegt. Sie sind nördlich des (ehemaligen) Lufthansahauses zu besichtigen.

59. Wann waren die ersten Christen in Köln?

Es liegt noch immer ein durch Legenden verklärter Schleier über den Anfängen des Christentums in Köln. Auch wenn schriftliche Zeugnisse oder Grabinschriften aus der Zeit fehlen, geht man davon aus, dass seine Wurzeln bis ins zweite Jahrhundert zurückreichen. Schon vor dem von Kaiser Konstantin 313 n. Chr. erlassenen Edikt von Mailand, das im Imperium Romanum allgemeine Glaubensfreiheit gewährte, gab es im Römischen Reich in praktisch allen Städten christliche Gemeinden. Zur Verbreitung des Christentums trugen Händler, Sklaven und die römische Armee bei, in der Angehörige der verschiedensten Religionen dienten.

60. Was sind die ältesten christlichen Spuren in Köln?

In Köln lag das Gemeindezentrum der frühen Christen im äußersten nordöstlichen Häuserblock dicht an der römischen Stadtmauer, etwa dort, wo heute im Langhaus des Doms der hölzerne Michael steht. Nach dem Edikt von Mailand wurde auf dem Gelände – nach römischem Vorbild – die erste Kirchenanlage mit einer Länge von über 130 m errichtet. Dies war der erste Vorgängerbau des heutigen Doms.

61. Wer war der erste Kölner Bischof?

Anfang des 4. Jahrhunderts existierte in Köln eine christliche Gemeinde, der als herausragende Persönlichkeit Bischof Maternus vorstand. Kaiser Konstantin lernte ihn bei seinen verschiedenen Besuchen in Köln persönlich kennen und achten. Seine Wertschätzung zeigte sich unter anderem darin, dass er den Kölner Bischof neben drei weiteren Bischöfen aus dem gallischen Reichsgebiet 313 zur Schlichtung eines innerkirchlichen Streits zu einer Lateransynode nach Rom einlud. Anschließend nahm Maternus 314 auf Wunsch des Kaisers an der ersten allgemeinen Bischofssynode des lateinischen Reichsteils in Arles teil. In den Protokollen wird er als »Maternus de Agrippina« bezeichnet. Er hat offenbar als Persönlichkeit den Kaiser tief beeindruckt, sodass vermutet werden kann, dass er mitursächlich für dessen positive Haltung zum Christentum wurde, die 313 mit dem Toleranzedikt von Mailand zu einer geschichtlichen Wende führte. Ob Maternus in Köln Vorgänger hatte oder ob er tatsächlich der erste Bischof der Kölner Christengemeinde war, liegt im Dunkeln. Jedenfalls war er der erste nachgewiesene Bischof.

62. Was erinnert heute noch an Bischof Maternus?

Das rechte Portal an der Nordfassade des Doms heißt »Maternusportal«. Im Dom ist eine der nördlichen Chorkapellen nach ihm benannt. Ferner erinnert an ihn das 1978–83 gebaute Maternushaus in der Kardinal-Frings-Straße. Maternus wird auch dadurch geehrt, dass er in die Figurengalerie an der Ostseite des Ratsturms (4. Obergeschoss) aufgenommen wurde.

63. Wer war Gereon, was erinnert an ihn?

Gereon wird als frühchristlicher Märtyrer verehrt. Er ist einer der Schutzpatrone Kölns. Leider wissen wir über ihn nur aus Legenden. Danach war er Anführer einer Kohorte der aus der Thebais (Umgebung der Stadt Theben) in Ägypten stammenden Thebaischen Legion. Diese wurde unter Kaiser Maximian (286 bis 305), nach Gallien und an den Rhein verlegt. Maximian war der für den Westteil des Römischen Reichs zuständige Kaiserkollege Diocletians, der als Christenverfolger in die Geschichte einging. Als die sich als Christen bekennenden Soldaten weigerten, an einer vom Kaiser befohlenen Christenverfolgung teilzunehmen, erlitten sie sämtlich selbst das Martyrium. Die Größe der Gereon zugerechneten Gruppe, die in Köln den Märtyrertod fand, schwankt zwischen 50 und 318. An Gereon erinnert die nach ihm benannte Gereonkirche. Sie ist die älteste Kölner Kirche. In ihr wurden bereits im 6. Jahrhundert die Märtyrer der Thebaischen Legion verehrt. 727 wird sie urkundlich als »basilica s.Gereonis martyris« (Kirche des Märtyrers St. Gereon) bezeichnet.

64. Wann gab es zur Römerzeit in Köln die erste jüdische Gemeinde?

Ein Dekret Kaiser Konstantins an die Dekurionen (Ratsmitglieder) Kölns aus dem Jahr 321 belegt, dass es in Köln schon zur Römerzeit eine jüdische Gemeinde gab.

St. Gereon, 1067–1220, Ursprung 4. Jahrhundert, älteste Kölner Kirche

Das Dekret ist im Codex Theodosianus überliefert. Es ist der früheste schriftliche Nachweis für die Existenz einer jüdischen Gemeinde nördlich der Alpen.

65. Lebten im römischen Köln auch Sklaven?

Zahlreiche Grabsteine bekunden, dass im römischen Köln – wie im gesamten Imperium Romanum – Sklaven (servi) und Freigelassene (libertati) lebten. Damit verbunden war zwangsläufig der anrüchige Beruf des Sklavenhändlers (mango). Der Tod eines Sklavenhändlers bei Köln ist bereits für die Jahre 20–30 n. Chr. belegt.

66. Seit wann gibt es das Römisch-Germanische Museum?

Das Römisch-Germanische Museum wurde im Oktober 1946 als neues städtisches Museum gegründet. Im März 1974 wurde der Neubau des Museums an seinem jetzigen Standort eröffnet. Es konzentriert sich fast ausschließlich auf Kölner Funde. Sein Anliegen ist, Leben, Alltag, Kunst, Kultur und Manufaktur der römischen Provinzstadt Köln darzustellen sowie die militärische und politische Geschichte der CCAA mit ihren Nachwirkungen in die fränkische Zeit zu dokumentieren.

Dionysosmosaik, 220–230 n. Chr.

67. Weshalb liegt der Neubau des Römisch-Germanischen Museums in unmittelbarer Nähe des Doms?

Als 1941 neben dem Dom ein Luftschutzbunker gebaut werden sollte, stießen die Arbeiter bei den Ausschachtungsarbeiten unverhofft auf das 74 m² große Dionysos-Mosaik – das größte Mosaik nördlich der Alpen. Man beließ es als besondere archäologische Kostbarkeit an seiner ursprünglichen Stelle. Dies war der ausschlaggebende Grund, nach dem Krieg das Römisch-Germanische Museum dort zu errichten.

68. Wann entstand das Dionysos-Mosaik, für welches Haus wurde es geschaffen?

Das Mosaik stammt aus der Zeit zwischen 220–230 n. Chr. Der Festsaal, den das Dionysos-Mosaik schmückte, war Teil eines palastartigen Wohnhauses, das in der zweiten Hälfte des ersten Jahrhunderts – also unmittelbar nach Erhebung des Oppidum Ubiorum zur CCAA im Jahr 50 n. Chr. – entstand. Das rechteckig angelegte Gebäude hatte mit einer Größe von ca. 2.600 m² in etwa die Ausdehnung des heutigen Römisch-Germanischen Museums. Im Zentrum lag ein 533 m² großer Garten, der ringsum von Säulengängen flankiert war. Bei einem aufwendigen Umbau im zweiten Viertel des 3. Jahrhunderts schufen griechische Künstler das Dionysos-Mosaik.

69. Wann wurde das Dionysos-Mosaik zuletzt als Speisesaal genutzt?

Im Juni 1999 wurde während des Kölner Gipfeltreffens der G-8-Staatschefs zu ihren Ehren auf dem Dionysos-Mosaik ein Festessen veranstaltet. Ranghöchster Teilnehmer war der amerikanische Präsident Bill Clinton.

70. Welche besonderen Schätze sind im Römisch-Germanischen Museum zu bewundern?

Zu den Höhepunkten, die der Besucher unbedingt betrachten sollte, zählen das Dionysos-Mosaik, das Poblicius-Grabmal *(siehe 30)*, das Diatretglas sowie weitere in den Schauvitrinen ausgestellte Spitzenleistungen der antiken Kölner Glasmanufaktur. Das Römisch-Germanische Museum bewahrt die umfangreichste Sammlung römischer Gläser.

71. Was ist ein Diatretglas?

Diatretgläser nennt man kelchförmige Glasbecher, die korbartig von einem durchbrochenen, fein geschliffenen Gitterwerk umgeben sind. Die Herstellungstechnik ist nicht eindeutig geklärt. Fest steht, dass die Herstellung höchstes handwerkliches und künstlerisches Können erforderte. Heute existieren weltweit nur noch wenige Exemplare.

Meisterstück der Schlangenfadenwerkstatt

Diatretglas, 4. Jahrhundert n. Chr.

72. Welchen Rang hat das im Römisch-Germanischen Museum ausgestellte Kölner Diatretglas?

Von den drei in Köln gefundenen Diatretgläsern steht das 1960 in Braunsfeld entdeckte, was die Feinheit der Ausführung betrifft, an der Spitze aller bisher gefundenen Stücke. Es ist das kostbarste Exponat und das stolze Prunkstück der weltberühmten Sammlung römischer Gläser aus Köln. Es datiert aus dem 4. Jahrhundert n. Chr.

73. Wo befindet sich die am besten erhaltene römische Grabkammer Kölns?

Im Vorort Weiden, Aachener Straße 1328, liegt eine 1843 entdeckte, sehr gut erhaltene römische Grabkammer (4,44 x 2,55 m). Eine dort ansässige wohlhabende Familie nutzte die mit Marmor und Stuck verkleidete Kammer vom 1. bis 4. Jahrhundert zur Beisetzung von Ascheurnen. Dafür waren 29 kleine Nischen bestimmt. In drei großen Rundbogennischen befinden sich steinerne Speisesofas (Klinen), auf die die Büsten der Verstorbenen gestellt wurden. Davor stehen zwei steinerne Sessel. Drei

Römische Grabkammer, Köln-Weiden, 1.-4. Jahrhundert n. Chr.

Büsten blieben erhalten. Klinen und Sessel dienten den Angehörigen für Mahlzeiten zu Ehren der Toten. Prunkstück der Grabkammer ist der kostbar gearbeitete Jahreszeitensarkophag. Der Schutzbau über der Anlage wurde nach Erwerb der Grabkammer durch den preußischen Staat nach Plänen von Dombaumeister Zwirner mit antikisierenden Anklängen errichtet. Die Anlage ist für Besucher geöffnet.

74. Wann wird Köln erstmals von den Franken erobert?

355 überschreiten Franken die Rheingrenze und erobern nach zweimonatiger Belagerung Köln. 356 erobert der für Gallien zuständige römische Cäsar Julianus (später von 361–363 Kaiser »Julianus Apostata«) die ausgeplünderte und teilweise zerstörte Stadt zurück. Hundert Jahre später wird Köln endgültig fränkisch *(siehe 77, 78)*.

75. Wann ziehen die Römer ihre Truppen aus Köln ab?

Anfang des 5. Jahrhunderts muss Rom die Rheingrenze zum Schutz Italiens gegen die Ostgoten militärisch entblößen. 406 werden die letzten römischen Truppen aus Köln abgezogen. 407 verlässt die letzte römische Garnison auch Britannien. Ob und wie lange nach dem Truppenabzug der römische Statthalter oder andere Vertreter der römischen Macht und Verwaltung noch in Köln bleiben, ist historisch nicht belegt.

76. Wann endet das Imperium Romanum?

Das Imperium Romanum geht im 5. Jahrhundert seinem Untergang entgegen. Es kann seine Grenzen gegen die aus Nord und Ost anstürmenden Völker (Völkerwanderung) nicht mehr verteidigen. 476 wird der letzte weströmische Kaiser Romulus Augustulus von dem weitgehend aus germanischen Söldnern bestehenden Heer abgesetzt. Die Soldaten rufen den Germanen Odwakar zum Heerkönig aus. Wenig später beherrschen die germanischen Ostgoten unter Theoderich dem Großen ganz Italien. Damit endet das Imperium Romanum.

77. Wann überschreiten die Franken den Rhein, wann beginnt Kölns mittelalterliche Geschichte?

Ab 406 lassen sich die aus Germanien nach Westen in römisches Gebiet drängenden Franken am nördlichen linken Rheinufer nieder. 456 wird auch Köln fränkisch *(siehe 78)*. Mit der beginnenden Frankenzeit steht Köln an der Schwelle seiner mittelalterlichen Geschichte, die bis etwa 1500 dauert. Als Mittelalter wird in der europäischen Geschichtsschreibung die Epoche zwischen Spätantike und Neuzeit bezeichnet, wobei die Zeit der Völkerwanderung (bis 7. Jahrhundert) als Übergangszeit gilt. Eine auch für die Kölner Geschichte geltende grobe Untergliederung unterscheidet: frühes Mittelalter (bis etwa 900), Hochmittelalter (bis etwa 1200), Spätmittelalter (bis zur Wende vom 15. zum 16. Jahrhundert). Beginn der Neuzeit um 1500 (Reformation, Entdeckung Amerikas). Die Grenzen zwischen den einzelnen Abschnitten sind uneinheitlich und fließend.

Knabenhelm aus einem um 540 angelegten fränkischen Fürstengrab, 1959 bei Grabungen unter dem Dom gefunden

Frankenherrschaft / Frühes Mittelalter

450–800

78. Wie beginnt in Köln die Frankenherrschaft?

456 belagern und erobern »ripuarische« Franken Köln, das der römische Feldherr Aegidius mit eilig herbeigeführten Truppen vergeblich zu verteidigen versucht. Zahlreiche Gebäude werden zerstört, unter anderem das vornehme Haus, in dem sich das berühmte Dionysos-Mosaik befindet. Aegidius gibt die Stadt auf und rettet sich durch Flucht. Die Franken sind die neuen Herren der Stadt. Köln, mit der unzerstört gebliebenen konstantinischen Rheinbrücke *(siehe 55, 56)*, wird Zentrum eines ripuarischen Gaus. In der Stadt lebt ein Völkergemisch (Franken, andere seit Gründung der Ubiersiedlung hier sesshaft gewordene Germanen, Kelten, Römer) mit unterschiedlichen Religionen. Von der römischen Bevölkerung wird noch im 6. Jahrhundert Latein gesprochen.

79. Was zeugt vom Eindringen der Franken in den Kölner Raum?

Die frühe fränkische Zeit ist schriftlich nur spärlich dokumentiert. Selbst die Folge der Kölner Bischöfe ist nicht lückenlos belegt. Die frühen Franken waren keine Stadtmenschen, sondern Bauern, die lieber außerhalb der Kölner Stadtmauern siedelten. Sie hinterließen keine schriftli-

Fränkisches Gräberfeld unter St. Severin

chen Zeugnisse, dafür aber zahlreiche Ortsnamen, die auf -ingen, -steden oder -lar enden (im Kölner Raum zum Beispiel Fühlingen, Höningen, Mansteden, Fliesteden, Liblar). Auch Ortsnamen mit dem Bestandteil »Heim« gehören dazu. Die fränkischen Siedler gruppierten vorzugsweise Wohnhaus, Stallungen und Scheune um einen freien Raum. Diese geschlossene Hofanlage nannten sie »Heim«. Daran erinnern Ortsnamen wie Merheim, Bergheim, Bachheim (Bachem), Pulheim oder Mülheim.

Auf dem Domhügel gefunden: Schmuck aus einem fränkischen Frauengrab

80. Wer waren die »ripuarischen Franken«?

Im 5. Jahrhundert waren die Franken in verschiedene Gruppen aufgeteilt. Sie bildeten noch keinen einheitlichen Stamm. Die vom unteren Niederrhein nach Belgien eindringenden Franken nannten sich »salische Franken«. Am mittleren Teil des Rheins ließen sich die »ripuarischen Franken« nieder (»Uferfranken« von lat. ripa = das Ufer). Südlich schlossen sich die »Moselfranken« an, die den Oberrhein und die Mosel besiedelten. Die einzelnen Gruppen sprachen unterschiedliche fränkische Dialekte. In Köln wurde »Ripuarisch« gesprochen. Daraus entwickelte sich die Kölsche Sprache *(siehe 953)*.

81. Wann wurde Köln ripuarischer Königssitz, wo lag die Königsresidenz?

Um 470 wurde Köln Sitz des ripuarischen Gaukönigs Sigibert. Er residierte in Köln im ehemaligen römischen Statthalterpalast. Damit wurde das Prätorium, das im 3. Jahrhundert zeitweilig römische Kaiserresidenz war *(siehe 52)*, zur fränkischen Königsresidenz. Das mächtige, 22 m hohe Oktogon, dessen Reste im Museum unter dem Spanischen Bau zu besichtigen sind, diente als Königshalle (aula regia). 496 kämpfte Sigibert an der Seite seines salfränkischen Vetters Chlodwig gegen die Alemannen, die in der für Chlodwigs Reich wichtigen Schlacht bei Zülpich besiegt wurden. Die Statue Sigiberts steht an der Nordseite des Ratsturms (Erdgeschoss, links).

82. Welcher ripuarische König wurde in Köln ermordet?

König Sigibert wurde 507 von seinem Sohn Chlodewig ermordet. König Chlodwig I., salfränkischer Vetter des Opfers, hatte ihn dazu angestiftet mit der Verlockung, Chlodewig könne doch selbst die ripuarische Königswürde anstelle seines alten Vaters übernehmen. Nach der Bluttat ließ Chlodwig den Mörder durch Auftragstäter erschlagen, kam wenig später nach Köln, erklärte sich an der Tat unschuldig und ließ sich selbst zum ripuarischen König krönen *(siehe 83)*.

83. Wann wird Chlodwig I, der Gründer des Fränkischen Reichs, in Köln zum ripuarischen König gekrönt?

Der für die Geschichte des Frankenreichs bedeutende, 466 geborene Salfranke Chlodwig I. gehört zum Herrschergeschlecht der »Merowinger« (benannt nach seinem

Großvater Merowech von Tournai), das bis 751 die fränkischen Könige stellt. Chlodwig ist seit 482 salfränkischer König. Er unterwirft und beseitigt durch List, Verrat und Gewalt sämtliche Gaukönige der salischen und ripuarischen Franken. Auch seinen Kölner Vetter Sigibert räumt er 507 durch eine Intrige gewaltsam aus dem Weg *(siehe 82)* und lässt sich in Köln zum König der Ripuarier ausrufen. Er wird in St. Gereon gekrönt. In seiner 29-jährigen Regierungszeit gelingt ihm die Eroberung des römisch gebliebenen Teils Galliens, der Sieg über die Westgoten und die Alemannen sowie der Aufbau eines gut organisierten Machtbereichs vom Niederrhein bis zu den Pyrenäen. Sein Übertritt zum katholischen Glauben (Taufe 496 in Reims) erleichtert die Verschmelzung von Franken und Galloromanen. Chlodwig gilt als der Gründer des Fränkischen Reichs, das seine Nachfahren 532–535 durch die Eroberung Thüringens und des Burgunderreichs weiter abrunden. Nach ihm ist der Chlodwigplatz benannt. An die Merowinger erinnert die Merowingerstraße. Auch die Kölner Studentenverbindung Merovingia – Zittavia hält durch ihren Namen die Erinnerung an die Merowinger lebendig.

84. Welche Auswirkungen hat Chlodwigs Reichsgründung auf Köln?

Der Schwerpunkt des von Chlodwig I. gegründeten Fränkischen Reichs liegt im Westen – in Paris und in der Île-de-France. Chlodwigs Regierungssitz wird Paris. In dem riesigen Fränkischen Reich entwickeln sich jedoch nach seinem Tod aufgrund des fränkischen Erbrechts Teilregionen mit eigenem Profil: im Westen Burgund und »Neustrien« (mit Paris), im Süden das von spätantiken Traditionen

Die Turnerschaft im Coburger Convent Merovingia-Zittavia zu Köln

geprägte »Aquitanien« und im Osten das germanisch-fränkisch dominierte »Austrasien« (auch als »Austrien« bezeichnet). Hier ist Köln neben Reims und dem führenden Metz (Hauptkönigssitz) trotz seiner Randlage ein bedeutender Platz, an dem sich immer wieder merowingische (austrische) Könige aufhalten. Kölns Funktion als Residenz endet erst im 8. Jahrhundert unter den Karolingern. Wie zuvor die ripuarischen Kleinkönige nutzen die merowingischen Herrscher bei ihren Aufenthalten in Köln das Oktogon des Prätoriums als Königshalle. 612 lässt sich der in Metz residierende austrische Merowingerkönig Theuderich II. nach dem Sieg über seinen Bruder Theudebert II. in St. Gereon von den austrischen Großen huldigen.

85. Welche politische Rolle spielte zur Merowingerzeit der Kölner Bischof Kunibert?

Die durch die Taufe Chlodwigs I. gesicherte Christianisierung des Frankenreichs erleichterte nicht nur die Verschmelzung der Franken mit der bereits ansässigen galloromanischen Bevölkerung, sondern führte auch zu engen

Bischof Kunibert, 625–663

wechselseitigen Beziehungen zwischen den fränkischen Herrschern und dem führenden Klerus. Diese Entwicklung versinnbildlicht in besonderer Weise der 600 geborene moselfränkische Adelige Kunibert. Nach Erziehung am Königshof in Metz und geistlicher Tätigkeit als Archidiakon in Trier wurde er um 625 auf Betreiben des austrischen Merowingerkönigs Clothar II. zum Kölner Bischof gewählt. Er war zunächst der Erzieher und nach Clothars II. Tod (629) enger Berater dessen Sohnes Dagobert I., der als letzter bedeutender Merowinger König des Gesamtreichs wurde. Er setzte Kunibert zum Chef der Hof- und Regierungsgeschäfte ein. Noch bedeutenderen politischen Einfluss übte der Kölner Bischof »mit Klugheit und Milde« unter dessen Sohn Sigibert III. aus, den Dagobert 633 auf Druck des Adels als Dreijährigen in Metz zum Unterkönig von Austrasien einsetzen musste. Kunibert und ein weiterer Adeliger erhielten die Funktion des Regenten. Zu den herausragenden geschichtlichen Leistungen Kuniberts zählt, dass er die schriftliche Fixierung des merowingischen Gesetzbuchs »lex ribuaria« veranlasste. Er wird 663 nach fast 40-jährigem Pontifikat in der vermutlich von ihm gegründeten Clemenskapelle (Vorgängerin der Kunibert-Kirche des 13 Jahrhunderts) beigesetzt. Seine Skulptur steht an der Ostseite des Ratsturms (4. Obergeschoss, links). Nach König Dagobert I. ist die Dagobertstraße benannt.

86. Wann werden die fränkischen Merowinger durch die fränkischen Karolinger verdrängt?

Im 7. und 8. Jahrhundert regieren nur noch unbedeutende Merowinger als Schattenkönige die durch Erbteilung zersplitterten fränkischen Herrschaftsgebiete. Die eigentliche Regierungsgewalt üben zunehmend ihre aus dem fränkischen Adel stammenden »Hausmeier« aus (»maior domus regiae« = oberster Beamter des königlichen Hauses), die schließlich die Macht ganz in Händen haben. Hausmeier von Austrien wird 678 Pippin II. (»der Mittlere«). Er besiegt 687 bei Tertry in der Picardie den Hausmeier von Neustrien-Burgund und steigt zum Herzog aller Franken auf (princeps Francorum). Damit erlangen die nach seinem Urenkel Karl dem Großen benannten »Karolinger« die erbliche Hausmeierwürde für das ganze Fränkische Reich. Der in Heristal bei Lüttich (dort lag eine merowingische Hauptresidenz) geborene Pippin II. hält sich über längere Zeiträume in Köln in seiner am Kapitolshügel gelegenen Pfalz auf. Nach ihm ist die Pippinstraße benannt. Sein Enkel Pippin III. (Sohn Karl Martells) lässt sich als Hausmeier 751 in Soissons schließlich selbst mit päpstlicher Legitimation zum ersten karolingischen König des Fränkischen Reichs wählen. Damit ist die über 250 Jahre dauernde Herrschaft der Merowinger endgültig besiegelt.

87. Welche Fränkin regiert von Köln aus das gesamte Fränkische Reich?

Der 640 geborene austrische Hausmeier Pippin II. (»der Mittlere«) vermählt sich um 670 mit der durch Familienbeziehungen einflussreichen Plektrudis. Diese stammt aus dem führenden fränkischen Adel und ist eine Tochter des an der Mosel und in der Eifel begüterten Seneschalls und Pfalzgrafen Hugobert, dessen Familie eine wichtige Stütze der Herrschaft Pippins ist. Plektrudis ist politisch engagiert. Als Gemahlin des Hausmeiers unterzeichnet sie alle von ihm ausgestellten Urkunden mit. Zahlreiche Rechtsakte geschehen in beider Namen. Aus der Ehe mit dem 687 zum »princeps Francorum« aufsteigenden Pippin gehen zwei Söhne hervor, die beide vorzeitig sterben. Nach Pippins Tod 714 übernimmt Plektrudis in Köln für ihren noch unmündigen Enkel Theudoald die hausmeierliche Regentschaft über das gesamte Frankenreich, bis ihr Stiefsohn Karl Martell ihrer Herrschaft ein Ende macht *(siehe 88)*. Nach ihrem Tod um 720 wird sie in Köln auf dem Kapitolshügel in der von ihr gestifteten kleinen Kirche beigesetzt, auf deren Fundamenten 300 Jahre später St. Maria im Kapitol errichtet wird.

88. Wann wird Köln von Pippins unehelichem Sohn Karl eingenommen und Plektrudis entmachtet?

Pippin II. (678–714) hatte mit seiner Nebenfrau Chalpaida und aus einer weiteren Verbindung zwei uneheliche Söhne, den 686 geborenen Karl und dessen jüngeren Halbbruder Childebrand. Als 714 sein letzter ehelicher Sohn kurz vor ihm stirbt, verfügt der schwer kranke Pippin auf Drängen seiner Gemahlin Plektrudis den Ausschluss der unehelichen Söhne von der Nachfolge als Hausmeier zugunsten ihres gemeinsamen Enkels Theudoald. Nach Pippins Tod übernimmt Plektrudis 714 in Köln für den noch unmündigen Enkel die Regentschaft. Sie setzt den 28-jährigen Karl gefangen, der aber entkommen kann, Anhänger gewinnt und schließlich die Macht ergreift. 717 belagert er mit einer fränkischen Streitmacht Köln, nimmt die Stadt ein, schaltet Plektrudis politisch aus und erzwingt von ihr die Herausgabe des väterlichen Schatzes.

89. Welche weltgeschichtliche Bedeutung erlangt Karl später?

Pippins II. unehelicher Sohn Karl geht in die Geschichte als Karl Martell (Karl der Hammer) ein. In der Doppelschlacht von Tours und Poitier schlägt er 732 vernichtend mit nur 30.000 fränkischen Kriegern die in Südfrankreich eingedrungenen, mit 80.000 Mann zahlenmäßig weit überlegenen Araber. Er verhindert dadurch in Europa die Ausweitung des Islam.

Plektrudis, als Stifterin und Heilige verehrt, um 650–720

90. Was hat Plektrudis in Köln hinterlassen?

Um 700 stiftet Plektrudis auf dem Kapitolshügel nahe der dort vermuteten hausmeierlichen Pfalz eine kleine Kirche. Der auf den Ruinen des verfallenen römischen Kapitolstempels errichtete Bau wird im 11. Jahrhundert durch die größere heutige Kirche St. Maria im Kapitol ersetzt, die neben dem Speyerer Dom die großartigste Architekturschöpfung der salischen Zeit darstellt. Sie ist neben dem Dom die bedeutendste Kirche Kölns. In ihr bezeugen eine kunstvolle Grabplatte aus dem 12. und ein Epitaph (an der Südwand) aus dem 13. Jahrhundert, dass Plektrudis auch 500 Jahre nach ihrem Tod noch große Verehrung genoss. Auf der Grabplatte trägt sie den Titel einer Königin und wird als heilig bezeichnet (S. Plectrudis Regina). Angesichts dieser Verehrung ist verständlich, dass Plektrudis in vielen Darstellungen auch als Gründerin eines zu ihrer Kirche gehörenden Kanonissenstifts oder Klosters genannt wird. Dies trifft jedoch nach jüngeren historischen Erkenntnissen nicht zu. An Plektrudis erinnern die Plectrudengasse und ihre Skulptur am Ratsturm (Ostseite, Erdgeschoss, rechts).

91. Welches ist das bedeutendste fränkische Herrschaftsgeschlecht?

Pippin II. (»der Mittlere«, 678–714) und sein unehelicher Sohn Karl Martell (714 bis 741) sind die Gründer des bedeutendsten fränkischen Herrschergeschlechts, der Karolinger. Karl Martells Sohn ist Pippin III. (»der Jüngere«, 741–768), der 751 als erster Karolinger König des Fränkischen Reichs wird. Dessen Sohn Karl geht als »Karl der Große« (768–814) in die Geschichte ein. Papst Leo III. krönt ihn 800 in Rom zum ersten deutschen Kaiser. Das nach ihm benannte Herrschergeschlecht der »Karolinger« regiert im Ostfrankenreich (dem späteren Deutschland) bis 911, im Westfrankenreich (dem späteren Frankreich) bis 1012. Nach ihnen ist in Köln der Karolingerring benannt.

92. Aufgrund welcher Leistungen erhält Karl den Beinamen »der Große«?

Auf Wunsch Pippins III. werden seine Söhne Karl (der Große) und Karlmann bereits als Kinder 754 von Papst Stephan II. in Saint-Denis zu Königen gesalbt. 768 übernehmen die Brüder die ihnen von ihrem Vater zugewiesenen Reichsteile. Nach Karlmanns frühem Tod 771 reißt Karl unter Missachtung der Erbansprüche seiner Neffen die gesamte Macht an sich und stellt die Einheit des Fränkischen Reichs wieder her, das er anschließend noch erweitert: Karl besiegt die Langobarden in Oberitalien und macht sich 774 zu deren König (rex Langobardorum). 788 gliedert er Bayern in das Frankenreich ein. In Spanien gründet er die Spanische Mark, die 801 bis zum Ebro reicht. Über dreißig Jahre (772–804) führt er Krieg gegen den letzten heidnischen Germanenstamm, die (von ihm christianisierten) Sachsen. Die Ausweitung und Konsolidierung des Fränkischen Reichs machen Karl zum mächtigsten Herrscher seiner Zeit. Als er Weihnachten 800 in Rom von Papst Leo III. zum Kaiser gekrönt wird, hat dies weltgeschichtliche Bedeutung: Nach dem Untergang des Römischen Reichs ist es die Erneuerung des Kaisertums im Westen (als Gegengewicht zum byzantinischen Kaisertum des Ostens). Karl der Große ist die überragende Gestalt des frühen Mittelalters, dem ab etwa 900 das Hochmittelalter folgt *(siehe 77)*.

93. Welche Auswirkungen hat die Politik Karls des Großen auf Köln?

In den jahrzehntelangen Sachsenkriegen gelingt es Karl (768–814), das Fränkische Reich im Osten bis an die Elbe und im Norden bis an die Eider auszudehnen. Köln wird dadurch aus seiner bisherigen Randlage befreit. Da Karl sein riesiges Reich bevorzugt von seiner in Aachen gelegenen Pfalz aus regiert, rückt Köln damit zugleich in die Nähe des fränkischen Machtzentrums. Für die Entwicklung der Stadt wird von größter Bedeutung, dass Karl den Kölner Bischof Hildebold zum Leiter der Reichskanzlei und der Hofkapelle (dem eigentlichen Zentrum der Macht) ernennt und ihn zum Erzbischof einer riesigen Kirchenprovinz macht *(siehe 94, 95)*. Damit sind entscheidende Weichen für eine prosperierende Zukunft der Stadt gestellt.

Hohes und spätes Mittelalter

800–1500

94. Wen ernennt der Papst zum ersten mittelalterlichen Erzbischof Kölns?

Auf Bitten Karls des Großen ernennt Papst Hadrian I. 787 Hildebold zum Bischof von Köln. Nach der Koelhoffschen Chronik von 1499 *(siehe 158)* war er zuvor einfacher Priester in einer Kapelle vor den Toren Kölns (vermutlich in Kriel), die Karl zufällig bei einem Jagdausflug aufsucht. Hildebold wird engster Berater des Königs, der ihn 791 zum Kanzler der Reichskanzlei und zum Erzkaplan (»archicapellanus«) seiner Hofkapelle in Aachen ernennt. Sie ist mit ihren Kaplänen das Zentrum der weltlichen und kirchlichen Ordnung. Wegen dieser wichtigen Ämter entbindet der Papst 794 Hildebold von seiner bischöflichen Residenzpflicht in Köln. 795 wird Köln Erzbistum und Hildebold der erste Kölner mittelalterliche Erzbischof mit einer ab 800 riesigen Kirchenprovinz *(siehe 95)*. Er lässt die alte Kölner Bischofskirche abreißen und beginnt den Bau eines repräsentativen Doms (später Hildebold-Dom genannt), dessen Fertigstellung 870 er aber nicht mehr erlebt. Hildebold stirbt 818. Er wird in St. Gereon (in der südöstlichen Konche) beigesetzt. Nach ihm ist der Hildeboldplatz benannt. Seine Statue steht am Ratsturm an der Westseite (1. Obergeschoss).

95. In welcher Größe errichtet Kaiser Karl das Erzbistum Köln?

Am Ende des über 30 Jahre währenden Kriegs gegen die Sachsen verfügt Karl der Große um 800 eine neue Metropolitanordnung für das Frankenreich. Dabei

Erzbischof Hildebold mit dem Modell seines Doms, Mosaik im Dom

hält er sich an die (in der Schrift »Notitia Galliarum« festgehaltene) spätrömische Provinzeinteilung. Da die Gebiete der Bistümer Lüttich und Utrecht in der ehemaligen römischen Provinz Niedergermanien liegen, ordnet er sie der Kirchenprovinz Köln zu. Außerdem gehören die in den eroberten sächsischen Gebieten gelegenen neuen Bistümer Bremen, Münster, Minden und Osnabrück als Suffraganbistümer zum Erzbistum Köln. Es ist damit weit größer als die 1821 nach der napoleonischen Zeit neu gegründete Kölner Kirchenprovinz *(siehe 420)*. Kaiser Karl bezeichnet in seinem Testament das Erzbistum Köln als das erste unter den fränkischen Erzbistümern.

96. Wie wird Karl der Große heute in Köln geehrt?

Im Hansasaal des Rathauses *(siehe 154)* stehen an der südlichen Stirnseite die 1,90 m großen Statuen der »Neun guten Helden«. Darunter befindet sich Kaiser Karl der Große. Er war der überragende Herrscher aus dem fränkischen Geschlecht der Karolinger, das nach ihm benannt ist. Kaiser Karl hat die Entwicklung der Stadt durch die Schaffung des Erzbistums Köln *(siehe 95)* maßgeblich geprägt. Nach den Karolingern, die in Deutschland bis 911 regieren, ist der Karolingerring benannt.

97. Welche Doppelfunktion hatten die Kölner Erzbischöfe?

Bischöfe und Erzbischöfe bekleideten ein geistlich-kirchliches Amt, in welchem sie dem Papst unterstanden. Zugleich waren sie als territoriale Landesherren Inhaber eines weltlichen Amtes, das ihnen vom König als Lehen übertragen war. Die Könige verfügten dadurch über an sie persönlich gebundene Machtträger, was zur Stabilisierung des Reichs beitrug. Die Bischöfe ihrerseits dienten damit zwei Herren. Daraus resultierten erhebliche Auseinandersetzungen zwischen Papst und König/Kaiser über Auswahl und Einsetzung neuer Bischöfe. Der Streit erreichte seinen Höhepunkt im 11. Jahrhundert unter Papst Gregor VII. und dem salischen Kaiser Heinrich IV. im sogenannten Investiturstreit (lat. investitur = Einkleidung). Die Doppelfunktion des Kölner Erzbischofs führte aber auch zu erbitterten Auseinandersetzungen mit der Kölner Bürgerschaft, die sich schließlich 1288 in der Schlacht von Worringen von

Die sieben Kurfürsten wählen 1308 Heinrich VII. von Luxemburg zum König

der Herrschaft des Erzbischofs als Stadtherr befreien konnte *(siehe 123)*. Bis dahin hatten die Erzbischöfe die Entwicklung der Stadt maßgeblich geprägt.

98. Welche Kölner Erzbischöfe des Mittelalters spielten in der Reichspolitik eine herausragende Rolle?

- Hildebold *(787–818)*: Erzkaplan Karls des Großen und Kanzler der Reichskanzlei *(siehe 94)*. Beigesetzt in St. Gereon.
- Bruno I. *(953–965)*: Bruder Kaiser Ottos des Großen (936–973), der ihn bereits 940 zum Reichskanzler ernannte. Wurde 953 Erzbischof und gleichzeitig Herzog von Lothringen. Beigesetzt in St. Pantaleon *(siehe 102, 103)*.
- Gero *(969–976)*: Wurde 971 von Otto dem Großen nach Byzanz entsandt, um die zwölfjährige byzantinische Prinzessin Theophanu als Braut für seinen Sohn Otto II. nach Rom zu bringen. In Rom vermählte der Papst 972 das Paar in der Peterskirche. Gero wurde 976 im Dom beigesetzt (Stephanuskapelle).
- Anno II. *(1056–1075)*: Entführte 1062 bei Kaiserswerth den noch unmündigen König Heinrich IV. gewaltsam per Schiff nach Köln und machte sich damit selbst bis zur Volljährigkeit Heinrichs zum Herrn im Reich *(siehe 107)*.
- Pilgrim *(1021–1036)*: Wurde 1031 Erzkanzler für Italien. Dieses Amt blieb seitdem mit dem Kölner Erzbischofsstuhl verbunden. Sein Sarkophag befindet sich in St. Aposteln.
- Rainald von Dassel *(1159–1167)*: Wurde von Kaiser Friedrich Barbarossa bereits 1156 zum Reichskanzler berufen und 1157 auf Wunsch des Kaisers zum Kölner Erzbischof gewählt *(siehe 119)*. Sein Sarkophag steht im Marienchor des Doms.
- Philipp von Heinsberg *(1167–1191)*: Reichskanzler und Domdechant, wurde auf Wunsch Kaiser Barbarossas zum Erzbischof gewählt. Er erwarb für das Erzstift Köln die Herzogtümer Westfalen und Engern. Sein Sarkophag steht in der Maternuskapelle des Doms.

99. Wann wurden die Kölner Erzbischöfe »Kurfürsten«?

Das aus dem Ostfrankenreich im 10. Jahrhundert entstehende Deutsche Reich (als Gründer gilt Heinrich I. von Sachsen, 918–936) war eine Wahlmonarchie, in der ursprünglich alle Reichsfürsten zur Wahl des deutschen Königs berechtigt waren. Im Laufe der Zeit entwickelte sich ein kleinerer Kreis von Vorwählern (laudatores), die eine Vorentscheidung trafen. Zu ihnen gehörten nicht die mächtigsten, sondern die vornehmsten Fürsten des Reichs, die in Rang und Würde dem König am nächsten kamen. Dazu zählten die drei Erzbischöfe von Mainz, Köln und Trier. Dieses Gremium trat erstmals 1257 als exklusive siebenköpfige Institution (Kurfürstenkollegium) in Erscheinung, die alle übrigen Fürsten von der Wahl ausschloss. Kaiser Karl IV. fixierte 1356 in der »Goldenen Bulle« die Rechte und

Pflichten der Kurfürsten (küren = wählen). Danach bestand das Kurfürstenkollegium aus den drei geistlichen Fürsterzbischöfen von Mainz, Köln und Trier sowie aus dem Pfalzgrafen bei Rhein, dem Herzog von Sachsen, dem Markgrafen von Brandenburg und dem König von Böhmen. Im 17. Jahrhundert wurde das Gremium auf neun erweitert. Die »Goldene Bulle« blieb bis 1806 Grundlage der Verfassungsordnung des Reichs. Nach ihr waren die Kölner Erzbischöfe als Kurfürsten Mitglied des »Kurfürstenrates« und damit von höchstem politischen Einfluss. Sie blieben bis zum Einmarsch der französischen Truppen 1794 eng mit der Reichspolitik verbunden.

100. Weshalb besaßen zahlreiche Kölner Erzbischöfe weder die priesterliche noch die bischöfliche Weihe?

Für den Kaiser stand bei der Auswahl eines Erzbischofs dessen politische Funktion und seine Verwendbarkeit für Reichsinteressen im Vordergrund. Es gab deshalb seit dem frühen Mittelalter immer wieder Kölner Erzbischöfe, die vor ihrer Wahl zum Erzbischof weder die bischöfliche noch die priesterliche Weihe erhalten hatten. Einige erhielten die Weihen später, andere überhaupt nicht (sie konnten also als Erzbischof nicht das Abendmahl spenden). So wurde zum Beispiel der berühmte Rainald von Dassel *(siehe 191)* 1156 von Kaiser Barbarossa zum Reichskanzler ernannt, 1159 zum Erzbischof gewählt, aber erst 1165 zum Priester und Bischof geweiht. Dies setzte sich bis in die Neuzeit fort. So saßen von 1556 bis 1567 nacheinander drei Erzbischöfe (die zugleich Kurfürsten waren) auf dem Kölner Erzstuhl, von denen keiner jemals die Priester- und Bischofsweihe empfing.

101. Wann wurde Köln von den Normannen zerstört?

Das 843 im Vertrag von Verdun unter den drei Enkeln Karls des Großen aufgeteilte Frankenreich war weder im Osten (heutiges Deutschland) noch im Westen (heutiges Frankreich) der Bedrohung durch die Normannen gewachsen, deren ursprüngliche Heimat in Nordskandinavien und Dänemark lag. Im Winter 881/882 stießen normannische Verbände auf Schiffen bis Köln vor. Die Stadt ereilte das gleiche Schicksal wie andere Städte (unter anderem Nimwegen, Lüttich, Maastricht, später auch Paris): Köln wurde erobert, ausgeraubt und weitgehend zerstört. Die Schäden an dem gerade fertiggestellten Hildebold-Dom, St. Gereon und den anderen Kirchen waren unermesslich. König Karl III. (»der Dicke«, Urenkel Karls des Großen) vermochte zwar das Frankenreich 885 noch einmal zu vereinen, stand aber den Raubzügen der Normannen hilflos gegenüber. Er wurde 887 wegen Unfähigkeit abgesetzt. Nachfolger wurde sein Neffe, der Karolinger Arnulf von Kärnten (887–899). An die Herrschaft der Karolinger, die im Ostfrankenreich 911 mit dem Tod von Ludwig IV. (das Kind) (899–911) endet, erinnert in Köln der Karolingerring.

102. Unter welchem deutschen Herrschergeschlecht beginnt die Blütezeit Kölns?

Den nach den Karolingern im Deutschen Reich regierenden Königen/Kaisern aus dem sächsischen Herrschergeschlecht (918–1024, nach ihnen ist der Sachsenring genannt) gelingt es, die politische Lage zu stabilisieren und gefährliche Invasoren (Ungarn) erfolgreich abzuwehren. Der erste Sachsenkönig Heinrich I. (918 bis 936) gilt als Gründer des Deutschen Reichs. Sein geschichtlich noch bedeutenderer Sohn Otto I. (»der Große«, 936 bis 973, zum Kaiser gekrönt 962) ernennt 940 seinen hochbegabten, erst 15-jährigen Bruder Bruno zum Reichskanzler. 953 bewirkt er dessen Wahl zum Erzbischof von Köln (953–965) und überträgt ihm überdies das Herzogtum Lothringen. Bruno I. hält damit gleichermaßen geistliche und weltliche Macht in Händen und ist damit der erste deutsche »Fürstbischof«. Als überragende Persönlichkeit ist er für die Entwicklung Kölns von außerordentlicher Bedeutung. Kaiser Otto I. hält in Köln während des zwölfjährigen Episkopats seines Bruders Bruno fünf Hoftage ab, mehr als jeder andere deutsche König nach ihm. Eine Statue Ottos I. steht am Ratsturm (Ostseite, Erdgeschoss), die seines Bruders Bruno I. steht auf der Südseite im vierten Obergeschoss.

Erzbischof Bruno I., 953–965, Wandmalerei in St. Andreas

103. Welch bleibende Bedeutung hat Erzbischof Bruno I. für Köln?

Der mit großer Machtfülle ausgestattete Bruno I. verfolgt für Köln ambitionierte Pläne. Unter ihm erfährt die bedeutendste Stadt des Reichs einen wirtschaftlichen Aufschwung, der 965 zur ersten Stadterweiterung führt *(siehe 121)*. Der König verleiht Bruno königliche Privilegien wie das Recht, die Stadt zu befestigen, Märkte abzuhalten, Münzen zu schlagen und

Soest, Patroklus-Dom, Gebeine des Märtyrers Patroklus, gestiftet von Erzbischof Bruno

Steuern zu erheben. Nach einem Rombesuch fügt Bruno dem (alten) Dom an jeder Seite ein Seitenschiff an und macht ihn damit nach dem Vorbild der Peterskirche in Rom fünfschiffig *(siehe 176)*. Die Domschule baut er zu einer der führenden Schulen des Reichs aus. Er gründet die Stifte St. Andreas und St. Martin und das Benediktinerkloster St. Pantaleon. Ein besonderes Anliegen ist ihm, die von den Normannen ausgeplünderten Kirchen wieder mit Reliquien auszustatten. Aus Metz bringt er den Petrusstab, aus Rom Glieder der Gefängniskette Petri mit (beide in der Domschatzkammer). Außerdem erwirbt er die Gebeine der Märtyrer Patroklus, Eliphius, Privatus und Gregorius sowie Reliquien des Christophorus und des heiligen Pantaleon. Bruno legt durch sein Wirken wesentliche Fundamente für die Entwicklung der Stadt zum »hillije Kölle«. Er stirbt 965 in Reims. Sein Leichnam wird unter großer Anteilnahme der Kölner Bevölkerung in St. Pantaleon beigesetzt. Sein Sarkophag steht dort in der Krypta.

104. Wann wurde Frankreich von Köln aus regiert?

954 wurde Erzbischof Bruno als Vormund seines Neffen Lothar von Frankreich (Sohn

seiner Schwester Gerberga) Regent von Frankreich. Seine politische Macht und Bedeutung nahmen dadurch noch weiter zu. Frankreich wurde zeitweilig von Köln aus regiert. In Ausübung dieser Funktion starb Bruno 965 in Reims.

105. Wo liegt Kaiserin Theophanu begraben?

Der Neffe Brunos, Kaiser Otto II. (973 bis 983), wird 972 in Rom mit der erst zwölfjährigen byzantinischen Prinzessin Theophanu vermählt. Wenige Tage später krönt Papst Johannes XIII. sie zur Kaiserin. Ihr Leben und erfolgreiches politisches Wirken zeigen die nahe Verbindung Kölns zur Reichspolitik. Noch selbst sehr jung, wird Theophanu bereits 983 Witwe und übernimmt die vormundschaftliche Regierung für ihren noch minderjährigen Sohn Otto III. Nach ihrem Tod 991 wird sie auf eigenen Wunsch in Köln in St. Pantaleon beigesetzt. Sie hatte den Bau der Kirche wesentlich gefördert. Ihr sehr schöner Sarkophag steht in St. Pantaleon links hinter der Eingangshalle. Ihre Statue steht am Ratsturm auf der Westseite im Erdgeschoss ganz rechts.

106. Wann erhielten die Kölner Erzbischöfe das Krönungsrecht?

Kaiser Konrad II. ernannte 1031 Erzbischof Pilgrim *(siehe 98)* zum »Erzkanzler des Reichs für Italien«. Dieses Amt lag fortan in Händen der Kölner Erzbischöfe. Papst Leo IX. verlieh 1052 Erzbischof Hermann II. (1036–1056) zusätzlich das Privileg, den gewählten deutschen König in Aachen zu krönen. Begründet wurde das seitdem bei den Kölner Erzbischöfen liegende Krönungsrecht vor allem damit, der Krönungsort Aachen liege in der Kölner Kirchenprovinz. Konrad II. war der erste Kaiser aus dem Haus der Salier, die

Sarkophag der Kaiserin Theophanu (1965 von Sepp Hürten geschaffen)

Deutschland von 1024–1125 regierten. Nach ihnen ist der Salierring benannt.

107. Welcher Erzbischof geht als »Kidnapper« in die Geschichte ein?

1062 entführt Erzbischof Anno II. (1056 bis 1075) in einer dramatischen Aktion den noch unmündigen König Heinrich IV. nach Köln, um dort in seiner Residenz selbst die Prinzenerziehung in die Hand zu nehmen. Der erst zwölfjährige Knabe wird von ihm bei einer Festlichkeit in Kaiserswerth auf ein Schiff gelockt, das plötzlich ablegt und Kurs auf Köln nimmt. Der König versucht zu fliehen, indem er über Bord springt, wird aber von einem Gefolgsmann Annos aus den Rheinfluten geborgen und zurück auf das Schiff gebracht. Hintergrund der Aktion ist die Unzufriedenheit des Erzbischofs und anderer Fürsten mit der ungeschickten Führung der Reichsverwaltung durch die Kaiserwitwe Agnes, die 956 nach dem frühen Tod Kaiser Heinrichs III. für ihren erst fünfjährigen Sohn die Regentschaft übernahm. Anno hält den jungen König bis zu dessen Volljährigkeit in seiner Kölner Residenz gefangen und spielt selbst im Reich die führende Rolle. Seine Skulptur steht auf der Südseite des Ratsturms (4. Obergeschoss, links).

Annos Fluchtweg, Mauerdurchbruch in der Stadtmauer, Domgarage.

108. Wann wird erstmals ein Erzbischof von der Bevölkerung aus Köln vertrieben?

Das autokratische Regiment Annos II. führte zu erheblichen Spannungen mit den Kölner Kaufleuten und Bürgern. Als er Ostern 1074 ein bereits beladenes Kauffahrteischiff zur Weiterfahrt für den in Köln weilenden Bischof von Münster beschlagnahmen lässt, ist das Maß voll. Eine offene Rebellion bricht aus, in deren Verlauf der erzbischöfliche Palast von einer aufgebrachten Menge gestürmt wird. Anno kann sich nur mit Mühe in den Dom retten und entkommt durch einen Geheimgang unter der römischen Stadtmauer nach Neuss. Nur vier Tage später kehrt er mit bewaffneten Rittern zurück und rechnet ab. Alle am Aufstand Beteiligten werden mit Geldbußen belegt, die Anführer ausgepeitscht und geblendet. Anno II. wird 1183 von Papst Lucius III. heiliggesprochen. Er zählt zu den Schutzpatronen der Stadt *(siehe 146)*. Nach ihm ist die Annostraße benannt. Den Mauerdurchbruch, den er 974 als Fluchtweg benutzte, kann man in der unteren Ebene der Domgarage besichtigen.

109. Wie war das Verhältnis der Kölner zu ihren Erzbischöfen?

Die Rebellion im Jahr 1074 gegen Erzbischof Anno II. (108) bezeugt, dass die Kölner schon damals alles andere als obrigkeitshörig waren. Die Interessen der Kaufleute und das wachsende Selbstbewusstsein der Kölner Bürger führten in der Folgezeit noch häufiger zur Auflehnung gegen die weltliche Obrigkeit. In einem fortschreitenden Emanzipationsprozess konnte sich die Stadt 1288 endlich von der Herrschaft des Erzbischofs befreien. Markante Stationen dieses Weges waren:

- 1106 erheben sich die Kölner gegen Erzbischof Friedrich I. (1100–1131) und ergreifen Partei für Kaiser Heinrich IV. (in dessen Konflikt mit seinem Sohn Heinrich V.), der ihnen daraufhin 1106 die Wehrhoheit verleiht. Köln wird in großer Eile erweitert *(siehe 121)* und befestigt. Eine einmonatige Belagerung der Stadt durch Heinrich V. scheitert.
- 1179 beginnt die Stadt gegen den ausdrücklichen Willen des Erzbischofs Philipp von Heinsberg mit dem Bau der großen Stadtmauer. Der Konflikt hierüber endet mit einem Vergleich, den Kaiser Barbarossa 1180 bestätigt.
- 1252 belagern erzbischöfliche Truppen die Stadt. Albertus Magnus *(siehe 140)* gelingt die Vermittlung zwischen Erzbischof Konrad von Hochstaden und der Stadt (»Kleiner Schied«).
- 1258 unterliegen in einem erneuten Konflikt die erzbischöflichen Truppen den Kölnern. Unter erneuter Führung von Albertus Magnus wird auf einer 1,77 m langen Urkunde der »Große Schied« besiegelt: Der Erzbischof ist weiterhin die höchste geistliche und weltliche Macht in Köln, zugleich erhält die Selbstverwaltung erweiterte Spielräume.
- 1288 gehören die Kölner zu den Siegern der Schlacht von Worringen *(siehe 123–125)*. Der unterlegene Erzbischof Siegfried von Westerburg wird gezwun-

gen, einen Sühnevertrag zu schließen. Er darf Köln ohne Erlaubnis der Bürgerschaft nicht mehr betreten und verlegt seine Residenz nach Bonn. Köln wird faktisch eine freie Reichsstadt.

110. Wann entwickelten sich Anfänge einer eigenständigen städtischen Verwaltung?

Zur Ausübung ihrer Herrschaft über die Stadt ernannten die Erzbischöfe einen Burggrafen und einen Stadtvogt, unter denen ein Untergraf und ein Untervogt sowie ein vom Erzbischof berufenes Schöffenkollegium amtierten. Den Schöffen wuchsen neben ihrer richterlichen Funktion am erzbischöflichen Hochgericht im Laufe der Zeit weitere administrative Aufgaben zu. Eine Urkunde von 1103 belegt, dass sie die Zollsätze festsetzten, die von Kaufleuten aus Lüttich und Huy zu entrichten waren. Die Schöffen ergänzten sich später durch Nachwahl selbst, wobei nur Mitglieder der vornehmsten Kölner Familien berücksichtigt wurden. Ihre Zahl von ursprünglich zwölf vergrößerte sich auf 25 im Jahr 1149. Das Schöffenkollegium, das mit der Richerzeche *(siehe 111)* und den Vertretern der kirchlichen Gemeinden zusammenarbeitete, wurde die Keimzelle einer eigenständigen Kommunalverwaltung. Seit 1114 führten die Schöffen ein eigenes städtisches Siegel. 1216 wird erstmals ein Kölner »Rat« erwähnt.

111. Was war die »Richerzeche«?

Im 12. Jahrhundert etablierte sich als kommunalpolitisch zunehmend einflussreiches Gremium die »Richerzeche« (Bruderschaft der Reichen). In ihr waren die reichsten und mächtigsten Familien der Stadt vertreten. Vorsteher der Bruderschaft waren in jährlichem Wechsel zwei

Kölns erstes Stadtsiegel 1114, Umschrift »Heiliges Köln, durch Gottes Gnade der römischen Kirche treue Tochter«

»magistri civium« (Bürgermeister), von denen einer in der Regel dem Schöffenkollegium angehörte. Am Ende ihrer Amtszeit wurden die Bürgermeister in den Vorstand der Richerzeche aufgenommen. Sie übten schon bald wie Vertreter der Gesamtstadt administrative Funktionen aus, so zum Beispiel das Recht der Stadtsiegelführung. Auch die Richerzeche selbst eignete sich schrittweise administrative Befugnisse an – wie die Marktaufsicht und die Verleihung des Zunft- und des Bürgerrechts. 1370 erzwang nach innerstädtischen Unruhen die größte Zunft der Weber die Auflösung der Richerzeche. 1396 ist die Herrschaft der Patrizier endgültig vorbei *(siehe 129–131)*.

112. Wann war in Köln erstmals ein Judenpogrom?

Vor dem von Papst Urban II. veranlassten ersten Kreuzzug (1096–1099) kommt es überall im Rheinland zu antijüdischen Agitationen und Ausschreitungen. In Köln setzt ein Voraustrupp der Kreuzfahrer das Judenviertel in Brand und missachtet dabei den hoheitlichen Schutz, der den Juden aufgrund des »Judenregals« zusteht. Auch die Synagoge geht in Flammen auf. Erzbischof Hermann III. von Hochstaden nimmt sich der verfolgten Juden an und verteilt sie auf Orte der Umgebung. 50 Jahre später kommt es im Vorfeld des zweiten Kreuzzugs erneut zu Ausschreitungen. Erzbischof Arnold I. (1138 bis 1151) öffnet den Kölner Juden 1146 seine Feste Wolkenburg als Zufluchtsstätte.

113. Was war das erzbischöfliche »Judenregal«?

Seit dem Pontifikat Erzbischof Brunos *(siehe 102, 103)* gehörte zu den Hoheitsrechten des Kölner Erzbischofs das »Judenregal«. Dies war ein übertragbares königliches Hoheitsrecht (Regal), auf dessen Grundlage der Erzbischof die Juden als sogenannte Schutzjuden unter hoheitlichen Schutz stellte und ihnen gegen Zahlung von Gebühren Privilegien gewährte. Ihnen wurde der Besitz ihres beweglichen Eigentums zugesichert, Grundbesitz innerhalb und außerhalb der Stadt gestattet und freie Handelsausübung einschließlich des Rechts des Geldverleihs gewährt.

114. Wo lag im Mittelalter das Judenviertel Kölns?

Seit der Römerzeit *(siehe 64)* war die jüdische Gemeinde im Zentrum Kölns angesiedelt. Im Mittelalter lag das jüdische Viertel im heutigen Rathausbereich innerhalb der Straßenzüge Kleine Budengasse, Unter Goldschmied, Obenmarspforten, Judengasse. Die dort 1170 errichtete Mikwe, ein Kultbad, ist auf dem Rathausvorplatz zu besichtigen. Die Grundrisse anderer öffentlicher Gebäude (Synagoge, Bäckerei, Hochzeits- und Spielhaus, Hospiz) sind in der Pflasterung kenntlich gemacht.

Mikwe, jüdisches Kultbad am Rathaus, 1170

115. Wann fand das schwerste Judenpogrom statt?

1349 breitet sich eine aus Asien eingeschleppte Pestepidemie über ganz Europa aus und erreicht auch Köln, wo sie täglich an die 100 Opfer fordert. Wie in Südfrankreich und anderenorts lastet man auch in Köln die Seuche den Juden an. Sie hätten die Brunnen vergiftet, um die Christen zu töten. Diesem Gerücht folgt ein schreckliches Pogrom. Fast alle Juden werden auf brutale Weise niedergemetzelt, ihre Häuser geplündert und in Brand gesetzt. Nur wenige können entkommen. Die blühende jüdische Gemeinde Kölns wird völlig vernichtet. Nutznießer sind Plünderer und Schuldner, die ihre Schuldscheine loswerden. Erst 1372 werden in Köln wieder Juden aufgenommen.

116. Wann kam für die jüdische Gemeinde Kölns das endgültige Aus?

Trotz mehrfacher Vertreibungen kehrten die Juden immer wieder nach Köln zu-

»Die Judensau« – antisemitische Darstellung am Dom-Chorgestühl

rück. Sie erhielten gegen Zahlung eines beträchtlichen Aufnahmegeldes aber nur eine befristete Aufenthaltserlaubnis. 1404 erließ der Rat für Juden eine Kleiderordnung, die sie deutlich von den Christen unterschied. Im August 1423 beschloss der Rat, den im Oktober 1424 auslaufenden Aufenthaltsvertrag nicht mehr zu verlängern. Dies bedeutete für die jüdische Gemeinde Kölns nach über 1200 Jahren das endgültige Aus.

117. Welche Beziehungen zu den Juden bestanden trotz ihrer Ausweisung weiter?

Nach ihrer Verbannung aus Köln siedelten sich viele Juden auf dem gegenüberliegenden Rheinufer in Deutz an, wo sie unter dem Schutz des Kölner Erzbischofs Dietrich von Moers (1414–1463) eine jüdische Gemeinde gründeten. 1510 wurde Juden wieder erlaubt, die Stadt tagsüber bis zum Anbruch der Dunkelheit zu betreten. Bedingung war, dass sie einen gelben Ring auf der Kleidung trugen. Besonders gern bedienten die Kölner sich jüdischer Ärzte. Sie mussten abends mit dem Nachen wieder nach Deutz übersetzen. Erst 350 Jahre später, unter der französischen Besatzung, erhielt 1798 erstmals ein jüdisches Ehepaar wieder die Erlaubnis, in Köln ansässig zu werden *(siehe 340)*.

118. Welcher Erzbischof verlieh Köln das Stapelrecht, wie lange blieb es in Kraft?

1259 verlieh Erzbischof Konrad von Hochstaden, elf Jahre nach der Grundsteinlegung des Doms *(siehe 162)*, Köln das Stapelrecht. Es wurde bis 1831 für die Stadt eine wichtige Quelle ihres Reichtums. Alle Kaufleute, die Köln per Schiff oder über Land passierten, mussten ihre Waren abladen, »stapeln« und mit Vorkaufsrecht den Kölnern drei Tage zum Kauf anbieten. Kauf und Weiterverkauf, praktisch der gesamte Handel, aber auch die Qualitätsprüfung lagen damit in Händen der Kölner Kaufleute. Als Preußen 1831 den Kölner Stapel aufhob, verschaffte er der Stadt noch immer einen jährlichen Reinertrag von 60.000 Talern, weshalb der preußische Staat Köln eine Entschädigung von 232.000 Talern gewährte *(siehe 435)*. Heute erinnern noch das »Stapelhaus« und die in der Nähe des Rheins gelegenen alten Marktnamen (Fischmarkt, Buttermarkt, Eisenmarkt, Holzmarkt, Heumarkt, Alter Markt) an die Blütezeit des auf den Kölner Stapel gestützten Handels.

119. Welcher Erzbischof brachte die Gebeine der Heiligen Drei Könige nach Köln?

1156 ernannte Hohenstaufenkaiser Friedrich Barbarossa den 1120 in Dassel (bei Einbeck) geborenen Grafensohn Rainald von Dassel zum Reichskanzler. Politisch hochbegabt, war er ein energischer Vertreter der Reichsrechte in Italien. 1157 setzte der Kaiser seine Wahl zum Erzbischof von Köln durch. Diese in Köln als befohlene Wahl angesehene Entscheidung sollte für die Stadt ungeahnte Folgen haben: Nachdem 1162 kaiserliche Truppen Mailand eingenommen hatten, schenkte Barbarossa seinem Kanzler die in Mailand konfiszierten Gebeine der Heiligen Drei Könige als Kriegsbeute. Rainald von Dassel brachte sie 1164 nach Köln. Der Besitz dieser kostbaren Reliquie steigerte die Bedeutung Kölns in der Folgezeit auf das Höchste. Für sie wurden der prachtvolle Dreikönigsschrein gefertigt und als steinernes Reliquiar der Kölner Dom gebaut *(siehe 191–195)*. Die Statue Rainalds steht am Ratsturm auf der Westseite (1. Obergeschoss).

120. Unter welchem Erzbischof beginnen die Kölner den Bau der großen Stadtmauer?

Eines der wichtigsten Ereignisse der Kölner Stadtgeschichte ist der Bau der 8 m hohen, gewaltigen Stadtmauer, die das Stadtgebiet fast verdoppelt *(siehe 121)*. Köln wird durch sie zur größten und stärksten Festung Europas, die bis zur kampflosen Übergabe an die Franzosen 1794 nie bezwungen wird. Die nach 60-jähriger Bauzeit vollendete, insgesamt 7,5 km lange Mauer ist mit ihren zwölf majestätischen Torburgen ein Abbild des Himmlischen Jerusalem. Die selbstbewussten Kölner beginnen den aufwendigen Bau 1179 gegen den ausdrücklichen Willen des Erzbischofs Philipp von Heinsberg (1167–1191). Der Konflikt kann jedoch 1180 durch einen Vergleich beigelegt werden, den Kaiser Friedrich I. von Hohenstaufen (»Barbarossa«) am 18. August 1180 bestätigt: Köln zahlt dem Erzbischof ein Bußgeld von 2.000 Mark in Silber. Dafür werden von Erzbischof und Kaiser die »guten und vernünftigen Gewohnheiten« der Bürgerschaft anerkannt und die Fortsetzung der Bauarbeiten erlaubt. Zur Erinnerung ist der im Dom (Maternuskapelle) stehende Sarkophag des Erzbischofs mit Mauerzinnen und Toren geschmückt. Als 1880 in allgemeiner Abrisseuphorie die mittelalterliche Stadtmauer fällt, können dank preußischer Intervention *(siehe 489)* drei Torburgen gerettet werden. Eigelstein-, Hahnen- und Severinstor gehören heute zu dem stolzen mittelalterlichen Erbe Kölns. Nach Kaiser Barbarossa ist der Barbarossaplatz, nach den Hohenstaufen der Hohenstaufenring benannt.

Bayenturm, Teil der mittelalterlichen Stadtmauer, Baubeginn um 1200

121. Welche Ausdehnung hatte Köln im Mittelalter, wie oft wurde die Stadt erweitert?

Bis ins 10. Jahrhundert begnügte sich die zu der Zeit ca. 20.000 Einwohner zählende Stadt (um 1300 ca. 40.000) mit dem von der Römermauer geschützten Stadtgebiet (98,6 ha). Unter Bruno I. *(siehe 103)* erfolgte erstmals eine Stadterweiterung (25 ha) durch Einbeziehung der am Rhein vorgelagerten Kaufleutesiedlung

St. Pantaleon, romanischer Kirchenbau, Baubeginn 984 – spätere Bauabschnitte bis Anfang 14. Jahrhundert

(heutiges Martinsviertel). 1106 wuchs die Stadt weiter um die nördlich, westlich und südlich der römischen Mauer entstandenen Siedlungen Niederich, Westerich und Oversburg (80 ha). Die neuen Gebiete wurden durch Wall und Graben geschützt. Noch heute erinnern Straßennamen an diese Stadterweiterung (Wallgasse, Altengrabengässchen, Katharinengraben). Als ab 1180 Köln mit der großen mittelalterlichen Stadtmauer halbkreisförmig umgeben wurde, erweiterte sich das Stadtgebiet um zusätzliche 190 ha. Köln hatte von da an bis zum Mauerabriss 1880 *(siehe 486)* eine Größe von 401,6 ha.

122. Unter welchem Erzbischof und durch welches Ereignis endet in Köln das Zeitalter des romanischen Kirchenbaus?

1247, ein Jahr vor der Grundsteinlegung des Kölner Doms *(siehe 162)*, weiht Erzbischof Konrad von Hochstaden den bis auf den Westturm fertiggestellten Bau von St. Kunibert. Damit geht in Köln die großartige Epoche der Romanik zu Ende, und das Zeitalter des aus Frankreich kommenden modernen Stils der Gotik bricht an. Der Auftakt ist 1248 die Grundsteinlegung für ein architektonisches Wunderwerk, das 632 Jahre später, im Jahr 1880, vollendet wird *(siehe 218 bis 223)*. Heute ist Köln weltweit nicht nur durch den Dom, sondern auch durch den Kranz seiner zwölf mittelalterlichen romanischen Kirchen *(siehe 855)* bekannt. Sie sind ein über die Zeiten geretteter Abglanz des »hillijen Kölle«.

123. Wann war die Schlacht von Worringen, welche Folgen ergaben sich für Köln und Bonn?

1288 stehen sich im bereits sechs Jahre dauernden Limburger Erbfolgestreit zwei feindliche Lager gegenüber. In der historisch bedeutenden Entscheidungsschlacht von Worringen am 5. Juni 1288 unterliegen der auf Machtzuwachs bedachte Kölner Erzbischof Siegfried von Westerburg und seine Verbündeten der von Johann von Brabant geführten Gegenpartei. Ihr gehören neben dem Grafen von Berg und

Szene aus der Schlacht bei Worringen 1288

anderen Territorialherren auch die Stadt Köln an. Der Ausgang der Schlacht hat weitreichende Folgen: Die Kölner Bürgerschaft befreit sich fast vollständig von der Herrschaft ihres Landesherrn. Siegfried von Westerburg muss im Vertrag vom 18. Juni 1288 die Souveränität der Stadt anerkennen. Diese erreicht damit de facto den Status einer freien Reichsstadt. Der Erzbischof darf die Stadt nicht mehr ohne Erlaubnis der Bürgerschaft betreten. Köln kommt damit als landesherrliche Residenz nicht mehr in Betracht. Stattdessen bauen die Erzbischöfe in der Folgezeit Bonn zu ihrer Residenz (bis 1794) aus. Erst 547 Jahre später, im Jahr 1825, nimmt der Kölner Erzbischof wieder seinen Sitz in Köln *(siehe 423, 424)*.

124. Welche Bedeutung hat die Schlacht von Worringen für Düsseldorf?

Die Schlacht von Worringen verändert das territoriale Machtgefüge grundlegend. Das Streben des Erzstiftes Köln nach Vormachtstellung im Nordwesten Europas ist endgültig gescheitert. Graf Adolf von Berg verleiht bereits wenige Tage nach der Schlacht, am 14. August 1288, dem kaum 400 Einwohner zählenden Flecken Düsseldorf das Stadtrecht. Er setzt damit einen Kontrapunkt zu der bis dahin am Niederrhein herrschenden Dominanz der Kölner Erzbischöfe und schafft dadurch zugleich die Grundlage für die Entwicklung Düsseldorfs zur künftigen bergischen Residenzstadt. Der von ihm als Gefangener auf Schloss Burg an der Wupper verbrachte Erzbischof erhält seine Freiheit erst zurück, nachdem er am 19. Mai 1289 in einem »Sühnevertrag« auf sein Befestigungsrecht im Bergischen Land verzichtet. Auch die erzbischöflichen Burgen Zons und Neuenburg werden entfestet, die Burg Worringen wird dem Boden gleichgemacht.

125. Wie reagierte der Papst auf die Niederlage des Kölner Erzbischofs in Worringen?

Am 18. Januar 1290 entband Papst Nikolaus IV. den Kölner Erzbischof Siegfried von Westerburg von jeglichen Versprechungen und Eiden, die er nach der Schlacht von Worringen der Stadt Köln gemacht hatte. Dies wie auch das vom Papst über die Stadt verhängte Interdikt vermochten indessen die geschaffenen Fakten nicht rückgängig zu machen. Köln blieb von landesherrlicher Regierung frei. Die dem Erzbischof verbliebenen Funktionen beschränkten sich auf geistliche Aufgaben und auf die Gerichtsbarkeit bei Kapitalverbrechen.

126. Wann erhält Köln offiziell den Status einer freien Reichsstadt?

1475 verleiht Kaiser Friedrich III. aus dem Hause Habsburg der Stadt Köln das »Reichsstadtprivileg«. Er dankt damit der Stadt für das große militärische und finanzielle Engagement im »Neusser Krieg«, einem Konflikt zwischen Erzbischof Rupprecht von der Pfalz und der Stadt Köln, die (gemeinsam mit dem Domkapitel) den Erzbischof nicht anerkennen wollte. Als der Herzog von Burgund, Karl der Kühne, zugunsten des Erzbischofs Partei ergreift und Köln und Neuss dem Erzbischof unterwerfen will, erklärt Köln dem Erzbischof den Krieg und entsendet Truppen zum belagerten Neuss. Der von Köln um Hilfe gebetene Kaiser entsendet ebenfalls Truppen, kann aber den Konflikt vertraglich friedlich lösen, indem er die Vermählung seines Sohnes Maximilian mit Maria, der Tochter Karls, vereinbart. Köln erreicht mit der Verleihung des »Reichsstadtprivilegs«, dass die in Worringen 200 Jahre zuvor erkämpfte Freiheit nun auch de iure vom Kaiser offiziell anerkannt ist. Die Skulptur Friedrichs III. steht auf der Nordseite des Ratsturms (Erdgeschoss, rechts). Nach den Habsburgern ist der Habsburgerring benannt.

127. Welche Erzbischöfe des Mittelalters haben in Köln bleibende Spuren hinterlassen?

Die Kölner Erzbischöfe hatten als geistliche Würdenträger und weltliche Landesherren bis zur Schlacht von Worringen 1288 ihren Sitz in Köln. Sie hatten bis dahin – trotz häufiger Auseinandersetzungen mit der Bürgerschaft – die Geschicke und das Bild der Stadt maßgeblich geprägt. Die Epoche des romanischen Kirchenbaus fiel in diese Zeit. Bleibende Spuren hinterließen:

- Hildebold *(799–841):* Schuf den Vorgängerbau des heutigen Doms. Bestattet in St. Gereon *(siehe 94)*.
- Hermann I. *(889–924):* Erhielt von Papst Stephan VI. neue Reliquien für die von den Normannen ausgeplünderten Kirchen. Bestattet im Dom.
- Bruno I. *(953–965):* Machte den alten Dom fünfschiffig, gründete die Kirchen St. Pantaleon, St. Andreas und Groß St. Martin und brachte Petrusstab und Petruskette nach Köln (beide in der Domschatzkammer). Sein Sarkophag steht in der Krypta von St. Pantaleon *(siehe 103)*.
- Gero *(969–976):* Stiftete das im Dom hängende Gerokreuz *(siehe 197)*. Sein Hochgrab befindet sich in der Stephanuskapelle des Doms.
- Heribert *(999–1021):* Gründete in Deutz die Benediktinerabtei St. Heribert. Die zum Kloster gehörende Kirche Alt St. Heribert dient heute der griechisch-orthodoxen Gemeinde. Heriberts Gebeine ruhen in dem 1160 bis 1170 geschaffenen Heribertsschrein, der in der Vierung der 1891–1896 gebauten neuen Heribertskirche (dem »Düxer Dom«) aufgestellt ist.

Romanische Kirche St. Aposteln, 1192–1230

- Pilgrim *(1021–1036):* Gründete ein Kanonikerstift mit der Kirche St. Aposteln, in der sein Sarkophag steht.
- Anno II. *(1056–1075):* Gründete zahlreiche Kirchen, unter anderem das Stift St. Georg, an der Ostseite des (alten) Doms St. Maria ad Gradus (im 19. Jahrhundert abgerissen) und die Abtei Siegburg, in der er auf seinen Wunsch beigesetzt wurde.
- Rainald von Dassel *(1159–1167):* Brachte 1164 die Gebeine der Heiligen Drei Könige von Mailand nach Köln. Diese Reliquie wurde ursächlich für den Bau des gotischen Doms und machte Köln zu einem der erstrangigen Wallfahrtsorte Europas *(siehe 119, 191)*. Die Skulp-

Der mit Mauerzinnen und Stadttoren geschmückte Sarkophag des Erzbischofs Philipp von Heinsberg in der Maternuskapelle des Doms

tur Rainalds steht am Ratsturm auf der Westseite (1. Obergeschoss).

- Philipp I. von Heinsberg *(1167–1191)*: Zu seiner Zeit begann der Bau der großen Stadtmauer *(siehe 120)*. Sein Hochgrab befindet sich in der Maternuskapelle des Doms.

128. Wie lange herrschten nach der Schlacht von Worringen die Patrizier in Köln?

Nach 1288 lag die Stadtherrschaft gut 100 Jahre in den Händen der Patrizier, die aus etwa 40 vornehmen, begüterten Familien bestanden. Sie beherrschten bis 1396 das Schöffenkollegium, die Richerzeche und den Rat und hatten damit politisch das Sagen. Während die Mitglieder des Schöffenkollegiums und der Richerzeche *(siehe 111)* ihr Amt auf Lebenszeit erhielten, wurde der Rat jährlich aus 15 Geschlechtern neu gewählt. Die meisten Patrizier waren durch den Handel reich geworden, hatten gute Beziehungen ins Ausland und Erfahrung in der Wahrnehmung öffentlicher Aufgaben, was ihnen Ansehen und Achtung verschaffte. Das Overstolzenhaus in der Rheingasse trägt den Namen des Patriziergeschlechts der Overstolzen. Es ist ein Zeugnis feudalen Selbstbewusstseins.

Das Overstolzenhaus, um 1230 von Werner Overstolz errichtet, zählt zu den bedeutendsten Profanbauten der Romanik in Deutschland

129. Aus welchem Jahr stammt der »Verbundbrief«, welche Bedeutung hat er für Köln?

Die Herrschaft der Patrizierfamilien, die untereinander zerstritten und in zwei verfeindete Lager aufgeteilt waren, wurde mehr und mehr unbeliebt. 1396 bereiten die Zünfte (kartellartig verfasste Organisationen der einzelnen Handwerkszweige) dieser Herrschaft ein gewaltsames Ende und übernehmen selbst die Macht. Sie setzen zunächst einen provisorischen Rat ein, der eine Kommission mit der Ausarbeitung einer neuen städtischen Verfassung beauftragt. Den von der Kommission entworfenen Verbundbrief setzt der provisorische Rat am 14. September 1396 in Kraft. Dies ist die Geburtsstunde der Kölner Verfassung. Ergänzt durch den »Transfixbrief« von 1512 *(siehe 132)* hat sie 400 Jahre lang – bis zum Einmarsch der Franzosen 1794 – Gültigkeit.

130. Wie sah die im Verbundbrief niedergelegte Stadtverfassung aus?

Die 1396 in Kraft gesetzte Verfassung teilt die Bürgerschaft in 22 gewerblich-politische Genossenschaften auf: vier kaufmännische »Gaffeln« und 18 Handwerkszünfte, in Köln »Ämter«, später auch »Gaffeln« genannt. (Der Name Gaffel stammt von der Tranchiergabel, wie sie bei Tischgesellschaften verwendet wurde – man traf sich, um beim Essen geschäftliche und politische Dinge zu besprechen.) Alle Vollbürger Kölns (keine Vollbürger sind Tagelöhner, Dienstleute, Arme, Bettler und Juden) werden verpflichtet, einer Gaffel anzugehören, die Verfassung zu beschwören und den »Großen Bürgereid« abzulegen. Die Stadt erhält einen 49 Mitglieder zählenden Rat. 36 Mitglieder werden von den Gaffeln gestellt, die restlichen 13 Ratsherren (das sogenannte »Gebrech«, das heißt, was an der Zahl 49 noch gebricht/fehlt) werden von den 36 anderen Ratsherren aus der gesamten Bürgerschaft hinzugewählt. Auf diese Weise können kluge und erfahrene Persönlichkeiten in den Rat berufen werden. Zur Kontrolle des Rats wird das Gremium der »Vierundvierziger« geschaffen, für das jede der 22 Gaffeln zwei Mitglieder benennt. Die Vertretung der Stadt nach außen liegt in Händen zweier auf ein Jahr gewählter Bürgermeister. Das Wort Gaffel lebt in »Gaffelbräu« (Gaffel Kölsch) weiter.

131. Welches Gebäude errichten die Zünfte als sichtbares Zeichen des Triumphes über die Patrizier?

Zwischen 1407 und 1414 errichten die neuen Machthaber neben dem gotischen Rathaus *(siehe 154)* den mächtigen, fünfgeschossigen, 61 m hoch aufragenden »Rats-

Der zerstörte Ratsturm 1946

Der Ratsturm 1995, nach dem Wiederaufbau

turm« (häufig auch Rathausturm genannt), der als erstes Hochhaus Kölns den neuen Stolz der Bürger weithin sichtbar macht. Im ersten Geschoss befindet sich der für die Sitzungen des Rats bestimmte Senatssaal. Verfasser des Bauplans ist der Steinmetz und Ratsherr Jakob vom Aldenmart. Der den »Belfrieden« niederländischer Städte nachempfundene viereckige Turm (ab 4. Geschoss achteckig) gilt als Meisterwerk spätgotischen Repräsentationsbaus. Das üppig dekorierte Bauwerk ist bekrönt von einer Maßwerkbrüstung und einem achtseitigen Turmhelm mit Laterne. Die besonders aufwendig gestalteten Außenfassaden sind mit Drachenfelser Trachyt verkleidet und geprägt von reich gestalteten Maßwerkfenstern und -blenden sowie von 130 (heute 124) steinernen Skulpturen. Der im Zweiten Weltkrieg fast völlig zerstörte Bau wurde, beginnend mit der Grundsteinlegung am 26. Mai 1950, nach den Plänen des Architekten Wilhelm Hartmann in weitgehender Anlehnung an das mittelalterliche Vorbild wieder aufgebaut.

132. Wann wurde die neue Verfassung durch den »Transfixbrief« ergänzt?

Die neue Verfassung führte in der Praxis durch Klüngel zu erheblichen Missständen. Die nach Jahresfrist mögliche Wiederwahl der Bürgermeister und die häufige Wiederwahl von Ratsmitgliedern förderten die Bildung einer neuen elitären Führungsschicht und deren Günstlingswirtschaft. 1481 kommt es deshalb zu einem Aufstand der Gaffeln gegen den Rat. Als wenig später ein »Kränzchen« einflussreicher Kölner jahrelang an Rat und Bürgerschaft vorbei wichtige personelle und politische Entscheidungen trifft, bricht 1512 ein erneuter Aufstand aus. Zehn Ratsherren, darunter die beiden abgesetzten Bürgermeister, werden auf dem Heumarkt hingerichtet. Der Verbundbrief wird durch eine Reihe von Bestimmungen ergänzt, die im Transfixbrief dokumentiert und von den 22 Gaffeln und dem Rat feierlich beschworen werden. Beide Urkunden bleiben bis zum Einmarsch der Franzosen 1794 als städtische Verfassung in Kraft.

133. Wann entstand die Kölner, wann die deutsche Hanse?

Für die wirtschaftliche Entwicklung Kölns spielte der Englandhandel (hauptsächlich Wein gegen Wolle) schon im 10. Jahrhundert eine wichtige Rolle. 1157 sagte der englische König Heinrich II. den Kölner Kaufleuten den gleichen Schutz zu wie seinen Untertanen. Dieser erstreckte sich auch auf die Kölner Niederlassung in London, die gegen 1130 errichtete »Gildhalle«. Zur Abwicklung ihrer Geschäfte bildeten die Kölner eine Genossenschaft, genannt »Hanse« (althochdeutsch: Gruppe, Gefolge, Schar). 1194 befreite König Löwenherz sie von allen Abgaben. Gegen diese monopolartig geschützte Stellung setzten sich die Hansen Hamburgs und Lübecks zur Wehr und erhielten 1267 die gleichen Vergünstigungen. 1280 schlossen sich die drei Hansen zur deutschen Hanse (Hansa Alemaniae) zusammen. Dies wurde zum Vorläufer einer Entwicklung, die in den folgenden Jahrzehnten zur Bildung des über die Grenzen Deutschlands hinausreichenden Hansebundes führte. Ihm gehörten in seiner Blütezeit an die 200 »Hansestädte« insbesondere im Ostseeraum an. Niederlassung der Hanse in London wurde die erweiterte Kölner Gildhalle, die den Namen »Stalhof« (steelyard) erhielt. Die Skulptur des englischen Königs Heinrich II. steht auf der Westseite des Ratsturms in der Mitte des Erdgeschosses.

Skulptur Heinrichs II. von England am Rathausturm

134. Welche Stellung hatte Köln in der deutschen Hanse?

Die ursprünglich als Organisation der Kaufleute entstandene Hanse entwickelte sich im Laufe der Zeit zu einem lockeren Verbund ihrer Städte, die alle die Hansefarben Rot und Weiß als Stadtfarben annahmen. Oberstes Organ war der Hansetag, der in loser Folge an wechselnden Orten tagte. Köln, im ausgehenden Mittelalter (14./15. Jahrhundert) größte Stadt Deutschlands, spielte eine führende Rolle und war Vorort der Hanse im deutschen Westen. Hier fand 1367 der Hansetag statt. Auf ihm wurde die »Kölner Föderation« – ein Bündnis zahlreicher Hansestädte (ohne Köln) gegen Dänemark und Norwegen – beschlossen. Als ab dem 16. Jahrhundert die Bedeutung des Städtebundes unter anderem als Folge der Entdeckung Amerikas und der aufblühenden Überseeschifffahrt abnahm, unternahm die Hanse unter ihrem Kölner Syndicus Heinrich Sudermann 1556 noch einmal den Versuch einer Reorganisation, konnte aber den Verfall letztlich nicht abwenden. 1669 hielten die verbliebenen Hansestädte Lübeck, Hamburg, Bremen, Danzig, Rostock, Braunschweig, Hildesheim, Osnabrück und Köln in Lübeck den letzten Hansetag ab. In Köln erinnern an diese bedeutende Epoche der Stadtgeschichte der Hansesaal des Rathauses, der Hansaring, das Hansagymnasium, der Sudermannplatz und die Stadtfarben Rot und Weiß. Die Statue Sudermanns steht auf der Südseite des Ratsturms (1. Obergeschoss).

135. Welche Rolle spielte die Handelsschifffahrt im mittelalterlichen Köln?

Da schon ab dem 2. Jahrhundert der römische Hafen (heutiger Alter Markt) versandete, mussten die Handelsschiffe sich mit Anlegeplätzen am Rheinufer begnügen. Die Schiffseigner nutzten den gesamten Uferabschnitt vor der rheinseitigen Stadtmauer zwischen Bayenturm im Süden und St. Kunibert im Norden als Hafen-, Anlande- und Umschlaggelände. Im Norden ankerten die für den Nieder-

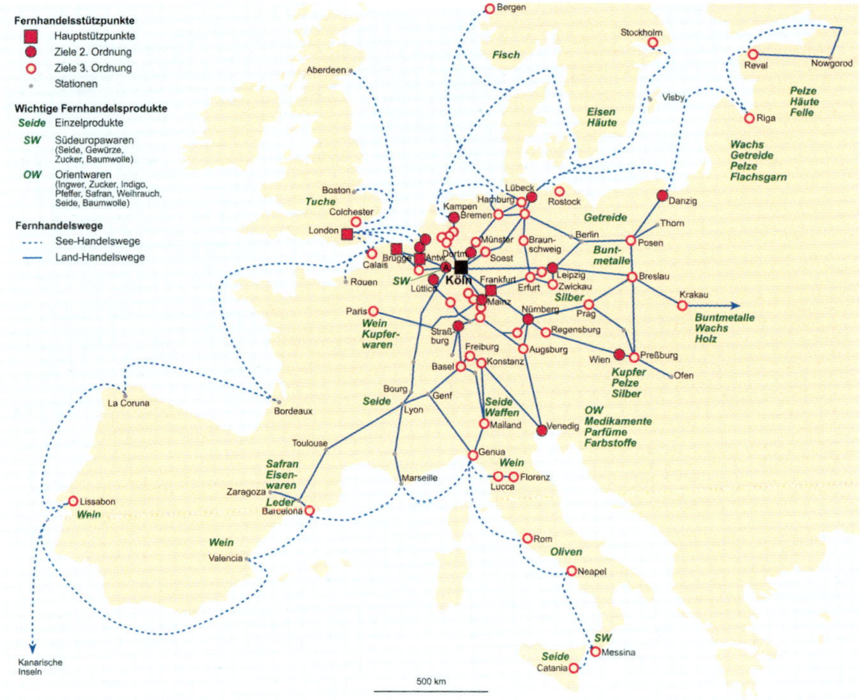

Handelsziele Kölner Kaufleute im 15. Jahrhundert

rhein und den Englandhandel gebauten bauchigen, flachbödigen Schiffe mit einer Tragkapazität von 40–60 t (Niederländer Ufer), während die deutlich kleineren Schiffe für die Mittelrheinstrecke, die nur die halbe Tragkraft hatten, die südlichen Anlandungs- und Umschlagplätze nutzten (Oberländer Ufer). Dies hielt bis ins frühe 19. Jahrhundert an. Noch heute erinnern viele Namen in Rheinnähe an Anlandungsplätze und Märkte, die Köln zum Handelszentrum machten: Trankgassenwerft, Frankenwerft, Am Leystapel, Leystapelwerft, Holzmarkt, Holzwerft, Bayenwerft, Agrippinawerft, Oberländer Werft, Fischmarkt, Stapelhaus, Buttermarkt, Eisenmarkt, Holzmarkt, Heumarkt und Alter Markt.

136. Was war das Rückgrat der Kölner Wirtschaft?

Köln entwickelte sich seit dem 11. Jahrhundert zur führenden deutschen Handelsstadt. Auswärtige Handelsbeziehungen erstreckten sich vorzugsweise über den Wasserweg in den englischen und niederländischen, aber auch in den luxemburgischen und französischen Raum. Der schon früh ausgebaute Englandhandel *(siehe 133)* brachte Rhein- und elsässischen Wein sowie die gefragten Kölner Metallwaren und Seidenprodukte auf den englischen Markt. Im Gegenzug brachten die Händler Wolle, Häute, Schaffelle und Rohmetalle, seit dem 14. Jahrhundert auch Tuch und Fisch nach Köln. In den

Niederlanden waren das flandrische Brügge und das brabantische Antwerpen wichtige Umschlagplätze und Absatzmärkte der Kölner. Hier verkauften sie die typischen Kölner Exportprodukte wie Flanell, Leinen, Garn und Seidentuch sowie Anteile des von den Englandfahrern mitgebrachten englischen Tuchs, während die Kölner Seidenhändler und Seidenverarbeiter sich mit Rohseide aus Lyon eindeckten. Kölner Waren galten als hochwertig. Der Zusatz »Kölnisch« stand für Qualität in ganz Europa. Der Name des Seidmacherinnengässchens erinnert an die Kölner Seidenmanufaktur.

137. Was war der »Kölner Brand«?

Aufgrund des 1259 verliehenen Stapelrechts *(siehe 118)* nahm Köln im Handel mit Fischen und Seefischen eine führende Stellung ein. Im 14. Jahrhundert schloss die Stadt mit holländischen, seeländischen und zuiderseeischen Städten Verträge über Packung, Sortierung und Konservierung der einzelnen Fischsorten. Die in Köln ankommenden Sendungen wurden im Fischhaus am Rheinufer (Stapelhaus) einer strengen Qualitätskontrolle unterzogen. Verderbliche Waren wurden gewaschen, zerteilt, gepökelt und umgepackt. Ordnungsgemäß verpackte, sortierte und konservierte Ladungen erhielten das städtische Dreikronenbrandzeichen (»Kölner Brand«), das als Qualitätszeichen galt.

138. Seit wann gibt es das Kölner »Stapelhaus«?

Für den florierenden Fischhandel wird bereits im Hochmittelalter an der Stadtmauer am Rheinufer ein Fischhaus errichtet. Das am Fischmarkt gelegene Gebäude wird 1425 durch einen Neubau ersetzt, den 1561 ein 65 m langer, zinnengeschmückter, zweistöckiger Bau im spätgotischen Stil ablöst. Ihm wird im 19. Jahrhundert ein graziler Treppenturm angefügt. 1900 lässt die Stadt das Gebäude, das seine ehemalige Funktion längst verloren hat, erneut umbauen. Erst seitdem trägt es den nicht ganz zutreffenden Namen »Stapelhaus«. Das Gebäude wurde im Zweiten Weltkrieg bis auf den Treppenturm völlig zerstört. In den 1960er Jahren wurde anstelle des ehemaligen Prachtbaus ein Nachbau in vereinfachter Form mit Walmdach errichtet. Bauherr und heutiger Eigentümer ist die Kreishandwerkerschaft.

139. Ab wann entwickelt sich Köln zu einer Stadt der Klöster und Ordensgemeinschaften?

Der Besitz der Dreikönigen- und anderer Reliquien steigert die Ausstrahlungskraft Kölns als geistliches Zentrum erheblich. Seit Beginn des 13. Jahrhunderts drängen immer mehr Ordensgemeinschaften in die Stadt: Der erst 1216 in Toulouse ge-

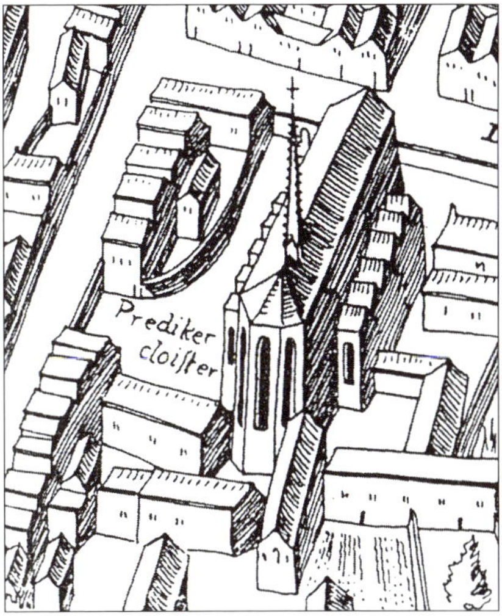

Das Kölner Dominikanerkloster aus Mercators Stadtansicht, 1571

gründete Predigerorden der Dominikaner errichtet 1221 in Köln mit dem Kloster Heilig Kreuz (auf dem Terrain der heutigen Seniorenresidenz in der Straße »An den Dominikanern«) seine zweite deutsche Niederlassung. Sieben Jahre später folgt der 1210 von Franz von Assisi gestiftete Minoritenorden, der Köln zum Sitz seiner niederdeutschen Ordensprovinz macht. 1256 wird in der Severinstraße das erste Kloster der Karmeliter, 1257 am Neumarkt das Kloster der Dominikanerinnen St. Gertrud gegründet. Aus gleicher Zeit sind zu nennen: die Deutschordenskommende St. Katharina (ab 1218), das Weißfrauenkloster St. Maria Magdalena am Blaubach (ab 1229), die Johanniterordenskommende St. Johann und Kordula (ab 1250) sowie mehrere Klöster der Augustiner und Augustinerinnen. Die Entwicklung einer regelrechten Klosterlandschaft innerhalb der Stadtmauern setzt sich auch in den folgenden Jahrhunderten fort. Als 1794 die französischen Revolutionstruppen ins »hillije Kölle« einmarschieren, finden sie neben zahlreichen religiösen Bruderschaften 69 Klöster vor *(siehe 309)*.

Sarkophag mit den Gebeinen von Albertus Magnus in der Krypta von St. Andreas

140. Welcher Orden gründet in Köln zuerst ein »studium generale«, wer war Albertus Magnus?

1248, im Jahr der Grundsteinlegung des Doms, richtet der Dominikanerorden im Kloster Heilig Kreuz ein »studium generale« ein (Hochschule für den Ordensnachwuchs). Leiter wird der als Gelehrter und Theologe in hohem Ansehen stehende Albertus Magnus (Albert der Große), zuvor Professor für Theologie an der Universität Paris. Durch seine Lehrtätigkeit begründet er den Ruf Kölns als Zentrum der Wissenschaft. Sein berühmtester Schüler ist von 1248–1252 Thomas von Aquin, der ihm von Paris nach Köln folgt. Albertus Magnus stirbt 1280 in Köln, wo er auch im politischem Raum in hohem Ansehen stand *(siehe 109)*. Er wird vor dem Hochaltar des Dominikanerkonvents beigesetzt. Seit 1954 ruhen seine Gebeine in einem Sarkophag in der Krypta von St. Andreas. Nach ihm ist der Platz vor der 1919 neu gegründeten Kölner Universität benannt *(siehe 818)*. Seine Skulptur steht auf der Westseite des Ratsturms (4. Obergeschoss, Mitte).

141. Welcher Orden errichtet später ebenfalls ein »Generalstudium«?

1260 richten die Minoriten in ihrem im gleichen Jahr fertiggestellten Kloster ebenfalls ein Generalstudium ein. Es erwirbt rasch hohes Ansehen und zieht Schüler aus ganz Europa an. 1307 folgt der angesehene, in Paris lehrende Theologe und Philosoph Duns Scotus einem Ruf der Minoriten nach Köln. Als er 1307 stirbt, wird er in der zum Kloster gehörenden Minoritenkirche (»St. Mariä Empfängnis«) beigesetzt. Sein Grab befindet sich rechts vor dem Altar. Das Generalstudium der Minoriten legt zusammen mit dem der Dominikaner die Grundlagen für die 1388 gegründete Kölner Universität. Reste des Kreuzgangs des Minoritenklosters sind in das Erdgeschoss des Museums für Angewandte Kunst integriert. Eine Skulptur von Duns Scotus steht an der Westseite des Ratsturms (3. Obergeschoss, links).

142. Wann wird die Kölner Universität gegründet?

1388 ist das Geburtsjahr der Kölner Universität. Sie ist die erste deutsche Hochschule, deren Gründung nicht auf fürstlicher Initiative, sondern auf der Beschlussfassung der Kölner Bürgerschaft beruht. Ihr Träger ist – genau wie bei der Neugründung 1919 – die Stadt *(siehe 816)*. Sie bezahlt die Professoren, die von vier vom Rat gewählten »Provisoren« vorgeschlagen werden. Nach der Gründung kommen die meisten von ihnen aus Paris. Zum Kanzler und damit zum maßgeblichen kirchlichen Aufsichtsorgan ernennt der Rat den Kölner Dompropst. Die Studenten können in Köln – nach dem Studium der »sieben freien Künste« – Theologie, Medizin, römisches Recht und Kirchenrecht studieren. 1798 wird die Universität von den Franzosen aufgehoben.

143. Was waren die »sieben freien Künste«?

Die sieben freien Künste (lat. septem artes liberales) waren ein in der Antike entstandener Kanon von Studienfächern, der nach römischer Vorstellung die »einem freien Mann ziemende« Bildung darstellt. Im mittelalterlichen Lehrwesen diente ihr Studium der Vorbereitung auf

Siegel der Kölner Universität, 1392

die Studienfächer Theologie, Jurisprudenz und Medizin. Sie wurden an der Universität in der »Artistenfakultät« (lat. Facultas Artium) gelehrt:

- Grammatik
- Rhetorik
- Dialektik
- Arithmetik
- Geometrie
- Musik
- Astronomie

144. Aus welchem Jahr stammt das Kölner Universitätssiegel?

Die Kölner Universität erhielt ein großes Siegel, das am 6. Dezember 1392 erstmals benutzt wurde. Es zeigt über dem Kölner Wappenschild die Gottesmutter Maria als Schirmherrin der Wissenschaft und die Heiligen Drei Könige, die Schutzpatrone der Stadt. Das Siegel ist auch heute noch das Siegel der 1919 neu gegründeten Universität zu Köln *(siehe 818)*.

145. Wie wird Albertus Magnus (Albert der Große) heute noch in Köln geehrt?

Nach Albertus Magnus (1200–1280) ist der Platz vor der 1919 neu gegründeten

Kölner Universität benannt *(siehe 818)*. Vor dem Hauptgebäude steht seit 1956 eine von Gerhard Marcks geschaffene Skulptur *(siehe 818)*. Außerdem steht Albertus Magnus in der Figurengalerie des Ratsturms (Westseite, 4. Obergeschoss).

146. Wer waren die Schutzpatrone der Stadt?

Während andere Orte sich im Mittelalter durchweg mit einem Stadtpatron (in der Regel dem Heiligen der Hauptkirche) begnügten, stand Köln unter dem Schutz einer ganzen Schar von Heiligen, deren Fürbitte bei Gott Schaden von der Stadt abwenden sollte. Der früheste war Petrus, der Hauptpatron des (alten) Doms. Er wurde schon im 12. Jahrhundert auf dem Siegel des Domstifts als »Patron des heiligen Kölns« bezeichnet. Später gesellten sich hinzu: Maria, ebenfalls Patronin des Doms *(siehe 159)*, die Heiligen Drei Könige, St. Gereon, St. Ursula, die heiligen Bischöfe Maternus, Severin, Evergislus, Kunibert und Agilof, die heiligen Erzbischöfe Bruno I., Heribert, Anno II. und Engelbert I. sowie noch weitere. Angesichts dieser für Köln typischen Inflation beschränkte sich Stephan Lochner in seinem berühmten »Altar der Stadtpatrone« auf die Darstellung der wichtigsten. Das waren die vor Maria und dem Jesuskind niederknienden Heiligen Drei Könige, St. Gereon mit der Schar der Märtyrer der Thebaischen Legion *(siehe 63)* und St. Ursula mit ihren Begleiterinnen.

Wallraf-Richartz-Museum: Ankunft der Heiligen Ursula mit Gefährtinnen in Köln, Gemälde um 1450

147. Wie entstand die Ursulalegende?

Das Martyrium der heiligen Ursula und der 11.000 Jungfrauen ihres Gefolges ist schon seit dem frühen Mittelalter Gegenstand fortrankender Legenden. Danach soll die bretonische Königstochter Ursula sich vor ihrer Heirat mit dem englischen Königssohn Aetherius eine Pilgerfahrt nach Rom ausbedungen haben. Auf der Rückreise auf dem Rhein fällt sie mit ihren Begleiterinnen in die Hände der Köln belagernden Hunnen. Als sie sich weigert, einen Hunnenprinzen zu heiraten, erleiden alle den Märtyrertod. Während in frühen Quellen von nur elf Jungfrauen die Rede ist, werden daraus im Laufe der Zeit 11.000. Eine vermutete Erklärung könnte sein, dass die Angabe XI m. v. statt mit »XI martyres virgines« später mit »XI milia virgines« übersetzt wurde. Als 1105 im Umfeld des Vorgängerbaus der heutigen Kirche St. Ursula ein Gräberfeld der Römerzeit zutage kam, war diese Version den Kölnern nicht ungelegen. Die auf dem »ager ursulanus« reichlich gefundenen Gebeine wurden als Märtyrerknochen interpretiert und Teil des ausgedehnten Kölner Reliquienhandels. An die 4.000 »Exporte« der Kölner Jungfrauenreliquien sind dokumentiert. Die elf schwarzen Flammen im Kölner Wappen gelten bis heute als Symbole für die 11.000 Jungfrauen. Die Skulptur der heiligen Ursula steht auf der Nordseite des Ratsturms (4. Obergeschoss, links).

148. Für welche Kirche malte Stephan Lochner seinen berühmten »Altar der Stadtpatrone«?

Hauptwerk des in der Nähe des Rathauses wohnenden Malers Stephan Lochner ist der etwa 1445 entstandene »Altar der Stadtpatrone«. Der Künstler malte das dreigeteilte Tafelbild im Auftrag des Rates für die Ratskapelle (»St. Maria in Jerusalem«), die nach der Vertreibung der Juden 1424 *(siehe 116)* auf dem Gelände der abgerissenen Synagoge neben dem Rathaus errichtet worden war. Vor diesem Altarbild beteten die Ratsherren vor jeder Sitzung. Während der Franzosenzeit wurde das Triptychon 1809 in den erst halb fertigen Dom überführt, wo es unter dem Namen »Dombild« weltberühmt geworden ist. Die Skulptur Stephan Lochners steht am Ratsturm auf der Nordseite (1. Obergeschoss).

149. Woher stammen die Stadtfarben Rot und Weiß?

Die deutsche Hanse und die ihr angehörenden Städte führten die Farben Rot und Weiß. Noch heute haben nicht nur Köln, sondern auch andere ehemalige Hansestädte die Hansefarben beibehalten *(siehe 134)*.

150. Wann entstand das Kölner Stadtwappen, aus welchen Elementen besteht es?

Um 1300 legt sich die Stadt ein Wappen zu. Es besteht aus einem in den Hansefarben Rot und Weiß gehaltenen Schild. Im oberen Teil prangen auf rotem Grund drei goldene Kronen. Sie weisen auf den Besitz der Gebeine der Heiligen Drei Könige hin, die in der gesamten christlichen Welt als besonders kostbare Reliquien gelten. Die erst später hinzukommenden elf schwarzen Flammen auf weißem Grund unterhalb der Kronen symbolisieren die 11.000 Jungfrauen im Gefolge der heiligen Ursula *(siehe 147)*, die in Köln den Märtyrertod erlitten und hier begraben wurden. Das Wappen dokumentiert somit den Reichtum der Stadt an Reliquien (»hillije Kölle«). Die älteste authentische Wappendarstellung mit den drei Kronen befindet sich im Königenfenster des Doms. Die Glasarbeit entstand zwischen 1305 und 1315.

151. Wie oft wurde Köln von der Pest heimgesucht?

Der aus Asien über die Seehäfen eingeschleppte »Schwarze Tod« wütet zwischen 1347 und 1353 in ganz Europa und rafft ein Drittel der Bevölkerung dahin. 1349 bricht die Epidemie in Köln aus und führt zu einem grausamen Judenpogrom *(siehe 115)*. In der Folgezeit wütet die Pest noch mehrmals in Köln. Belegt sind insgesamt 15 Pestausbrüche (1349, 1357, 1365, 1381, 1401, 1428, 1450, 1451, 1483, 1506, 1564, 1609, 1615, 1617, 1655). 1564 kostet der »Schwarze Tod« über 12.000 Menschen das Leben.

152. Welches Gebäude erinnert an die erste Pestepidemie?

In der Richmodstraße steht seit 1928 das Richmodishaus mit einem nachgebildeten mittelalterlichen Geschlechterturm, aus dem zwei Pferdeköpfe ragen. Es erinnert an die Richmodissage: 1349 stirbt Richmodis von Aducht, Frau eines begüterten Kaufmanns, an der Pest. Als Grabräuber nachts ihr Grab öffnen, um sich ihren Schmuck anzueignen, schlägt die nur Scheintote die Augen auf. Als ihr Mann hört, seine Frau lebe noch, soll er ungläubig gesagt haben: »Eher laufen meine beiden Pferde die Treppe herauf und sehen zum Fenster hinaus«, was der Sage nach prompt geschah.

Der Turm des Richmodishauses mit den beiden Pferdeköpfen

153. Welche mittelalterlichen Profanbauten blieben in Köln erhalten?

Wegen der schweren Zerstörungen im Zweiten Weltkrieg stehen heute nur noch wenige mittelalterliche Profanbauten in der Stadt. Die meisten wurden mit Sorgfalt wieder aufgebaut:

- Das Overstolzenhaus aus dem Jahr 1230 *(siehe 128)*
- Der Rathausbau aus dem frühen 14. Jahrhundert *(siehe 154)*
- Der Ratsturm aus dem Jahr 1414 *(siehe 131)*
- Der Gürzenich aus dem Jahr 1447 *(siehe 156)*

Von der mittelalterlichen Stadtmauer sind heute noch zu besichtigen:

- Der Bayenturm
- Die Bottmühle
- Das Severinstor
- Die Hahnentorburg (Sitz der Ehrengarde)
- Die Eigelsteintorburg
- Der Mauerturm an der Ulrepforte (Sitz der Roten Funken)
- Der Mauerturm am Sachsenring (Sitz der Blauen Funken)
- Der Sachsenturm am Salierring (Sitz der Prinzengarde)
- Teilstücke der Stadtmauer an Hansa-, Salier- und Sachsenring.

154. Aus welcher Zeit stammt das Kölner Rathaus?

Das Kölner Rathaus entstand bis in die Neuzeit aus einer Reihe unterschiedlicher Baukörper verschiedener Epochen. Schon 1135 besaß Köln als erste deutsche Stadt ein »Haus der Bürger«. Es war ein vermutlich zweigeschossiger romanischer Bau inmitten des Judenviertels in der nördlichen Altstadt. Der im frühen 14. Jahrhundert errichtete gotische Ersatzbau hat die gleichen Ausmaße wie sein Vorgänger. Das Obergeschoss nimmt der »Lange Saal« mit seiner Länge von 29 m ein. In ihm wurde 1367 der Hansetag abgehalten *(siehe 134)*. Zur Erinnerung an Kölns große Hansezeit wird er seit dem 18. Jahrhundert »Hansasaal« genannt. Zu den wichtigsten Bauten, die diesen gotischen Rathausbau in der Folgezeit ergänzen, gehören der 1414 vollendete Ratsturm *(siehe 131)*, verschiedene Erweiterungsbauten des 16. Jahrhunderts im Norden, Osten und Süden, die 1569 bis 1573 errichtete, reich geschmückte Vor-

Der Rathausplatz vor der Zerstörung im Zweiten Weltkrieg

halle (»Renaissancelaube«) sowie der separat stehende »Spanische Bau« aus dem frühen 17. Jahrhundert *(siehe 155)*.

155. Wann entstand der »Spanische Bau«?

1608–1615 ließ der Rat am Rathausplatz im Stil der niederländischen Spätrenaissance einen zweigeschossigen Verwaltungsbau errichten, der vor allem Versammlungen und festlichen Empfängen dienen sollte. Er erhielt erst im 19. Jahrhundert den Namen Spanischer Bau nach den hier 1623 stattgefundenen Sitzungen des Kompositionstages der Spanischen Liga, des katholischen Militärbündnisses im Dreißigjährigen Krieg. Nach dem Zweiten Weltkrieg entdeckte man unter dem völlig zerstörten Bau die Fundamente des römischen Prätoriums *(siehe 50, 55)*. Der 1954–1956 am alten Standort errichtete Neubau trägt unverändert den Namen Spanischer Bau. Er beherbergt seit 1956 wieder den Rat, dessen Sitzungen im Ratssaal stattfinden.

Der im Krieg zerstörte Spanische Bau von 1608–1615

156. Aus welchem Jahr stammt der »Gürzenich«?

Nach siebenjähriger Bauzeit wurde 1447 der Gürzenich als Tanz- und Festhaus der Stadt eingeweiht. Das 54,93 m lange und 23,9 m breite, aufwendig hergestellte Gebäude mit seiner gotisch gegliederten Fassade gilt als der bedeutendste Profanbau des Spätmittelalters. An seiner Stelle stand zuvor das Stadthaus der »edlen Herren von Gürzenich«. Während im Erdgeschoss eine Kauf- und Lagerhalle ihren Platz erhielten, fanden in dem 1.117 m² großen Festsaal im ersten Stockwerk (den Zugang bildet eine frei stehende steinerne Treppe an der Nordseite des Baus) herausragende Festlichkeiten, Bankette und die feierlichen Empfänge statt, die die Stadt unter anderem den Kaisern Friedrich III. (1474), Maximilian I. (1486 und 1505) und Karl V. (1520) bereitete. 1505 tagte hier der Reichstag, 1531 der Kurfürstentag. Auch für die Hohenzollernkaiser Wilhelm I., Friedrich III. und Wilhelm II. wurden hier festliche Bankette gegeben. Seit dem 19. Jahrhundert wurde der im neugotischen Stil zum Konzertsaal umgebaute Festsaal (mit damals ausgezeichneter Akustik) Ort der renommierten Gürzenichkonzerte. Das städtische Orchester und der Chor der 1827 gegründeten Concertgesellschaft wurden 1857 nach ihm benannt. Das im Zweiten Weltkrieg schwer beschädigte Gebäude wurde in den fünfziger Jahren mit großer Bürgerbeteiligung wieder aufgebaut, sein Inneres im Stil der damaligen Zeit gestaltet.

157. Wie viele mittelalterliche Kirchen blieben in Köln bis heute erhalten?

Neben den im Zweiten Weltkrieg überwiegend schwer beschädigten zwölf romanischen Kirchen *(siehe 855)* blieben aus der Zeit der Gotik erhalten:

Ausschnitt aus der Koelhoffschen Chronik von 1499 mit Dom und Domkran

- Dom, Domkloster
- Minoritenkirche (St. Mariä Empfängnis), Kolpingplatz
- St. Alban, Quatermarkt (als Kirchenruine und zentrale Gedenkstätte unterhalten)
- Antoniterkirche, Schildergasse
- Alt St. Heribert, Urbanstraße
- Kartäuserkirche, Kartäusergasse
- Kapelle St. Maria Ablass, Maria-Ablass-Platz
- St. Peter, Jabachstraße

158. Welche Bedeutung hat die »Koelhoffsche Chronik« von 1499 für die Kölner Geschichtsschreibung, wer ist ihr Verfasser?

1499 erschien bei dem Kölner Verleger Johann Koelhoff d. J. »Die Cronica van der hilliger Stat van Coellen«. Das typografisch aufwendig ausgestattete Werk ist Höhepunkt und zugleich Abschluss der spätmittelalterlichen Geschichtsschreibung der Stadt. Sie ist heute für Historiker eine wichtige Quelle für die Erforschung der damaligen Zeit. Es wird angenommen, dass der – vermutlich geistliche – Verfasser anonym bleiben wollte, weil die Chronik neben der Darstellung der Kölner Geschichte auch Kritik an Missständen innerhalb des Klerus und am Fehlverhalten der weltlichen Herrscher enthielt. Erzbischof Hermann IV. von Hessen (1480–1508) brachte deshalb ein Zensurverfahren in Gang, was dazu führte, dass der Rat die Chronik drei Monate nach Erscheinen verbot. Koelhoff wurde dadurch wirtschaftlich völlig ruiniert. Er musste seinen Grundbesitz verkaufen und wurde aus Köln verbannt.

Das Herz von Köln: der Dom

1248–2008

159. Welchen Namen hat der Kölner Dom?

Der Dom heißt »Hohe Domkirche St. Peter und Maria«. Bereits in den Vorgängerbauten, der römischen Bischofskirche und dem 870 geweihten karolingischen Dom, wurden der Westchor dem heiligen Petrus, der Ostchor der Gottesmutter Maria geweiht.

160. In welchem Jahr erfolgt die Grundsteinlegung?

Am 15. August 1248 (Mariä Himmelfahrt) wird in einem Festakt der Grundstein für den Neubau des gotischen Doms gelegt. Es ist die Grundsteinlegung für den Weltruhm Kölns.

161. Wie heißt der Erzbischof, der als Erster den Bau des gotischen Doms plante?

Erzbischof Engelbert (1216–1225) hatte als Erster die Idee, anstelle des als veraltet betrachteten karolingischen Doms einen neuen, modernen (gotischen) Dom zu bauen – mit dem hohen Anspruch, alle Kathedralen an Größe, Schönheit und Harmonie zu übertreffen. Er sollte ein würdiges, steinernes Reliquiar für den Schrein der Heiligen Drei Könige werden, der in der Vierung seinen Platz haben sollte. Nach Engelberts gewaltsamem Tod verfolgte das Domkapitel den Plan weiter. Zu Ehren Engelberts wurde eine Chorkapelle des Doms nach ihm benannt, in der seine Gebeine in einem prächtigen Schrein ruhen.

162. Welcher Erzbischof legt den Grundstein?

Erst unter dem übernächsten Nachfolger Engelberts, dem tatkräftigen und politisch engagierten Erzbischof Konrad von Hochstaden (1238–1261), fasst das Domkapitel 1247 den historischen Beschluss, den alten Dom sukzessive abzureißen und durch ein neues Bauwerk – im modernen, aus Frankreich kommenden gotischen Stil – zu ersetzen. Schon ein Jahr später erfolgt in Gegenwart des päpstlichen Legaten die Grundsteinlegung. So-

Konrad von Hochstaden, Kölner Erzbischof von 1238–1261

wohl der Bauplan wie auch der Beschluss sind von atemberaubender Kühnheit. Als der Dom 632 Jahre später als eines der großartigsten Bauwerke des Abendlandes vollendet wird, ist der Kölner Dom das höchste steinerne Bauwerk der Welt mit der größten steinernen Kirchenfassade der Christenheit.

163. Wo befindet sich das Grabmal des Bischofs Konrad von Hochstaden?

Als Konrad von Hochstaden 1261 stirbt, ist der Bau der sieben Chorkapellen bereits so weit fortgeschritten, dass er in der mittleren – der Achsenkapelle – beigesetzt werden kann. Die nach 1261 über sein Grab gelegte Tumba bewahrt als bedeutender figürlicher Bronzeguss sein Andenken. Das Grab wird nach der Weihung des Chors 1322 in die nördlich anschließende Johanneskapelle verlegt, weil die Achsenkapelle erster Standort des Schreins der Heiligen Drei Könige wird. Die Achsenkapelle trägt daher den Namen Dreikönigenkapelle.

164. Wie heißen die Baumeister, nach deren Plänen der Dom ab 1248 gebaut wird?

Grund- und Aufriss stammen von Dombaumeister Gerhard von Ryle (gest. vor 1271), der den gotischen Kathedralbau in Frankreich studierte. Der große Fassadenplan geht auf Meister Johann (nachweisbar 1296–1331) zurück. Er reduzierte die ursprünglich fünf an der Westfront vorgesehenen Portale auf drei. Dafür wurden die Türme breiter angelegt.

165. Wann und wo wird der ursprüngliche Fassadenplan des Doms wiedergefunden, wo wird er heute aufbewahrt?

1814 entdeckt der Darmstädter Baurat Georg Moller einen Teil des Fassadenplans (Südturm) in Darmstadt. Zwei Jahre später erwirbt Sulpice Boisserée in Paris den anderen Teil (Nordturm). Der Plan war von den Franzosen in Köln geraubt worden. Beide Teile bilden zusammengesetzt den 4,05 m hohen vollständigen Aufriss der Doppelturmfassade, auf dessen Grundlage die Westfassade des Doms zwischen 1842 und 1880 vollendet wird. Der über 700 Jahre alte, mit Tinte auf Pergament gezeichnete Fassadenplan (sogenannte Riss F) hängt lichtgeschützt in der Johanneskapelle des Doms hinter einem grünen Vorhang und ist deshalb für den Dombesucher nicht zu sehen. Er ist einer der größten und ältesten erhaltenen Baupläne der Welt.

Über 700 Jahre alt: Der Fassadenplan des Kölner Doms

166. Welche Kathedralen waren Vorbilder für den Kölner Dom?

Die französischen gotischen Kathedralen, insbesondere die von Amiens (begonnen 1220, fertiggestellt 1288), Reims (begonnen 1211, fertiggestellt um 1300), und der Chor von Beauvais waren Dombaumeister Gerhards Vorbilder. Deren Maße und die Vollendung ihrer Formen sollten sich in Köln zu einer letzten und höchsten Vollkommenheit steigern.

167. Wie viele (wie wenige) Einwohner hatte Köln im Jahr der Grundsteinlegung?

Die Einwohnerzahl Kölns wird für die Mitte des 13. Jahrhunderts auf über 20.000 geschätzt. Um 1200 (geschätzt) sind es 20.000, um 1400/1450 (geschätzt) 40.000.

168. An wie vielen anderen Kölner Kirchen und Klöstern wurde im 13. Jahrhundert gebaut?

Um 1150 begann in Köln das große Jahrhundert des romanischen Kirchenbaus. Es ist erstaunlich, wie viele kirchliche Baumaßnahmen bei relativ geringer Einwohnerzahl in die Epoche der Grundsteinlegung des Doms (1248) fielen. Das belegen die damaligen Baumaßnahmen an den heute noch vorhandenen romanischen Kirchen:

- St. Andreas: Um 1200 Beginn der Errichtung des Westbaus, des Kirchenschiffs und des Vierungsturms.
- St. Aposteln: Ab 1200 Ersatz des Ostchors durch die monumentale Dreikonchenanlage, Umbau von Langhaus und westlichem Querhaus.
- St. Gereon: 1219–1227 Bau des Dekagons.
- St. Kunibert: 1215–1247 völliger Neubau.
- St. Maria im Kapitol: Um 1200 Erneuerung der Ostkonche, 1240 Einwölbung des Mittelschiffs.
- St. Maria Lyskirchen: 1210–1220 völliger Neubau.
- Groß St. Martin: 1220 Vollendung des Vierungsturms.
- St. Severin: Anfang des 13. Jahrhunderts Neubau des Chors.
- St. Ursula: Anfang des 13. Jahrhunderts Bau des Turms.

An klösterlichen Baumaßnahmen seien genannt:

- Niederlassung der Dominikaner in der Nachbarschaft von St. Andreas 1222 *(siehe 139, 140)*.
- Niederlassung der Franziskaner 1229 *(siehe 139, 141)*.

169. Welcher Teil des Doms wurde zuerst gebaut und geweiht?

Der Bau des Doms begann im Osten mit dem Hochchor. Er wurde 1300 baulich vollendet und 1322 durch Erzbischof Heinrich von Virneburg geweiht. Der Chor wurde nach Westen durch eine hohe Mauer geschlossen, die bis 1883 stand.

170. Wie heißen die sieben Chorkapellen des östlichen Chorumgangs?

Von Nord nach Süd: Engelbertuskapelle, Maternuskapelle, Johanneskapelle, Dreikönigenkapelle (Achsenkapelle), Agneskapelle, Michaelskapelle, Stephanuskapelle.

Hochchor des Doms, geweiht 1322, vollendet 1330

171. Welche weiteren Kapellen gibt es im Dom?

Im Norden befindet sich gleich nach Eintritt in den lang gestreckten Chorumgang die Kreuzkapelle (Gerokreuz, *siehe 197*). Daneben liegt – außerhalb des eigentlichen Domgrundrisses – die Sakramentskapelle. Ihr gegenüber befindet sich auf der südlichen Seite des Chorumgangs die Marienkapelle (Stephan-Lochner-Altar, *siehe 201*).

172. In welchem Jahr wurde der erste Gottesdienst im Dom gehalten?

Bereits 1265 war der Kapellenkranz des Chors (sieben Kapellen) so weit fertiggestellt, dass dort der erste Gottesdienst gehalten werden konnte.

173. Wann werden die Bauarbeiten am Dom eingestellt?

Im Jahr 1560 enden nach 322-jähriger Bautätigkeit die Bauarbeiten an dem unvollendeten Dom. Sie werden erst 1842 mit der Grundsteinlegung zum Weiterbau wieder aufgenommen *(siehe 213, 214)*.

174. Welche Höhe hatte der halb fertige Südturm, bis wann prägte er mit dem Domkran für Jahrhunderte die Stadtsilhouette?

1560 war der Südturm 59 m, die Westwand des Nordturms erst 6 m hoch. Der das Stadtbild prägende Domkran auf dem Südturm wurde am 29. Februar 1868, von vielen betrauert, abgebrochen.

175. Welche Kirche stand als erste an der Stelle des heutigen Doms?

Zur Zeit des ersten bekannten Kölner Bischofs Maternus *(siehe 61)* wurde nach

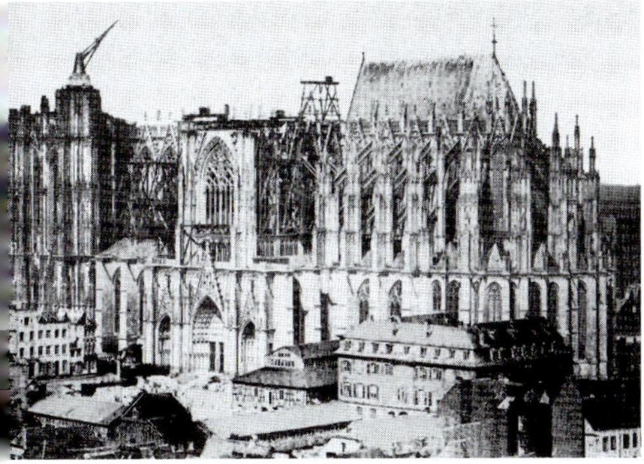

Der unvollendete Dom um 1560

Karolingischer Dom, geweiht 870 n. Chr.

313 das auf dem nordwestlichen Domgelände liegende Haus, das die Christen für ihre Gottesdienste nutzten, zu einer bischöflichen Kirchenanlage erweitert. Der Gesamtkomplex hatte mit Taufkapelle, Atrium und der ca. 40 m langen Bischofskirche eine Länge von über 130 m. Die Kirche lag unmittelbar neben dem Nordtor an einem repräsentativen Platz. Das große, achteckige, sternförmige Taufbecken der im Osten vorgelagerten Taufkapelle blieb erhalten. Um 565 wurde die Bischofskirche erweitert. Als Gegenstück zum Westchor, der dem heiligen Petrus geweiht war, erhielt die Kirche nun auch einen der Gottesmutter Maria geweihten Ostchor.

176. Wann und von wem wurde der »Alte Dom« gebaut?

Erzbischof Hildebold, Erzkaplan Karls des Großen, lässt vor 818 die erste Bischofskirche abreißen und beginnt am gleichen Standort mit dem Bau des karolingischen Doms, der 870 geweiht wird. Der dreischiffig angelegte Bau ist 95,70 m lang und hat im Westen und Osten je ein Querhaus und einen Chor. Auch hier ist der Westchor Petrus, der Ostchor Maria geweiht. Erzbischof Bruno *(siehe 102, 103)*, Bruder Kaiser Ottos des Großen, fügt ein Jahrhundert später nach einem Rombesuch an jeder Seite ein Seitenschiff an und macht den Dom – nach dem Vorbild der 319–323 unter Kaiser Konstantin in Rom errichteten Kirche Alt St. Peter – damit fünfschiffig. Die Position der Bischofskirche hat sich in Köln seit dem 4. Jahrhundert nicht geändert.

177. Was blieb von den Vorgängerbauten erhalten?

1866 wurde das achteckige Taufbecken der zur ersten christlichen Kirchenanlage gehörenden Taufkapelle entdeckt. Es liegt 7 m tiefer als der Domfußboden und ist heute östlich des Domchors hinter einem Gitter an der Treppe zu sehen, die zur Straße hinunterführt.

178. Wie viele Schiffe, wie viele Portale hat der Kölner Dom?

Der gotische Dom ist wie bereits der unter Erzbischof Bruno erweiterte karolingische Dom fünfschiffig *(siehe 176)*. Dementsprechend ist die Westfassade betont vertikal in fünf Achsen gegliedert – mit drei Portalen und zwei verblendeten Fenstern. Insgesamt hat der Dom neun Portale: drei an der Turmseite und je drei an den Fassaden des nördlichen und südlichen Querhauses.

179. Welche Namen tragen die Portale?

Nordseite *(von Ost nach West)*: Bonifatiusportal, Michaelsportal, Maternusportal.
Südseite *(von West nach Ost)*: Ursulaportal, Passionsportal, Gereonsportal.
Westseite *(Türme)*: Das bereits im Mittelalter vollendete Portal des Südturms heißt Petrusportal, das im 19. Jahrhundert entstandene mittlere Portal Marienportal und das ebenfalls im 19. Jahrhundert geschaffene Portal des Nordturms Dreikönigenportal. Die Turmportale weisen mit ihren Namen den Besucher darauf hin, dass er die »Hohe Domkirche St. Peter und Maria« betritt, die als kostbaren Schatz den Schrein mit den Gebeinen der Heiligen Drei Könige birgt.

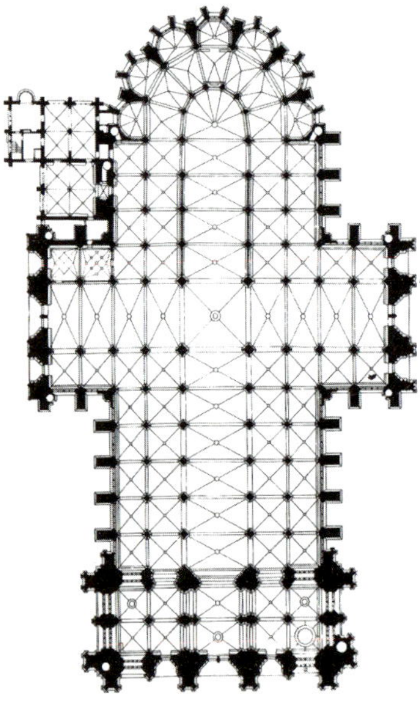

Grundriss des fünfschiffigen Doms, von Meister Gerhard geplant als steinernes Reliquiar in Form des lateinischen Kreuzes.

180. Welche Längen- und Breitenmaße legte Meister Gerhard der Planung des Doms zugrunde?

Das von Meister Gerhard für den Bauplan genutzte Werkmaß ist das römische Fußmaß (1 Fuß = 29,57 cm). Die Hauptmaße betragen 25, 50, 100, 150, 250 und 300 römische Fuß. In diesen metrischen Relationen liegt der Schlüssel zur vollkommenen Harmonie der Proportionen des Doms:
Breite zur Höhe: je 150 Fuß
Länge des Langhauses zur Vierung:
150:50 Fuß = 1:3
Länge des Langhauses von der Vierung zum Chor ebenfalls 150 Fuß = 1:3
Vierung zur Breite des Querhauses
50:100 Fuß = 1:2
Vierung zur Länge des Querhauses
50:250 Fuß = 1:5
In Meter umgerechnet sind die wichtigsten Längen- und Breitenmaße:
Äußere Länge Ost–West: 144,58 m
Innenlänge des Mittelschiffs: 119 m
Innenbreite des Langhauses: 45,19 m
Äußere Breite des Querhauses: 86,25 m
Breite der Westfassade: 61,54 m
Breite der Querhausfassaden: 39,35 m

181. Wie viel m² Fläche hat der Innenraum des Doms, für wie viele Menschen ist Platz im Dom?

Die Gesamtfläche im Dom beträgt 6.166 m². Im Inneren der Kathedrale gibt es 1.200 Sitz- und 2.800 Stehplätze. Es ist also Platz für 4.000 Personen.

182. Wie hoch sind die Türme, wie groß sind die Kreuzblumen auf ihnen?

Der Nordturm ist 157,38 m, der Südturm 157,31 m hoch. Ihr Grundriss ist quadratisch. Vom dritten Geschoss an sind die Türme jedoch achteckig wie auch die 50 m hohen Turmhelme. Die Türme waren 1880 bei ihrer Vollendung die höchsten Steinbauten der Erde. Die beiden Kreuzblumen haben je eine Höhe von 9,50 m und eine Breite von 4,60 m. Eine originalgetreue Kopie steht seit 1991 auf dem Platz vor den Türmen.

183. Wie groß ist die Doppelturmfassade?

Die Westfassade des Doms ist mit 7.000 m² die größte Kirchenfassade, die je gebaut wurde.

184. Wie viele Stufen muss man steigen, um auf die Aussichtsplattform des Südturms zu kommen?

Die Treppe zählt 509 Stufen; auf halber Höhe kann man sich bei den Glocken ausruhen.

185. Wie hoch ist der Dachreiter, welche Bedeutung hat der ihn krönende Stern?

Der 1860 unter Dombaumeister Voigtel über der Vierung errichtete Dachreiter hat eine Höhe von 109 m. Er ist 32 m höher als der barocke hölzerne Dachreiter von 1744, der 1811 wegen Baufälligkeit abgerissen werden musste. Der Stern auf der Spitze des Dachreiters über der Vierung ist der Morgenstern, der den Gläubigen den Weg zu den drei heiligen Sterndeutern weist, deren Schrein ursprünglich in der Vierung seinen Platz haben sollte.

186. Welche weltliche Funktion hat die Sternspitze des Dachreiters?

Die Sternspitze des Dachreiters ist heute der für die Koordinaten der Landvermessung maßgebende trigonometrische Punkt (TP). Der Dom war bereits zur französischen und anschließend zur preußischen Zeit Vermessungspunkt. Zunächst diente den Franzosen die Spitze des barocken Dachreiters, nach dessen Abbruch (1811) den preußischen Landmessern das gotische Kreuz auf dem Ostchor als trigonometrischer Nullpunkt. Nach Fertigstellung des Vierungsturms 1860 erhielt dieser die Funktion.

Dachreiter über der Vierung des Doms

187. Welches sind die übrigen Höhenmaße des Doms?

Mittelschiff innen: 43,35 m
Seitenschiffe innen: 19,80 m
Dachfirst: 61,10 m
Querhausfassaden: 69,95 m

188. Wie viel m² Fensterfläche hat der Dom, wo befinden sich die kostbarsten Fenster?

Die Fenster des Doms sind zusammen ca. 10.000 m² groß. Das entspricht der Fläche eines Fußballfeldes. Die ältesten und kostbarsten Fenster sind die des Chors. Sie entstanden zwischen 1304 und 1311. Der Fensterzyklus der Nordseite des Langhauses wurde zwischen 1507 und 1509 von führenden Meistern der Kölner Malerschule geschaffen. Die fünf Fenster im südlichen Langhaus sind eine Stiftung

König Ludwigs I. von Bayern, dessen Schwester Elisabeth die Gemahlin des preußischen Königs Friedrich Wilhelm IV. war. Sie wurden in der Königlichen Glasmalereianstalt in München hergestellt und zum Domjubiläumsjahr 1848 eingesetzt.

189. Was geschah mit dem Domschatz und den Domfenstern im Zweiten Weltkrieg?

In Vorausahnung des kommenden Unheils wurde der Domschatz schon gleich nach Kriegsbeginn in Sicherheit gebracht. Die Fenster des Hochchors, des Chorumgangs und des Langschiffes wurden 1941/1942 ausgebaut.

Fensterzyklus im Chorumgang

190. Welche zehn Kunstschätze im Dom sind ein Muss für jeden Besucher?

- Die Fenster des Chors *(siehe 188)*
- Die Fenster des nördlichen Langhauses *(siehe 188)*
- Die Fenster des südlichen Langhauses *(siehe 188)*
- Das moderne (und umstrittene) Richterfenster aus dem Jahr 2007
- Der Dreikönigsschrein *(siehe 191)*
- Das Gerokreuz (Kreuzkapelle, *siehe 197*)
- Die Mailänder Madonna (Sakramentskapelle, *siehe 198*)
- Die Schmuckmadonna *(siehe 261)*
- Das Chorgestühl (Binnenchor, *siehe 199)*
- Das Dombild (1445) Stephan Lochners (Marien-Kapelle, *siehe 202*)
- Der Mosaikboden des Chors *(siehe 202)*

191. Wann entstand der Dreikönigenschrein, welche Bedeutung hatte er für das mittelalterliche Köln?

Der Dreikönigenschrein wurde zwischen 1181 und 1230 von dem bedeutenden lothringischen Goldschmied Nikolaus von Verdun und seinen Schülern und Nachfolgern in fast 50-jähriger Arbeit gefertigt (1961–1973 erneuert). Er ist die herausragendste europäische Goldschmiedearbeit des Mittelalters. Der Schrein wurde für die Gebeine der Heiligen Drei Könige gefertigt, die Erzbischof Rainald von Dassel 1164 nach der Einnahme Mailands durch die Truppen Kaiser Barbarossas (1162) vom Kaiser als Kriegsbeute geschenkt erhielt und nach Köln brachte. Der Besitz dieser kostbaren Reliquie steigerte die Bedeutung Kölns auf das Höchste: Die Stadt wurde dadurch eine der großen europäischen Wallfahrtsstätten. Der neue Dom, als steinernes Reliquiar für den Schrein konzipiert, wurde Wall-

Dreikönigenschrein, 1181–1230

fahrtskirche. Die Kronen der drei Könige übernahm die Stadt in ihr Wappen.

192. Welcher politische Anspruch wurde aus dem Besitz der Dreikönigsreliquien hergeleitet?

Schon bald wurde es ein bis ins 16. Jahrhundert währender Brauch, dass die deutschen Könige nach ihrer Krönung in Aachen nach Köln pilgern, um am Dreikönigenschrein vor denen niederzuknien und zu beten, die als Erste vor Christus ihre Knie beugten und als Erste Christus als Himmelskönig huldigten. Das politische Gewicht des Kölner Erzbischofs und die Bedeutung Kölns nahmen dadurch beträchtlich zu.

193. Welche Gebeine enthält der Dreikönigenschrein?

Der Schrein hat die Form einer dreischiffigen Basilika. Er ist 2,20 m lang, 1,53 m hoch und 1,10 m breit. In der unteren Etage ruhen (nicht mehr vollständig) die Gebeine dreier Männer, die Erzbischof Rainald von Dassel 1164 als die Gebeine der Heiligen Drei Könige aus Mailand nach Köln brachte. In der oberen Etage befinden sich die Gebeine der Märtyrer Felix und Nabor sowie die des heiligen Gregors von Spoleto. Bei der Öffnung des Schreins 1864 ergab die Untersuchung, dass der innere hölzerne Dreikönigenschrein die Überreste eines Jünglings, eines Mannes mittleren Alters und eines alten Mannes enthält. Eine 1981 in Brüssel durchgeführte wissenschaftliche Untersuchung von Resten des dem Schrein entnommenen golddurchwirkten Damaststoffes zeitigte als Befund orientalisches Gewebe der frühen römischen Kaiserzeit.

194. Sind die Dreikönigsreliquien noch vollständig in Köln?

Nein. 1903 schenkte der Kölner Erzbischof Anton Fischer Teile der Reliquien (Schien- und Wadenbein vom Ältesten, Wadenbein vom Mittleren und einen Halswirbel vom Jüngsten) dem Mailänder Kardinal Andrea Caro Ferrari. Dieser legte am 3. Januar 1904 die geschenkten Teile in der Kirche St. Eustorgio in Mailand nieder. Kardinal Ferrari gewährte einige kleinere Teilchen den Mailänder Kirchen San Giorgio al Palazzo und Santa Maria della Fontana. Seitdem werden die Dreikönigsreliquien bzw. Teile von ihnen in vier Kirchen verehrt. Die Fingerknochen der Heiligen Drei Könige werden in einem goldenen Kästchen in der Kölner Domschatzkammer aufbewahrt.

195. Was geschah mit dem Dreikönigenschrein während der Franzosenzeit?

Als 1794 die französischen Revolutionstruppen anrückten, setzten sich die meisten Mitglieder des Domkapitels in die Abtei Wedinghausen bei Arnsberg ab. Dorthin brachten sie auch den Dreikönigsschrein und andere Domschätze in Sicherheit. Nachdem 1801 als Folge des Friedens von Lunéville das linke Rheinufer endgültig der Französischen Republik zugesprochen wurde *(siehe 350)* und sich die Verhältnisse in Köln stabilisierten, kehrte der Dreikönigenschrein am 4. Januar 1804 nach Köln zurück.

196. Wie gingen die Franzosen nach der Besetzung Kölns (6. Oktober 1794) mit dem Dom um?

Im November 1796 wurde der Gottesdienst im Dom auf Befehl der Regierung in Paris eingestellt und der Dom von den Besatzungstruppen als Korn- und Furagemagazin genutzt. 1797 wurden mehrere Tausend österreichische Kriegsgefangene im Dom untergebracht. Sie verheizten im Winter 1797/98 alle erreichbare hölzerne Ausstattung des Lang- und Querhauses. 1801 wurde der Dom durch ein napoleonisches Dekret Pfarrkirche *(siehe 360)*.

197. Woher stammt das Gerokreuz?

Das um 970 entstandene Gerokreuz ist das älteste Bildwerk des Doms. Erzbischof Gero (969–976) ließ es nach einer Reise nach Konstantinopel, wo er im Auftrag Kaiser Ottos I. um die Hand der Prinzessin Theophanu für den Thronfolger Otto II. anhielt, für den alten Dom schnitzen. Als dieser abbrennt, wird das durch byzantinische Vorbilder angeregte, 2,80 m hohe Kruzifix in den neuen Dom hinübergerettet. Es ist das älteste erhaltene Großkreuz des Abendlands.

Gerokreuz, entstanden um 870 im Auftrag des Erzbischofs Gero

198. Aus welcher Zeit stammt die »Mailänder Madonna«?

Die 1,65 m hohe aus Nussbaum gefertigte Madonnenstatue gleicht in ihrem höfisch-eleganten Stil den Chorpfeilerfiguren und stammt – um 1280 entstanden – vermutlich aus der Hand des gleichen Meisters wie diese. Die jetzige farbige Fassung und die Kronen von Mutter und Kind sowie das silberne Zepter Mariens erhielt sie 1855 als Stiftung Kölner Bürger nach der Verkündung des Dogmas der Unbefleckten Empfängnis Mariens.

199. Welche besondere Bedeutung hatte das Chorgestühl?

Das aus Eichenholz geschnitzte Chorgestühl (1308–1311), mit 22,90 m Länge und 104 Sitzen das größte und schönste Deutschlands, war für das Domkapitel bestimmt, das im Mittelalter aus 24 Vollmitgliedern, 24 Stellvertretern sowie dem Dompropst bestand. Außerdem waren für Kaiser und Papst, beide Ehrenmitglieder des Domkapitels, Sitze reserviert. Diesen 51 Mitgliedern war jeweils die oberste Sitzreihe des in gegenüberliegender Anordnung angelegten Chorgestühls vorbehalten.

200. Welcher Papst saß zuletzt auf dem Papstsitz des Chorgestühls?

Das war Papst Benedikt XVI. am 18. August 2005 anlässlich des Weltjugendtages in Köln.

201. Was stellt das Dombild Stephan Lochners dar?

Das von Stephan Lochner um 1445 für die Ratskapelle gemalte Triptychon wird zutreffender als »Altar der Stadtpatrone« bezeichnet. Jede Ratssitzung wurde mit

Der »Altar der Stadtpatrone«, Stephan Lochner, um 1445

einer Messe vor diesem Meisterwerk begonnen, auf dem neben Maria und dem Jesuskind die Stadtpatrone hl. Gereon, hl. Ursula und die Heiligen Drei Könige abgebildet sind. 1809, zur Franzosenzeit, gelangte das Bild in den Dom.

202. Aus welcher Zeit stammt der Mosaikboden im Chor?

Das 1.300 m² umfassende gewaltige Fußbodenmosaik ist das größte Ausstattungsstück des Doms. Es ist das wohl größte Mosaik des 19. Jahrhunderts. Seine künstlerische Konzeption stammt von August Essenwein, Architekt und Direktor des Germanischen Nationalmuseums in Nürnberg, der nach vorausgegangenen Wettbewerben schließlich 1883 mit der Ausarbeitung eines Programms für die Neubeflurung des Doms betraut wurde. Sein 1887 vorgelegter Generalentwurf sah vor, dass sich Chor und Vierung als Bereiche aufwendiger Fußbodengestaltung gegen die einfache Sandsteinbeplattung der übrigen Fußbodenfläche abheben. 1888 genehmigte Kaiser Wilhelm II. offiziell den Entwurf. 1899 wurde das Mosaik vollendet. Bedeutung und Umfang werden wegen der umgebenden Architektur und der verwirrenden Fülle der Bildwerke, Schreine und Epitaphe häufig verkannt.

203. Welche Königin liegt im Dom begraben?

Die 1057 gestorbene polnische Königin Richeza (Rixa), Enkelin Kaiser Ottos II. und seiner Gemahlin Theophanu, zugleich Schwester des Kölner Erzbischofs Hermann II., wurde zunächst in der östlich des Doms gelegenen Kirche Maria ad Gradus beigesetzt. 1817 wurden ihre Gebeine umgebettet. In der Johanneskapelle des Domchors ist ihr schlichtes Grabmal zu sehen.

204. Seit wann gibt es die Domschatzkammer, was enthält sie?

Bereits der 870 geweihte karolingische Dom hatte eine Domschatzkammer, die allerdings 881 von den Normannen ausgeplündert wurde. Erzbischof Bruno *(siehe 102, 103)* erbat und erhielt deshalb in Rom vom Papst neue Reliquien – unter anderem drei Glieder der Kette, mit der Petrus in Jerusalem gefangen genommen worden sein soll. Sie und der aus Metz stammende Petrusstab zählen zu den Hauptreliquien des Doms (Petrusreliquien). Sie werden als Zeichen der Verbindung des Kölner Erzbischofs mit dem Petrusamt betrachtet. Der seitdem im Laufe von über tausend Jahren angesammelte Domschatz besteht aus kostbaren Reliquiaren, Monstranzen, liturgischen Gewändern, Bischofsstäben und anderen Amtsinsignien, die auch weiterhin zur Liturgie in Gebrauch sind. Die Schatzkammer ist deshalb auch der Tresor der Domsakristei, neben der sie bis 2000 ihren Standort hatte.

205. Wann und wo wurde die neue Domschatzkammer eingeweiht?

Die Domschatzkammer befindet sich seit Oktober 2000 an der Nordseite des Doms in dem vor 1277 errichteten Sakristeikeller, der mit einer über 10 m hohen, von zwei Stützen getragenen Halle eine hervorragende Präsentation der Schätze ermöglicht. Der Eingang zur Schatzkammer liegt links vor der nördlichen Querhausfassade (Bahnhofsseite). Er ist durch eine goldene Stele gekennzeichnet.

Goldene Prunkmonstranz

206. In welchem Jahr erfolgte ein spektakulärer Einbruch in die Domschatzkammer?

Am 2. November 1975 brachen zwei Diebe in die damals unzureichend gesicherte Schatzkammer ein und entwendeten Juwelen und liturgische Geräte im Wert von mehreren Millionen D-Mark. Ein Teil der Beute konnte sichergestellt werden.

207. Wer ist der Begründer der Dombibliothek?

Hildebold, Vorsteher der Hofgeistlichkeit Karls des Großen und auf dessen Bitten 787 vom Papst zum Bischof von Köln berufen *(siehe 94)*, begann um 800 mit dem Bau des karolingischen Doms, der aber erst nach seinem Tod 870 vollendet wurde. Hildebold gründete auch die Dombibliothek, die heute noch dreißig Handschriften aus dem von ihm begonnenen Bestand enthält, der in einem Katalog aus dem Jahr 833 mit 175 Büchern angegeben ist. Die Dombibliothek als Ganzes hat die Gefahrenzeiten seit ihrer Gründung überstanden. Ihre Handschriften werden heute teils in der Schatzkammer des Doms, im Diözesanmuseum und im Tresor der Diözesanbibliothek aufbewahrt.

208. Wie wirkte sich für den Dom aus, dass die Rheinlande 1815 an Preußen fielen?

Die preußische Verwaltung widmet dem verfallenden mittelalterlichen Domtorso schon bald größte Aufmerksamkeit. Bereits 1816 erstellt der preußische Oberbaudirektor Schinkel erste Gutachten. 1823 wird die 1794 beim Einmarsch der Franzosen geschlossene Dombauhütte *(siehe 228)* nunmehr als preußischer Staatsbetrieb wiedereröffnet. Es beginnen erste Reparaturen und Wiederherstellungsarbeiten. Dank des persönlichen Engagements der preußischen Könige Friedrich Wilhelm III. (1797 bis 1840) und seines Nachfolgers Friedrich Wilhelm IV. *(siehe 213)* stellt der preußische Staat erhebliche Finanzmittel für die Wiederherstellung und ab 1842 in noch größerem Umfang für die Vollendung des Doms zur Verfügung.

209. Welche Verdienste hat Goethe um den Dom?

Schon wenige Monate nach Inbesitznahme der Rheinlande (5. April 1815) durch Preußen besucht Goethe auf Einladung des Freiherrn vom Stein Köln und besichtigt unter anderem den Dom. Noch im gleichen Jahr sendet er an den preußischen Minister des Inneren von Schuckmann ein Memorandum, in dem er für die Restaurierung des Doms eintritt. Daraufhin schickt dieser 1816 Oberbaudirektor Schinkel zur Erstellung umfangreicher Gutachten über den Zustand der Baudenkmäler an den Rhein. Das Eingreifen Goethes, der mit Boisserée in engerer Verbindung stand, gab einen entscheidenden Anstoß für die Sanierung des verfallenden Doms durch den Preußischen Staat.

210. Wer war Sulpice Boisserée?

Der in Köln geborene Kunsthistoriker Sulpice Boisserée (1783–1854) setzt sich schon als junger Mann für die Erhaltung und Vollendung des Kölner Doms ein. 1808 beginnt er damit, den mittelalterlichen Torso zu vermessen, zu zeichnen und den Dom in seinem Bestand wie auch in der vorgestellten Vollendung abzubilden. Das daraus entstehende monumentale Kupferstichwerk bildet die Grundlage für den späte-

Der Dom auf dem Weg zur Vollendung 1871

ren Weiterbau. 1823 veröffentlicht er sein grundlegendes Werk »Geschichte und Beschreibung des Doms«, mit dem er für die Idee der Domvollendung wirbt. Er kommt mit vielen einflussreichen Persönlichkeiten zusammen, unter anderem bereits 1813 mit dem späteren König Friedrich Wilhelm IV., den er für seine Ideen begeistern kann.

211. Wann und durch wen erhält die Idee der Domvollendung eine nationale Dimension?

1814, ein Jahr nach dem Sieg über Napoleon in der Völkerschlacht bei Leipzig (mit 120.000 Gefallenen), ruft Joseph Görres, Herausgeber des im gleichen Jahr erstmals erschienenen Rheinischen Merkurs, zum Ausbau des unvollendeten Doms als deutsches Nationaldenkmal auf, und zwar »als Symbol des neuen Reichs, das wir bauen wollen«.

212. Welche Verdienste um die Erhaltung des Domtorsos hat der preußische König Friedrich Wilhelm III.?

Friedrich Wilhelm III. (1797–1840), dessen Reiterstandbild seit 1878 auf dem Heumarkt steht (seit 2006 wegen notwendiger Restaurierung vorübergehend entfernt), kommt das Verdienst zu, durch staatliche Finanzmittel den Kölner Dom vor dem Verfall gerettet zu haben. Nach Inbesitznahme (April 1815) der als Folge des Wiener Kongresses erworbenen Rheinlande wird 1823 die 1794 aufgelöste Dombauhütte als preußischer Staatsbetrieb mit einem Anfangsetat von 22.300 Talern neu gegründet. Ein Jahr später stimmt der König der Gabe von 104.000 Talern – verteilt auf vier Jahre – für Wiederherstellungsarbeiten zu. 1825 verfügt er durch Kabinettsorder, dass für die Jahre 1826 bis 1831 insgesamt 70.000 Taler angewiesen werden. 1830 sagt er 10.000 Taler jährlich unter der Bedingung zu, dass die 1826 für die Erzdiözese Köln eingeführte Kathedralsteuer den gleichen Betrag aufbringt. Damit standen ab 1830 jährlich etwa 20.000 Taler zur Verfügung.

Friedrich Wilhelm III. (1797–1840), Standbild auf dem Heumarkt seit 1878

213. Welche herausragenden Verdienste um die Vollendung des Doms hat sein Sohn, der preußische König Friedrich Wilhelm IV.?

Der am 15.10.1795 geborene Kronprinz Friedrich Wilhelm war schon als junger Mann voll enthusiastischer Begeisterung für den Kölner Dom. Als ihm 1813 Sulpice Boisserée in Frankfurt erstmals Zeichnungen der unvollendeten Kathedrale zeigt, raubt ihm die Faszination des Bauwerks nächtelang den Schlaf. 1814 – also noch vor der Entscheidung des Wiener Kongresses über die künftige Zugehörigkeit der Rheinlande zu Preußen – lässt er sich bei seinem ersten Besuch Kölns von Boisserée den Domtorso zeigen, wobei er äußert, er wolle den Dom am liebsten sofort ausbauen. Diesen Traum kann er nach seiner Thronbesteigung 1840 verwirklichen. Zu seinen ersten Amtshandlungen gehört die Genehmigung der Gründung des Zentral-Dombau-Vereins *(siehe 215)*. Bereits am 4. September 1842 erfolgt die feierliche Grundsteinlegung zum Weiterbau, für dessen Finanzierung der König hinfort jährlich 50.000 Taler aus Steuermitteln zur Verfügung stellt. Als nach der ersten Dombegeisterung der private Spendenfluss zurückgeht, machen die staatlichen Gelder zeitweilig mehr als die Hälfte des jährlichen Bauetats aus. Zu Ehren des 1861 verstorbenen Königs finden 1880 die Festlichkeiten zur Vollendung des Doms an seinem Geburtstag, dem 15. Oktober, statt.

214. Welche Worte sprach Friedrich Wilhelm IV. 1842 bei der Grundsteinlegung zum Weiterbau, wo sind sie am Dom verewigt?

Die erhabenen Schlussworte der denkwürdigen Rede Friedrich Wilhelms IV. sind auf einer Bronzetafel festgehalten, die an

der Südfassade links neben dem Maternusportal angebracht ist. Wegen des Schutzgitters ist sie heute nur von fern zu betrachten. Der Text lautet:
»Und das große Werk verkündige den späteren Geschlechtern von einem durch die Einigkeit seiner Fürsten und Völker großen, mächtigen, ja, den Frieden der Welt unblutig erzwingenden Deutschland. – Der Dom von Köln rage über diese Stadt, rage über Deutschland, über die Zeiten, reich an Menschenfrieden, reich an Gottesfrieden bis an das Ende der Tage.«

215. Wann und von wem wurde der »Zentral-Dombau-Verein« (ZDV) gegründet?

Die Anfang des 19. Jahrhunderts insbesondere von Sulpice Boisserée und Joseph Görres *(siehe 210, 211)* ausgehende Dombegeisterung führte in der Kölner Bürgerschaft schon bald zu dem Wunsch nach Gründung eines Vereins, der Mittel für den Weiterbau aufbringen sollte. Nachdem die misstrauische preußische Regierung die Genehmigung zur Gründung einer solchen freien Vereinigung zunächst versagt hatte, wurde das ab 1840 anders, als der dombegeisterte Friedrich Wilhelm IV. den preußischen Königsthron bestieg. Er genehmigte 1841 das noch heute gültige Statut des ZDV. Am 14. Februar 1842, dem Tag der ersten Generalversammlung, zählte der Verein bereits 4.832 Mitglieder. Wenig später, am 4. September 1842, legten der König und Johannes von Geissel, Koadjutor des Kölner Erzbischofs *(siehe 428)*, den Grundstein zum Weiterbau.

216. Wo fand die Idee zur Vollendung des Doms außerhalb Kölns Unterstützung?

Die insbesondere von Boisserée und Görres propagierte Idee der Domvollendung führt in allen Teilen Deutschlands zu einer breiten Strömung, ausgerichtet auf das Ziel, den Dom zu vollenden. In vielen großen und kleinen Städten entstehen Dombauvereine, die im Bunde mit dem Kölner Hauptverein das gleiche Bestreben haben. Sie sind bei der Grundsteinlegung zum Weiterbau am 4. September 1842 durch Abordnungen vertreten. Neben dem preußischen König unterstützen auch weitere deutsche Fürsten den Plan. Das Engagement des bayrischen Königs Ludwig I. (Schwager Friedrich Wilhelms IV.) geht sogar so weit, dass er einen Dombauverein Deutscher Bundesfürsten gründen will, ein Plan, der sich letztlich aber nicht verwirklichen lässt. Er ist der Stifter der kostbaren Glasfenster des südlichen Langhauses *(siehe 188)*.

Willkommenes Geld für die Vollendung des Doms, rund die Hälfte finanziert die Dombaulotterie

217. Welche Bedeutung hat der Zentral-Dombau-Verein; wie viel Geld steuerte er von 1842 bis 1880 zur Vollendung des Doms bei?

Die Vollendung des mittelalterlichen Domtorsos innerhalb von nur 38 Jahren kostet von 1842–1880 6,6 Millionen Taler (= ca. 20 Millionen Goldmark = 2,5 Milliarden DM – nach heutiger Währung ca. 1,28 Milliarden Euro). Daran ist der ZDV mit etwa zwei Dritteln, in der Schlussphase bei der Vollendung der Türme mit drei Vierteln beteiligt. Etwa drei Viertel der Mittel des Vereins stammen aus der Dombaulotterie, die der ZDV seit 1864 betreibt. Ohne dieses beispiellose bürgerschaftliche Engagement wäre der Dom nicht vollendet worden. Die umfangreichen Instandsetzungs- und Instandhaltungskosten am Dom werden auch heute zu über 50 % vom ZDV finanziert *(siehe 224, 225)*. Die Kölner betrachten nicht zuletzt deshalb den Dom als »ihren« Dom.

1880: Die Kreuzblume auf dem Südturm des Doms

218. In welchem Jahr wird der Dom feierlich vollendet?

Am 15. (dem Geburtstag des verstorbenen Friedrich Wilhelm IV.) und 16. Oktober 1880 findet zur Feier der Vollendung des Doms in Gegenwart Kaiser Wilhelms I. und zahlreicher deutscher Fürsten ein zweitägiges Dombaufest statt. Höhepunkt ist die Einsetzung des Schlusssteins in die Kreuzblume des südlichen Turms, womit das Bauwerk 632 Jahre nach der Grundsteinlegung endgültig vollendet ist.

219. Wie heißen die beiden Dombaumeister, unter deren Leitung der Dom vollendet wird?

Ernst Friedrich Zwirner (1833–1861) und Karl Eduard Richard Voigtel (1861 bis 1902). Zwirner war ein Schüler des berühmten Berliner Architekten und preußischen Oberbaudirektors Karl Friedrich Schinkel, der lebhaftes Interesse am Kölner Dom nahm. Er war 1816 von Berlin zur Begutachtung des Dombaus nach Köln geschickt worden, hatte Sulpice Boisserée *(siehe 210)* kennengelernt, arbeitete später an dessen monumentalem Kupferstichwerk eigenhändig mit und war höchstpersönlich mit den Plänen zur Vollendung des Doms befasst. Auf seine Veranlassung wurde Zwirner 1833 zum Leiter der Kölner Dombauhütte berufen, die die preußische Regierung 1823 als Staatsbetrieb wiedereröffnet hatte. Zwirner begann sofort mit der Entwicklung von Plänen zum Weiterbau des Doms. An Zwirner erinnert die Zwirnerstraße in der Südstadt, an Voigtel die Voigtelstraße in Köln-Braunsfeld. Zwirners Skulptur steht an der Nordseites des Ratsturms (2. Obergeschoss, links).

220. Wovon werden 1880 die Feierlichkeiten zur Vollendung des Doms überschattet?

Das Dombaufest fällt in die Zeit des »Kulturkampfes« *(siehe 470ff.)* zwischen der preußischen Staatsregierung und der katholischen Kirche, in dessen Verlauf der Kölner Erzbischof Paulus Melchers 22 Wochen im Klingelpütz inhaftiert wird, bevor er sich 1875 in ein Kloster ins niederländische Maastricht absetzt, um von dort aus bis 1885 die Geschicke des Erzbistums zu leiten *(siehe 470, 477)*. Das Verhältnis zwischen Staat und Kirche ist 1880 dementsprechend belastet und äußerst gespannt.

221. Wie und wo wird die Vollendung des Doms kirchlich gefeiert?

Nach delikaten diplomatischen Verhandlungen zwischen Regierung, Domkapitel und der Stadt verlaufen 1880 die kirchlichen Feierlichkeiten wie folgt: Am 15. Oktober beginnen die Feierlichkeiten um 10 Uhr mit einem Dankgottesdienst in der evangelischen Trinitatiskirche. Erst anschließend begibt sich Kaiser Wilhelm I. zum Dom, wo er am Westportal von Weihbischof Baudri und sechs Domkapitularen mit einer Ansprache empfangen wird, deren Text zuvor in Berlin vorgelegt werden musste. Da das Domkapitel abgelehnt hatte, ein Pontifikalamt zu feiern, singt der Domchor im Dom lediglich ein Tedeum, wobei entgegen der Konvention keiner der Anwesenden mitsingt.

222. Wo findet der offizielle Festakt statt?

Bei dem anschließenden Festakt auf dem Domhof (heute Roncalliplatz) verliest Dombaumeister Voigtel die Urkunde, die in den Schlussstein eingefügt werden soll. Sie wird vom Kaiser, den anwesenden Fürsten, Politikern und Militärs, nicht aber von einem

Der große historische Festzug vor dem Kaiserpavillon, Kölnisches Stadtmuseum

Vertreter der katholischen Kirche unterzeichnet. Als der Schlussstein mit der Urkunde unter dem Salut von Kanonenschüssen in die Kreuzblume des Südturms eingesetzt wird, singt ein Kinderchor das evangelische Kirchenlied »Nun danket alle Gott«, was von katholischer Seite als Provokation empfunden wird.

223. Welchen Anklang findet der von der Stadt veranstaltete historische Festzug?

Am 16. Oktober 1880 zieht der große historische Festzug durch die Stadt, der die Geschichte des Doms von der Grundsteinlegung 1248 bis zur Vollendung veranschaulicht. Dem Kaiser gefällt der Zug so gut, dass dieser ein zweites Mal an ihm vorüberziehen muss, bevor er die Stadt verlässt.

224. Wie viele Mittel wurden seit Ende des Zweiten Weltkriegs in den Dom investiert? Welchen Anteil trug davon der »Zentral-Dombau-Verein« (ZDV)?

Von 1948–2004 wurden umgerechnet ca. 130 Millionen Euro investiert (bis zur Währungsumstellung 2001 waren es 260 Millionen DM). Mehr als die Hälfte, nämlich rund 70 Millionen Euro, steuerte der ZDV dazu bei (von 11,5 Millionen DM im Jahr 2001 trug der ZDV 6,5 Millionen DM = 60 %).

225. Wie viele Mittel werden zurzeit jährlich für den Dom aufgebracht, welchen Anteil davon finanziert der ZDV?

Die jährlichen Gesamtkosten für Wiederaufbau- und Erhaltungsarbeiten liegen zurzeit bei ca. 6,4 Millionen Euro. Hiervon finanziert der ZDV über 50 %. 2006 konnte er aus Vereinsbeiträgen und Spenden 3.250.000 Euro zur Verfügung stellen, 2007 waren es 4,4 Millionen Euro.

226. Wie viele Mitglieder hat der Zentral-Dombau-Verein heute?

Im Februar 2005 konnte in einer Feierstunde im Domforum das 10.000. Mitglied begrüßt werden. Inzwischen zählt der Verein 10.900 Mitglieder (Oktober 2007). Sie sind keinesfalls nur auf Köln beschränkt, sondern über die ganze Welt verstreut (über 300 stammen aus Düsseldorf). Die Mitgliedschaft steht jedermann offen. Der jährliche Mindestbeitrag beträgt für Einzelpersonen 20,– Euro. (Schüler und Studenten 15,– Euro).

227. Was ist das Kölner Domblatt?

Das Kölner Domblatt ist das reich illustrierte Jahrbuch des ZDV, das die Vereinsmitglieder als Jahresgabe erhalten. Es berichtet auf ca. 350 Seiten über die aktuellen Arbeiten am Dom und über wissenschaftliche Arbeiten zum Dom.

228. Wann entstand die Kölner Dombauhütte, wann löste sie sich auf?

Zur Zeit der Grundsteinlegung des Doms (1248) versteht man unter einer Bauhütte eine freie Vereinigung von Steinmetzen, die sich zum Bau einer Kirche zusammenschließen. An ihrer Spitze steht ein Werkmeister (Magister operis), der aus dem Steinmetzstand kommt. Auch der Kölner Dom wird von einer solchen Bauhütte errichtet. Sie geht zurück auf Meister Gerhard von Ryle, den ersten Kölner Dombaumeister *(siehe 164)*. Als der Weiterbau des Doms 1560 eingestellt wird, bleibt die Bauhütte bestehen. Sie ist für Reparatur- und Unterhaltungsarbeiten unverzichtbar. Erst als 1794 bei der Besetzung Kölns durch französische Revolutionstruppen das Domkapitel flieht, verschwinden auch die letzten Handwerker.

229. Wann wurde die Kölner Dombauhütte als Staatsbetrieb neu gegründet?

1821 wurde die Dombauhütte von der preußischen Regierung unter Leitung des Regierungsbauinspektors Ahlert nach 29-jähriger Pause wieder ins Leben gerufen, nun als preußischer Staatsbetrieb. Zu ihrer wichtigsten Aufgabe wurde ab 1842 die Fertigstellung des Doms.

230. Welchen Status hat die Bauhütte heute?

1947 wird die Dombauhütte wieder in kirchliche Regie übernommen. Sie untersteht seitdem dem Domkapitel. 1970 bezieht sie ihr neues Quartier, das erstmals in ihrer 722-jährigen Geschichte in die Tiefe zwischen die Südfundamente des Chors und den ehemaligen Dombunker gelegt wird, sodass nur noch ein Teil über die neue Domplatte hinausragt. Von hier aus hat man einen gut Einblick in den Innenhof der Hütte.

231. Wie viele und welche Art von Mitarbeiter hat die Dombauhütte zurzeit, wie viele hatte sie in der Vergangenheit?

Im Jahr 2006 sind bei der Dombauhütte 56 Handwerker beschäftigt:

Die Dombauhütte – jederzeit von oben einsehbar

30 Steinmetze
10 Glasrestauratoren
4 Dachdecker
2 Maler
2 Schreiner
1 Elektriker
2 Schlosser/Schmiede
5 Gerüstbauer
Nach der Grundsteinlegung zum Weiterbau 1842 wurde die Dombauhütte zunächst auf 180, dann auf 350 und schließlich auf 500 Arbeitskräfte vergrößert. Nach Fertigstellung des Doms 1880 schrumpfte sie wieder zu einer kleinen Reparaturtruppe zusammen. Von der Wiedereröffnung der Hütte 1821 bis 1945 waren insgesamt allein über 3.000 Steinmetze beschäftigt.

232. Aus welchem Stein wurde der Dom im Mittelalter gebaut, weshalb verwandte die von Preußen gegründete Dombauhütte anderes Material?

Von der Grundsteinlegung 1248 bis zum Ende der mittelalterlichen Bautätigkeit 1560 wurde hell schimmernder Trachyt vom Drachenfels für den Dom eingesetzt. Als 1823 unter preußischer Regie umfangreiche Erneuerungsarbeiten einsetzten, stand der Drachenfels als Steinlieferant nicht mehr zur Verfügung. Dombaumeister Ahlert (1823–1833) verwandte deshalb Stenzelberger, Wolkenburger und Berkumer Trachyte, die dem Drachenfelstrachyt ähneln. Alle aus diesen Materialien gebauten Teile zeigten 100 Jahre später erhebliche Verwitterungsschäden auf.

233. Welchen Stein verwandte Dombaumeister Zwirner 1842 für den Weiterbau?

Ab 1842 wählte Dombaumeister Zwirner (1833–1861) den aus dem Stuttgarter Raum stammenden hellen grobkörnigen Schlaitdorfer Sandstein (Querhausfassaden und die oberen Teile von Lang- und Querhaus). Diese Teile zeigen heute die größten Verwitterungsschäden (Kalkfraß), für die vor allem die Luftverschmutzung und die jahrzehntelangen Schwefelemissionen des Hauptbahnhofs *(siehe 752)* ursächlich sind.

234. Aus welchem Stein wurden die Domtürme gebaut, mit welchem Steinmaterial wurde in den 1930er Jahren das Strebewerk des Chors erneuert?

Die Domtürme bestehen in ihren Außenschalen überwiegend aus feinkörnigem, hellem Sandstein aus Obernkirchen, der seinerzeit als »edelster Sandstein Deutschlands« bezeichnet wurde. Er wurde ab 1845 bis zur Vollendung des Doms 1880 verwendet und hat sich bis heute relativ gut bewährt. Wegen der schlechten Erfahrungen mit Sandstein wurde von 1929 bis 1939 das gesamte Strebewerk des Chors durch Muschelkalk aus Krensheim bei Lauda ersetzt. Aber schon bald stand fest, dass dieses Material der erheblichen Verwitterungsbelastung auf Dauer nicht standhalten wird.

235. Welches Steinmaterial wird heute für den Dom verwendet, wie groß ist zurzeit der Natursteinverbrauch der Domhütte?

Gefahren durch Immissionen und natürliche Verwitterung wurden zwangläufig ausschlaggebend für die Materialauswahl. 1952 führte Dombaumeister Weyres (1944–1972) die graue verwitterungsfeste Londorfer Basaltlava aus dem Vogelsberg-Massiv ein, die im Gegensatz zum Eifelbasalt nicht schwarz wird. Sie wird als der ideale Dombaustein betrachtet. Aus ihr wurde unter anderem der größte Teil der nördlichen Querhausfassade erneuert. Der Natursteinverbrauch der Domhütte liegt zurzeit jährlich bei etwa 7 m^3 (Im Jahr 2004 verarbeiteten die Steinmetze 7,262 m^3).

236. Wie wird sich das Erscheinungsbild des Doms künftig verändern?

Das ursprünglich helle Äußere des Doms, das durch Immissionen und Verwitterung zunehmend schwarz wurde, wird wegen der Farbtönung des Londorfer Basalts allmählich in ein helles Grau übergehen, wie es heute schon die nördliche Querhausfassade aufweist. Ein gut erkennbares Beispiel für diese Entwicklung ist das an der südlichen Querhausfassade erneuerte Triforium.

Südliche Querhausfassade: Linkes Triforium, 1991/92 erneuert in grauer Londorfer Basaltlava; rechtes Triforium aus dem 19. Jahrhundert

237. Wann wird der Dom fertig?

Nie.

238. Wie viele Glocken hat der Dom?

Im Dom hängen insgesamt zehn Glocken. Das Hauptgeläut im zweiten Obergeschoss des Südturms besteht aus sieben großen, das Geläut im Dachreiter aus zwei kleineren Glocken. Hinzu kommt eine kleine Einzelglocke (Mettglocke) im Südturm.

239. Welche Namen haben die acht Glocken des Hauptgeläutes?

Das wegen seiner Klangschönheit gerühmte Hauptgeläut besteht aus folgenden Glocken:

- St. Petersglocke (Dicke Pitter). 1923 in Apolda gegossen, Gewicht ca. 24.000 kg. Durchmesser 322 cm, Schlagton c. Sie ist die größte frei pendelnd läutbare Glocke der Welt. Ihr feierlicher Klang ist das klingende Wahrzeichen des Doms und der Stadt Köln.
- Pretiosa, 1448 in Köln gegossen, Gewicht ca. 10.000 kg, Durchmesser 240 cm, Schlagton g.
- Speciosa, 1449 in Köln gegossen, Gewicht ca. 4.300 kg, Durchmesser 203 cm, Schlagton a.
- Dreikönigenglocke, Erstguss 1418, Neugüsse 1693, 1862 und zuletzt 1880 in Dresden. Gewicht ca. 3.800 kg, Durchmesser 175 cm, Schlagton h.
- Ursulaglocke, 1862 in Aachen gegossen, Gewicht ca. 2.550 kg, Durchmesser 160 cm, Schlagton c'.
- Kapitelsglocke (Karlsglocke), 1911 in Bremen gegossen, Gewicht ca. 1.400 kg, Durchmesser 129 cm, Schlagton e'.

- Aveglocke, 1911 in Bremen gegossen, Gewicht ca. 830 kg, Durchmesser 108 cm, Schlagton g'.
- Josephsglocke, 1990 in Brockscheid/Eifel gegossen, Gewicht 2.300 kg, Durchmesser 147 cm, Schlagton d'.

240. Welcher der beiden Domtürme war seit jeher der Glockenturm?

Der Südliche. In dem um 1410 vollendeten zweiten Geschoss des Südturms wurden bereits 1448 und 1449 die beiden damals in Köln gegossenen Glocken Pretiosa und Speciosa aufgehängt.

241. Wie heißen die beiden Glocken des Dachreitergeläuts?

- Angelusglocke, Gewicht 763 kg, Durchmesser 105 cm, Schlagton gis'.
- Wandlungsglocke, Gewicht 425 kg, Durchmesser 81 cm, Schlagton e'. Die Glocke läutet täglich am Mittag zum »Engel des Herrn«.

Die Glocken des Dachreitergeläuts befinden sich in der Stube unter der Plattform des Vierungsturms. Sie sind die ältesten des Doms, stammen aus der ersten Hälfte des 14. Jahrhunderts und hingen früher im »Chortürmchen« von 1744 (auf dem Dach des 1322 geweihten Chors), das 1811 wegen Baufälligkeit abgebrochen wurde. An seine Stelle trat 1860 der 32 m höhere, aus Eisen konstruierte Dachreiter über der Vierung.

242. Was war die Kaiserglocke, was blieb von ihr erhalten?

Die Kaiserglocke war mit einem Gewicht von 27 t und einem Durchmesser von 342 cm die größte jemals im Dom aufgehängte Glocke. Zu ihrem Guss 1873/74 in Frankenthal/Pfalz stiftete Kaiser Wilhelm I. erbeutete französische Geschütze aus dem Krieg von 1870/71. Trotz dreimaligen Gusses erzielte die Glocke, 1878 installiert, nie einen befriedigenden Klang. Sie läutete erstmals am 26. September 1878, als der Kaiser in Köln einzog, um der Enthüllungsfeier des Reiterstandbilds Friedrich Wilhelms III. auf dem Heumarkt beizuwohnen. 1918 wurde die Glocke zerlegt und für Rüstungszwecke eingeschmolzen. Der eiserne Klöppel in Form einer Kugel blieb erhalten. Er befindet sich außen an der Südseite des Doms hinter Absperrungen der Dombauhütte und ist deshalb leider nicht zu sehen.

Dom von Nordost. Der auf dem Bild linke, südliche, ist der Glockenturm

243. Was geschah mit den Domglocken im Zweiten Weltkrieg?

Während am Ende des Ersten Weltkriegs die Kaiserglocke *(siehe 242)* für Rüstungszwecke eingeschmolzen wurde, konnten die Domglocken im Zweiten Weltkrieg nach vielen Verhandlungen vor dem Einschmelzen bewahrt werden.

244. Wann erklingt das Hauptgeläut des Doms?

Das Hauptgeläut mit der Petersglocke ist relativ selten zu hören, denn der »Dicke Pitter« läutet nur die kirchlichen Hochfeste ein, und zwar jeweils am Vorabend nach der Messe ab 19.15 Uhr: Gottesmutter Maria (Neujahr), Epiphanias (6. Januar), Pfingstsonntag, Fronleichnam, Peter und Paul (29. Juni), Allerheiligen (1. November), Unbefleckte Empfängnis Mariä (8. Dezember) und Weihnachten (25./26. Dezember). Die Petersglocke erklingt immer zuerst zehn Minuten allein, bevor die übrigen Glocken des Hauptgeläuts einsetzen.

245. Wie viele Orgeln befinden sich im Dom, wann finden Orgelkonzerte statt?

Die beiden großen Orgeln des Doms wurden beide nach dem Zweiten Weltkrieg von der Bonner Traditionsfirma Klais gebaut. Die alte Orgel im nördlichen Querhaus war durch Bombentreffer am 29. Juni 1943 zerstört worden. Die neue »Querhausorgel« war rechtzeitig zur 700-Jahr-Feier am 15. August 1948 fertig und fand ihren Standort auf einer Empore auf der Ostseite des nördlichen Querhauses. Sie wurde 1956 nach dem Fall der Trennwand *(siehe 250)* erweitert und den vergrößerten Raumverhältnissen angepasst. 2001/2002 nahm die Firma Klais eine erneute Reorganisation der Orgel vor. Die Langhausorgel wurde 1998 in über 20 m Höhe als »Schwalbennestorgel« an der Nordseite des Langhauses angebracht. Sie hängt mit ihrem Gewicht von 30 t an vier Stahlstangen, die durch das Gewölbe hindurch an einer Stahlkonstruktion im Dachboden befestigt sind. 2005 erhielt der Dom aus Spendenmitteln zwei Hochdruckfanfaren (Tuba episcopalis und Tuba capitalis), die die Firma Klais in 20 m Höhe im Langhaus vor dem Westfenster installierte. Orgelkonzerte finden von Mitte Juni bis Ende September jeden Dienstag um 20.00 Uhr statt. Der Eintritt ist frei.

Seit 1998 hängt die »Schwalbennestorgel« mit ihrem Gewicht von 30t 20m hoch an der Nordseite des Langhauses

246. Welche Schäden erlitt der Dom im Zweiten Weltkrieg?

Für den heutigen Dombesucher ist kaum vorstellbar, dass der Dom im Krieg bei zahlreichen Luftangriffen mit verheerender Wirkung getroffen wurde. Die schwersten Schäden verursachten folgende Angriffe:

- Nächtlicher 1.000-Bomber-Angriff am 31. Mai 1942: Ein Brandbombenregen trifft den Dom. 42 Brandstellen können gelöscht werden. Die Dombauhütte an der Südseite brennt nieder.

- Nachtangriff am 29. Juni 1943: Eine Bombe trifft das nördliche Querschiff. Vier Gewölbefelder fallen herunter und zerschlagen die Domorgel. Eine weitere Bombe trifft den Südturm, prallt jedoch ab und explodiert Stunden später in den Anlagen.
- Nachtangriff am 3. November 1943: Eine Luftmine schlägt in den Eckpfeiler des Nordturms *(siehe 248)*. Eine weitere Bombe schlägt eine Bresche in die Südmauer des Doms.
- Tagangriff am 15. Oktober 1944: Brandbomben führen zu Bränden im Sakristeispeicher und im Dach der Achsenkapelle.
- Tagangriff am 27. November 1944: Eine Bombe zerstört das Gewölbe zwischen Hochchor und Sakramentsaltar. Eine weitere fällt auf den Uhrboden im Südturm.
- Tagangriff am 14. Januar 1945: Zwei Bomben treffen den Dom an der Westseite des nördlichen Querschiffes und am Dach des nördlichen Seitenschiffes.
- Tagangriff am 28. Januar 1945: Eine Bombe schlägt in das Westfenster zwischen den Türmen, eine weitere richtet schwere Schäden zwischen Sakristei und Hochchor an.
- Tagangriff am 2. März 1945 (schwerster für den Dom): Vier Bomben treffen den Dom, je eine das hohe Dach des südlichen und nördlichen Querschiffes, eine weitere die Westseite des südlichen Querschiffes und eine vierte die Südseite des Langschiffes. Die Gewölbe des Mittelschiffes stürzen ein.
- Am 15. März 1945 wird Köln von deutscher Artillerie von der rechten Rheinseite her beschossen (am 4. März hatten die Amerikaner das linksrheinische Köln besetzt). Dabei wird der Dom von 19 Granaten getroffen. An den mittelalterlichen Maßwerken des Chorumgangs entstehen schwere Schäden.

247. Wodurch wurde der Dom nach Kriegsende noch weiter beschädigt?

Von August bis September 1945 nahmen die Besatzungsmächte trotz deutscher Proteste gewaltige Sprengungen zur Beseitigung der Trümmer der Hohenzollernbrücke vor. Da die Brücke in der verlängerten Achse des Doms liegt, entstanden durch die Bodenerschütterungen schwere Schäden. Ein Gewölbe des Langhausmittelschiffs stürzte ein.

248. Wann wurde der am 3. November 1943 durch Bombentreffer schwer beschädigte Nordturm durch eine »Ziegelplombe« gesichert, wann wurde sie ersetzt?

Noch im November 1943 wurde damit begonnen, das durch die Luftmine *(siehe 246)* in den Nordturm gesprengte gewaltige Loch (80 m³ Quadermauerwerk) durch eine Ziegelplombe zu schließen und damit die Standfestigkeit des Turms zu sichern. Dabei wurden ca. 27.500 Ziegelsteine verbaut. Sechzig Jahre später, 2004/2005, erfolgte die Verkleidung der Ziegelplombe durch leuchtend hellen Sandstein. Am 12. August 2005, unmittelbar vor dem Besuch von Papst Benedikt XVI. zum Weltjugendtag in Köln, wurde die Fertigstellung mit einer kleinen Feier vor dem Marienportal des Doms abgeschlossen.

249. Aus welchem Stein wurde die Ziegelplombe ersetzt?

Zur Wiederherstellung wurde Obernkirchener Sandstein verwendet, also das gleiche Steinmaterial, aus dem im 19. Jahr-

Nordturm, die seit 2005 verkleidete Ziegelplombe (Bombentreffer *siehe 593*)

hundert die Domtürme gebaut wurden *(siehe 234)*. Für die Verkleidung der Ziegelplombe mussten insgesamt 103,741 m^3 (= 250 t) dieses kostbaren Materials bearbeitet werden.

250. Wann konnte nach dem Zweiten Weltkrieg das ganze Innere des Doms wieder dem Gottesdienst übergeben werden?

Vor der 700-Jahr-Feier der Grundsteinlegung (15. August 1948) war das im Westteil noch kriegsbeschädigte Langhaus ab der Vierung durch eine 45 m hohe Wand abgetrennt. So konnte der bereits restaurierte Ostteil des Doms gottesdienstlich (mit der neuen Klais-Orgel) zur Jubiläumsfeier benutzt werden. Rechtzeitig zum Katholikentag am 29. August 1956 wurde die Trennwand entfernt. Seitdem steht der gesamte Innenraum des Doms wieder für Gottesdienste zur Verfügung.

251. War der Dom immer Bischofskirche?

Nachdem 1794 Erzbischof und Domkapitel vor den französischen Revolutionstruppen geflohen waren, gab es in Köln keinen Erzbischof mehr. 1801 verleibte Napoleon die linksrheinischen Gebiete Frankreich ein. Im gleichen Jahr löste er im Rahmen einer Neuordnung der Kirchenverhältnisse das Erzbistum Köln auf und gründete 1801 das Bistum Aachen, zu dem von da an auch Köln gehörte. Im Rahmen dieser Neuordnung wurde der Kölner Dom zur »Kantonalpfarrkirche St. Peter« herabgestuft. Erst durch die Bulle »De salute animarum« vom 16. Juli 1821 *(siehe 419)* löste Papst Pius VII. zwanzig Jahre später das Bistum Aachen wieder auf und stellt zugleich das Erzbistum Köln wieder her. Der Kölner Dom wurde damit wieder Bischofskirche.

252. Ist der Dom auch Pfarrkirche, wie lautet der offizielle Titel der Dompfarrei?

Der Kölner Dom ist in erster Linie Bischofskirche. Hier hat der Erzbischof seine Kathedra, das heißt seinen offiziellen Sitz, von dem aus er den feierlichen Gottesdienst hält, von dem aus er lehrt und regiert. Zugleich aber ist der Dom von seinen mittelalterlichen Anfängen an Pfarrkirche, wenn auch heute mit verhältnismäßig geringer Seelenzahl. Die päpstliche Bulle »De salute animarum« *(siehe 419)* regelte 1821 die rechtliche Lage der Dompfarrei neu: Das Metropolitankapitel ist im eigentlichen Sinne der Pfarrer. Es bestimmt seitdem aus den eigenen Reihen einen Geistlichen, der die Seelsorge und das Pfarramt wahrnimmt.

Der Erzbischof muss diesem nach Prüfung auf Eignung das Amt übertragen. Die Dompfarrei führt offiziell den Titel »Hohe Domkirche, Metropolitan- und Pfarrkirche St. Petrus«.

253. Wo wird der Petrusbrunnen aufbewahrt, wann erhält er einen neuen Platz?

An der Nordostseite der Domplatte, beim Domfriedhof, befand sich bis 1999 der 1866 von der preußischen Königin und späteren Kaiserin Augusta (Gemahlin Kaiser Wilhelms I.) gestiftete Petrusbrunnen (Drüje Pitter). Die von Peter Fuchs geschaffene Petrusfigur, die in der rechten Hand die Himmelsschlüssel hält, soll daran erinnern, dass der Dom dem heiligen Petrus geweiht ist. Der 1999 abgebaute restaurierungsbedürftige Brunnen befindet sich zurzeit im Depot der Dombauhütte. Im Rahmen der derzeit neben dem Südturm laufenden Baumaßnahmen soll der Brunnen auf der Südseite des Doms westlich der Querhausportale neu aufgestellt werden.

254. Wo erfolgt die Grablegung der Kölner Bischöfe?

Die Kölner Erzbischöfe werden in neuerer Zeit in einer erzbischöflichen Gruft beigesetzt. Diese wurde zwischen 1958 und 1969 im Auftrag des Metropolitankapitels vom damaligen Dombaumeister Weyres errichtet, und zwar im Zusammenhang mit einer im Dom neu anzulegenden Krypta.

255. Wem gehört der Kölner Dom, wer ist Hausherr der Kathedrale?

Eigentümer des Doms ist die »Hohe Domkirche zu Köln«, eine juristische Person des öffentlichen Rechts. Vertretungsorgan ist das Domkapitel, das die »Hohe Domkirche« im Rechtsverkehr vertritt und das Hausrecht wahrnimmt. Das Domkapitel ist Hausherr der Kathedrale, nicht der Erzbischof.

256. Was ist heute das Domkapitel, wie lautet sein offizieller Titel?

Das 16-köpfige »Hohe Metropolitan-, Kathedral- und Domkapitel zu Köln« besteht seit 1825 aus einem vom Domkapitel gewählten Dompropst, einem vom Erzbischof ernannten Domdechanten, zehn residierenden und vier nicht residierenden Domkapitularen. Letztere sind Dechanten aus dem Erzbistum bzw. Professoren der Bonner Katholisch-Theologischen Fakultät, die bei der Wahl des Erzbischofs zu dem zwölfköpfigen Kapitel hinzutreten. Die Domkapitulare (Domherren) werden vom Erzbischof ernannt, wobei er im Wechsel einmal auf Vorschlag des Kapitels ernennt und dann wieder nur nach Anhörung desselben.

257. Wo liegt der Domherrenfriedhof?

Östlich vom Domchor liegt der Domherrenfriedhof des Domkapitels, der 1925 von Dombaumeister Hertel anstelle der Kapitels-Gruftanlage auf dem Melatenfriedhof angelegt wurde. Es handelt sich um eine weiträumige Gruftanlage mit 88 Belegplätzen, die den Mitgliedern des Domkapitels als letzte Ruhestätte vorbehalten sind.

258. Wann wurde der Dom »Weltkulturerbe«, wann und weshalb wurde er auf die »Rote Liste des gefährdeten Welterbes« gesetzt, wann wieder von ihr gestrichen?

Am 6. Dezember 1996 wurde der Kölner Dom auf einer Tagung des Welterbekomitees der UNESCO in Merida (Mexiko) zum Weltkulturerbe erklärt. Am 5. Juli 2004 wurde er »wegen Gefährdung der visuellen Integrität des Doms und der einzigartigen Kölner Stadtsilhouette durch die Hochhausplanungen der Stadt auf der dem Dom gegenüberliegenden Rheinseite« auf die Rote Liste des gefährdeten Welterbes gesetzt. Daraufhin revidierte die Stadt ihre Hochhauspläne. Aufgrund der von der Stadt vorgelegten reduzierten Bebauungspläne strich das UNESCO-Welterbekomitee am 10. Juli 2006 den Dom wieder von der Roten Liste.

Die »Schmuckmadonna«, nördliches Querschiff (Bahnhofsseite)

259. Wie viele Menschen besuchen jährlich den Dom?

Der Dom hat Jahr für Jahr über sechs Millionen Besucher. Er ist damit die meistbesuchte Sehenswürdigkeit Deutschlands.

260. Wie viele Domführungen gibt es?

Die Zahl der normalen Führungen durch den Dom liegt bei über 8.000 pro Jahr. Anmeldung: im Domforum gegenüber den Domtürmen, Domkloster 3, Tel. 0221/ 925847-30. Grundsätzlich dürfen nur vom Domforum beauftragte Führer mit Lizenz Besuchergruppen durch den Dom führen. Die Zahl der Teilnehmer ist auf 25 pro Gruppe begrenzt (Kosten bei 25 Teilnehmern: 80,– Euro; Kinder-, Jugend-, Firm- und Kindergartengruppen erhalten Ermäßigung). Darüber hinaus werden von der Dombauverwaltung Spezialführungen angeboten:

- Führung über das Dach (maximal 17 Teilnehmer)
- Führung durch die Ausgrabungen unter dem Dom (maximal 20 Teilnehmer)
- Führung durch die Schatzkammer (15 bis 25 Teilnehmer)
- Führung durch den Glockenstuhl (Anmeldung auch als Einzelperson möglich)

Anmeldung: Dombauverwaltung, Roncalliplatz 2, Tel. 0221/17940-555, Fax: 0221/17940-399.

261. Wo finden Dombesucher die besonders verehrte »Schmuckmadonna«?

Im nördlichen Querschiff befindet sich vor dem Dreikönigenaltar die vermutlich aus dem späten 17. Jahrhundert stammende, zierliche barocke Gnadenmadonna, die im Volksmund »Schmuckmadonna« genannt wird. Seit langer Zeit ist es Brauch, diese Madonnenfigur mit Zierrat aus Gold und Silber zu beschenken, sodass ihr 1991 erneuertes Gewand völlig damit bedeckt ist. 1969 wurde die Glasscheibe vor der Madonna zertrümmert und ein Teil des Schmucks geraubt. Die zahlreichen brennenden Kerzen vor dem Altar zeugen davon, wie sehr diese Figur von den Gläubigen verehrt wird. Am 15. August 2006 kamen ca. 4.000 Pilger in den Dom zu einer »Wallfahrt zur Schmuckmadonna«.

262. Wann finden im Dom Gottesdienste / Messen statt?

Gottesdienste sind: sonntags um: 7, 8, 9, 10, 12, 17 Uhr
werktags um: 6.30, 7.15, 8, 9 Uhr
Rosenkranzandacht: täglich 18 Uhr
Abendmesse: täglich 18.30 Uhr

Protestantischer Geusenfriedhof, *siehe 275*

Reformation, Gegenreformation, Freie Reichsstadt 1517–1794

263. Welche Haltung nehmen Universität und Stadt zu Beginn der Reformation ein?

Am 31. Oktober 1517 heftet Martin Luther seine 95 Thesen gegen den Ablass an die Tür der Schlosskirche zu Wittenberg. An der Schwelle zur Neuzeit lösen sie einen schon bald außer Kontrolle geratenden Konflikt mit der katholischen Amtskirche aus, der zur Beendigung der Einheit der abendländischen Christenheit führt. 1519 nimmt auf Ersuchen der Universität Löwen die Kölner Universität zu den Thesen und Schriften Luthers Stellung. Ihr Urteil, die vorgelegten Texte seien als Irrlehren zu verdammen, greift die Universität Löwen auf. Es bildet die Grundlage der Bannandrohung, die Papst Leo X. 1520 gegen Luther erlässt. Als im November des gleichen Jahres Kaiser Karl V. in Köln weilt, werden auf Betreiben des päpstlichen Bevollmächtigten Luthers Schriften auf dem Domhof öffentlich verbrannt. Luther verbrennt im Gegenzug im Dezember die päpstliche Bannandrohung. 1523 untersagt der Rat auf Ersuchen der Kölner

Universität den Druck aller unzensierten Bücher. Der Kölner Erzbischof Hermann V. von Wied (1515–1547) verbietet im gleichen Jahr das Lesen und Verbreiten von Luthers Schriften im Erzbistum. Trotz der eindeutig antireformatorischen Haltung der Universität und der Obrigkeit gibt es in der Bevölkerung Sympathisanten. Im Kölner Augustinerkloster findet die Lehre des Augustinermönchs Luther sogar über mehrere Jahre geistliche Unterstützung, bis das Kloster nach langen Auseinandersetzungen 1533 wieder auf die amtliche kirchliche Linie einschwenkt.

264. Welche protestantischen »Ketzer« werden 1529 auf Melaten verbrannt?

Von der Verbissenheit der religiösen Auseinandersetzungen zeugt die Verurteilung des 30-jährigen Latein- und Griechischlehrers Adolf Clarenbach und des 20-jährigen Studenten Peter von Fliesteden. Beide enden am 28. September 1529 auf dem Scheiterhaufen. Clarenbach, Anhänger der Lehre Luthers, begleitet 1527 den mit ihm befreundeten Kaplan Johann Klopreis nach Köln, um ihn vor dem geistlichen Gericht des Erzbischofs gegen den Vorwurf der Verbreitung von Irrlehren zu verteidigen. Sein Eintreten hat zur Folge, dass er selbst verhaftet und vor das Inquisitionsgericht gestellt wird, das ihn der Ketzerei für schuldig erklärt. Ihm wird eröffnet, er werde »als ein räudiges und faules, stinkendes Glied von der heiligen Kirche abgeschnitten«. Bei seiner Hinrichtung explodiert an seinem Hals ein Pulversäckchen, das sein Leiden abkürzen soll. Fliesteden wird hingerichtet, weil er während einer Messe im Dom bei der Elevation der Hostie das Haupt bedeckt, sich umgekehrt und ausgespuckt hatte. Als er auf dem Scheiterhaufen noch Schmähungen ausruft, will der Henker ihn zum Schweigen bringen und erwürgt ihn mit einer Eisenkette. An Clarenbach erinnern die nach ihm benannte Straße, die Clarenbachkirche in Köln-Braunsfeld, das Clarenbachstift und das Clarenbachwerk. An Peter von Fliesteden erinnert die nach ihm benannte Straße in Köln-Braunsfeld.

Flammentod von Adolf Clarenbach und Peter von Fliesteden.

265. Wie ergeht es in Köln den »Wiedertäufern«?

Die schwärmerische, religiöse Bewegung der »Wiedertäufer« vertritt die Auffassung, in der Bibel stehe nichts über die Kindertaufe, der Mensch sei als Erwachsener zu taufen. Einzelne Gruppierungen (zum Beispiel in Münster) verfolgen darüber hinaus radikale gesellschaftspolitische Ziele. 1529 wird auf dem Reichstag zu Speyer mit Zustimmung aller Stände (auch der Lutheraner) beschlossen, »dass alle Wiedertäufer und wiedergetaufte Mann- und Weibspersonen verständigen Alters durch Feuer und Schwert vom Leben zum Tode gebracht werden«. Luthers Freund Philipp Melanchthon ermutigt im Jahr darauf ausdrücklich die

Erzbischof Hermann V. von Wied (1515–1547)

Vollstrecker der Todesstrafe, weil die Wiedertäufer »der Satan verhärtet hat«. Unter Berufung auf den Reichstagsbeschluss wird die Bewegung auch in Köln gnadenlos verfolgt. 1533 wird mit Martin von Ifferen erstmals ein Wiedertäufer verbrannt. Noch im gleichen Jahr werden nach der Entdeckung einer 40-köpfigen Gemeinde erneut drei Wiedertäufer hingerichtet. In Köln leben die Anhänger dennoch unter Lebensgefahr im Untergrund weiter: 1556 wird der Täufer-Lehrer Thomas Drucker enthauptet, 1561 werden zwei Handwerker wegen Wiedertäuferei im Rhein ertränkt, 1565 werden 57 Wiedertäufer verhaftet und einer ihrer Führer enthauptet, 1566 wird der Lehrer Mathias Zerfaß denunziert, gefoltert und verbrannt. Erst mit dem Dreißigjährigen Krieg verliert sich die Spur der Wiedertäufer.

266. Welcher Kölner Erzbischof will sich erstmals der Reformation anschließen?

Erzbischof Hermann V. von Wied (1515 bis 1547) war zunächst ein entschiedener Gegner der lutherischen Lehre. Er verbot deren Verbreitung im Erzbistum *(siehe 263)* und ging, wie die Hinrichtung Clarenbachs und von Fliestedens 1529 zeigen *(siehe 264)*, unnachsichtig gegen »Ketzer« vor. Noch 1535 ließ er auch Clarenbachs Freund Klopreis verbrennen. Später jedoch sympathisiert er zunehmend mit den lutherischen Reformen. 1541 holt er den elsässischen Reformator Martin Bucer an seinen Regierungssitz nach Bonn, der dort 1543 zusammen mit Luthers Freund Philipp Melanchthon ein Gutachten zur Reformierung von Lehre, Gottesdienst und Seelsorge unter dem Namen »Einfaltigs Bedencken« verfasst. Als Hermann von Wied auf dieser Grundlage die Reformation im Erzbistum einzuführen versucht, interveniert das Kölner Domkapitel und appelliert 1544 an Papst und Kaiser, dem Erzbischof Einhalt zu gebieten. 1546 wird dieser von Papst Paul III. exkommuniziert. Kaiser Karl V. zwingt ihn zur Abdankung. Am 25. Februar 1547 erklärt Hermann von Wied seinen Amtsverzicht. Nachfolger wird der streng katholische Adolf III. von Schauenburg.

267. Welcher weitere Kölner Erzbischof tritt ins evangelische Lager über?

1577 wählt das Domkapitel den 30-jährigen Gebhard Truchsess von Waldburg zum Kölner Erzbischof.1582 sagt er sich »von der Finsternis des Papsttums« los und wird evangelisch. Seine Beweggründe sind indessen weniger religiöser als weltlicher Natur: Er will seine Geliebte, die Stiftsdame Agnes von Mansfeld, heiraten, das Kölner Erzstift möchte er in ein weltliches Fürstentum umwandeln. Der

Übertritt in das evangelische Lager ist von hoher politischer Brisanz: Die katholische Mehrheit im siebenköpfigen Kurkolleg (das den Kaiser wählt) droht zu kippen. Damit ist das katholisch-habsburgische Kaisertum gefährdet. Darüber hinaus geht es um die konfessionelle Zukunft Nordwestdeutschlands. Im April 1583 wird Gebhard von Papst Gregor XIII. exkommuniziert, im Mai wählt das Kölner Domkapitel Ernst von Bayern zum Erzbischof und sichert dadurch bayrisch-spanische Truppenunterstützung sowie die katholische Mehrheit im Kurfürstenkollegium. Der daraus entbrennende »Kölner Krieg« (1583 bis 1588) verläuft für Gebhard ungünstig. 1585 erkennen die protestantischen Kurfürsten den neu gewählten Erzbischof Ernst von Bayern als Mitglied des Kurkollegs an. Damit ist reichsrechtlich der Kampf um das Erzbistum Köln entschieden. 1589 gibt Gebhard auf und verzichtet. Er stirbt 1601 als protestantischer Domdechant in Straßburg, wo er im Münster beigesetzt wird.

268. Welches Ausmaß hat der durch den Übertritt ausgelöste »Kölner Krieg«?

Der »Kölner Krieg« (1583–1588 – auch »Truchsessischer Krieg« genannt) weitet sich rasch aus. Es kommt zu heftigen Kämpfen zwischen den Anhängern Gebhards und den mit ihm verbündeten kurpfälzischen Truppen auf der einen und bayrisch-spanischen Truppen auf der anderen Seite. Dabei wird Deutz völlig zerstört. Nach mehreren Niederlagen setzt Gebhard den Krieg mit niederländischen Truppen fort, die 1587 die bischöfliche Residenzstadt Bonn erobern und verwüsten. Spanische Truppen rücken nach. Im weiteren Verlauf hat die Bevölkerung vielerorts schwer zu leiden. Bonn, Neuss, Wesel und Rheinberg wechseln mehrmals den Besitzer. 1589 gibt Gebhard endlich auf und verzichtet.

269. Wann wird der Bau des Kölner Doms eingestellt?

1560 wird der Bau des gotischen Doms 322 Jahre nach der Grundsteinlegung eingestellt. Die Gründe waren nicht allein finanzieller und lokaler Natur. Vielmehr hatten die Entdeckung Amerikas, die Ausdehnung der Seefahrt auf die Weltmeere (unter der der Kölner Handel litt), die Wiederentdeckung der Antike (Renaissance) und die Reformation das tradierte geografische, wirtschaftliche, geistige und religiöse Weltbild so tief greifend erschüttert und verändert, dass die mittelalterliche Vergangenheit an Bedeutung verlor. Reformideen und die Zuwendung zu neuen Formen und Stilrichtungen gewannen an Boden. Durch das Ende der Bauarbeiten blieb der Dom davor bewahrt, im zeitgemäßen Stil weitergebaut zu werden. So

Der Domtorso um 1800

konnte ab 1842 seine Vollendung ohne Stilbruch auf der Grundlage der ursprünglichen Pläne Meister Gerhards und Meister Johanns erfolgen *(siehe 164)*.

270. Welche Bedeutung erhält zu Beginn der Neuzeit die »Kölnische Mark«?

Kaiser Karl V. erlässt 1524 in Übereinstimmung mit den Reichsständen eine Reichsmünzordnung. In ihr wird die »Kölnische Mark« zum allein gültigen Münzgewicht im Deutschen Reich erklärt. Es handelt sich dabei um eine Gewichtseinheit für Edelmetall, die für die Prägung von Reichsmünzen maßgebend ist. Der Kaiser will damit der Zerrüttung im Münzwesen begegnen. Im Deutschen Reich gibt es zu seiner Zeit an die 600 Münzberechtigte. Die Kölnische Mark hat ein Gewicht von 283,856 g. Sie wird bis ins 19. Jahrhundert als Gewichtseinheit verwendet.

271. Wann kommen die Jesuiten nach Köln, welche Spuren hinterlassen sie?

Der 1534 von Ignatius von Loyola gegründete Jesuitenorden wird 1540 von Papst Paul III. anerkannt. Schon 1544 kommen erste Mitglieder des Ordens, der seine Aufgabe in der Bekämpfung der Reformation sieht, in das als gefährdet angesehene Köln *(siehe 266)*. Sie gewinnen bald Ansehen und Einfluss und tragen dazu bei, dass Köln zu einem Bollwerk der katholischen Konfession im Nordwesten des Reichs wird. 1552 tritt Johannes Rethius, Sohn eines angesehenen Kölner Bürgermeisters, in den Orden ein. Ihm überträgt der Rat 1556 als »Regens« die Leitung der angesehenen, voruniversitären »Bursa Tricoronatum«, deren Tradition bis heute im »Dreikönigsgymnasium« fortlebt. An der Kölner Universität setzt er eine Studienreform durch. Erzbischof Ferdinand von Bayern (1612–1650) schenkt den Jesuiten ein Grundstück in unmittelbarer Nähe des Doms, wo der Orden in der Marzellenstraße seinen endgültigen Standort findet, ein Jesuitenkolleg errichtet und 1618 den Grundstein zur 1678 vollendeten Kirche Mariä Himmelfahrt (Jesuitenbarock) legt. Sie ist die bedeutendste Jesuitenkirche Nordwestdeutschlands und nach dem Dom die größte Kirche innerhalb der Stadtmauern. Nach den Zerstörungen des Zweiten Weltkriegs wird sie bis 1980 in mühsamer Arbeit rekonstruiert. Sie ist heute kirchliches Zentrum der italienischen Gemeinde Kölns.

St. Maria Himmelfahrt mit dem ehemaligen Jesuitenkolleg, heute Sitz des Erzbischöflichen Generalvikariats

272. Wann werden die Jesuiten vom Papst verboten, was geschieht in Köln mit ihrem Besitz?

1773 löst Papst Clemens XIV. auf Druck der Bourbonen den Jesuitenorden auf. Daraufhin beschlagnahmt der Kölner Rat

1774 ihr Vermögen, über das es zu heftigen Auseinandersetzungen mit dem Erzbischof Maximilian Friedrich kommt. Besonderer Streitpunkt ist das »Tricoronatum«, in dessen Lehrkörper der der Aufklärung zugewandte Erzbischof keine Exjesuiten dulden will. Der Rat beruft sich darauf, das Gymnasium gehöre nicht dem Orden, sondern der Stadt, und setzt durch, dass der Erzbischof sich nicht in schulische Angelegenheiten Kölns einmischen darf. Unter dem Schutz der Stadt können die Exjesuiten ihre Lehrtätigkeit als Weltgeistliche fortsetzen. Als 1814 Papst Pius VII. das Verbot der »Gesellschaft Jesu« aufhebt, kehren die Jesuiten nicht an ihre alte Wirkungsstätte in Köln zurück. Das neben der Jesuitenkirche stehende Gebäude des ehemaligen Jesuitenkollegs dient ab 1827 als Priesterseminar. Dieses wird 1929 nach Bensberg verlegt. Seitdem befindet sich bis heute in den ehemals jesuitischen Kolleggebäuden in der Marzellenstraße das Erzbischöfliche Generalvikariat

Geusenfriedhof, von einer katholischen Adeligen 1574 den Protestanten gestiftet

273. Wie viele Hexenprozesse gab es in Köln?

Zwischen 1435 und 1655 gibt es in Köln 85 aktenkundige Prozesse gegen Hexen und elf gegen Hexenmeister. 37 enden mit der Hinrichtung (in der Regel Verbrennung). Die peinliche Kriminaljustiz und damit auch die Hexenjustiz (mit oft unter grausamsten Foltern erpressten Geständnissen) übt das Hohe Gericht aus, dessen Schöffen vom Erzbischof eingesetzt werden. Seine Gerichtsgewalt ist jedoch insofern eingeschränkt, als der Rat der Stadt das alleinige Recht der Vorermittlung und Verhaftung besitzt. Nur über die Gefangenen, die der Rat dem Gericht überstellt, können die Schöffen urteilen. 1627–1630 erlebt Köln eine große Verfolgungswelle. Es gibt 33 Prozesse mit 24 Hinrichtungen. 1630 lassen die Verfolgungen nach. Auslöser ist der Prozess gegen Christine Plum, die sich selbst, zugleich aber zehn prominente Bürger, darunter einen Domherrn und den Stadtsyndikus, bezichtigt, ebenfalls am Hexentanz teilgenommen zu haben. Sie wird daraufhin in einem Schnellverfahren verurteilt. Mit ihr werden in einem symbolischen Akt auch die von ihr vorgebrachten Anschuldigungen verbrannt.

274. Welcher Kölner Jesuitenpater bekämpft den Hexenwahn?

Friedrich Spee von Langenfeld (1591 bis 1635, Jesuitenpater, Schüler und Lehrer der Bursa Tricoronatum) verfasst 1631 die »Cautio criminalis«, eine mutige, anonym veröffentlichte Schrift gegen den in Europa weitverbreiteten Hexenwahn. Aufgrund ausgewerteten Quellenmaterials gehen seriöse Schätzungen heute von 60.000–80.000 Hinrichtungen europaweit in der frühen Neuzeit aus. Spees Schrift wendet sich gegen den von dem Dominikanerprior Heinrich Institoris 1487 verfassten »Hexenhammer«, das berüchtigte, mit Folteranleitungen versehene, kirchlich legalisierte Regelwerk für Hexenverfahren. Spee gibt als Erster zu bedenken, dass Folter möglicherweise nicht der Wahrheitsfindung dient. Seine ursprünglich lateinisch verfasste Schrift erscheint nach seinem Tod auf Deutsch, Holländisch, Französisch und Polnisch. An ihn erinnert eine Gedenktafel, die in der Marzellenstraße am ehemaligen Jesuitenkolleg angebracht ist. Seine Skulptur steht an der Westseite des Ratsturms (2. Obergeschoss, Mitte).

275. Wie ergeht es den Protestanten in Köln, wann entsteht der »Geusenfriedhof«?

Die Anhänger der Reformation haben im katholischen Köln einen schweren Stand. Sie werden drangsaliert und ausgegrenzt, können nicht mehr studieren (ab 1545), nicht mehr Mitglied des Rates sein (Ratsbeschluss von 1562), können (bis 1802) keine öffentlichen Gottesdienste abhalten und dürfen nicht mehr in der Stadt beerdigt werden. 1574 stiftet eine katholische Adelige den Protestanten ein 7.200 m² großes Grundstück vor dem Weyertor zur Anlage eines eigenen Friedhofs. Da die Mehrheit der Kölner Protestanten aus niederländischen Flüchtlingen besteht, wird der Friedhof schon bald »Geusenfriedhof« genannt. Den Spottnamen »Geusen« (französisch gueux = Bettler) erhielten die niederländischen Protestanten 1566 beim Aufstand gegen die Spanier. Trotzig machten sie ihn sich zu eigen. Der Geusenfriedhof ist bis 1829 die einzige evangelische Begräbnisstätte *(siehe 381)*. Die letzten Beisetzungen sind 1876. Durch den Bau des evangelischen Krankenhauses 1902 wird das Gelände des Friedhofs 1902 halbiert. Der erhaltene Teil (Ecke Weyertal/Kerpener Straße) steht seit 1981 unter Denkmalschutz.

276. Wer war Hermann von Weinsberg, wann entstand sein »Buch Weinsberg«?

Der 1518 in Köln geborene Hermann von Weinsberg hinterließ der Nachwelt ein einzigartiges »Gedenkboch der Jaren«. Es enthält auf 2.638 doppelseitig beschriebenen Blättern Aufzeichnungen aus seinem Leben, die er bis zu seinem Tod 1598 gewissenhaft eintrug. Da er studiert hatte, Advokat war und schon mit 25 Jahren Ratsherr wurde, gehen seine Aufzeichnungen weit über das Private hinaus. Sie beziehen sich auf Wirtschaft und Gesellschaft, Politik und Kultur und auf weitere öffentliche Geschehnisse seiner Zeit. Das Werk bildet eine einmalige Quelle zur Kölner Stadtgeschichte und zum Alltagsleben im 16. Jahrhundert. 1858 wurde es im Kölner Stadtarchiv entdeckt, aber seine historische Bedeutung erst allmählich erkannt. Dank großzügiger Spenden aus dem Kreis der »Freunde des Historischen Archivs der Stadt Köln« konnte das wertvolle Buch in den letzten Jahren vor weiterem Verfall durch Tintenfraß bewahrt und in mühsamer Kleinarbeit fachkundig restauriert werden. 2007 waren die Arbeiten abgeschlossen. Nach Hermann von Weinsberg ist die Weinsbergstraße benannt. Seine Skulptur steht an der Ostseite des Ratsturms (1. Obergeschoss, links).

277. Auf welcher Seite stand Köln im Dreißigjährigen Krieg?

Der für ganz Deutschland folgenschwere Dreißigjährige Krieg (1618–1648) beginnt als erbitterter Religionskrieg. Er führt zu unermesslichen Verheerungen (die Bevölkerung sinkt von 18 auf sieben

Millionen). In ihm stehen sich die »Union« der evangelischen und die »Spanische Liga« der katholischen Fürsten gegenüber. Später mischen sich aus machtpolitischen Gründen ausländische Mächte (Spanien, Frankreich, Schweden) militärisch ein. Ganz Deutschland wird 30 Jahre lang Kriegsschauplatz. Trotz mehrfachen Drängens, der Liga beizutreten, hält Köln sich den ganzen Krieg hindurch neutral.

278. Welche Schäden erleidet Köln im Dreißigjährigen Krieg?

Die Stadt wendet erhebliche Mittel auf, um die Stadtbefestigungen zu verstärken, Deutz zu befestigen und eine eigene Streitmacht von bis zu 6.000 Söldnern zu unterhalten. 1632 wird Deutz trotz energischer Kölner Gegenwehr von schwedischen Truppen eingenommen. Der befürchtete Angriff auf Köln vonseiten der Schweden, die drei Jahre ihren zentralen Stützpunkt in Siegburg haben, bleibt aber aus. Auch die 1645 vom Süden anrückenden Franzosen unter Führung des berüchtigten Marschalls Turenne greifen Köln nicht an. Köln kommt dank seiner Neutralitätspolitik glimpflich davon. Die größte Stadt des Reichs überlebt den Dreißigjährigen Krieg unzerstört.

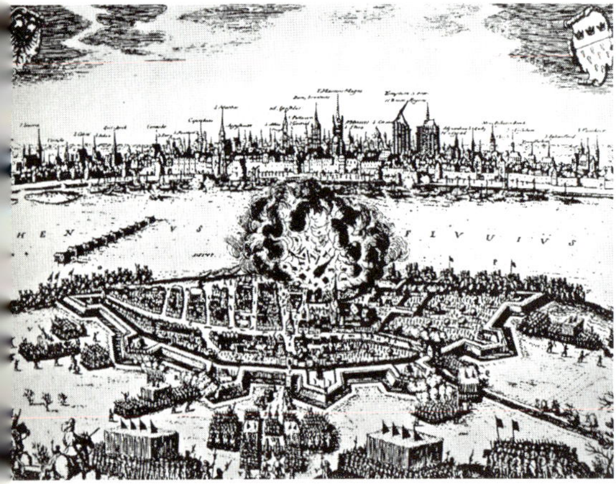

Explosion der als Pulvermagazin dienenden St. Urbankirche in Deutz 1632 bei der Belagerung durch die Schweden

279. Wer war Jan von Werth?

Der aus Büttgen stammende Bauernjunge Johann von Wierdt, genannt Jan von Werth (1591–1652), macht im Dreißigjährigen Krieg als Reitergeneral eine spektakuläre Militärkarriere: Zunächst in Köln auf dem Kümpchenshof als Knecht verdingt, tritt er 1610 als Söldner in die Dienste des spanischen Generals Spinola, der 1612 die zur Festung ausgebaute Konkurrenzstadt Mülheim dem Erdboden gleichmacht. 1621 wird er in kurkölnischen Diensten Rittmeister, danach unter dem kaiserlichen Feldherrn Tilly Obrist. Als Dank für außerordentliche Leistungen in der Schlacht von Nördlingen wird er 1634 Feldmarschallleutnant, Kaiser Ferdinand II. erhebt ihn zum Freiherrn. Nachdem 1635 das katholische Frankreich zur Unterstützung der protestantischen Seite in den Krieg eingreift, erringt Jan von Werth mehr als 30 Siege über die Franzosen (»Franzosenschreck«). Aus Köln bezieht er regelmäßig Material für seine Truppen. Hier kauft er sich 1636 ein Haus in der Gereonstraße. 1637 zieht er von Köln erneut gegen die Franzosen und hungert in der Festung Ehrenbreitstein die französische Besatzung aus. 1638 wird er von Herzog Bernhard von Sachsen-Weimar gefangen genommen, auf Verlangen Richelieus an Frankreich ausgeliefert, 1642 gegen den schwedischen General Horn ausgetauscht. Bei seiner Rückkehr wird er in Köln jubelnd empfangen. Sofort wieder im Sattel, erobert er 1642 in Diensten des Kölner Kurfürsten Bedburg, Grevenbroich, Hülchrath, Mönchengladbach, Liedberg, Neersen und

Düren. 1644 wird er nach der Einnahme von Göppingen zum General befördert. 1647 erhebt ihn Kaiser Ferdinand III. in den Grafenstand und belehnt ihn mit der Herrschaft Benatek in Böhmen, wo er 1652 als Graf Johann von Werth stirbt.

280. Wie wird Jan von Werth in Köln geehrt?

Kein hoher Militär ist in Köln populärer als Jan von Werth: Sein Denkmal mit Brunnen steht auf dem Alter Markt, die gegenüberliegende Apotheke trägt seinen Namen, die Von-Werth-Straße ist nach ihm benannt, in der Christophstraße trägt eine Gaststätte seinen Namen, die weiße Flotte der Köln-Düsseldorfer hat ein Schiff auf seinen Namen getauft, und schließlich gibt es seit 1925 das wegen seiner stattlichen Uniformen beliebte und angesehene Reiter-Korps Jan von Werth, das im Rosenmontagszug nicht fehlen darf. Außerdem steht seine Skulptur an der Südseite des Ratsturms (2. Obergeschoss, links). Zur Popularität des Reitergenerals hat neben seinen militärischen Leistungen die beliebte Geschichte von Jan und Griet beigetragen, die für Griet so enttäuschend endete *(siehe 281)*.

281. Wann entstand die Legende von Jan und Griet?

Das von Jan von Werth 1636 in der Gereonstraße 36 gekaufte »Raitzenhaus« beherbergte im 19. Jahrhundert die Weinstube »Zum neuen Kümpchen«. Einer Stammtischrunde gehörte Carl Cremer an, der 1836 in Kölner Mundart das Lied von Jan und Griet verfasste: »Zo Köllen em ahle Kümpchenhoff« wirbt der Knecht Jan vergebens um die Magd Griet. Aus verschmähter Liebe beschließt er, Soldat zu werden. Als er Jahre später als Kriegsheld in Köln einzieht, sieht er Griet am Se-

Reiterstandbild Jan von Werths (1591–1652) auf dem Alter Markt

verinstor an einem Marktstand Äpfel verkaufen. Er steigt vom Pferd und sagt zu ihr: »Griet, wer et hätt jedonn«, worauf sie traurig erwidert: »Jan, wer et hätt jewoss.« Diese rührselige Geschichte von Liebe, Hochmut und spätem Erwachen wird jährlich an Weiberfastnacht vom Reiter-Korps Jan von Werth an der Severinstorburg nachgespielt. Anschließend zieht der Festzug durch die Severinstraße bis zum Denkmal am Alter Markt. Der Stoff der Legende wurde von der Kölner Band BAP unter dem Titel »Die Moritat vun Jan un Griet« als Rocklied vertont.

282. Aus welcher Zeit stammt das Zeughaus?

Das Kölner Zeughaus wurde von 1594 bis 1606 im Stil der niederländischen Spätrenaissance gebaut und dabei äußerlich seiner Zweckbestimmung gemäß – bis auf das wappengekrönte Renaissanceportal – nüchtern gestaltet. Es war das Rüstungs- und Waffenarsenal der Freien Reichsstadt Köln. Seit 1958 beherbergt es das (1888 in der Hahnentorburg eröffnete) Kölnische Stadtmuseum, das die Geschichtsentwicklung der Stadt vom Mittelalter bis zur Gegenwart darstellt. Es verfügt über einen Fundus von ca. 300.000 Objekten, von denen etwa 5.000 ausgestellt sind.

283. Welche anderen Gebäude des 16. und 17. Jahrhunderts blieben erhalten?

Ein Großteil der historischen Bausubstanz Kölns fiel dem Zweiten Weltkrieg zum Opfer. An Gebäuden aus dem 16. und 17. Jahrhundert blieben erhalten bzw. wurden wiederhergestellt:

- Das Doppelgiebelhaus »Im Martinswinkel« (1557)
- Das Bürgerhaus »Zum St. Peter« am Heumarkt (1568)
- Die Renaissance-Laube des Rathauses (1571)
- Das Doppelhaus »Zur Bretzel« und »Zum Dorn« am Alter Markt (1582)
- Das Zeughaus in der Zeughausstraße (1606)
- Das Haus Balchem, Severinstraße 15 (1676)

284. Welche Folgen hat der Westfälische Frieden (1648) für die politische Lage der Freien Reichsstadt Köln?

Durch den Dreißigjährigen Krieg werden Kaiser und Reich geschwächt, die Territorialfürsten als absolutistische Herrscher gestärkt. Diese betreiben ohne Rücksicht auf das Reich eigene Innen- und Außenpolitik und versuchen, ihren Machtbereich möglichst zu erweitern. Als freie Reichsstadt lehnt Köln sich an das Reich an, das es als Garanten seiner bedrohten Selbstständigkeit betrachtet.

285. Welcher Kölner Kurfürst versucht nach dem Westfälischen Frieden als Erster, die Selbstständigkeit der Freien Reichsstadt Köln aufzuheben?

Der gegen Kaiser und Reich agierende Kölner Kurfürst Maximilian Heinrich von Bayern (1650–1688) versucht erstmals 1653, auf der Grundlage eines Rechtsgutachtens die Reichsunmittelbarkeit Kölns infrage zu stellen. Die Stadt erhält 1659 Unterstützung von Kaiser Leopold I., der Köln die 1475 durch das Reichsstadtprivileg verbrieften Freiheiten bestätigt *(siehe 126)*. Dessen ungeachtet versucht der Kurfürst im gleichen Jahr, mittels eines weiteren Rechtsgutachtens (von 466 Seiten) die Selbstständigkeit der Stadt auszuhebeln. Angesichts der Bedrohung durch Franzosen und Kurköln erhöht die Stadt unter großen finanziellen Anstrengungen ihre Verteidigungsbereitschaft. Bis 1671 wird die Stadtmauer durch einen Kranz von 18 Forts verstärkt.

286. Welcher Kurfürst versucht später, mithilfe der Franzosen Köln zu unterwerfen?

1688 holt der nachfolgende Kurfürst Josef Clemens von Bayern (1688–1723) die Franzosen ins Land, um sich mit deren Hilfe die Freie Reichsstadt zu unterwerfen. Köln wird Stützpunkt kaiserlicher und verbündeter Truppen. Die Brisanz der Lage zeigt das Schicksal Straßburgs, das bereits 1681 von den Franzosen unter Ludwig XIV. annektiert wird. Auch Erfurt wird mit französischer Hilfe dem Mainzer Kurfürstentum einverleibt. Als 1702 Köln erneut bedroht ist, verstärkt die Stadt ihre Verteidigungskräfte um 10.000 zusätzliche Soldaten, die überwiegend aus der Pfalz und Brandenburg kommen. Noch im gleichen Jahr gelingt es der Stadt, mit dem französischen Feldherrn Camille Tal-

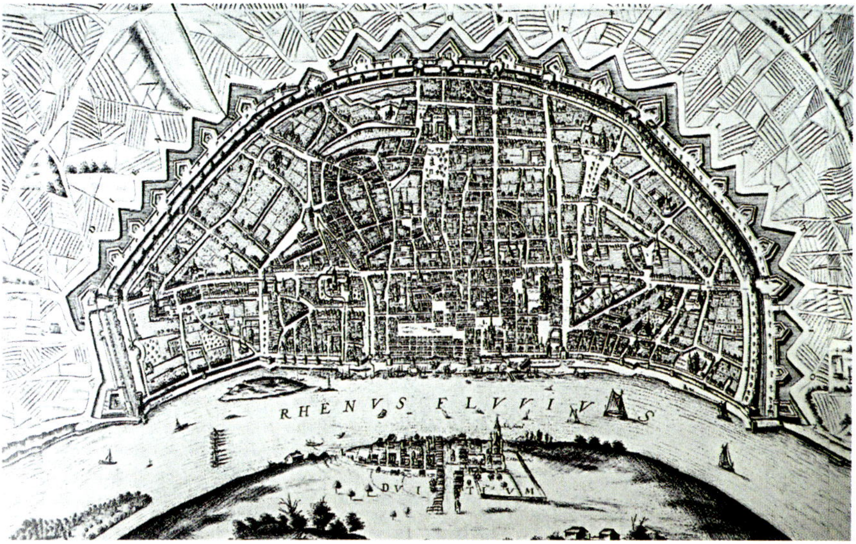

Plan der Stadt Köln mit den 1671 fertiggestellten Befestigungsanlagen

lard ein Neutralitätsabkommen zu schließen, durch das ein Artilleriebeschuss der Stadt verhindert wird.

287. Weshalb stagnierte die Kölner Wirtschaft, was beschleunigte den Niedergang der Freien Reichsstadt?

Nach dem Dreißigjährigen Krieg lagen Kölns glanzvolle mittelalterliche Zeiten blühender Wirtschaft weit zurück. Die Entdeckung Amerikas und die Konzentration des Seehandels auf die Atlantikstädte hatten die Bedeutung der Stadt als Handelszentrum zunehmend sinken lassen. Auch die jahrzehntelangen Religions- und Freiheitskriege in den als Handelspartner wichtigen Niederlanden und der Dreißigjährige Krieg trugen zum wirtschaftlichen Niedergang bei. Hinzu kamen hausgemachte Entwicklungshemmnisse, namentlich die religiöse Intoleranz und die Politik der Zünfte, die den wirtschaftlichen Fortschritt hemmten *(siehe 289)*.

288. Aufgrund welcher Schikanen geben protestantische Unternehmer Köln als Standort auf?

Köln überlebt den Dreißigjährigen Krieg als katholische Hochburg. In der Bevölkerung gibt es nur wenige Protestanten. Sie haben als »Beysassen« nicht das Kölner Bürgerrecht und werden auf vielfältige Weise drangsaliert und benachteiligt *(siehe 275)*. 1674 beschließt der Rat, dass sie ein Schutz- und Schirmgeld zu entrichten haben. Die vom Rat 1714 erlassene »Beysassenverordnung« enthält detailliert neben religiösen und politischen Restriktionen auch neue wirtschaftliche Beschränkungen und Diskriminierungen (unter anderem Ausschluss vom Kommissions- und Speditionshandel, Verbot von Immobilienerwerb und Hausbau). Aufgrund dieser Schikanen kehren neun der wohlhabendsten protestantischen Kaufmanns- und Fabrikantenfamilien Köln den Rücken und lassen sich im benachbarten aufstrebenden Mülheim nieder.

Die 1888 eröffnete Mülheimer Schiffsbrücke

289. Welche entwicklungshemmende Politik betreiben die Kölner Zünfte?

Die Kölner Wirtschaft ist seit dem Mittelalter in das rigide System der Zünfte eingezwängt. Diese sind unbeweglich, rückwärtsgewandt und stemmen sich gegen moderne technische und organisatorische Neuerungen. Eigeninitiative und Gewinnstreben werden geahndet. So geht zum Beispiel 1774 die Leinenweberzunft gegen einen Meister vor, der vier statt drei erlaubter Webstühle benutzt. Ihre nach der Kölner Verfassung starke Stellung (im Rat sind alle 22 Gaffeln vertreten) verschafft den Zunftmeistern großen Einfluss auf die allgemeine und insbesondere die Wirtschaftspolitik der Stadt. Aufgrund ihrer einflussreichen Stellung können sie alle wirtschaftspolitischen Entscheidungen verhindern, die die Produktivität und den Wettbewerb fördern und damit den Zunftinteressen zuwiderlaufen. Die Kölner Wirtschaft gerät dadurch immer mehr ins Hintertreffen. Lediglich völlig neue, zunftfreie Gewerbe, wie die aufkommende Tabakverarbeitung und die Kölnisch-Wasser-Herstellung, können sich unbehindert entwickeln. Erst als die Franzosen 1798 die Zünfte aufheben und die Gewerbefreiheit einführen, gewinnt die Kölner Wirtschaft wieder an Fahrt *(siehe 329)*.

290. Wer begründete den Ruhm Kölns als Stadt des »Eau de Cologne«?

1693 siedelt sich in Köln der aus Crana in Oberitalien stammende Giovanni Paolo de Feminis an. Er gilt als »Vater des Kölnischen Wassers«. Mit der Produktion seines duftenden und heilenden »Wunderwassers« (Aqua mirabilis), dessen Rezept er von einem Mönch erhalten haben soll, begründet er den weltweiten Ruhm Kölns als Stadt der Duftwässer. Kölnisch Wasser (Eau de Cologne) wird rasch ein Qualitätsartikel, der in die ganze Welt exportiert wird.

291. Wie viele Unternehmer betätigten sich in der Kölnisch-Wasser-Industrie?

Der erfolgreiche Unternehmer Giovanni Paolo de Feminis fand alsbald Konkurrenten und Nachahmer. Zu ihnen gehörte der 1714 nach Köln gekommene Italiener Johann Maria Farina, dessen Namen die älteste heute noch produzierte Kölnisch-Wasser-Marke (»Johann Maria Farina gegenüber dem Jülichsplatz«) trägt. Ob er und Giovanni Paolo verwandt oder nur befreundet waren oder er sogar von ihm das Rezept erbte, ist offen. Bald schon folgten, angelockt von dem boomenden Duftwassergeschäft, ganze Scharen von Italienern mit dem Allerweltsnamen Farina (= Mehl), die in Köln unter diesem Namen ebenfalls mit der lukrativen Produktion von Kölnisch Wasser begannen. 1860 befanden sich im Branchenverzeichnis unter der Rubrik »Eau de Cologne« 35 Eintragungen mit dem Namen Farina. Zeitweise gab es in Köln sogar über 50 Kölnisch-Wasser-Produzenten. Kölnisch Wasser ist bis in unsere Zeit mit den beiden Weltmarken »Johann Maria Farina gegenüber dem Jülichsplatz« und »4711« der wohl beliebteste Exportartikel der Domstadt. Eine Skulptur von Johann Maria Farina steht an der Nordseite des Ratsturms (Erdgeschoss, rechts).

Die Franzosen in Köln

(1794–1815)

292. Wann marschieren französische Revolutionstruppen in Köln ein?

Am 6. Oktober 1794 ziehen französische Revolutionstruppen (schlecht ernährt, ohne einheitliche Uniformierung und in ziemlich ramponierter Verfassung, einige barfuß) ohne Widerstand in Köln ein. Die Stadt wird erstmals nach über 900 Jahren von feindlichen Truppen besetzt. Zuletzt hatten die Normannen 881 die von den Römermauern geschützte Stadt erobert *(siehe 101)*. Damit beginnt eine 20 Jahre dauernde Herrschaft der Franzosen, die zu viel Bitternis, aber auch zu überfälligen, tief greifenden Veränderungen führt.

293. Wann ziehen die Franzosen wieder ab?

Am 14. Januar 1814 verlassen die letzten französischen Soldaten die Stadt.

294. Was ist der Grund für den Einmarsch der Franzosen?

Die 1789 ausbrechende Französische Revolution (Freiheit, Gleichheit, Brüderlichkeit) schafft durch blutige Verfolgung die Monarchie und die bisherige Herrschaft des Adels und der Stände (Ancien Régime) in Frankreich ab. 1793 sterben König Ludwig XVI. und Marie Antoinette (Tochter Maria Theresias und Schwester des 1792 verstorbenen deutschen Kaisers Leopold II.) unter der Guillotine. Als Reaktion und um ein Übergreifen des revolutionären Feuers zu verhindern, verbünden sich die Großmächte Österreich und Preußen und marschieren in Frankreich ein. Nach der Kanonade von Valmy (20. September 1792) müssen sie sich zurückziehen. Anschließend fluten Revolutionstruppen über die französische Grenze und erobern die linksrheinischen Reichsgebiete, wo sie und die Revolutionsideen teilweise begeistert begrüßt werden.

295. Wurde Köln verteidigt?

Nachdem kurz zuvor die Franzosen Aachen zum zweiten Mal besetzt hatten, zogen sich im Oktober 1794 die österreichisch-kaiserlichen Truppen und drei Kompanien Kölner Stadtsoldaten fluchtartig über den Rhein zurück. Sie ließen Köln kampflos in feindliche Hand fallen.

296. Wann und wo wurden den anrückenden Franzosen die Stadtschlüssel übergeben?

Den über die Aachener Straße anrückenden Franzosen fährt am 6. Oktober eine fünfköpfige städtische Deputation mit Bürgermeister Klespé entgegen. Sie übergibt

Bürgermeister Reiner Joseph von Klespé, Überbringer der Stadtschlüssel am 6. Oktober 1792

vor Melaten dem französischen Brigadekommandanten François Championnet die als Symbol obrigkeitlicher Gewalt herausgeforderten Stadtschlüssel. Anschließend fährt sie nach Müngersdorf, wo der Oberkommandierende der Sambre- und Maasarmee, General Jean-Baptiste Jourdan, versichert, Personen, das Eigentum, die eigenen Gesetze und Religionsausübungen würden geachtet und gute Ordnung gehalten werden.

297. Wo sind die Kölner Stadtschlüssel geblieben?

Die Schlüssel wurden 1987 von Manfred Huiskes im Pariser Nationalarchiv wiedergefunden, wo sie sich auch heute noch befinden. 1998 waren sie im Rahmen einer Ausstellung in Köln zu sehen.

298. Wie war der Zustand der Stadt beim Einmarsch der Franzosen?

Köln bot 1794 ein Jammerbild deutscher Reformunfähigkeit. Die Stadt galt als verdreckt, rückständig, reformresistent, von

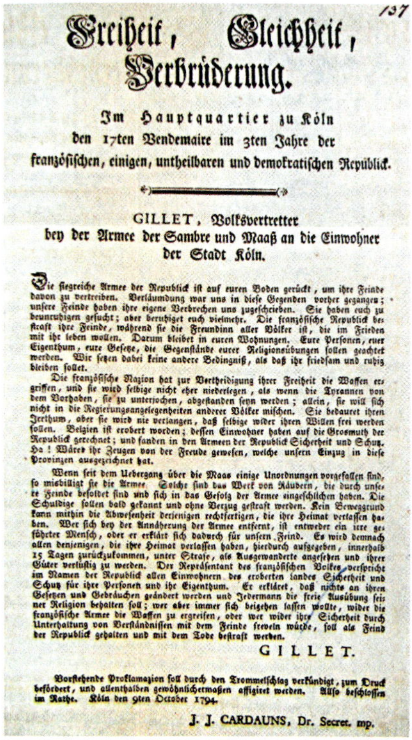

Freiheit, Gleichheit, Verbrüderung.

Im Hauptquartier zu Köln den 17ten Vendemaire im 3ten Jahre der französischen, einigen, untheilbaren und demokratischen Republick.

GILLET, Volksvertretter bey der Armee der Sambre und Maaß an die Einwohner der Stadt Köln.

Die siegreiche Armee der Republick ist auf euren Boden gerückt, um ihre Feinde davon zu vertreiben. Verläumdung war uns in diese Gegenden vorher gegangen; unsere Feinde haben ihre eigene Verbrechen uns zugeschrieben. Sie haben euch zu beunruhigen gesucht; aber beruhiget euch vielmehr. Die französische Republick bestraft ihre Feinde, während sie die Freundinn aller Völker ist, die im Frieden mit ihr leben wollen. Darum bleibet in euren Wohnungen. Eure Personen, euer Eigenthum, eure Gesetze, die Gegenstände eurer Religionsübungen sollen geachtet werden. Wir setzen dabei keine andere Bedingniß, als daß ihr friedsam und ruhig bleiben sollet.

Die französische Nazion hat zur Vertheidigung ihrer Freiheit die Waffen ergriffen, und sie wird selbige nicht eher niederlegen, als wenn die Tyrannen von dem Vorhaben, sie zu unterjochen, abgestanden seyn werden; allein, sie will sich nicht in die Regierungsangelegenheiten anderer Völker mischen. Sie bedauret ihren Irrthum, aber sie wird nie verlangen, daß selbige wider ihren Willen frei werden sollen. Belgien ist erobert worden; dessen Einwohner haben auf die Grosmuth der Republick gerechnet; und fanden in den Armeen der Republick Sicherheit und Schutz. Ha! Wäret ihr Zeugen von der Freude gewesen, welche unsern Einzug in diese Provinzen ausgezeichnet hat.

Wenn seit dem Uebergang über die Maas einige Unordnungen vorgefallen sind, so misbilligt sie die Armee. Solche sind das Werk von Räubern, die durch unsere Feinde besoldet sind und sich in das Gefolg der Armee eingeschlichen haben. Die Schuldige sollen bald gekannt und ohne Verzug gestraft werden. Kein Beweggrund kann mithin die Abwesenheit derjenigen rechtfertigen, die ihre Heimat verlassen haben. Wer sich bey der Annäherung der Armee entfernt, ist entweder ein irre geführter Mensch, oder er erklärt sich dadurch für unsern Feind. Es wird demnach allen denjenigen, die ihre Heimat verlassen haben, hierdurch aufgegeben, innerhalb 15 Tagen zurückzukommen, unter Strafe, als Ausgewanderte angesehen und ihrer Güter verlüstig zu werden. Der Repräsentant des französischen Volkes verspricht im Namen der Republick allen Einwohnern des eroberten Landes Sicherheit und Schutz für ihre Personen und ihr Eigenthum. Er erkläret, daß nichts an ihren Gesetzen und Gebräuchen geändert werden und Jedermann die freie Ausübung seiner Religion behalten soll; wer aber immer sich beigehen lassen wollte, wider die französische Armee die Waffen zu ergreifen, oder wer wider ihre Sicherheit durch Unterhaltung von Verständnissen mit dem Feinde freveln würde, soll als Feind der Republick gehalten und mit dem Tode bestraft werden.

GILLET.

Vorstehende Proklamazion soll durch den Trommelschlag verkündigt, zum Druck befördert, und allenthalben gewöhnlichermaßen affigiret werden. Also beschlossen im Rathe. Köln den 9ten October 1794.

J. J. CARDAUNS, Dr. Secret. mp.

Aufruf an die Kölner zur Verbrüderung mit der französischen Republik

mittelalterlichen Strukturen geprägt, klerikal dominiert und intolerant.

299. Wie war die gesellschaftliche / soziale Struktur der Stadt?

1794 war die gesellschaftliche Struktur Kölns geprägt von einer am eigenen Vorteil orientierten, oligarchischen politischen Führung und einer innovationsfeindlichen starren Zunftordnung. Religiöse Intoleranz verwehrte Andersgläubigen die Bürgerrechte. Bei Reichtum einiger weniger auf der einen Seite war ein Großteil der Bevölkerung verarmt. Das Bettlerunwesen hatte schon 1768 Veranlassung zu einer einschränkenden Bettelordnung gegeben. Man schätzt, dass zu Ende der reichsstädtischen Zeit etwa ein Drittel der Bevölkerung als Bettler betrachtet werden konnte. Ein Teil davon gehörte zu regelrechten Bettlerdynastien, die ihre festen Plätze an Kirchen und öffentlichen Plätzen vererbten.

300. Was sichern die Besatzer der Kölner Bevölkerung zunächst zu?

Zwei Tage nach dem Einmarsch veröffentlicht Gillet, »Volksvertreter bei der Armee der Sambre und Maas«, eine Proklamation an die Einwohner der Stadt Köln, in der auch er, wie schon zuvor der kommandierende General *(siehe 296)*, zusichert: »Eure Personen, euer Eigentum, eure Gesetze, die Gegenstände eurer Religionsübungen sollen geachtet werden.« Die Wirklichkeit sieht schon wenige Tage später völlig anders aus.

301. Wie viele Einwohner hatte Köln 1794 beim Einmarsch der Franzosen?

Um 44.500. Die Einwohnerzahl sank nach der Besetzung durch Abwanderung schon bald um fast 13 %. Sie erreichte 1799 einen Tiefstand von 38.844. Danach stieg sie kontinuierlich an und lag mit 46.857 am Ende der Franzosenzeit 1813 über der ursprünglichen Zahl.

302. Wie viele französische Soldaten werden nach der Übergabe der Stadt 1794 in Köln einquartiert?

Mit der Übergabe der Stadt ist die Einquartierung von 12.000 französischen Soldaten verbunden. Das entspricht mehr als einem Viertel der Bevölkerung und stellt eine ungeheure Belastung dar. Umgerechnet wäre das so, als müssten heute 250.000 Soldaten in Köln untergebracht werden. Die einquartierten Soldaten müssen von ihren Wirtsleuten nicht nur aus

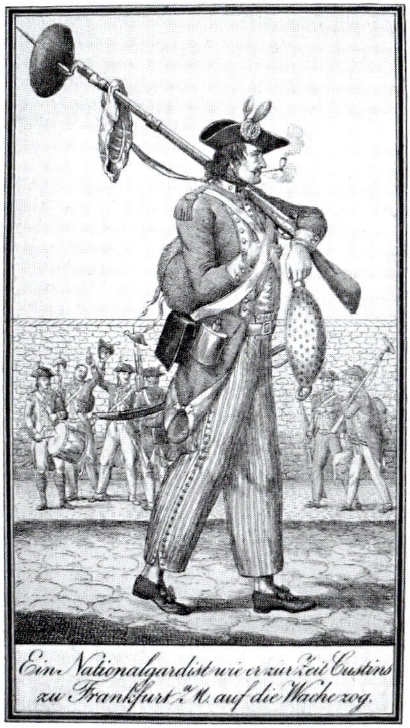

Französischer Nationalgardist 1792/93

eigener Tasche verpflegt, sondern auch mit Kleidung und anderem für die Armee requirierten Bedarf versorgt werden. Erst im Februar/März des folgenden Jahres zieht der größte Teil der Truppen wieder ab.

303. Welche weiteren finanziellen Opfer werden der Bevölkerung auferlegt?

Zu Einquartierung und Requisitionen gesellen sich von den Besatzern auferlegte erhebliche Kriegskontributionen (Kriegssteuern), die der Rat einzutreiben hat. Sie summieren sich bis Anfang 1798 auf 20 Millionen Taler. Die zwangsweise Einführung französischen Papiergeldes, sogenannter »Assignaten«, kommt aufgrund galoppierender Inflation einer Enteignung

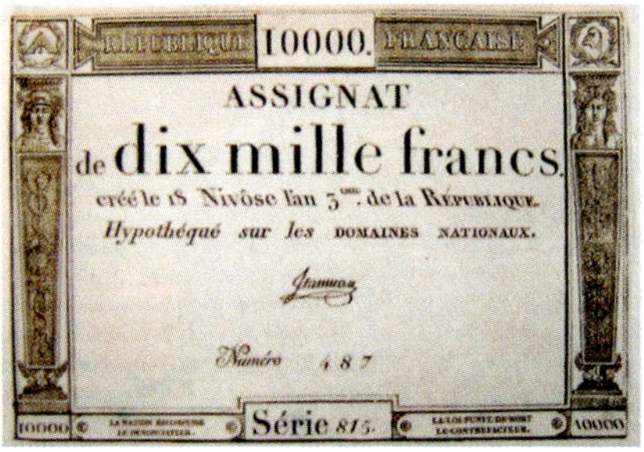

Assignat über 10.000 Francs, 1795

gleich. Ihr Kaufwert sinkt vom Oktober 1794 bis zum Mai 1795 auf ein Zehntel. Im März 1796 werden sie wieder aus dem Verkehr gezogen.

304. Womit versucht die Stadt, sich gegen die Besatzungslasten und gegen französische Bevormundung zu wehren?

Im Januar 1795 erscheint eine von Ferdinand Franz Wallraf und Bürgermeister Johann Maria Nikolaus DuMont »im Namen der 44 Delegierten der 22 Sektionen des Kölnischen Volkes« verfasste Denkschrift mit dem Titel »Der Senat der Ubier an den Nationalkonvent zu Paris«. Die Schrift wendet sich gegen die maßlosen Kontributionen und gegen die Bedrohung der freiheitlichen städtischen Verfassung und der Unabhängigkeit der Stadt. Köln sei eine freiheitliche Republik mit zweitausendjähriger Tradition (deshalb »Senat der Ubier«, *siehe 21*). Im März 1795 trägt DuMont den Inhalt der Denkschrift den Abgeordneten im Nationalkonvent in Paris persönlich vor. Die vorgebrachten Anliegen werden jedoch abgewiesen.

305. Mit welcher Aktion demonstrieren die Franzosen, dass sie Bannerträger der französischen Revolutionsideen sind?

Drei Tage nach der Besetzung der Stadt, am 9. Oktober, errichten die Franzosen

Bürgermeister Johann Maria Nikolaus DuMont

auf dem größten Platz der Stadt, dem Neumarkt, als Symbol der Freiheit und der Revolution einen Freiheitsbaum, gekrönt von einer roten Jakobinermütze und den blau-weiß-roten Farben der Republik. Die Kölner Ratsherren müssen an der Zeremonie teilnehmen. Die Bevölkerung bleibt fern. Das Stadtmuseum besitzt einen Kupferstich und ein Ölgemälde, die das Ereignis darstellen.

306. Welches besatzungspolitische Konzept bringen die einmarschierenden Franzosen mit?

Abgesehen von ihrem revolutionären und antiklerikalen Gedankengut bringen die Franzosen kein bestimmtes politisches Konzept dafür mit, was mit der besetzten Stadt geschehen soll. Die ersten drei Besatzungsjahre sind deshalb gekennzeichnet von einem widersprüchlichen Zickzackkurs, von Perspektivlosigkeit und der Auferlegung immer neuer Kontributionen. Erst 1797 wird Ziel französischer Politik die Annexion.

307. Welche Kölner Kunstgegenstände werden von den Franzosen requiriert?

Eine bereits 1793 in Paris gebildete »Commission temporaire des arts« organisiert systematisch die Beschlagnahme von Kulturgut in den besetzten Gebieten. Auf der nach Köln mitgebrachten Liste zu beschlagnahmender Kunstwerke steht an oberster Stelle das berühmte (3,10 m hohe und 1,70 m breite) Rubensgemälde »Die Kreuzigung Petri«. Es wird trotz heftiger Proteste bereits am 10. Oktober 1794 durch den Kommissar Tinet vom Hochaltar der Kirche St. Peter entfernt und in den Pariser Louvre gebracht. Auch aus anderen Kirchen und Klöstern werden in großem Umfang Kunstwerke, wertvolle Handschriften, Inkunabeln, Zeichnungen, Stiche und Bücher requiriert und in Wagenkonvois nach Paris verfrachtet. Ein Großteil des Kunstraubs kann nach 1814 zurückgeholt werden. Im Oktober 1815 kehrt in einem Triumphzug auch das Rubensbild nach St. Peter zurück, wo es heute noch hängt.

Peter Paul Rubens – »Die Kreuzigung Petri«, kam 1794 in den Louvre nach Paris, 1814 zurück nach Köln

308. Wie groß war 1794 der Anteil geistlicher Personen an der Kölner Bevölkerung?

Das »hillije Kölle« besaß beim Einmarsch der Franzosen einen ungewöhnlich hohen Anteil an geistlichen Männern und Frauen. Die Zahl belief sich auf ca. 2.600. Das entsprach bei 44.500 Einwohnern einem Anteil von über 5 % der Bevölkerung und war damit extrem groß. Auf die heutige Millionenstadt übertragen, würden dies mehr als 50.000 geistliche Personen ausmachen.

309. Wie viele Pfarreien, Klöster, Stifte und andere kirchliche Institutionen finden die Franzosen in Köln vor?

Beim Einmarsch der Franzosen gibt es eine untereinander nur schwer abgrenzbare Menge kirchlicher Institutionen. Anscheinend liegt darin der Grund für die Abweichungen in der einschlägigen Literatur:

	Historischer Atlas Köln	Kleine Illustrierte Geschichte der Stadt Köln	Die Chronik Kölns	Müller: Von der französischen zur preußischen Herrschaft	Das große Köln Lexikon
Frauenklöster:	43	39	39	37	47
Männerklöster:	17	19	19	11	22
Frauenstifte:	3				3
Männerstifte:	7				8
Stiftskirchen				11	
Pfarrkirchen:	17	19	19	19	
einzelne Kapellen:	28	49	49	36	

Daneben existieren diverse religiöse Bruderschaften.

310. Welche Funktion hatten die kirchlichen Stifte?

In keiner deutschen Stadt bestanden bis 1802 so viele Stifte wie in Köln. Stifte waren seit dem frühen Mittelalter mit einer Stiftung (Sondervermögen) dotierte Klerikergemeinschaften, deren Mitglieder (Stiftsherren/Kanoniker) nach festgelegten Regeln lebten, aber kein Ordensgelübde ablegten und keine Mönchskleidung trugen. Ihre kirchlichen Pflichten bestanden im Wesentlichen darin, in (meist größeren Stiftskirchen) gemeinsam Liturgien zu feiern. Stifte erhielten oft schon zur Gründung ansehnliche Güter in und außerhalb der Stadt zum Unterhalt ihrer Mitglieder, die Privateigentum besitzen durften und aus den ihnen vom Stift zugeteilten, oft lukrativen »Pfründen« lebten. Viele Kanoniker zählten wegen ihres Studiums zur geistigen Elite und waren als Weltgeistliche in vielfältiger Weise im kirchlichen und weltlichen Bereich – unter anderem als Lehrer und Universitätsprofessoren – tätig. Neben den Herrenstiften gab es – allerdings in geringerer Zahl – auch Damenstifte (Stiftsdamen/Kanonissen).

311. Welche Stifte / Stiftskirchen gab es 1794 in Köln?

Neben dem Domstift gab es die Kanonikerstifte St. Andreas, St. Aposteln, St. Georg, St. Gereon, St. Kunibert, St. Mariengraden, St. Severin sowie die Kanonissenstifte St. Cäcilien, St. Maria im Kapitol und St. Ursula. Sämtliche Stifte wurden mit ihren Kirchen 1802 von den Franzosen zwangsweise geschlossen und enteignet. Im Rahmen der kirchlichen Neuordnung 1802 wurden diese ehemaligen Stiftskirchen Pfarrkirchen und damit vorm Abriss verschont.

312. Wie viele kirchliche Gemeinden existierten 1794 in Köln?

Beim Einmarsch der Franzosen gab es in Köln 19 katholische Pfarrgemeinden. Die Pfarrkirchen waren im Verhältnis zu den elf Stiftskirchen, von Ausnahmen abgesehen, bescheidener.

313. Wie umfangreich war der kirchliche Grundbesitz innerhalb der Stadtmauern?

Der kirchliche Grundbesitz umfasste nahezu die Hälfte des städtischen Areals. Die Folge war, dass es praktisch keinen Immobilienmarkt gab.

314. Mit welchen Maßnahmen gehen die Franzosen zunächst gegen Klerus, Kirchen, Stifte und Klöster vor?

Nach Einnahme der Stadt zeigt sich rasch die kirchenfeindliche Haltung der Besatzer. Kirchen und Klöster werden als Magazine, Pferdeställe und Lazarette genutzt. 1796 wird selbst der Dom als Getreidespeicher requiriert. Der Besitz emigrierter Geistlicher wird als Nationalgut beschlagnahmt. Den geistlichen Institutionen werden solch exzessiv hohe Kontributionszahlungen auferlegt, dass Stifte und Klöster gezwungen sind, ihre Gold- und Silberschätze zu verkaufen oder einzuschmelzen. 1796 erfolgt die Beschlagnahme der geistlichen Güter, Zehnten, Erbzinsen und Renten. Als Entschädigung werden dem Klerus Pensionen in Aussicht gestellt, die jedoch kaum jemals ausgezahlt werden.

315. Welche hygienischen und ordnungspolitischen Maßnahmen ergreift die Besatzungsmacht?

Die Franzosen versuchen schon bald, Sauberkeit, Ordnung und Sicherheit in die seit Langem als verdreckt, unsicher und rückständig geltende Stadt zu brin-

4711 – Stammhaus in der Glockengasse

gen: Jeder Bürger hat nunmehr morgens die Straße zu reinigen und abends für Straßenbeleuchtung zu sorgen. Auch eine Müllabfuhr mit Pferde- und Schubkarren wird eingerichtet. Des alten Trotts und Schlendrians werden die Besatzer aber nur mühsam Herr.

316. Woher stammt das Warenzeichen 4711?

Es entspricht dem Ordnungssinn der Besatzer, klare administrative Grundlagen zu schaffen. Die Stadt wird in vier Quartiere eingeteilt und sämtliche Häuser nummeriert. Auf diese Weise erhält 1796 in der Glockengasse das Stammhaus von Wilhelm Mühlens, Produzent von »Echt Kölnisch Wasser«, die Hausnummer 4711 (4 = Quartier, 7 = Straße, 11 = Hausnummer). Diese Zahl trägt seitdem als Warenzeichen des bekannten Parfüms den Namen Kölns in die ganze Welt. Das im Zweiten Weltkrieg zerstörte 4711-Haus in der Glockengasse wird nach dem Krieg wieder aufgebaut. Zur Erinnerung an die Franzosen spielt das Glockenspiel an seiner Hausfassade stündlich die Marseillaise. Während des Spiels umkreisen Figuren, französische Soldaten darstellend, das Glockenspiel.

317. Welches Ergebnis hatte die französische Häuserzählung von 1796?

Die von den Franzosen durchgeführte Nummerierungsaktion, die der Rat der Stadt einen Tag vor Einmarsch der Franzosen beschlossen hatte, ergibt einen Bestand von 7.404 Häusern und 193 öffentlichen Gebäuden (einschließlich Kirchen und Klöster). Ein Drittel aller Gebäude ist baufällig, nur ein Drittel ist in leidlichem Zustand.

318. Wann erschien das erste Kölner Adressbuch?

Die Nummerierung der Häuser führte dazu, dass 1795 der Kölner Verleger Metternich den ersten »Gemeinnützigen Adresse Kalender der Stadt Köllen« herausgab. 1797 erschien eine erweiterte Neuauflage unter dem Titel »Verzeichnis der stadtkölnischen Einwohner«. Es enthielt neben den nummerierten Häusern die Namen der Einwohner mit ihren Berufsbezeichnungen. Das Verzeichnis wurde später zu einer unschätzbaren Fundgrube für die historische Forschung.

319. Wie stehen die Besatzer zum Karneval?

Im Februar 1795 wird der Karneval verboten, weil die Franzosen Unruhen fürchten. Erst 1803, als Köln inzwischen staatsrechtlich zu Frankreich gehört, wird das Verbot aufgehoben.

Der letzte Kölner Kurfürst Erzbischof Maximilian Franz 1784–1794

320. Welche Folgen hat die französische Besetzung für Köln als freie Reichsstadt?

Der Einmarsch der Revolutionstruppen bedeutet das Ende Kölns als freie Reichsstadt. Der letzte Kölner Kurfürst, der in Bonn residierende Erzbischof Max Franz (16. Kind Maria Theresias), flieht nach Münster. Er stirbt 1801 in Hetzendorf bei Wien.

321. Wann wird der Rat der Stadt Köln von den Franzosen aufgelöst?

Die zunächst von den Franzosen gegebene Zusicherung, die Selbstverwaltung der Stadt beizubehalten, hält nicht lange. Am 28. Mai 1796 wird der städtische Rat, der sich nach Einmarsch der Franzosen »Senat der Ubier« nennt, aufgelöst. An seine Stelle tritt nach französischem Muster eine unter französischer Kontrolle stehende sechsköpfige Munizipalität mit dem bisherigen regierenden Bürgermeister Jakob von Wittgenstein (der seinen Adelstitel ablegt) als Präsident. Damit endet genau 400 Jahre nach dem Verbundbrief von 1396 *(siehe 129)* die mittelalterliche demokratische Verfassung Kölns.

322. Welche administrativen Strukturen schaffen die Franzosen in den ersten Besatzungsjahren?

Bereits 1794 richten die Franzosen für die eroberten Länder zwischen Rhein und Maas eine Zentralverwaltung mit Sitz in Aachen ein. Bonn wird Bezirkshauptstadt. Obwohl mit Abstand größte Stadt, geht Köln bei dieser Neuordnung leer aus. Köln wird lediglich Hauptort des gleichnamigen Kantons. Die alte städtische Selbstverwaltung bleibt aber zunächst erhalten.

323. Welches neue besatzungspolitische Ziel verfolgt Frankreich ab 1797?

In Paris gibt es 1794 hinsichtlich des besetzten linken Rheinufers zunächst keine festen Vorstellungen. Erst 1797 kommen Befürworter einer Annexion an die Macht. Ihr Ziel ist die Erfüllung des alten französischen Traums vom Rhein als natürlicher Grenze. Die angestrebte Annexion wird

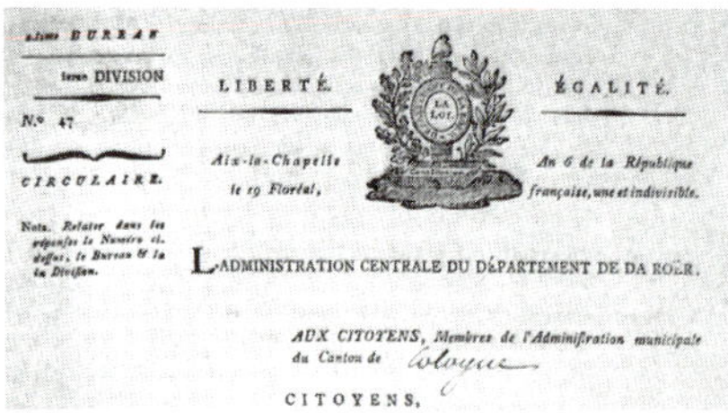
DIVISION
N.° 47
CIRCULAIRE.
LIBERTÉ. ÉGALITÉ.
Aix-la-Chapelle le 19 Floréal,
An 6 de la République française, une et indivisible.
L'ADMINISTRATION CENTRALE DU DÉPARTEMENT DE LA ROËR.
AUX CITOYENS, Membres de l'Administration municipale du Canton de Cologne
CITOYENS,

Briefkopf der Aachener Zentralverwaltung, 1798

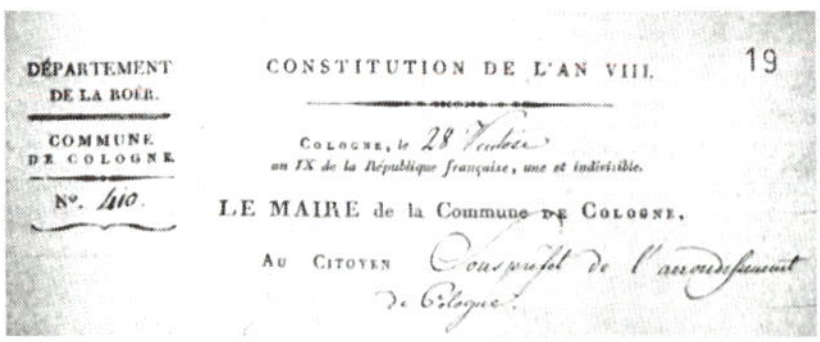
DÉPARTEMENT DE LA ROËR.
COMMUNE DE COLOGNE.
N°. 410
CONSTITUTION DE L'AN VIII. 19
COLOGNE, le 28 Ventôse an IX de la République française, une et indivisible.
LE MAIRE de la Commune de COLOGNE,
AU CITOYEN Conseiller de l'arrondissement de Cologne

Briefkopf der Mairie Köln, 1801

Briefkopf der Mairie Köln, 1808–1811

alsbald außenpolitisch abgesichert durch den Frieden Napoleons (zu der Zeit noch General) von Campo Formio vom 17. Oktober 1797. Die im November 1797 von Paris unter dem neuen Regierungskommissar Rudler eingesetzte Verwaltung bringt für die linke Rheinseite entscheidende Neuerungen, die 1801 mit der staatsrechtlichen Annexion ihre endgültige rechtliche Grundlage erhalten.

324. Gab es in der Bevölkerung Befürworter des Anschlusses an Frankreich?

Ja. 1797 bildeten sich, ausgehend von Koblenzer Republikanern (einer der Wortführer war Joseph Görres), in mehreren rheinischen Städten Klubs, deren Ziel zunächst der Anschluss an Frankreich war.

325. Was ist die »Cisrhenanische Republik«?

Ab August 1797 verfolgen politische Kreise *(siehe 324)* das Ziel einer unabhängigen Republik der linksrheinisch gelegenen Gebiete. Diese »Cisrhenanische Republik« wird tatsächlich am 17. September 1797 in Köln feierlich – mit Pflanzung eines Freiheitsbaums vor dem Rathaus – ausgerufen. Geschichtlich bleibt sie eine kurze Episode, da der französische General Augereau ihr bereits im Oktober ein Ende setzt. Denn offizielles Ziel der französischen Politik ist jetzt die volle staats- und völkerrechtliche Annexion des besetzten linksrheinischen Gebiets.

326. Was änderte sich, als 1797 die Annexion Ziel französischer Politik wurde?

Kommissar Rudler leitet in den besetzten linksrheinischen Gebieten umgehend tief greifende Reformen ein. Damit beginnt eine völlig neue (zweite) Phase der Besatzungszeit. Sie führt für die Kölner Bevölkerung in allen Lebensbereichen zu einschneidenden Veränderungen. 1798 wird zu einem Umbruchsjahr ohne Beispiel.

327. Welche neuen administrativen Strukturen erhält das besetzte Rheinland?

Das besetzte Gebiet wird 1798 nach französischem Vorbild in Departements eingeteilt. Köln gehört nunmehr zum Roer-Departement, das aus vierzig Kantonen besteht. Obwohl größte Stadt, geht Köln erneut leer aus. Aachen, die Stadt Karls des Großen, wird zur Departementshauptstadt bestimmt.

328. Wann wird Französisch Amtssprache, wann erhalten Kölns Straßen französische Namen?

1798 schreibt der seit 1797 (mit Sitz in Mainz) amtierende Kommissar Rudler Französisch als Amtssprache vor. Den Bürgern bleibt jedoch gestattet, Einga-

Straßenschild in der Krebsgasse,
Ecke Brüderstraße

ben in deutscher Sprache zu machen. 1811 ordnet der französische Präfekt die Neubenennung aller Straßen in französischer Sprache an. Auf den Straßenschildern darf der deutsche Name hinzugesetzt werden.

329. Wann werden die Zünfte und Gaffeln aufgehoben?

Auf der Grundlage eines französischen Gesetzes von 1791 werden 1798 die Zünfte und Gaffeln abgeschafft. Mit der Aufhebung des Zunftzwanges wird das Gewerbe von seinem mittelalterlichen, verkrusteten und innovationsfeindlichem Korsett befreit *(siehe 289)*. Die Fesseln des alten Arbeitsrechts werden abgestreift. Seit dem 26. März 1798 gilt in Köln Gewerbefreiheit.

330. Wann wird in Köln das metrische System eingeführt?

Zur Modernisierung des Marktgeschehens wird 1798 – zunächst noch unverbindlich – das metrische System propagiert.

Ehemaliges Brauergaffelhaus, Schildergasse 96

Bevölkerung und Handel akzeptieren die Umstellung nur widerwillig. 1803 ordnet schließlich der Präfekt die Verbindlichkeit der in Frankreich seit 1795 geltenden neuen Maße und Gewichte (Meter, Kilogramm) zum 4. Juni 1803 an. Im Deutschen Reich werden sie wesentlich später – ab 1871 – gesetzlich eingeführt.

331. Wie sah der von den Franzosen eingeführte »Republikanische Kalender« aus?

Die Franzosen brachten nach Köln ihren Republikanischen Kalender mit, der 1793 in Frankreich eingeführt worden war, »um die despotische und christliche Staatsverfassung, die Herrschaft der Könige, des Adels und der Priester bis auf die letzte Spur in Vergessenheit zu bringen«. Der bald auch für Köln geltende Kalender teilte das Jahr in zwölf Monate zu je dreißig Tagen. Die im Verhältnis zum Sonnenjahr fehlenden fünf Tage wurden dem letzten Monat des Jahres als sogenannte »Sansculottides« angehängt. Die Monate waren benannt nach Vorgängen der Natur. Das Jahr begann (wegen Verkündung der Republik am 22. September 1792) mit dem Herbst. Jeder Monat war eingeteilt in drei Dekaden zu zehn Tagen. Jeder zehnte Tag (»Dekadi«) war Ruhetag.

332. Was machte den Kalender besonders unsinnig?

Da der neue Kalender sich gegen das verhasste Christentum richtete, waren alle Heiligennamen des alten Kalenders ausgemerzt. Sie wurden durch Bezeichnungen aus Natur, Ackerbau und Viehzucht ersetzt, »um das Volk zu einer realistischen Weltanschauung zu bringen«. So hießen zum Beispiel anstelle der bekannten Wochentage Montag, Dienstag usw. die Tage der ersten Dekade des Monats

Messidor (= Juli) »Roggen«, »Hafer«, »Zwiebel«, »Ehrenpreis«, »Maulesel«, »Rosmarin«, »Gurke«, »Schalotte«, »Wermut« und »Sichel«. Bei den Kölnern stieß der ab 1798 für sie obligatorische Kalender nicht zuletzt wegen dieser Unsinnigkeiten und des heillosen Durcheinanders auf erheblichen passiven Widerstand. Unverändert füllten sie die Kirchen an den überlieferten Sonn- und christlichen Festtagen.

333. Wie lange galt der »Republikanische Kalender« in Köln?

Am 8. April 1802 wurde aufgrund des von Napoleon und dem Papst 1801 geschlossenen Konkordats *(siehe 360)* der Sonntag wieder in seine alten Rechte eingesetzt. Zum 31. Dezember 1805 (nach Republikanischem Kalender zum 10. Nivose XIV) schaffte Napoleon den als revolutionären Schwachsinn empfundenen neuen Kalender endgültig ab. Beamte, Geistliche und die gesamte Bevölkerung konnten ab dem 1. Januar 1806 die altgewohnte, seit 1582 gültige gregorianische Zeitrechnung wieder in Gebrauch nehmen.

334. Wurde der Adel verfolgt?

In Köln gab es zwar Adlige – besonders im Domkapitel und in den Stiften. Aufgrund der demokratischen Verfassung der Stadt (Verbundbrief von 1396, *siehe 129*) spielte der Adel aber politisch keine privilegierte Rolle. Verfolgungen wie im Frankreich der ersten Revolutionsjahre fanden deshalb nach Einmarsch der Franzosen nicht statt. Die Franzosen hoben aber nach Maßgabe der in Frankreich erlassenen Gesetze 1798 den erblichen Adel auf und ordneten die Beseitigung aller öffentlich angebrachten Adelsinsignien an. Sie wurden im Mai 1798 zusammen mit kaiserlichen, königlichen und päpstlichen Wappen zu einem Scheiterhaufen aufgeschichtet und unter Musikklängen öffentlich verbrannt.

335. Welche Strategie verfolgen die Besatzer zur endgültigen Beseitigung der Klöster?

Ab 1798 dürfen die Klöster keine Novizen mehr aufnehmen. Der Klosteraustritt wird erleichtert. Das endgültige Aus bringt vier Jahre später die Säkularisation unter Napoleon *(siehe 364)*.

336. Seit wann können Protestanten in Köln das Bürgerrecht erwerben?

Beim Einzug der Franzosen leben in Köln etwa 300 Protestanten. Sie bilden eine Bevölkerungsgruppe minderen Rechts, die trotz großer Tüchtigkeit wirtschaftlich und politisch erheblichen Beschränkungen unterliegt. Der kurzlebige Cisrhenanische Magistrat *(siehe 325)* gewährt ihnen 1797 das volle Bürgerrecht. Kommissar Rudler hebt im März 1798 die zuvor für Protestanten geltenden Beschränkungen (wie Ausschluss vom Kommissions- und Speditionshandel, Verbot von Immobilienerwerb und Hausbau) ausdrücklich auf.

337. Ab wann herrscht in Köln Religionsfreiheit?

Im April 1802 treten die von den Franzosen als Gesetz erlassenen »Organischen Artikel« in Kraft. Sie besagen unter anderem, dass die katholische, die lutherische und die reformierte Konfession in ihrem Verhältnis zum Staat jeweils die gleiche Stellung einnehmen und dass keiner Konfession ein Vorrang eingeräumt werden darf. Damit endet in Köln nach fast 1.500 Jahren die alleinige Kultushoheit der katholischen Kirche.

338. In welchem Jahr feiern die Protestanten in Köln erstmals offiziell einen Gottesdienst?

In Ermangelung eines eigenen Gotteshauses mieten die Gemeindeväter Peter Herstatt und Johann Jakob Peuchen den Saal der ehemaligen Brauerzunft in der Schildergasse. Dort feiern die Reformierten am 23. Mai 1802 den ersten offiziell genehmigten evangelischen Gottesdienst in Köln. Bald darauf wird den Protestanten für ihre Gottesdienste die säkularisierte Antoniterkirche überlassen. Sie wird am 19. Mai 1805 als erstes evangelisches Gotteshaus Kölns geweiht.

339. Was erinnert heute noch an diesen Gottesdienst?

2002 wurde anlässlich des 200. Jahrestages auf der Schildergasse an der Stelle, wo vormals das Haus der Brauerzunft stand, zur Erinnerung eine Bronzetafel in den Bürgersteig eingelassen (Hausnr. 92, Geschäftshaus Humanic).

340. Wann kehrten erstmals wieder Juden nach Köln zurück?

Bis 1797 galt für Juden die seit 1424 bestehende Vorschrift, Kölns Tore nur mit einem Erlaubnisschein passieren zu können und die Stadt vor Sonnenuntergang wieder verlassen zu müssen. Mit dieser Regelung konnten Kölner Bürger sich immerhin jüdische Ärzte bestellen und mit den auf der rechten Rheinseite ansässigen Juden Handel treiben. Nachdem 1797 die französischen Besatzer das Ende der »Sklaverei« und das Ende der Bindung bürgerlicher Rechte an religiöse Überzeugungen verkündet hatten, bewilligte der Magistrat am 16. März 1798 dem jüdischen Getreidehändler Joseph Isaac Stern aus Mülheim Aufenthalt und Niederlassung in Köln. Er war nach mehr als 300 Jahren der erste Jude, der sich mit seiner Frau Sara in der Stadt ansiedeln konnte.

341. Wann wurde in Köln wieder eine jüdische Gemeinde gegründet?

Mit der Annexion des linken Rheinufers und dem damit verbundenen Inkrafttreten der Französischen Verfassung am 23. September 1802 erhielten die Juden volle Gleichberechtigung. Die seit 1798 nach Köln einwandernden Juden gaben sich bereits am 12. Oktober 1801 eine Gemeindeverfassung. Als erste Synagoge wurde ein in der Glockengasse erworbener Raum auf dem Gelände des säkularisierten ehemaligen Klarissenklosters Maria im Tempel hergerichtet. 1808 gab es wieder 13 jüdische Einwohner, die Zahl stieg bis 1813 auf 189.

342. Wie war der soziale Stand der Juden?

Die jüdischen Zuwanderer waren überwiegend gut situierte Kauf- und Handelsleute. Sie waren aber auch unter anderem als Makler, Geldverleiher, Hausierer und Altwarenhändler tätig. Vier jüdische Neubürger wurden 1808 von der Verwaltung als die angesehensten (»les plus notables«) jüdischen Kaufleute eingestuft. Zu ihnen gehörte der 1799 mit seinem Geschäft aus Bonn übergesiedelte Bankier Salomon Oppenheim jr.

343. Wann schließen die Franzosen die Kölner Universität?

Per Dekret vom 28. April 1798 wird die 1388 gegründete reichsstädtische Kölner Universität (wie auch die Universitäten Bonn, Mainz und Trier) aufgelöst. Ihr letzter Rektor ist Ferdinand Franz Wallraf. Die Kölner Universität wird erst am 12. Juni 1919 durch Oberbürgermeister Konrad Adenauer neu eröffnet *(siehe 529, 816)*.

344. In welchem Ruf stand damals die Kölner Universität?

Die 1388 gegründete und seitdem von der Stadt Köln getragene Universität genoss bis ins 15. Jahrhundert hohes Ansehen. Reformation und Humanismus ließen jedoch den früheren Ruf verblassen. 1519 verurteilten Kölner Theologen die Schriften Martin Luthers *(siehe 263)*. Die Universität unterstützte fortan konsequent die Gegenreformation. Der letzte Kölner Kurfürst, der in Bonn residierende aufgeklärte Erzbischof Max Franz, erhob 1786 in Bonn die dortige, 1777 aus einem Jesuitengymnasium hervorgegangene Akademie zur Universität Bonn. Sie wurde bei ihrer Inaugurationsfeier zum Zentrum der Aufklärung proklamiert und zählte schon bald mehr Studenten als Köln. Die Gründung dieser Konkurrenzeinrichtung in Bonn richtete sich primär gegen die Kölner Universität, die als rückständig und intolerant betrachtet wurde.

345. Wie sah in Köln das Gerichtswesen am Ende der reichsstädtischen Zeit aus?

In dem 45.500 Einwohner zählenden Köln gab es ein solch hoffnungslos unübersichtliches, historisch gewachsenes Geflecht unterschiedlichster Gerichte, dass es Kommissar Rudler 1797 nicht gelang, sich einen genauen Überblick über die (vermutlich 53) diversen Gerichte zu verschaffen. Neben Ratsgerichten, erzbischöflichen und kurfürstlichen Gerichten gab es genossenschaftliche und hofrechtliche Tribunale, die Gerichtsbarkeit der Gaffeln und Zünfte usw.

346. Wann wurde das Gerichtswesen von der Besatzungsmacht reformiert?

Als Erstes wurden im Dezember 1797 die von Kommissar Rudler so bezeichneten »Flügelgerichte« abgeschafft – so unter

Ehemaliges Klarissenkloster, damals Schildergasse Ecke Krebsgasse, ab 1801 Justiz- und Arresthaus, genannt »Blechebotz«

anderen das erbvogteiliche Gericht zu St. Gereon, das Gericht von St. Severin, das Weyerstraßengericht, das Gericht des Hofes Benesis, das Dillesgericht, das Gericht von Niederich, das Gericht des Hofes Subweiler und der Afterdechanei auf dem Entenpfuhl usw. Schrittweise schufen die Franzosen neue Gerichtsstrukturen mit Trennung von Exekutive und Justiz, mit Öffentlichkeit der Verfahren und klarem Instanzenzug. Im Rahmen dieser Reformen wurde 1798 als Berufungsinstanz ein fünfköpfiges stadtkölnisches Appellationsgericht geschaffen, dessen Name im heutigen »Appellhof« fortlebt.

347. Führten die Franzosen auch in Köln die Guillotine ein?

Während die Hinrichtungen früher außerhalb der Stadt auf Melaten durch den Galgen erfolgten, wurde erstmals am 3. Mai 1799 ein französischer Soldat durch eine Guillotine exekutiert. Diese während

Guillotine, in Köln von 1799–1803

der Revolutionszeit in Paris auf Anregung des Arztes Guillotin konstruierte Hinrichtungsmaschine wurde hierfür im Zentrum der Stadt auf dem Domplatz aufgebaut. Bis zur letzten in Köln vollzogenen Hinrichtung im Februar 1803 wurden auf dem Domplatz 29 Todesurteile vollstreckt. Wegen der Verlegung des Kriminalgerichts nach Aachen fanden anschließend die Hinrichtungen dort statt.

348. Wann kommt Napoleon in Frankreich an die Macht?

Am 9. November 1799 übernimmt General Napoleon Bonaparte (1769–1821) im Alter von 30 Jahren durch Staatsstreich die Macht. Wegen seiner militärischen Fähigkeiten bereits mit 24 Jahren zum Brigadegeneral ernannt, erwirbt er durch glänzende militärische Erfolge und außergewöhnliche politische und administrative Fähigkeiten bald in ganz Europa höchstes Ansehen. Durch den Staatsstreich übernimmt er als Erster Konsul die exekutive Gewalt, 1802 wird er Konsul auf Lebenszeit, 1804 krönt er sich zum erblichen Kaiser der Franzosen.

349. Welche Politik verfolgte Napoleon hinsichtlich der besetzten linksrheinischen Gebiete?

Napoleons Ziel war die volle staats- und völkerrechtliche Annexion der linksrheinischen Gebiete. Mit seiner Machtübernahme begann für Köln die dritte Phase der Franzosenzeit. Sie öffnete das Tor zu einer modernen Entwicklung.

350. Wann wurde das Gebiet links des Rheins an Frankreich abgetreten?

Im Frieden zu Basel (5. April 1795) trat Preußen gegen Zusicherung rechtsrheinischer Kompensationen (die Abteien Essen, Werden, Elten) seine linksrheinischen Gebiete an Frankreich ab. Im Frieden von Campo Formio (17. Oktober 1797) stimmte Österreich insgeheim der Abtretung aller linksrheinischen Gebiete an Frankreich zu. Diese Regelung wurde mit dem Frieden von Lunéville (9. Februar 1801), in dem der deutsche Kaiser im Namen des Reichs auf das linke Rheinufer verzichtete, endgültig. Damit wurde der alte französische Traum vom Rhein als östlicher Staatsgrenze erfüllt.

351. Wann wurde Köln französisches Staatsgebiet?

Im Frieden von Lunéville (9. Februar 1801) trat der deutsche Kaiser Franz II. im Namen des Reichs das linke Rheinufer – ein Gebiet von 63.000 km² mit 3,5 Millionen Einwohnern – an Frankreich ab. Damit wurde unter anderem Köln endgültig der Französischen Republik einverleibt.

352. Welche Folgen hatte diese Abtretung?

Ab dem 23. September 1802 galt in Köln ohne Einschränkung die französische Verfassung wie in allen anderen Teilen Frank-

Links des Rheins: Französisches Staatsgebiet von 1802 bis 1814

reichs. Sukzessive erhielt in den annektierten Gebieten auch das französische Recht Geltung.

353. Wie viele Jahre blieb Köln französisches Staatsgebiet?

Dreizehn Jahre – von 1801 bis 1814.

354. Was bewirkt die Einführung des französischen Rechts?

Zu den bedeutendsten Leistungen Napoleons gehören die von ihm veranlassten fünf napoleonischen Gesetzbücher. Sie werden mit Inkrafttreten auch in den annektierten Gebieten geltendes Recht. In aufgeklärtem Geist verfasst, sichern sie die völlige Gleichheit vor dem Gesetz, ermöglichen die freie Entfaltung des Individuums, führen ein klar gegliedertes Gerichtssystem mit modernen Verfahrensregeln ein und schaffen damit die Rechtsgrundlage für aufblühenden Handel und eine moderne wirtschaftliche Entwicklung. Sie beeinflussen nachhaltig die Rechtsentwicklung in Deutschland und in anderen europäischen Ländern.

355. Wie hießen die berühmten fünf napoleonischen Gesetzbücher, die auch in Köln geltendes Recht wurden?

- Code Civil des Français von 1804 (Zivilgesetzbuch, ab 1807 auch Code Napoléon genannt): Epochales Gesetzgebungswerk, das nicht nur das europäische Recht maßgeblich beeinflusst. Seine der Französischen Revolution entstammenden Grundgedanken sind: Gleichheit vor dem Gesetz, Anerkennung der Freiheit des Individuums und des Eigentums, Trennung von Staat und Kirche, Einführung der obligatorischen Zivilehe.
- Code de procédure civile von 1806 (Zivilprozessordnung): Führt den Mündlichkeits- und Öffentlichkeitsgrundsatz sowie die Grundsätze der freien Beweiswürdigung und des Parteibetriebs in den Zivilprozess ein.
- Code de commerce von 1807 (Handelsgesetzbuch).
- Code d'instruction criminelle von 1808 (Strafprozessordnung): Schafft den geheimen schriftlichen Inquisitionsprozess ab, führt das öffentliche, mündliche Verfahren und Anklage durch die Staatsanwaltschaft sowie Schwurgerichte nach englischem Vorbild ein.
- Code pénal von 1810 (Strafgesetzbuch)

356. Wie schätzte Napoleon die Bedeutung des Code Civil zutreffend ein?

In der Verbannung schrieb Napoleon am Ende seines Lebens: »Mein Ruhm besteht nicht darin, dass ich vierzig Schlachten gewonnen habe. Das, was nicht auslöschen wird, das, was ewig leben wird, ist mein Code Civil.«

357. Welchen Beitrag leistete Napoleon persönlich zum Code Civil?

1800 setzt Napoleon eine Kommission ein, deren Entwurf nach vier Monaten fertig ist. In mehr als der Hälfte von über hundert Sitzungen führt er persönlich den Vorsitz und nimmt Einfluss auf die Gesinnung des Gesetzeswerkes und seine vorbildlich klare Formulierung.

358. War das französische Recht nach Abzug der Franzosen weiterhin gültig?

Der Code Civil blieb im ehemals französischen Rheinland bis zum Inkrafttreten des Bürgerlichen Gesetzbuches am 1. Januar 1900 gültiges Recht.

359. Bis wann galt in Köln noch französisches Recht?

Nachbarrechtliche Bestimmungen des Code Civil galten im ehemals französischen Rheinland bis zum Inkrafttreten des nordrhein-westfälischen Nachbarrechtsgesetzes vom 15. April 1969.

360. Wann lösten die Franzosen das Erzbistum Köln auf?

Nach Abschluss des zwischen Napoleon und Papst Pius VII. geschlossenen Konkordats (15. Juli 1801) wird 1801 das seit tausend Jahren bestehende Erzbistum Köln aufgelöst. Der Dom wird einfache Pfarrkirche.

361. Zu welchem Bistum gehörte Köln nach der Auflösung?

Auf der Grundlage des Konkordats und der »Organischen Artikel« (Gesetz vom 8. April 1802) nimmt Napoleon eine Neuorganisation der französischen Diözesen vor. 1802 wird das Bistum Aachen geschaffen. Es umfasst das Roer- und das Rhein-Mosel-Departement. Köln ist damit auch kirchlich endgültig degradiert. Erst zur Preußenzeit wird 1821 das Erzbistum Köln durch die päpstliche Bulle »De salute animarum« neu errichtet *(siehe 419)*.

362. Wurde die Kirche unter Napoleon vom Staat bevormundet?

Das kirchliche Leben hat sich nach 1801 in den durch Konkordat und kirchenpolitische Gesetze vorgegebenen Bahnen zu bewegen. Pfarrer dürfen vom Bischof nur mit Zustimmung des Staates ernannt werden. Sie haben einen Eid abzulegen, der sie zu Gehorsam und Treue gegenüber der staatlichen Obrigkeit verpflichtet. Die Bischöfe haben in ihren Hirtenbriefen Napoleons Kriege zu rechtfertigen und den Militärdienst als heilige patriotische Pflicht zu preisen. Siege müssen in allen Kirchen mit einem Tedeum gefeiert werden.

363. Ab wann galt der »kaiserliche Katechismus«?

Zur Erziehung der Jugend wird 1806 der »kaiserliche Katechismus« eingeführt. Er erklärt Liebe, Achtung, Gehorsam, Treue, Heeresdienst und Steuern zu Pflichten der Christen, deren Erfüllung sie dem von Gott gesandten Kaiser schulden.

364. In welchem Jahr erfolgt die Säkularisation (Verstaatlichung der Stifte und Klöster)?

Am 2. Juli 1802 wird im Rheinland das »Suppressionsgesetz« vom 9. Juni 1802

Katechismus
zum Gebrauche
aller Kirchen
des
französischen Reiches.

Ein Gott, ein Glaube, eine Taufe.
Paulus an die Epheser, IV, 5.

MARCUS ANTONIUS EPISCOPUS AQUIS-GRANENSIS

Paris, bey Wittwe Nyon und Heinrich Nicolle.
Aachen,
bey Beaufort, bischöflichem Buchdrucker.

Straßburg, gedruckt bey F. G. Levrault, bischöflichem Buchdrucker.

Kaiserlicher Katechismus, 1811

verkündet, das die Aufhebung der geistlichen Orden, Stiftungen und Korporationen anordnet. Damit werden auch in Köln mit einem Federstrich die linksrheinischen Klöster und Stifte aufgehoben und ihr Eigentum (Kirchen, Güter, Klosteranlagen, Kunstwerke, Archive, Bibliotheken) verstaatlicht. In Köln fallen fast siebzig geistliche Institutionen der Säkularisation zum Opfer. Schlagartig verändert sich so die Kirchenlandschaft im »hillije Kölle«. Nur sechs Konvente, die sich der Krankenpflege oder dem Schulunterricht widmen, bleiben verschont, werden aber unter behördliche Aufsicht gestellt: Konvent der Alexianer, der Erziehungsorden der Ursulinen sowie vier Konvente der Cellitinnen.

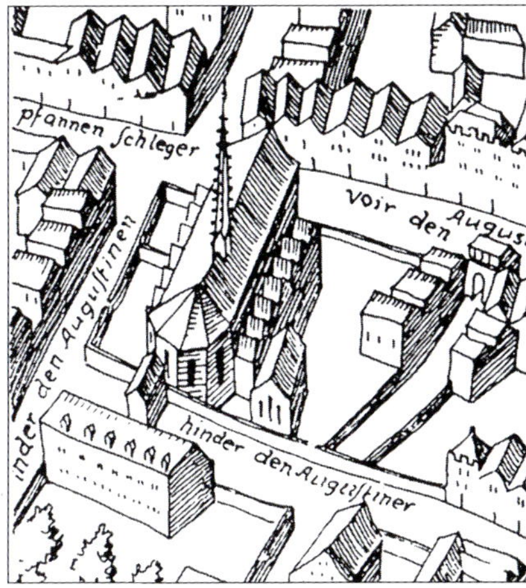

Säkularisiert 1802, neben vielen anderen: Augustinerkloster (Ansicht 1571)

365. Wie wurde die Säkularisation administrativ durchgeführt?

Am 4. Juli 1802 werden die geistlichen Einrichtungen zur Sicherung ihrer Wertgegenstände und Papiere versiegelt. Ihre Mitglieder haben ihre Ordenskleidung abzulegen und innerhalb weniger Tage die als Staatseigentum beschlagnahmten Gebäude zu verlassen. In Köln werden zwischen August und Oktober 61 der insgesamt 67 geistlichen Institutionen aufgelöst.

366. Was geschieht mit den von der Säkularisation betroffenen Personen?

Die insgesamt 1.217 Mitglieder der säkularisierten Einrichtungen sollen durch Pensionszahlungen in Höhe von 500 Francs jährlich (für die über 60-Jährigen 600 Francs) entschädigt werden. Das entspricht dem Gehalt der untersten Stufe der Beamtenhierarchie. Tatsächlich erhalten Zahlungen in der Regel nur die linksrheinisch (in »Frankreich«) Geborenen. Viele der Betroffenen, besonders Nonnen, stehen vor dem Nichts. Viele verlassen die

Stadt, kehren in die Obhut ihrer Familien zurück oder verdingen sich in privaten Haushalten. Gab es 1794 beim Einmarsch der Franzosen ca. 2.600 geistliche Personen, zählt man 1811 nur noch 815.

367. Was geschieht mit dem säkularisierten Eigentum?

Über die der Säkularisation zum Opfer gefallenen Objekte werden an Ort und Stelle genaue Beschreibungen (Expertisen) gefertigt, bevor sie in der Aachener Präfektur zur Versteigerung kommen. Plakate auf Deutsch und Französisch mit genauen Beschreibungen werden meist einen Monat vor der Versteigerung im Kölner Rathaus angeschlagen.

368. Welche bedeutenden Sammlungen werden aus den verstaatlichten Kirchen-, Stiftungs- und Klosterschätzen zusammengetragen?

Als Folge der Verstaatlichung kommen kirchliche Kunstwerke, Möbel, Schriften, Grafiken und Bücher – oft auf verschlungenen Wegen – in großer Menge auf den Markt. Dies bietet zahlreichen privaten Kunstsammlern günstige Gelegenheiten. Zu den bedeutenden zur Franzosenzeit zusammengetragenen Sammlungen zählen:

- Die Sammlung Wallraf, die Köln im Wallraf-Richartz-Museum erhalten bleibt.
- Die Sammlung des Barons von Hüpsch. Sie geht nach Darmstadt.
- Die besonders wertvolle Sammlung der Brüder Sulpice und Melchior Boisserée. Sie wird an König Ludwig I. von Bayern verkauft und befindet sich heute in der Alten Pinakothek in München.

Ferdinand Franz Wallraf, 1792

369. Wer war Ferdinand Franz Wallraf, welche Bedeutung hatte er für Köln, welcher bisher einmalige Titel wurde ihm verliehen?

Ferdinand Franz Wallraf (1748–1824) war Priester, Gelehrter, Universitätsprofessor, letzter gewählter Rektor der (1798 geschlossenen) alten Universität, Kunstsammler und eine überragende, auch politisch sehr engagierte Kölner Persönlichkeit. Wallraf stand selbst bei den Franzosen in hohem Ansehen, obwohl er sich 1797 weigerte, den Treueeid auf die Französische Republik zu leisten. Als Rektor der Universität wurde er deshalb abgesetzt. Sein Ansehen bei den Franzosen erleichterte ihm, im Verlauf der antikirchlichen Maßnahmen zahlreiche wertvolle Kunstschätze vor allem aus den säkularisierten Stiften und Klöstern zu erwerben und damit zu retten. Er nahm dabei in Kauf, dafür persönliche Schulden aufzunehmen. Seine noch zu Lebzeiten der Stadt vermachten kostbaren Sammlungen bilden den Grundstock des nach ihm benannten Wallraf-Richartz-Museums. Wegen seiner Verdienste wurde ihm als bisher einzigem Kölner der Ehrentitel »Erzkölner« verliehen.

370. Was erinnert heute noch an Ferdinand Franz Wallraf?

In zentraler Lage, am Eingang der Hohe Straße, liegt der Wallrafplatz. Dort stehen ganz in der Nähe vor dem Museum für Angewandte Kunst, in dem früher das »Wallraf-Richartz-Museum« *(siehe 872, 873)* untergebracht war, die Denkmäler von Wallraf und von Johann Heinrich Richartz, der den 1861 eingeweihten Museumsneubau stiftete. Köln ehrt Wallraf darüber hinaus mit einer Figur am Ratsturm (2. Obergeschoss, Nordseite) sowie mit einem Grabmonument (gemeinsam mit Richartz) auf dem Melatenfriedhof.

371. Wodurch wird im Bewusstsein der Kölner die ehemals reiche Klostertradition der Stadt lebendig gehalten?

Wer mit offenen Augen durch Köln geht, stößt immer wieder auf Straßen und Plätze, deren Namen an ehemalige Klöster erinnern:

Alexianerstraße
Andreaskloster
An den Dominikanern
Antoniterstraße
Apostelnkloster
Augustinerstraße, Augustinerplatz
Brüderstraße
Cäcilienkloster, Cäcilienstraße
Domkloster
Gereonskloster
Im Sionstal (Zisterzienserinnenkloster Maria Sion)
Klingelpütz
Kunibertskloster, Kunibertsklostergasse
Kartäusergasse, Kartäuserhof, Kartäuserwall
Margarethenkloster
Severinskloster
Ursulakloster
Minoritenstraße

372. Hat Köln sich später von dem französischen Kahlschlag der Klöster erholt?

Ab 1887 wurden zunehmend Ordensniederlassungen neu gegründet. Auch nach 1945 erfolgte ein enormer Aufschwung, sodass Köln heute wieder über eine eindrucksvolle Zahl von Ordenseinrichtungen verfügt.

Erinnerung an die Zeit der französischen Besetzung Kölns von 1794 bis 1814: Schild an der Kirche St. Aposteln, Westseite

373. Welche Ordenseinrichtungen gibt es heute in Köln?

Laut dem Köln-Lexikon sind heute in Köln angesiedelt (Zahlen stammen von 2003):

380. Hat die Franzosenzeit das Stadtbild verändert?

Das kirchlich geprägte Stadtbild Kölns erleidet durch die Säkularisation herbe Verluste. Von 177 größeren kirchlichen Gebäuden im Jahr 1802 können nur 34 ihren geistlichen Charakter bewahren. 52 werden noch in der französischen Zeit abgerissen, darunter neben zahlreichen Kapellen die Kirchen: St. Gertrud (1802), St. Apern (1803), die Kirche des Dominikanerklosters, die Kirche des Kreuzbrüderordens (1804), St. Brigida, Herrenleichnam, das Augustinerkloster (1805), St. Christoph, St. Clara, das Maximinenkloster (1806), St. Paul, St. Johann, St. Cordula, St. Katharinen (1807), St. Lupus, Maria Ablass (1808), St. Jakob, St. Maria in Sion, das Kapuzinerkloster (1809). Zahlreiche Bronzetafeln weisen auf die früheren Standorte hin.

381. Welcher bedeutende Friedhof wurde auf Veranlassung der Franzosen angelegt?

Ein kaiserliches Dekret verbot 1804 aus seuchenhygienischen Gründen Bestattungen innerhalb der mittelalterlichen Stadt. Das führte zur Anlage des katholischen Zentralfriedhofs Melaten westlich der Stadt. Er wurde 1810 eingeweiht. Auf dem Terrain befand sich vorher (erstmals im 12. Jahrhundert erwähnt) bis 1767 ein Leprosenheim namens Maladen sowie eine städtische Hinrichtungsstätte mit Galgen (auf der Adolf Clarenbach und Peter Fliesteden 1529 als Ketzer verbrannt wurden, *siehe 264*). Auf dem im Laufe des 19. Jahrhunderts fünf Mal erweiterten Melatenfriedhof dürfen seit 1829 auch Protestanten und seit 1892 auch Juden bestattet werden. Der Friedhof ist wegen seiner monumentalen gärtnerischen Anlage und der großen Zahl erhaltener Grabanlagen ein Kompendium der Grabkultur des 19. Jahrhunderts und ein kulturhistorisch ungewöhnlich eindrucksvoller Ort.

Plan des Zentralfriedhofs Melaten, Aachener Straße, eingeweiht 1810

382. Was war die aufwendigste Baumaßnahme während der Franzosenzeit?

Zur aufwendigsten öffentlichen Baumaßnahme wurde der Beginn des Baus eines 50 m breiten und 500 m langen Sicherheitshafens (heutiger Theodor-Heuss-Ring). Seine Anlage wurde vonseiten der Rheinschiffer nach dem verheerenden Hochwasser von 1784 *(siehe 675)* bereits 1788 gefordert. In ihm sollten 50 größere und 140 kleinere Schiffe bei Eisgang Schutz finden. Das von der Stadt ab 1800 geplante Projekt wurde 1804 Napoleon persönlich vorgetragen, Genehmigung und Baubeginn erfolgten aber erst 1811. Die Großbaustelle wurde 1813/14 wegen der kriegerischen Ereignisse stillgelegt. Die Fertigstellung des Hafens erfolgte schließlich drei Jahrzehnte später zur Preußenzeit, als die eingetretene Entwicklung der Dampfschifffahrt die Anlage bereits als überholt erscheinen ließ.

383. Wurde die kölsche Sprache durch die Franzosenzeit beeinflusst?

Die 20-jährige Besatzungszeit bereichert bis heute das kölsche Vokabular um zahlreiche Wörter, die zugleich Zeugnis köl-

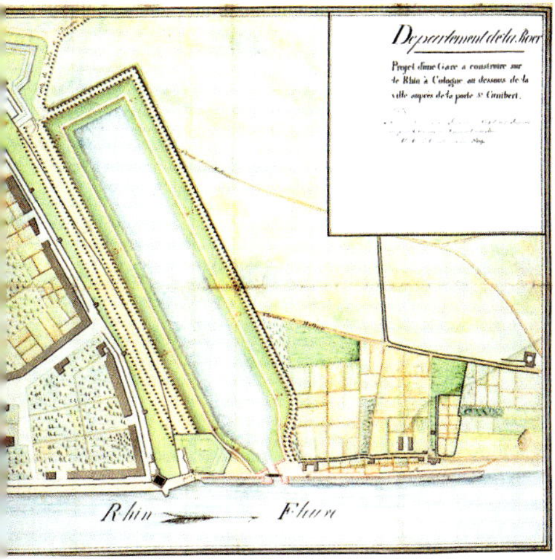

Entwurfsplan des Sicherheitshafens, Baubeginn 1811 (jetzt Theodor-Heuss-Ring)

scher Assimilationsfähigkeit sind. Beispiele sind:

- alät (alerte) – munter, aufgeräumt, heiter, flink, behände
- Bajasch (bagage) – ganze Familie, Kind und Kegel
- betuppe (duper) – betrügen, überlisten
- jeschaß (chasser) – fortgejagt
- Klör (couleur) – Farbe
- Komkommer (concombre) – Gurke
- kötte (queter) – betteln
- malätzich (malade) – kränklich, hinfällig
- Schavu (chou de Savoie) – Wirsing
- tirre jon (tirer le chausson) – abhauen, sich aus dem Staub machen, ausreißen

384. Wann und wie endet in Köln die Franzosenzeit?

Nach den vernichtenden Niederlagen Napoleons 1812 in Russland und im Oktober 1813 in der Völkerschlacht bei Leipzig und seinem anschließenden Rückzug mit den Resten seiner geschlagenen Armee nach Frankreich erhält der französische Stadtkommandant Sebastiani am 11. Januar 1814 den Befehl zum Rückzug der Besatzung aus Köln. Am 14. Januar, als in Deutz bereits die Vorhuten der Kosaken stehen, verlassen die Franzosen die Stadt in geordneter militärischer Formation durch das Hahnentor, durch das zwanzig Jahre zuvor die Revolutionstruppen einmarschiert waren.

385. Wann wird Köln von russischen Truppen besetzt?

Am folgenden Tag, dem 15. Januar 1814, rücken in Köln die Streitkräfte der Verbündeten (Preußen, Russen) ein. Stadtkommandant wird der russische Major von Klemmert.

386. Wann muss Frankreich die annektierten Gebiete wieder herausgeben?

Im Ersten Pariser Frieden (30. Mai 1814) muss Frankreich auf alle eroberten Gebiete verzichten. Frankreich wird auf seine Grenzen von 1792 beschränkt. Im anschließenden Wiener Kongress 1814/15 einigen sich die europäischen Großmächte darauf, das Rheinland Preußen zuzusprechen.

387. Was hat die 20-jährige Franzosenzeit auf Dauer bewirkt?

In keiner geschichtlichen Epoche erfuhr die Stadt tiefer greifende Veränderungen. Der Durchbruch zur Moderne forderte bittere Opfer, neben dunklen Schatten ergab sich aber auch viel Licht: eine aufgeklärte Gesetzgebung, die Gleichheit aller Bürger vor dem Gesetz, die Öffentlichkeit der Gerichtsverfahren, richterliche Unabhängigkeit, Gewaltenteilung, Religionsfreiheit, freie Entfaltung des Individuums und Freiheit von Handel und Gewerbe. Das Mittelalter wurde endgültig überwunden. Die Franzosen haben in Köln das Tor zur Neuzeit aufgestoßen und den Weg zu einer modernen Entwicklung geebnet.

Hohenzollernbrücke, Ostseite/Nord: König Friedrich Wilhelm IV.

Köln unter preußischen Königen – 1815–1918

388. Weshalb kam Köln zu Preußen?

Zur Vorbeugung gegen erneute Aggressionen Frankreichs einigten sich 1814/1815 die Teilnehmer des Wiener Kongresses auf Drängen Englands darauf, die wieder zu Deutschland gehörenden Rheinlande dem militärisch starken Preußen zuzusprechen. Auch Talleyrand, der Vertreter Frankreichs, sprach sich dafür aus. Er hoffte, das protestantische Preußen werde an der Integration der katholischen Rheinlande scheitern.

389. Wie lange war Köln eine preußische Stadt?

Das Gebiet der Rheinlande von Kleve bis Bingen und Saarbrücken stand bereits seit der Besetzung durch die verbündeten preußischen und russischen Truppen im Januar 1814 unter preußischer Verwaltung. Durch königliches Patent Friedrich Wilhelms III. vom 5. April 1815 erfolgte die förmliche Inbesitznahme. Köln war von da an staatsrechtlich eine preußische Stadt. 132 Jahre später wurde Preußen von den Siegermächten des Zweiten

Zwischen Mittelalter und Preußenzeit: Stiche und später die ersten Fotografien zeigen immer wieder die Dominanz der Kirchtürme und damit des Katholizismus in Köln bis ins 20. Jahrhundert hinein.

Weltkriegs (England, Frankreich, UdSSR, USA) durch Gesetz Nr. 46 des Alliierten Kontrollrats vom 25. Februar 1947 aufgelöst. Damit fand auch die Zugehörigkeit Kölns zu Preußen ihr Ende.

390. Wie wurde der Anschluss an Preußen von den Kölnern aufgenommen?

Die Entscheidung des Wiener Kongresses fand im Rheinland wenig Beifall. Bekannt ist der Ausspruch des Kölner Bankiers Abraham Schaafhausen: »do hierode mir ävver in en ärm Famillisch« (da heiraten wir aber in eine arme Familie), eine Sorge, die sich später angesichts der preußischen Wirtschaftspolitik und des Aufblühens der Stadt als unbegründet erwies. Zu größeren Bedenken gab dagegen Anlass, dass die mehrheitlich katholische Bevölkerung der Rheinlande nunmehr Untertanen eines protestantischen Königs wurden, was tatsächlich in den kommenden Jahrzehnten zu schweren Konflikten zwischen Thron und Altar führen sollte *(siehe 425)*. Durch den Zuwachs der neuen Gebiete lebten in Preußen nunmehr fast fünf Millionen katholische und acht Millionen evangelische Christen. Von den 2.473.723 Einwohnern der Rheinprovinz (1837) waren 1.842.824 katholisch, 564.058 evangelisch. In Köln betrug der Anteil der Katholiken (1816) 95,8 % *(siehe 429)*.

391. Wann erhielt Köln sein altes Stadtwappen zurück?

Friedrich Wilhelm III. genehmigte durch Kabinettsorder vom 22. Dezember 1817 den linksrheinischen Städten »ihre alten Stadtwappen wieder aufzunehmen«. Auch sollten die vormaligen unmittelbaren Reichsstädte den Reichsadler als Anden-

Das Kölner Stadtwappen am Eigelsteintor, neben dem dort hängenden Kutter »Köln«

ken an ihre ehemalige Verfassung behalten. Köln machte von dieser Möglichkeit Gebrauch und schaffte das 1811 von Napoleon verliehene Wappen ab. Die heute gültige Ausführung des Stadtwappens (als Brustschild des Schwert und Szepter führenden Doppeladlers) wurde 1897 zum Hauptwappen erhoben. Mit der Beibehaltung des Doppeladlers erinnert Köln an seine große reichsstädtische Geschichte.

392. Wodurch erwarb sich der preußische König alsbald Verdienste um den Kölner Dom?

Mit zu den ersten Amtshandlungen König Friedrich Wilhelms III. gehörte 1815 die Entsendung des preußischen Oberbaudirektors Schinkel zur Begutachtung des Bauzustands des Doms. Er verfügte auf dieser Grundlage die Sicherung des verfallenden Domtorsos und die Einrichtung einer neuen Dombauhütte *(siehe 208, 212, 229)*. Sein Nachfolger, Friedrich Wilhelm IV., legte 1842 den Grundstein für den Weiterbau des Doms *(siehe 213)*.

393. Welche Folgen hatte Kölns Zugehörigkeit zu Preußen für die städtische Verwaltung?

Die 1815 von Preußen vorgefundene städtische Verwaltungsorganisation blieb zunächst bestehen. Lediglich die in der französischen Zeit verwendeten Amtsbezeichnungen wurden geändert. Die 1808 in Preußen durch den großen Reformer Freiherr vom Stein eingeführte »Steinsche Städteordnung« mit wichtigen Elementen einer kommunalen Selbstverwaltung erlangte in den westlichen Gebieten Preußens keine Gültigkeit. Ebenso wenig wurde der Bürgerschaft das Recht eingeräumt, bei der Besetzung des Gemeinderats mitzuwirken.

394. Welche Kommunalverfassung galt später im Rheinland?

Erst 1845 erließ Preußen die »Gemeindeordnung für die Rheinprovinz«. Sie löste in Köln die französische Munizipalverfassung von 1800 ab. Der Gemeinderat erhielt statt der bisherigen beratenden Funktion das Recht der Beschlussfassung über Gemeindeangelegenheiten. Die Wahl des Bürgermeisters, der als staatliche Aufsicht an der Spitze der Verwaltung stand, blieb ihm aber noch bis 1850 *(siehe 463)* vorenthalten. Dieser wurde wie zuvor vom König ernannt. Das Gesetz führte erstmals in Preußen das Dreiklassenwahlrecht für die gewählte Vertretungskörperschaft ein. Es galt bis 1918.

395. Was war das 1845 eingeführte kommunale Dreiklassenwahlrecht, wie wirkte es sich aus?

Die Wahlberechtigten innerhalb Kölns wurden, abgestuft nach ihrem Vermögen, drei Klassen zugeteilt. Jede von ihnen wählte zehn Gemeindeverordnete und fünf Vertreter. Entscheidend für die Wahlberechtigung war der für das Vermögen geltende »Zensus« (Bemessungsgrenze). Während der Stadtrat eine untere Grenze von 240 Talern vorschlug, setzte die Regierung den Zensus in Sorge vor dem Übergewicht der unteren Klassen auf 400 Taler fest. Die Folge war, dass es in Köln bei den ersten Wahlen 1846 nur 4.045 Wahlberechtigte gab, was bei einer Gesamtbevölkerung von 85.195 einem Anteil von 4,7 % entsprach. Erst das Einkommensteuergesetz von 1891 verringerte den Wahlzensus, sodass nunmehr 9,7 % (1917 rund 23 %) der Kölner Bevölkerung an den Wahlen teilnehmen konnten.

396. Wann entstand die »Rheinprovinz«, welche Stadt wurde ihre Hauptstadt?

Aus den hinzugewonnenen Gebieten am Rhein bildete Preußen 1815 zunächst die beiden Provinzen Jülich-Kleve-Berg (Hauptstadt Köln) und das Großherzogtum Niederrhein (Hauptstadt Koblenz). 1822 wurden die preußischen Besitzungen am Rhein (von Kleve im Norden bis Bingen und Saarbrücken im Süden) zur »Rheinprovinz« zusammengefasst. Zur Enttäuschung der Kölner bestimmte die Regierung das abgelegene Koblenz zum Sitz des Oberpräsidenten und des Generalkommandos. Verwaltungssitz für den »Provinzialverband Rheinprovinz« – eine Selbstverwaltungskörperschaft für kommunale Aufgaben mit den Hauptorganen Landeshauptmann und Provinziallandtag – wurde Düsseldorf. Auch hier ging Köln leer aus, obwohl die Stadt mit rund 56.000 Einwohnern die bevölkerungsreichste der Rheinprovinz war.

397. Welches Recht galt in der Rheinprovinz?

Das unter Napoleon eingeführte französische Zivil-, Handels- und Gerichtsverfahrensrecht hatte für das Rheinland das Tor zur Neuzeit aufgestoßen *(siehe 354–358, 387)*. Um seine Fortgeltung im Rheinland wurde lange hartnäckig gekämpft. Es war wesentlich fortschrittlicher als das vergleichsweise rückständige preußische Allgemeine Landrecht und die preußische Gerichtsverfassung, die noch den Adel privilegierte. Der Ausgang des Streits spricht für die abwägende preußische Staatskunst: Im Zivilrecht blieb im Rheinland das ganze 19. Jahrhundert hindurch weiterhin das rheinisch-französische Recht erhalten. Erst mit Inkrafttreten des BGB am 1. Januar 1900 ist es im Wesentlichen erloschen. Hinsichtlich der unter den Franzosen eingeführten Gerichtsordnung wurde der Streit endgültig im Revolutionsjahr 1848 zugunsten der »Rheinischen Rechtsinstitutionen« entschieden. Sie fanden damals in ganz Preußen und in der Folgezeit in den meisten anderen deutschen Staaten Eingang.

398. Welche Stadt bestimmte Preußen zum Sitz der Rheinischen Universität?

Da Köln als katholisch reaktionär eingeschätzt wurde, unterlag die Stadt in dem lebhaft und öffentlich geführten Streit um den künftigen Sitz einer Rheinischen Universität. An ihm beteiligten sich auch führende Kölner Köpfe wie Ferdinand Franz Wallraf, vormals Rektor der 1388 gegründeten Kölner Universität. Durch Kabinettsorder vom 26. Mai 1818 bestimmte Preußen, dass in Bonn die dort erst 1786 gegründete, liberalere Universität *(siehe 344)* wiedereröffnet wurde. Die Berliner Regierung wollte dadurch vermeiden, die beabsichtigte katholische Fakultät unmittelbar unter die Aufsicht des Kölner Erzbischofs zu legen. Erst 1919 wurde auch Köln wieder Universitätsstadt *(siehe 816–818)*.

399. Welche überörtlichen administrativen Funktionen erhielt Köln?

Köln wurde 1816 Sitz des preußischen Regierungspräsidenten für den Regierungsbezirk Köln, dem elf Landkreise und zwei Stadtkreise (Köln und Bonn) angehörten. Als Amtssitz wurde 1832 in der Zeughausstraße das Regierungsgebäude errichtet, das bis heute Sitz der Bezirksregierung ist. 1819 erhielt Köln als einzige Provinzialbehörde mit überörtlicher Funktion den »Rheinischen Appellationsgerichtshof« (die Appellationshöfe Düsseldorf, Köln und Trier wurden aufgelöst). 1838 kam der »Klingelpütz« (eine zur damaligen Zeit nach den modernsten Erkenntnissen konzipierte Gefängnisanlage) als Rheinisches Zentralgefängnis hinzu. Später folgten dann die Provinzialsteuerdirektion und 1850 die Oberpostdirektion.

400. Weshalb betrachtete Köln sich durch Preußen als zurückgesetzt?

Köln als größte Stadt des Rheinlands fühlte sich hinsichtlich überörtlicher Funktionen von Preußen genauso schlecht behandelt wie zuvor von den Franzosen: Bonn erhielt die Universität, Koblenz Oberpräsidium und Generalkommando, Düsseldorf wurde Sitz der Kunstakademie und der Provinzialverwaltung, Aachen erhielt das Politechnikum und Trier das Provinzialmuseum. Nur der Sitz des Erzbischofs und der »Rheinische Appellationsgerichtshof« kamen nach Köln. Erst Jahrzehnte später kamen andere Behörden hinzu.

Regierungsgebäude Zeughausstraße seit 1816

401. Wann wurde der »Rheinische Appellationsgerichtshof zu Cöln« eingerichtet?

Die einheitliche Anwendung des rheinisch-französischen Rechts sicherte der »Königlich Rheinische Appellationsgerichtshof zu Cöln«, aus dem aufgrund der Reichsjustizgesetze am 1. Oktober 1879 das heutige Oberlandesgericht Köln hervorging. Er wurde 1819 als oberste Gerichtsinstanz der Rheinprovinz eingerichtet. Revisionsgericht in Zivil- und Strafsachen war der »Rheinische Revisions- und Kassationshof« in Berlin. Nach Bildung des Reichsgerichts 1879 wurde dessen zweiter Zivilsenat (der sogenannte Rheinische Senat) für den Bereich des Zivilrechts die zuständige Revisionsinstanz. 1823 wurde in Köln nach mehrjährigen Planungen, an denen unter anderem Karl Friedrich Schinkel beteiligt war, auf dem heutigen Gelände am Appellhofplatz ein halbkreisförmiger Bau für den Appellationsgerichtshof errichtet. Dieser wurde ab 1880 durch den im Wesentlichen heute noch erhaltenen Neubau ersetzt. 1911 kam das für die Zivilgerichtsbarkeit bestimmte Oberlandesgerichtsgebäude am Reichenspergerplatz hinzu. 1969 wurde das 150-jährige Bestehen des Oberlandesgerichts Köln feierlich begangen.

402. Wann und weshalb wurde Köln Festungsstadt, welche städtebaulichen Folgen ergaben sich daraus?

Entsprechend den Erwartungen des Wiener Kongresses erging am 11. März 1815 die Kabinettsorder König Friedrich Wilhelms III., die vormals (seit 1801) franzö-

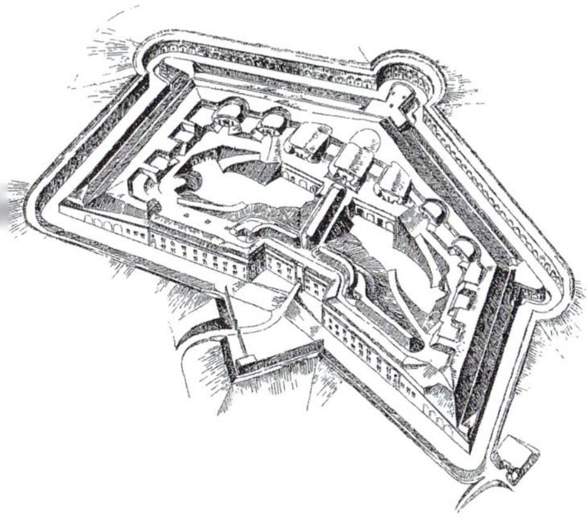

Vogelschauskizze von Fort VIII im Nordwesten der Stadt

sische Festung Köln zu einer preußischen Festung ersten Ranges auszubauen. Damit begann eine militärische Bautätigkeit, die bis in die 1880er Jahre Stadtplanung und städtebauliche Entwicklung prägte. Sie wurde zunehmend als Einschnürung empfunden. 1914 besaß Köln einen äußeren 42 km umfassenden Festungsring mit links- und rechtsrheinisch insgesamt 182 Festungswerken. Die Stadt war damit zur größten Festung des Deutschen Reichs geworden, die bei Ausbruch des Ersten Weltkriegs über 52.000 Soldaten zählte *(siehe 503)*.

403. Wie sah das »neupreußische« Festungskonzept von 1816 für das linksrheinisch gelegene Köln aus?

Die 1816 für Köln entwickelten Pläne sahen linksrheinisch zwei Verteidigungslinien vor: Die innere war die mittelalterliche Stadtmauer mit ihren vorgelagerten Anlagen (die heutigen »Ringe« mit den drei erhaltenen Toren). Sie wurde in den Jahren 1822–1830 zu einer zeitgemäßen, geschlossenen Festungsanlage mit davor liegendem Graben und Wall ausgebaut. Davor lag in einem Abstand von 480–560 m ein Kranz vorgeschobener Einzelwerke (»detachierte« Forts). Da alle Werke freies Schussfeld haben mussten, bedeutete dies für die Stadt, dass sie sich außerhalb der mittelalterlichen Stadtmauer trotz rascher Bevölkerungszunahme nicht entwickeln konnte. Zahlreiche Überbleibsel des vorgeschobenen Festungsrings sind bis heute erhalten *(siehe 408)*.

404. Erstreckte sich das Festungskonzept auch auf rechtsrheinisches Gebiet?

Obwohl die Verteidigungsanlagen primär gegen einen französischen Angriff gerichtet waren, umfasste das preußische Festungskonzept auch das rechtsrheinische Deutz. Als 1846 der vorgeschobene Festungsring fertiggestellt war, umfasste er elf detachierte Forts und – etwas zurückgesetzt – sieben kleinere Werke (»Lünetten«). Drei der Forts und zwei Lünetten lagen rechtsrheinisch.

405. Welche Änderungen brachte nach dem Deutsch-Französischen Krieg 1870 / 71 das »neudeutsche« Festungskonzept?

Als um 1860 modernere Geschütze mit größerer Reichweite aufkamen, galt der

»Der »Schinkenkessel«, Teil der preußischen Befestigungsanlagen in Deutz«

Kölner neupreußische Festungsring militärisch als überholt. Nach den Erfahrungen des Kriegs 1870/71 wurde deshalb für Köln ein völlig neues »neudeutsches« Festungskonzept entwickelt: Schwerpunkt der Verteidigung wurde eine um 5,6–7,7 km rund um die Stadt und um Deutz vorgeschobene Verteidigungslinie. 1873–1877 entstand zunächst der linksrheinische äußere Festungsgürtel, bestehend aus den Forts I bis VIII und dazwischen liegenden kleineren »Zwischenwerken«. Rechtsrheinisch folgten 1877–1881 die Forts IX–XII mit dazugehörenden Zwischenwerken. Dieser Kranz von zwölf Forts und 23 Zwischenwerken lag im Bereich des heutigen Äußeren Grüngürtels. Auch von diesen Verteidigungswerken blieben zahlreiche Überbleibsel erhalten und laden zur Entdeckung ein *(siehe 409, 410)*.

406. Welcher Straßenname erinnert an den neudeutschen Kölner Festungsring?

Zur Munitionsversorgung des insgesamt 42 km langen Festungsrings und für Truppenbewegungen wurde stadtwärts die »Militärringstraße« angelegt. Sie hat linksrheinisch ihren Namen behalten und ist die längste Straße Kölns. Rechtsrheinisch waren die heutigen Straßen Herler, Vingster und Buchheimer Ring Teile des Militärrings.

407. Wann wurde der Kölner Festungsring angegriffen?

Die preußischen Befestigungsanlagen Kölns kamen militärisch nie zum Einsatz.

408. Was blieb von den »neupreußischen« Festungsbauten erhalten, wie werden sie genutzt?

Auch wenn von den neupreußischen Festungsanlagen vieles abgetragen und zer-

Fort IV, Freimersdorfer Weg Richtung Widdersdorf hinter Bahnübergang rechts

stört wurde, blieben doch ansehnliche Überbleibsel bis heute erhalten: Von der Verstärkung der mittelalterlichen Stadtmauer zeugt der Vorbau vor der Ulrepforte am Sachsenring. Von den elf detachierten Forts des damals äußeren Festungsrings blieben vier Forts erhalten: Fort I im Friedenspark, Fort IV im Volksgarten, Fort V auf dem Universitätsgelände an der Zülpicher Straße und das Fort X am Neusser Wall. Außerdem überlebte eine Lünette im Volksgarten.

409. Was wurde aus den »neudeutschen« Festungswerken?

Nach Artikel 180 des Versailler Vertrags von 1919 war der gesamte äußere Kölner Festungsring zu schleifen. Dank der Intervention des damaligen Oberbürgermeisters Adenauer wurden nur die strategisch wichtigen Teile beseitigt bzw. unbrauchbar gemacht, das waren insbesondere die kleineren neueren Werke. Teile der größeren Werke sollten den auf dem ehemaligen Festungsring geplanten Äußeren Grüngürtel um architektonische und landschaftsgärtnerisch gestaltete

Akzente bereichern. Von den 35 größeren Werken waren 26 mit unterschiedlichen Teilbereichen zur Erhaltung bestimmt. In Verbindung mit ihnen entstanden fünf Licht- und Luftbäder, vier Waldschulen, zehn Sport- und sieben Erholungsanlagen. Die Umgestaltung der Forts in »Grüne Forts« war eine spezifisch kölnische Lösung, die in keiner anderen Stadt zu finden ist. Nach 1945 wurden die alten Forts und damit ein großes geschichtliches Erbe mehr und mehr dem Verfall preisgegeben. 1961 wurden noch 21 erhaltene Werke registriert. Heute sind nur noch 13 Werke des neudeutschen Festungsrings erhalten.

410. Wie lassen sich die erhaltenen Überreste des äußeren Festungsrings leicht finden?

Die Stadt hat vor Jahren ein praktisches Faltblatt herausgegeben: »Radtouren von Fort zu Fort« mit dem Untertitel »Auf den Spuren des preußischen Kölns im linksrheinischen Äußeren Grüngürtel«.
Leider ist nach Auskunft des KölnTourismus Office eine Neuauflage dieses inzwischen vergriffenen Führers nicht beabsichtigt. Wer historisch interessiert ist und sich auf Spurensuche begeben möchte, kann mithilfe des von der Stadt herausgegebenen »Köln Atlas« (Maßstab 1:15.000) fündig werden.

411. Welche weiteren repräsentativen Bauwerke stammen aus preußischer Zeit?

Dem Staat oblagen neben der Unterhaltung der gewaltigen Festungswerke die staatliche Verwaltung und das Gerichtswesen. Dem preußischen Selbstverständnis entsprechend wurden hierfür repräsentative Gebäude errichtet, die Ausdruck der Macht des Staates und der Autorität der Justiz waren. Erhalten blieben:

Justizpalast am Reichenspergerplatz, heute Sitz des Oberlandesgerichts

- Das Regierungspräsidium in der Zeughausstraße, vollendet 1832
- Das Gerichtsgebäude am Appellhofplatz, Neubau eingeweiht 1893
- Der im Stil eines Barockschlosses 1907 bis 1911 am Reichenspergerplatz errichtete Justizpalast als größtes Gerichtsgebäude Preußens

412. Welche Militäreinheiten legte Preußen nach Köln, wo lagen die Kasernen?

In die Festungs- und Garnisonsstadt Köln wurden preußische Infanterie-, Kavallerie-, Artillerie- und Pioniereinheiten verlegt. Die Mannschaften waren in den Kasematten der Festungswerke und in den zahlreichen Kasernen innerhalb der Stadt untergebracht (Neumarkt-, Richmodis-, Weidenbach-, Ulre-, Machabäer-, Dominikaner-, Franziskanerkaserne). In Deutz wurde am Rheinufer eine Kaserne für das dort seit 1815 stationierte Dragonerregiment (später Kürassierregiment) nahe der Stelle gebaut, an der Kaiser Konstantin 310 den Brückenkopf »Divitia« (Deutz) zur Stationierung eines römischen Regiments angelegt hatte *(siehe 55, 58)*. An der Deutzer Uferpromenade

Denkmal für die Gefallenen des Kürassierregiments, Deutzer Uferpromenade

erinnert ein 1928 errichtetes Denkmal an die Gefallenen des in Köln beliebten Kürassierregiments.

413. Wie kam das preußische Militär bei der Bevölkerung an?

In den ersten Jahrzehnten gab es neben Vorbehalten und Ressentiments auch Sympathie und Zuneigung. Die bunten Uniformen, Militärmusik und die sonntägliche Wachtparade auf dem Neumarkt belebten das Stadtbild nach dem Geschmack der Kölner. Schon kurz nach der Neuordnung des Karnevals *(siehe 918)* stellte 1827 der karnevalbegeisterte und in Köln beliebte Brigadekommandeur von Czettwiz dem Rosenmontagszug sechs Schimmel mit Paradegeschirr, Kutschern und Vorreitern zur Verfügung. Auf seinen Vorschlag geht der Brauch zurück, auf Sitzungen bunte Karnevalsmützen zu tragen. In nachhaltigen Misskredit brachte sich das Militär, als es in den Revolutionsjahren *(siehe 452)* mehrmals gegen die Bevölkerung einschritt. Die Kölner stellten deshalb sogar eine eigene Bürgerwehr auf *(siehe 456)*. Die Stimmung änderte sich wieder nach den drei siegreichen Kriegen gegen Dänemark (1864), Österreich (1866) und Frankreich (1870/71). Der Stolz auf die Armee, die 1870 durch den Sieg über Frankreich die ersehnte deutsche Einheit ermöglicht hatte, war allgemein. 1870 entstand nach preußischem Vorbild das Korps der »Blauen Funken« *(siehe 467)*. Regelmäßig nahmen Fanfarenzüge, Musikkorps, Gespanne und Reiter der Garnison bis zum Ausbruch des Ersten Weltkriegs am Rosenmontagszug teil.

414. Was erinnert an die Anhänglichkeit preußischer Generäle an Köln?

Zahlreiche führende Militärs fühlten sich mit ihrer Garnisonsstadt Köln eng verbunden und fanden hier ihre bleibende Heimat und Ruhestätte. Auf dem Melatenfriedhof befinden sich heute noch zahlreiche Gräber von Generälen der ersten Jahrzehnte der Preußenzeit:

- Friedrich Anton Florian von Seydlitz-Kurzbach, Generalmajor, gestorben 1832.
- Ernst Heinrich Eduard von Tuchsen, Generalmajor, gestorben 1837.
- Thomas von Othegraven, 1818–1831 General in Köln, gestorben 1842.
- Friedrich Wilhelm Kellermeister von der Lund, Generalleutnant, 43 Jahre in Köln, gestorben 1859.
- Jakob Apollinaris von Slugocki, General, 1835–1842 Kommandeur der Dragoner in Deutz, gestorben 1860.
- Robert Januarius von Frankenberg, General der Infanterie, hoch angesehener Gouverneur von Köln (1864–1873), gestorben 1873. Ihm wurde auf Melaten ein Denkmal gesetzt.

415. Welche Kölner machten in der preußischen Armee Karriere?

In der preußischen Armee zu dienen und im bunten Rock Karriere zu machen, übte auch auf Rheinländer zunehmend Faszination aus. Besonders nach den siegreichen Kriegen 1864, 1866 und 1870/71 entschlossen sich immer mehr für eine militärische Laufbahn. Auch gebürtige Kölner erwarben in der preußischen Armee hohe militärische Ränge:

- Generalleutnant Kurt von Sperling, 1850 in Köln geboren, 1907–1911 Gouverneur von Köln, gestorben 1914 in Breslau.
- Generalleutnant Joseph Trimborn, 1853 in Köln geboren, ab 1912 als erster bürgerlicher Offizier Kommandeur der 2. Garde-Feldartillerie-Brigade in Potsdam, 1927 auf Melaten im Erbbegräbnis der Familie beigesetzt.
- Generalleutnant Josef Freiherr Raitz von Frentz, geboren 1858 in Köln, 1914 Brigadekommandeur in Bonn, gestorben 1922.
- Generalleutnant Eduard Neven DuMont, 1860 in Köln geboren, zuletzt Kommandant von Wesel, gestorben 1924.

416. In welchem bis heute erhaltenen Klosterbezirk lag das preußische Lazarett?

Das Kartäuserkloster, das die Franzosen gleich nach der Besetzung der Stadt bereits im Oktober 1794 in ein Lazarett umgewandelt hatten, wurde preußisches Garnisonslazarett mit guter Reputation. In 24 Sälen konnten 300 Kranke aufgenommen werden. 1844 waren es sogar 400 in 36 Sälen. Die im Verlauf der Säkularisation 1802 verstaatlichte Kartäuserkirche und das daneben liegende Kapitelhaus wurden (bis 1919) Artilleriedepot. Nach dem Ersten Weltkrieg erwarb die evangelische Kirche den zwischen Kartäusergasse und Kartäuserwall gelegenen ehemaligen Klosterkomplex. Er ist heute Sitz des evangelischen Stadtkirchenverbandes und verschiedener kirchlicher Einrichtungen. Seit 1928 wird in der Kartäuserkirche wieder Gottesdienst gehalten.

St. Pantaleon, ab 1816 evangelische Garnisonskirche *(siehe 417)*

417. Welche Kirche wurde evangelische Garnisonskirche?

Durch »Kabinettsordre« vom 9. November 1818 bestimmte König Friedrich Wilhelm III. die katholische Pfarrkirche St. Pantaleon zur Garnisonskirche für die evangelischen Soldaten. Sie wurde hinfort auch von der Kölner evangelischen Kirchengemeinde genutzt. Der Pantaleonsgemeinde wurde die Kirche St. Maria in der Schnurgasse als Pfarrkirche zugewiesen. Sie gehörte ihr seit der Säkularisation des Karmelitinnenklosters (1802) ebenfalls. Diese obrigkeitliche Maßnahme war nicht dazu angetan, die seit Jahrhunderten bestehenden Animositäten zwischen den Konfessionen abzubauen. St. Pantaleon war 1802 im Zuge der Säkularisation als Abteikirche aufgehoben und 1803 der neu gegründeten Pfarrgemeinde St. Pantaleon als Pfarrkirche überlassen worden.

418. Wann erhielten die Katholiken die Kirche St. Pantaleon zurück?

Die katholische Pfarrgemeinde fand sich mit dem angeordneten Umzug nie ab und machte verschiedentlich Eingaben, in denen sie die Rückgabe St. Pantaleons forderte. Hundert Jahre sollten vergehen, bis sie ihr Ziel erreichte. Durch Erlass des Preußischen Ministers für Wissenschaft, Kunst und Volksbildung vom 11. Oktober 1921 wurde St. Pantaleon der katholischen Gemeinde als Eigentum überwiesen. Die evangelische Gemeinde erhielt als Ersatz die bis 1918 als Artilleriedepot genutzte Kartäuserkirche, die in jämmerlichem Zustand war. Sie konnte erst nach gründlicher Restaurierung am 28. September 1928 eingeweiht werden. Aufgrund dieser Kompensation ist die evangelische Kirche heute in der Kartäusergasse im Besitz des gesamten mittelalterlichen Klosterkomplexes der Kartäuser.

419. Wann wurde Köln wieder Erzbistum?

Mehrjährige Verhandlungen zwischen Preußen und der Römischen Kurie führten 1821 zu einer Einigung über die Neuordnung der Kirchenverwaltung in Preußen. Papst Pius VII. legte am 16. Juli 1821 durch die Zirkumskriptionsbulle »De salute animarum« die äußeren und inneren Grenzen aller im Osten und Westen Preußens gelegenen Diözesen fest. Dabei verfügte er auch die Wiederherstellung des von Napoleon 1802 aufgehobenen Erzbistums Köln. Das von Napoleon gegründete Bistum Aachen wurde aufgelöst und dem Erzbistum Köln angegliedert. Die Bulle, die zugleich die vereinbarten Pflichten des Staates gegenüber der katholischen Kirche festlegte, wurde durch Kabinettsorder als staatliches Recht verkündet und in der »Gesetz-Sammlung für die Königlichen Preußischen Staaten« veröffentlicht. Sie galt bis zu dem 1929 vom Vatikan mit Preußen abgeschlossenen Konkordat.

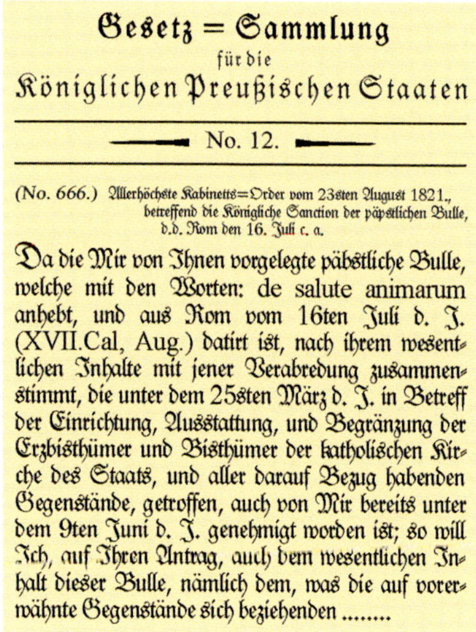
Gesetz = Sammlung
für die
Königlichen Preußischen Staaten

No. 12.

(No. 666.) Allerhöchste Kabinetts=Order vom 23sten August 1821., betreffend die Königliche Sanction der päpstlichen Bulle, d.d. Rom den 16. Juli c. a.

Da die Mir von Ihnen vorgelegte päbstliche Bulle, welche mit den Worten: de salute animarum anhebt, und aus Rom vom 16ten Juli d. J. (XVII.Cal, Aug.) datirt ist, nach ihrem wesentlichen Inhalte mit jener Verabredung zusammenstimmt, die unter dem 25sten März d. J. in Betreff der Einrichtung, Ausstattung, und Begränzung der Erzbisthümer und Bisthümer der katholischen Kirche des Staats, und aller darauf Bezug habenden Gegenstände, getroffen, auch von Mir bereits unter dem 9ten Juni d. J. genehmigt worden ist; so will Ich, auf Ihren Antrag, auch dem wesentlichen Inhalt dieser Bulle, nämlich dem, was die auf vorerwähnte Gegenstände sich beziehenden ....

Die päpstliche Bulle »De salute animarum« stellt 1821 das Erzbistum Köln wieder her (Ausschnitt)

420. In welcher Größe errichtete Papst Pius VII. das neue Erzbistum Köln?

Das neue Erzbistum Köln umfasste die Gebiete der preußischen Regierungsbezirke Köln, Aachen und Düsseldorf (ohne nördlichen Niederrhein) und war damit deutlich kleiner als das vormalige, im Jahr 800 von Karl dem Großen gegründete Erzbistum. Zu dessen Kirchenprovinz hatten die Suffraganbistümer Lüttich, Utrecht, Münster, Osnabrück, Minden und (bis 864) Bremen gehört. Die Kirchenprovinz des 1821 neu gegründeten Erzbistums umfasste als Suffragane die Bistümer Trier, Münster und Paderborn.

421. Was regelte 1821 die päpstliche Bulle »De salute animarum«, was bestimmte das Breve »Quod de fidelium«?

»De salute animarum« *(siehe 419)* regelte im Detail für alle katholischen Bistümer im Osten und Westen Preußens die jeweilige Größe und Zusammensetzung der Domkapitel sowie deren Befugnisse zur Wahl der Bischöfe. Ihnen wurde durch das gleichfalls vereinbarte päpstliche Breve »Quod de fidelium« vom 16. Juli 1821 die Anweisung erteilt, niemanden zum Bischof zu wählen, von dem sie wissen, dass er dem König weniger genehm sei. Für das Kölner Domkapitel legte die Bulle 16 Mitglieder fest *(siehe 256)*. Ihm wurde das Recht zur Wahl des Erzbischofs zugestanden.

422. Welche finanziellen Dotationen gewährte der preußische Staat der katholischen Kirche, wie viele preußische Taler erhielt der Kölner Erzbischof?

Die Bulle »De salute animarum« *(siehe 419)* enthielt detaillierte Regelungen über Dotationen des preußischen Staates: Der Kölner Erzbischof erhielt danach pro Jahr aus der Staatskasse 12.000 preußische Taler, Dompropst und Domdechant je 2.000, die übrigen Mitglieder des Kölner Domkapitels abgestuft geringere Beträge. Insgesamt gewährte Preußen der katholischen Kirche einen beträchtlichen jährlichen Staatszuschuss, der bis zum Anfang der 1840er Jahre auf 712.000 Taler anstieg, während die erheblich größere evangelische Kirche nur 240.000 Taler erhielt. Während des Kulturkampfs *(siehe 471ff.)* wurden 1875 durch das »Brotkorbgesetz« *(siehe 475)* die Zahlungen an die katholische Kirche eingestellt. Sie wurden erst 1880 nach dem ersten »Milderungsgesetz« *(siehe 476)* wieder aufgenommen.

Das heutige Erzbischöfliche Palais, Ecke Gereonstraße/Kardinal-Frings-Straße

423. Wann erhielt das neu gegründete Erzbistum seinen ersten Erzbischof?

Erster vom Domkapitel gewählter und vom preußischen Staat bestätigter Erzbischof wurde 1825 der Münsteraner Domdechant Ferdinand August Freiherr von Spiegel zum Desenberg. Damit wurde nach 31-jähriger Unterbrechung ein völlig neues Kapitel in der Geschichte der Kölner Erzbischöfe aufgeschlagen, die im Jahr 795 unter Karl dem Großen mit der Ernennung Hildebolds zum ersten Kölner Erzbischof *(siehe 94)* begonnen und 1794 mit der Flucht des letzten in Bonn residierenden kurfürstlichen Erzbischofs Max Franz geendet hatte. Der Erzbischof war jetzt nur noch geistlicher Würdenträger und nicht mehr zugleich Kurfürst und weltlicher Landesherr.

424. Wo residieren seit der Neugründung des Erzbistums die Kölner Erzbischöfe?

Seit 1825 residieren die Kölner Erzbischöfe wieder in Köln, was ihnen vorher als Landesherr seit der Schlacht von Worringen (1288) verwehrt war *(siehe 123)*.

Ab 1825 stand ihnen in der Gereonstraße ein vom preußischen Staat aus Privatbesitz gekauftes »Palais« mit weiter Parkanlage zur Verfügung. Es wurde am 29. Juni 1943 Opfer des Bombenhagels. Das Erzbistum errichtete auf dem Gelände nach dem Krieg das »Erzbischöfliche Haus«, ein baulicher Komplex, zu dem außer den Räumlichkeiten des Erzbischofs auch das Priesterseminar und die Seminarkirche gehören. Derzeitiger Hausherr ist seit Februar 1989 Joachim Kardinal Meisner. In dem 1978 gegenüber in der Kardinal-Frings-Straße entstandenen Maternushaus ist die umfangreiche Diözesanbibliothek untergebracht.

425. Wann waren die beiden großen Konflikte zwischen Kirche und Staat?

Ungeachtet der großen Verdienste der preußischen Könige Friedrich Wilhelm III. und Friedrich Wilhelm IV. um Erhalt und Weiterbau des katholischen Kölner Doms *(siehe 212, 213)* wurde das 19. Jahrhundert von zwei schweren Konflikten zwischen Thron und Altar überschattet. Die

Erzbischof Droste zu Vischering, 1835–1845

»Kölner Wirren« und »das Kölner Ereignis« im Jahr 1836 *(siehe 427)* waren Höhepunkte der ersten großen Auseinandersetzung zwischen der katholischen Kirche und dem preußischen Staat. Zu einem noch schwereren Konflikt führte der von Bismarck von 1871 bis 1886 geführte »Kulturkampf« *(siehe 471ff.)*. In beiden Fällen wurde der Kölner Erzbischof verhaftet und seines Amtes enthoben.

426. Welche Regelung traf Preußen für konfessionelle Mischehen?

Die konfessionelle Durchmischung der Bevölkerung Preußens führte zunehmend zu gemischtkonfessionellen Ehen, was jeweils beim kirchlichen Eheschluss die Frage der Konfessionszugehörigkeit künftiger Kinder aufwarf. Für Schlesien wurde 1803 durch königliche Deklaration geregelt, dass alle Kinder bis zum vollendeten 14. Lebensjahr der Religion des Vaters zu folgen hätten. Diese konfliktträchtige Regelung wurde 1825 durch Kabinettsorder auf die westlichen Provinzen ausgedehnt. Der erste in Köln gewählte Erzbischof von Spiegel (1825 bis 1835) stimmte nach langen Verhandlungen 1834 einem dem Staat entgegenkommenden Verfahren (Berliner Convention) zu, dem sich die anderen Bischöfe des Erzbistums anschlossen.

427. Was waren die »Kölner Wirren«, was war »das Kölner Ereignis«?

1836 lösten das Einschreiten des neuen Erzbischofs Droste zu Vischering (1835 bis 1845) gegen ihm nicht genehme Professoren der Katholischen Fakultät in Bonn sowie sein unnachgiebiges Verhalten in der Mischehenfrage einen ernsthaften Konflikt mit dem preußischen Staat aus. Er hatte zwar vor seiner Wahl die Beachtung der Berliner Convention zugesichert, verfolgte aber nach Amtsübernahme im Gegensatz zu seinem Vorgänger einen fundamentalistischen Kurs, der ihn in Konflikt mit der Regierung brachte. Nachdem alle diplomatischen Bemühungen einer gütlichen Einigung scheiterten und der Konflikt weiter eskalierte, ließ die Regierung den Erzbischof am 20. November 1837 festnehmen und auf die Festung Minden verbringen. Obwohl Droste zu Vischering sich keiner großen Beliebtheit erfreute, löste dieses »Kölner Ereignis« publizistische Nachwirkungen aus, die zu Solidarisierung und zu steigendem Selbstbewusstsein auf katholischer Seite führten.

428. Wie wurde der erste Konflikt zwischen Kirche und Staat beigelegt?

Eine Entspannung nach den »Kölner Wirren« trat ein, als Kronprinz Friedrich Wilhelm IV. 1840 den Thron bestieg. Selbst mit der katholisch getauften Wittelsbacher Prinzessin Elisabeth (Schwester des bayrischen Königs Ludwig I) vermählt, war er um Entspannung und um Annäherung beider Konfessionen bemüht. Das wurde für jedermann sichtbar, als er 1842 den Grundstein für den Weiterbau des katholischen Doms legte und der preußische Staat einen wesentlichen Teil der Finanzierung übernahm *(siehe 212, 213)*. Droste zu Vischering erhielt vom König weitgehende Haftvergünstigungen, durfte in seine Heimatstadt Münster übersiedeln, aber weder in sein Amt zurückkehren noch zeitlebens Kölner Boden betreten. 1841 einigten sich Papst Gregor XVI. und der preußische Staat darauf, den Bischof von Speyer, Johannes von Geissel, zum Koadjutor für das Erzbistum zu ernennen. Dieser verwaltete fortan das Erzbistum und wurde nach dem Tod Drostes zu Vischering 1845 Erzbischof von Köln.

429. Wie entwickelte sich ab 1816 der evangelische und jüdische Bevölkerungsanteil?

Unter der Herrschaft Preußens nahm die Bevölkerung Kölns *(siehe 496)* rasch zu. Der Anteil der Protestanten wuchs von 1816 bis 1939 – nicht zuletzt durch Eingemeindungen *(siehe 493)* – von 3,9 % auf 18,5 % (heute 17,5 %.) Im gleichen Zeitraum sank der prozentuale Anteil der katholischen Bevölkerung von 95,7 % auf 72,6 % (heute 40,9 %).

Jahr	Gesamtbevölkerung	katholisch	(%)	evangelisch	(%)	jüdisch	(%)
1816	49.300	47.196	(95,7)	1.930	(3,9)	150	(0,3)
1825	59.000	55.304	(93,7)	3.473	(5,8)	272	(0,5)
1840	75.900	68.156	(89,7)	7.082	(9,3)	615	(0,8)
1849	94.800	81.706	(86,1)	11.788	(12,4)	1.286	(1,4)
1871	129.200	108.656	(84,0)	17.327	(13,4)	3.172	(2,4)
1895	321.600	260.006	(80,8)	53.224	(16,5)	5.309	(3,3)
1910	516.500	404.858	(78,3)	95.920	(18,5)	12.156	(2,4)
1925	700.222	538.154	(76,8)	130.457	(18,6)	16.093	(2,3)
1939	768.352	557.676	(72,6)	142.235	(18,5)	8.000	(1,0)
2006	1.023.101	418.954	(40,9)	179.213	(17,5)	?	?

Trinitatiskirche von 1857, der »protestantische Dom«

430. Welche Entwicklung nahm die evangelische Gemeinde Kölns?

40 Jahre nach dem von Napoleon 1802 ermöglichten ersten öffentlichen Gottesdienst *(siehe 338)* war die evangelische Gemeinde bereits auf über 5.000 Mitglieder angewachsen. Für sie reichte die den Protestanten anfänglich zugewiesene Antoniterkirche *(siehe 338, 377)* nicht mehr aus. 1857 wurde deshalb am Filzengraben der Grundstein zum Bau der Trinitatiskirche gelegt, die im Stil einer dreischiffigen römischen Basilika als »protestantischer Dom« eine würdige Gestalt erhielt. Sie ist bis heute die größte evangelische Kirche in Köln.

431. Welche Rolle spielten die Protestanten bei der wirtschaftlichen Entwicklung Kölns?

1812 lag der Anteil der protestantischen Einwohner bei 3,6 %. Er wuchs in den kommenden drei Jahrzehnten um das Dreifache. 1849 zählte Köln bereits 11.788 protestantische Bewohner, was einem Bevölkerungsanteil von 12,4 % entsprach. Demgegenüber waren auf der Liste der Kölner Unternehmer mit dem höchsten Einkommen 66 % Protestanten. Dies zeigt, welche positiven Auswirkungen die 1797 von den Franzosen verfügte Gleichstellung von Protestanten und Juden hatte und wie die evangelische Bevölkerung die wirtschaftliche Entwicklung Kölns seitdem maßgeblich vorantrieb.

432. Warum wurden die Protestanten als »Blauköpp« bezeichnet?

Die Katholiken nannten die Protestanten spöttisch »Blauköpp«, vermutlich weil das preußische Militär blaue Uniformen trug. Die Zweihundertjahrfeier des Bestehens der evangelischen Gemeinde Kölns im Mai 2002 wurde deshalb unter das Motto gestellt »Blaukopp – 200 Jahre Protestanten in Köln«.

433. Welche Wirtschaftspolitik betrieb Preußen nach dem Erwerb der Rheinlande?

Die Förderung von Handel, Gewerbe und Industrie besaß in Preußen höchsten Stellenwert. Ziel der Wirtschaftspolitik waren deshalb Gewerbefreiheit, Aufhebung der Zollschranken, Ausbau einer leistungsfähigen Infrastruktur mit Straßen, Eisenbahnen und Kanälen sowie die Entwicklung eines modernen, technikorientierten Bildungswesens. Dadurch konnte sich Preußen im 19. Jahrhundert hinter England und Frankreich zur dritten Wirtschaftsmacht des Kontinents entwickeln. 1818 machte das Zollgesetz aus Preußen ein einheitliches Zollgebiet ohne Binnenzölle. Es wurde 1828 durch den Preußisch-Hessischen Zollverein erweitert. 1834 dehnte der Deutsche Zollverein das zollfreie Gebiet deutschlandweit aus. Die preußische Wirtschaftspolitik schaffte damit wichtige Rahmenbedingungen für eine wirtschaftliche Entwicklung, von der insbesondere das Rheinland und das industriell aufblühende Ruhrgebiet profitierten. Dies trug im Rheinland wesentlich zur Akzeptanz der preußischen Herrschaft bei.

434. Wann erreichte Preußen freie Fahrt für die internationale Schifffahrt auf dem Rhein?

Der Schlussakte des Wiener Kongresses war 1815 die »Rheinschiffahrtskonvention« beigefügt. Sie verpflichtete alle Rheinuferstaaten zur Freigabe des Schiffsverkehrs auf dem Rhein in seiner ganzen Länge bis in die See sowie zur Vereinbarung gleichförmiger Zölle. Aufgrund des zähen Widerstandes der Niederlande, die ihre lukrativen Rheinzölle beibehalten wollten, gelang es Preußen erst nach langen diplomatischen Bemühungen, 1831 in Mainz das »Rheinschiffahrtsreglement« abzuschließen, das von den Niederlanden und allen anderen Rheinuferstaaten ratifiziert wurde. Es sah freie Schifffahrt für alle Schiffe der Uferstaaten des Rheins, Mains, Neckars und anderer in den Rhein sich ergießender Flüsse, Aufhebung der Stapel von Köln und Mainz sowie die Erhebung einheitlicher Abgaben vor. Die von Preußen erstrebte gänzliche Aufhebung aller Abgaben wurde erst 1868 durch die »Mannheimer Akte« erreicht, deren Grundsätze überwiegend heute noch gültig sind. Damit wurden auf Drängen Preußens die Voraussetzungen geschaffen, die den Rhein zur wichtigsten internationalen Verkehrsader des Kontinents und Köln zu einer ihrer bedeutendsten Hafenstädte machten.

435. Wann endete das Kölner Stapelrecht?

Nach Abschluss des Rheinschiffahrtsreglements *(siehe 434)* hob Preußen 1831 sofort den Kölner und Mainzer Stapel auf. Der Stapel verschaffte Köln damals einen jährlichen Reinertrag von 60.000 Talern. Preußen gewährte der Stadt eine Entschädigung von 232.000 Talern.

436. Welche Kölner Häfen entstanden in der Preußenzeit bis zum Ersten Weltkrieg?

Der wachsende Dampfschiffsverkehr erforderte zunehmend entsprechende Hafenkapazitäten. Wie schon im Mittelalter

Rheinfront mit Handelsschiffen, um 1860

wurde in Köln zunächst der gesamte Uferabschnitt vor der rheinseitigen Ufermauer zwischen Bayenturm und St. Kunibert als Anlege- und Umschlagplatz genutzt *(siehe 135, 790)*. In den 1850er Jahren kam der 1811 von den Franzosen begonnene Sicherheitshafen *(siehe 382)* hinzu. Da er den Erfordernissen der modernen Dampfschifffahrt nicht genügte, folgte alsbald der Bau des Rheinauhafens, der 1891–1898 erweitert wurde *(siehe 785)*. Gleichzeitig mit dieser Erweiterung erfolgte rechtsrheinisch der Bau des Hafens Deutz. 1914 kam mit der Eingemeindung Mülheims auf der rechten Rheinseite der Mülheimer Hafen hinzu.

437. Wann erhielt Köln eine Schiffsbrücke, bis wann war sie in Betrieb?

1822 wurde Köln mit Deutz durch eine Schiffsbrücke verbunden. Etwa 40 schwimmende Nachen trugen die 400 m lange Holzkonstruktion, die den Personen- und Güterverkehr zwischen den beiden Ufern wesentlich erleichterte, auch wenn sie täglich mehrmals für den Schiffsverkehr geöffnet werden musste. Bis dahin war man auf Boote und Nachen und auf die seit dem 17. Jahrhundert bestehende »fliegende Brücke« angewiesen, die als Fähre zwischen Köln und Deutz verkehrte *(siehe 764, 765)*. Die Schiffsbrücke blieb bis zum

Schiffsbrücke zwischen Altstadt und Deutz, in Betrieb zwischen 1822 und 1913

Bau der Hindenburgbrücke 1913 in Betrieb *(siehe 501)*.

438. Ab wann wird Köln von Dampfschiffen angefahren?

Am 12. Juni 1816 erreicht als erstes Dampfschiff der englische Radschaufeldampfer »Defiance« auf einer Werbefahrt von London nach Frankfurt die Stadt Köln. Vom gleichen Jahr an befahren regelmäßig Dampfschiffe den Rhein auf der Strecke Rotterdam – Köln. Den Engländern wird die Konzession für den Rhein von der preußischen Regierung verwehrt.

439. Welche Erfindung ermöglichte die Entwicklung der Dampfschifffahrt?

1769 konstruiert der englische Ingenieur James Watt (1736–1819) die industriell nutzbare Dampfmaschine. Seine bahnbrechende Erfindung revolutioniert schon bald auch die Schifffahrt, zunächst auf den Flüssen, später auch auf den Meeren. Zwei Jahre vor seinem Tod steuert Watt 1817 auf dem Rhein persönlich ein Dampfschiff, die »Caledonia«, die an Köln vorbei rheinaufwärts bis Koblenz fährt.

440. Wann wurde in Köln die »Preußisch-Rheinische-Dampfschiffahrts-Gesellschaft« gegründet?

Unter der Führung von Peter Heinrich Merkens erkennen die Kölner Kaufleute rasch die Bedeutung der neuen Technologie für den Handel und das Transportwesen. Auf der Grundlage eines Beschlusses der Kölner Handelskammer vom 3. Oktober 1825 gründen sie am 11. Juni 1826 die »Preußisch-Rheinische-Dampfschiffahrts-Gesellschaft«, die im Mai 1827 mit zwei in England gebauten Schiffen auf der Strecke Köln–Mainz den Fahrbetrieb aufnimmt. Im ersten Jahr werden bereits 18.000 Personen und 2.850 t Güter befördert. 1831 erfolgt die Fusion mit der Mainzer Rhein-Main-Dampfschiffahrts-Gesellschaft zur Rheinischen Dampfschifffahrts-Gesellschaft. Köln wird Zentrum der neuen Dampfschifffahrt.

441. Wer war Peter Heinrich Merkens, was erinnert an ihn?

Peter Heinrich Merkens (1777–1854) gehörte zu den führenden Köpfen der nach der Franzosenzeit im Rheinland aufblühenden Wirtschaft. Als Mitinhaber der Kölner Fa. Seydlitz & Merkens wurde er tonangebender Befürworter einer fortschrittlichen Wirtschaftspolitik der Kölner Handelskammer. 1818 gründete er die Rheinschiffahrts-Assekuranz-Gesellschaft. Sein Einfluss führte 1825 zu dem Beschluss der Handelskammer, in Köln eine Dampfschifffahrtsgesellschaft zu gründen. Nach ihm ist der Merkenssaal in der Industrie- und Handelskammer benannt, in dem sein Porträt hängt. Außerdem ist er in der Figurengalerie auf der Nordseite des Ratsturms (3. Etage) dargestellt.

Peter Heinrich Merkens, 1777–1854, Gemälde im Merkenssaal der Industrie- und Handelskammer

442. Welches Unternehmen setzt heute die Tradition der ersten Kölner Dampfschifffahrtsgesellschaft fort?

1836 wurde in Düsseldorf als Konkurrenzunternehmen zur Rheinischen Dampfschiffahrts-Gesellschaft die Dampfschiffahrts-Gesellschaft für den Nieder- und Mittelrhein gegründet. Unter dem Eindruck ruinösen Wettbewerbs mit niederländischen Schiffen schlossen 1853 die Kölner und Düsseldorfer einen Vertrag über eine gemeinsame Betriebsführung. Dies führte schließlich zur Verschmelzung beider Gesellschaften zur »Köln-Düsseldorfer Deutsche Rheinschifffahrt AG«, abgekürzt »Köln-Düsseldorfer« (KD). Die KD sieht sich in der Tradition der 1826 gegründeten Preußisch-Rheinischen-Dampfschifffahrts-Gesellschaft. Sie feierte 2006 ihr 180-jähriges Bestehen.

443. Wie groß ist die Flotte der »Köln-Düsseldorfer« (KD)?

Die KD-Flotte umfasst gegenwärtig (2008) 14 Tagesausflugsschiffe mit einer Kapazität von 250–2.000 Personen. Die KD hat außerdem das Management für zehn Kreuzfahrtschiffe namhafter europäischer Touristikunternehmen, die zwischen Amsterdam und dem Schwarzen Meer auf Reisen sind.

444. Was war der »Eiserne Rhein«?

Die Regierung in Den Haag versuchte trotz des Rheinschiffahrtsreglements von 1831 *(siehe 434)* die traditionelle Monopolstellung in der Rheinschifffahrt beizubehalten. Daraufhin wurden in dem gerade vom holländischen Königreich losgelösten Belgien erste Pläne entwickelt, den Güterverkehr des Rheins über eine Eisenbahnverbindung von Köln bis zum belgischen Atlantikhafen Antwerpen zu lenken. Diese Idee eines »Eisernen Rheins« wurde in Köln aufgegriffen. Treibende Kraft war der Kölner Unternehmer Ludolf Camphausen. 1833 verfasste er für die preußische Staatsregierung eine Denkschrift, in der er für dieses Projekt warb. Noch im gleichen Jahr wurde der Bau der Strecke von Köln bis zur belgischen Grenze genehmigt, der Bau des »Eisernen Rheins« konnte beginnen.

445. Wann und wo fuhr in Köln die erste Eisenbahn?

1837 gründeten Aachener und Kölner Kaufleute in Köln die Rheinische Eisenbahngesellschaft. Als erstes Teilstück der geplanten Bahnstrecke nach Belgien wurde von ihr die 7 km lange Verbindung vom Bahnhof Am Thürmchen (neben dem Kölner Sicherheitshafen) nach Müngersdorf gebaut. Dieser Streckenabschnitt wurde 1839 erstmals befahren.

446. In welchem Jahr wurde die Eisenbahnverbindung von Köln nach Antwerpen fertiggestellt?

Das von Müngersdorf über Aachen weitergeführte Streckennetz erreichte 1843 bei Herbesthal die Grenze und damit den Anschluss an das belgische Eisenbahnnetz. Der »Eiserne Rhein« von Köln über Aachen und Lüttich nach Antwerpen war damit fertiggestellt.

447. Wie viele Bahnhöfe hatte Köln Mitte des 19. Jahrhunderts?

Die stürmische Entwicklung des modernen Verkehrs- und Transportmittels Eisenbahn zeigte sich darin, dass Köln 1857 bereits vier Bahnhöfe hatte, die den inzwischen gegründeten unterschiedlichen Eisenbahngesellschaften gehörten: »Station Trankgasse« (Rheinische), »Station Thürmchen« (Köln-Krefelder), »Pantaleonsbahnhof« (Bonn-Kölner) und in Deutz »Cöln-Mindener Bahnhof«. 1859 kam als fünfter der »Central-Güter-Bahnhof Cöln Gereon« dazu.

Pantaleonstor mit durchfahrendem Zug, 1870

»Muusfall«: Für die Kölner sah die Dombrücke aus wie eine Mausefalle (heute steht an dieser Stelle die Hohenzollernbrücke)

448. Wann wurde in Köln die erste Eisenbahnbrücke über den Rhein gebaut?

1859 wurde in Anwesenheit des preußischen Prinzregenten Wilhelm I. die »Dombrücke« dem Eisenbahn- und Straßenverkehr übergeben. Die auf Wunsch des preußischen Königs Friedrich Wilhelm IV. exakt auf die verlängerte Achse des Domchors projizierte Brücke bestand aus zwei Eisenbahngleisen und einer 8,50 m breiten Straße. Sie wurde 1867 geschmückt mit den Reiterstandbildern Friedrich Wilhelm IV. und Wilhelm I. Die stählerne Brücke war die erste feste Brücke Kölns seit der Konstantinbrücke von 310. Bauherrin war unter finanzieller Beteiligung des preußischen Staates und der Stadt (250.000 Taler) die Cöln-Mindener Eisenbahngesellschaft, die das Recht erhielt, 30 Jahre lang Brückengeld zu erheben. Wegen ihrer Gitterkonstruktion wurde die Brücke im Volksmund »Muusfall« (Mausefalle) genannt.

449. Wann und wodurch wurde Köln ein Eisenbahnknotenpunkt?

Die Rheinische Eisenbahngesellschaft (1837) gehörte neben der Köln-Mindener (1843) und der Bergisch-Märkischen Eisenbahngesellschaft (1843) zu den drei großen Gesellschaften, die ab Mitte des

19. Jahrhunderts vor allem das Rheinland, das Ruhrgebiet und große Teile des heutigen Nordrhein-Westfalens erschlossen. Daneben gab es die Bonn-Kölner Eisenbahn (1844) und die Köln-Krefelder Eisenbahn (1853), die beide 1857 bzw. 1860 von der Rheinischen Eisenbahn übernommen wurden. Die Schienenverbindung über den Rhein (1859), die Inbetriebnahme des »Central-Güter-Bahnhofs Cöln Gereon« (1859) sowie des »Centralpersonenbahnhofs« (1859) waren der Startschuss für die Entwicklung Kölns zum bedeutendsten Eisenbahnknotenpunkt Westdeutschlands. Die Linien der Rheinischen und der Mindener Eisenbahn waren nun durchgehend bis Antwerpen befahrbar. Die Eisenbahn wurde für Köln zum Motor der wirtschaftlichen Entwicklung.

450. Welchen Verlauf nahm die wirtschaftliche Entwicklung Mitte des 19. Jahrhunderts?

Die ganz Deutschland erfassende Industrialisierung führt Mitte des 19. Jahrhunderts auch in Köln, dem inzwischen wichtigsten Finanzplatz und Verkehrsknotenpunkt der Rheinprovinz, zu einem lang anhaltenden wirtschaftlichen Aufschwung. Innerhalb der Stadtmauern und in den umliegenden, stadtnahen Gemeinden werden zahlreiche Firmen und bedeutende Unternehmen gegründet. So entsteht bereits in den zwanziger Jahren am Kartäuserwall die Seilerei Felten & Guilleaume, aus der später die weltbekannte Kabelfabrik hervorgeht. Die 1853 von Gustav Mevissen in der Südstadt gegründete »Kölnische Baumwollspinnerei und -weberei« wird eines der größten deutschen Unternehmen (1861: 1.600 Mitarbeiter). In Kalk entsteht 1856 die »Maschinenfabrik für den Bergbau« von Sievers & Co. In der Südstadt etabliert sich als Großunternehmen auf 18.000 m² die »Kölnische Maschinenbau-Anstalt«, die Dampfmaschinen, Dampfkessel und Maschinenteile herstellt. Industrie, Gewerbe und Handel blühen auf, die Bevölkerung nimmt zu, innerhalb der Stadtmauern wird es eng, zugleich wachsen die sozialen Probleme.

Centralpersonenbahnhof Köln von 1859

451. Wie rasch formierte sich im Revolutionsjahr 1848 in Köln eine demokratische Bewegung?

Als 1848 in Paris die Februarrevolution ausbricht und der französische König zurücktritt, springt der revolutionäre Funke rasch auch nach Deutschland über, wo sich bereits seit Jahren vielerorts – besonders aber in Köln – unterschiedliche oppositionelle Kreise gebildet hatten. Sie verfolgen liberale, nationale und soziale Ziele (Versammlungs-, Meinungs- und Pressefreiheit, allgemeines Wahlrecht, Verfassung und einen freiheitlichen gesamtdeutschen Nationalstaat, Sicherstellung der menschlichen Lebensverhältnisse, unentgeltliche Schulbildung), die sich gegen die herrschenden Zustände richten. In Köln zieht am 3. März ein Protestzug von ca. 5.000 Teilnehmern vor das Kölner Rathaus. Der die Demonstranten anführende Armenarzt Andreas Gottschalk überreicht dem Stadtrat, der gerade über eine liberale Petition an den König berät, eine Petition mit »Forderungen des Volks« *(siehe 452)*.

452. Was waren die Forderungen der Kölner Demokraten?

Die am 3. März 1848 von Gottschalk vor dem Stadtrat vorgetragene Petition (»Forderung des Volks«) hatte zum Inhalt:

1. *Gesetzgebung und Verwaltung durch das Volk. Allgemeines Wahlrecht und allgemeine Wählbarkeit in Gemeinde und Staat.*
2. *Unbedingte Freiheit der Rede und der Presse.*
3. *Aufhebung des stehenden Heeres und Einführung einer allgemeinen Volksbewaffnung mit vom Volk gewählten Führern.*
4. *Freies Vereinigungsrecht.*
5. *Schutz der Arbeit und Sicherstellung der menschlichen Lebensbedürfnisse für alle.*
6. *Vollständige Erziehung aller Kinder auf öffentliche Kosten.*

Nach langen Debatten lehnt der Stadtrat diese Forderungen ab. Am späten Abend wird die im Verlauf des Tages vor dem Rathaus weiter angewachsene Volksmenge vom preußischen Militär aufgelöst. Die Anführer werden verhaftet.

453. Welche besondere Rolle spielt Köln im Verlauf der Revolution von 1848? Welche demokratischen Forderungen wurden vom König erfüllt?

In Berlin bricht die Revolution am 18. März aus. Ausgerechnet an diesem Tag unterbreitet eine offizielle Kölner Delegation dem König die vom Stadtrat beschlossene Petition mit Forderungen nach moderaten Reformen, einer Verfassung und deutscher Einheit. Die auf den Straßen Berlins eintretende revolutionäre Lage zwingt Friedrich Wilhelm IV. zum Einlenken. Am 21. März erfüllt er die Forderungen nach Versammlungs-, Presse- und Meinungsfreiheit. Daraufhin bricht in Köln großer

Ludolf Camphausen, 1803–1890

Jubel aus. Mehr als 10.000 Menschen versammeln sich auf dem Neumarkt und feiern begeistert die aus Berlin zurückkehrenden Ratsmitglieder.

454. Welcher Kölner wurde 1848 preußischer Ministerpräsident?

Zur Beschwichtigung der in Berlin und Preußen eingetretenen Lage ernennt der König am 29. März den angesehenen und zur liberalen Opposition gehörenden Kölner Ludolf Camphausen (1803–1890) zum Ministerpräsidenten. Camphausen war als erfolgreicher Banker und visionärer Unternehmer seit 1839 Präsident der Kölner Handelskammer, hatte 1841 die »Kölnische Dampfschleppschiffahrtsgesellschaft« gegründet, war von 1831–1847 Mitglied des Kölner Stadtrats und von 1843–1845 Mitglied des Provinziallandtags. Trotz liberaler Grundüberzeugung bleibt er Anhänger der Monarchie. Der von ihm im Mai 1848 vorgelegte Verfassungsentwurf enttäuscht die Erwartungen nach einer grundlegenden Verfassungsreform, geht aber gleichwohl dem König zu weit. Schon am 22. Juni 1848 wird Camphausen wieder entlassen. Der König verordnet (»octroyiert«) am 5. Dezember nach Abklingen der revolutionären Unruhen eine ihm genehme Verfassung ohne allgemeines, gleiches Wahlrecht. Camphausen wird durch eine Statue auf der Ostseite des Rathausturms (2. Obergeschoss) geehrt. In der Neustadt-Nord ist eine Straße nach ihm benannt.

455. Wann führte Preußen das Dreiklassenwahlrecht für die Landtagswahlen ein?

Ab 1849 werden auch die Mitglieder des Preußischen Landtags nach dem Dreiklassenwahlrecht bestimmt. Es gilt – auch für Kommunalwahlen *(siehe 395)* – bis 1918: Die Wahlberechtigten (nur Männer ab dem 24. Lebensjahr) innerhalb eines Wahlbezirks werden entsprechend ihrem Steueraufkommen drei Gruppen zugeordnet. Jede von ihnen bestimmt ein Drittel der Wahlmänner, die ihrerseits die Abgeordneten wählen. Weil etwa 80 % der Wähler nur wenig Steuern zahlen und zur niedrigsten Abteilung gehören, hat die Arbeiterschaft politisch nur geringes Gewicht gegenüber den Industriellen und dem wohlhabenderen Bürgertum. In Essen wählt in der ersten Abteilung Alfred Krupp ganz allein. Bismarck, der das preußische Dreiklassenwahlrecht scharf kritisiert, setzt 1871 für die Wahlen zum Reichstag allgemeine, direkte, gleiche und geheime Wahlen durch. Wählen kann nach Artikel 20 der Reichsverfassung mit einer Stimme jeder, der das 25. Lebensjahr zurückgelegt hat.

456. Wann entstand die Kölner Bürgerwehr?

In der revolutionären Hochstimmung der Märztage erfolgte in Köln mit Genehmigung des Regierungspräsidenten die Bildung der Kölner Bürgerwehr. Sie bestand – bei einer Einwohnerzahl von gut 90.000 – aus 6.000 Freiwilligen, war in 20 Kompanien untergliedert (die ihre Anführer selbst wählten), durfte Waffen tragen und hatte schwarz-rot-goldene Kompaniefahnen. Sie sollte anstelle des Militärs, das sich bei verschiedenen Krawallen durch scharfes Eingreifen missliebig gemacht hatte, für Ruhe und Ordnung und für den »Schutz der gesetzlichen Freiheit« sorgen. Wegen ihrer Buntscheckigkeit, schlechten Ausrüstung, mangelnden Ausbildung und Disziplin wurde die Bürgerwehr belächelt, nahm aber bis zu ihrem ruhmlosen Ende im September dennoch ein halbes Jahr lang polizeiliche Hilfsfunktionen zur Vermeidung von Ruhestörungen und Krawallen wahr.

457. Weshalb kam der preußische König trotz der revolutionären Unruhen nach Köln?

Ungeachtet aller Unruhen in der revolutionären Hochburg Köln kam Friedrich Wilhelm IV. vom 14.–16. August 1848 an den Rhein, um anlässlich des 600. Jahrestages der Grundsteinlegung des Doms das Kölner Dombaufest zu begehen. Da sein großes persönliches Engagement den Weiterbau des Doms ermöglicht und in die Wege geleitet hatte *(siehe 213)*, wurde er von der Bevölkerung freundlich begrüßt.

458. Wann wurden im Revolutionsjahr 1848 in Köln Barrikaden errichtet?

Im Verlauf des Revolutionsjahrs setzt eine zunehmende Radikalisierung einzelner Gruppen ein. Ferdinand Lassalle und Friedrich Engels fordern auf einer Massenveranstaltung am 17. September in Worringen die »Rote Republik«. Weil andererseits in Preußen gegenrevolutionäre Kräfte die Oberhand gewinnen, kommt es noch im September in Köln zur Verhaftung prominenter Rädelsführer und De-

Barrikaden in Köln: zum Bau dienten die Gerüste des Doms

mokraten. Als Gegenmaßnahme errichten die Revolutionäre in einzelnen Straßen der Innenstadt Barrikaden, woraufhin die Militärkommandantur den Belagerungszustand erklärt. Alle sechs demokratischen Zeitungen werden verboten, das Versammlungsrecht eingeschränkt und die Militärgerichtsbarkeit ausgerufen. Angesichts der Übermacht des Militärs kommt es zu keinen Kämpfen. Die verspottete Bürgerwehr muss am 26. September ihre Waffen abliefern und wird vom Stadtkommandanten aufgelöst.

459. Welcher Kölner Revolutionär wurde standrechtlich erschossen?

Der in Köln aufgewachsene Robert Blum (1807–1848), zuletzt schriftstellerisch und als Verlagsbuchhändler in Leipzig tätig, schließt sich dort der liberal-republikanischen Bewegung an. 1848 wird er ins Frankfurter Vorparlament delegiert, wo er einer der Vizepräsidenten wird. Zum Abgeordneten der Deutschen Nationalversammlung in der Frankfurter Paulskirche gewählt, reist er im Oktober nach Wien und beteiligt sich dort aktiv an der Wiener Oktoberrevolution. Bei der Erstürmung der Stadt durch kaiserliche Truppen wird er verhaftet und am 9. November als Revolutionär unter Missachtung seiner Immunität als Abgeordneter standrechtlich erschossen. Seine Hinrichtung löst in Deutschland große Empörung aus. In Köln erinnern an Blum eine Gedenktafel am Fischmarkt nahe seines Geburtshauses, eine Figur am Rathausturm (2. Obergeschoss, Nordseite) und eine nach ihm benannte Straße in Lindenthal.

460. Welche Rolle spielt Karl Marx in Köln?

1842 kommt Marx 24-jährig erstmals nach Köln, wo er zunächst als Mitarbeiter und ab Oktober als Chefredakteur Auflage und Bedeutung der »Rheinischen Zeitung« spektakulär steigert und erheblichen Einfluss auf die politische Opposition nimmt. Nach dem Verbot der Zeitung im März 1843 verlässt Marx Preußen und geht nach Paris, später nach Brüssel. Dort veröffentlicht er zusammen mit Friedrich Engels im Februar/März 1848 das »Kommunistische Manifest« und 17 »For-

Karl Marx, 1818–1883

derungen der kommunistischen Partei in Deutschland«. Im April 1848 kehrt er nach Köln zurück und wird im August Chefredakteur der »Neuen Rheinischen Zeitung« (die drei Monate später verboten wird und am 19. Mai 1849 mit 20.000 rot gedruckten Exemplaren letztmalig erscheint). Marx fordert eine einheitliche Deutsche Republik und übernimmt in Köln eine führende Rolle innerhalb der Linksparteien. Am 16. Mai 1849 wird er aus Preußen ausgewiesen. Er geht ins Exil nach England, wo er bis an sein Lebensende 1883 bleibt.

461. Wann entstand der »Arbeiterverein zu Köln«?

Das Revolutionsjahr 1848 führte dazu, dass die Arbeiter sich organisierten. Auf Initiative des sozial engagierten Kölner Armenarztes Andreas Gottschalk, der bereits am 3. März vor dem Rat der Stadt die »Forderungen des Volks« *(siehe 452)* vorgetragen hatte, wurde am 13. April 1848 der »Arbeiter Verein zu Köln« gegründet. Er zählte bereits nach wenigen Wochen ca. 8.000 Mitglieder (= 15 % der Bevölkerung) und war damit der größte lokale Arbeiterverein Deutschlands, in dem auch Karl Marx Mitglied und zeitweilig provisorischer Präsident war. Der Verein vertrat in erster Linie soziale Interessen. Die von ihm herausgegebene »Zeitung des Arbeiter Vereins zu Köln« nannte sich später im Verlauf des Revolutionsjahres »Freiheit, Brüderlichkeit, Arbeit«. Um behördlichen Nachstellungen zu entgehen, verwandelte sich der Verein im Sommer 1849 in einen »Arbeiterleseverein« und einige Monate später in einen »Arbeiterbildungsverein«. Dennoch wurde im September 1850 die weitere Vereinsarbeit wegen unerlaubter Unterrichtstätigkeit polizeilich verboten.

462. Wo wird Karl Marx heute noch in Köln geehrt?

Eine von der SPD (Unterbezirk Köln) gestiftete Statue von Karl Marx steht auf der Südseite des Rathausturms im zweiten Obergeschoss. Der entsprechende Ratsbeschluss zur Aufnahme in die Figurengalerie erfolgte am 28. April 1988.

463. Welche Auswirkungen hatten die revolutionären Ereignisse auf das kommunale Verfassungsrecht?

Die »Gemeindeordnung für die Rheinprovinz« von 1845 *(siehe 394)* hatte nicht lange Bestand. Am 11. März 1850 wurde einheitlich für Stadt und Land in ganz Preußen die »Preußische Gemeindeordnung« erlassen. Sie entstand deutlich unter dem Einfluss der revolutionären Ereignisse und erweiterte die bürgerlichen Mitwirkungsrechte und die kommunalen Zuständigkeiten. Die Gemeindevertretung erhielt das Recht zur Wahl des Bürgermeisters, der von nun an von der Regierung nur noch zu bestätigen war. Die am 15. Mai 1856 für alle Gemeinden über 10.000 Einwohner erlassene »Städteordnung für die Rheinprovinz« übernahm weitgehend die Regelungen der Preußischen Gemeindeordnung. Das Recht zur Wahl des (Ober-)Bürgermeisters blieb bestehen, wie auch das Dreiklassenwahlrecht *(siehe 394)*, das bis 1918 fortgalt und einen Großteil der Einwohner von der kommunalpolitischen Mitwirkung ausschloss.

464. Wann gründete der »Gesellenvater« Adolf Kolping sein weltweites Sozialwerk?

Die soziale Not des frühen Industriezeitalters rief auch die Kirchen auf den Plan. 1849 kam Adolf Kolping (1813–1865) als Domvikar nach Köln. Noch im gleichen

Jahr gründete er den Kölner Gesellenverein. Zuvor war er in Elberfeld Kaplan und zweiter Präses des 1846 von Johann Georg Breuer dort gegründeten Gesellenvereins gewesen, der jungen Handwerksgesellen in ihren Wanderjahren soziale Unterstützung, Geselligkeit und religiösen Halt bieten wollte. 1850 schloss Kolping die bis dahin entstandenen Gesellenvereine des Rheinlands zusammen. Dies wurde zur Keimzelle des heutigen Internationalen Kolpingwerks (Sitz Köln). Bis zu seinem Tod sorgte Kolping für die Ausbreitung der Gesellenvereine. Als er 1865 in Köln starb, war deren Zahl weltweit bereits auf über 400 angestiegen. Kolping wurde in der Minoritenkirche (auf der rechten Seite) in einem schlichten Sarkophag beigesetzt. Vor der Kirche steht seit 1903 sein Standbild auf dem nach ihm benannten Platz. In der Figurengalerie des Rathausturms befindet sich seine Statue auf der Nordseite (4. Obergeschoss).

Standbild Adolf Kolpings an der Minoritenkirche

465. Welches Echo hatte 1870 in Köln der Ausbruch des Deutsch-Französischen Kriegs?

Der preußische König Wilhelm I. wurde am 1. August 1870 auf der Durchreise an die Front in Köln jubelnd empfangen. Am Hauptbahnhof versammelten sich neben den Spitzen der Behörden, dem Stadtrat und dem Erzbischof unzählige Kölner, die immer wieder Hochrufe ausstießen und unaufhörlich »Die Wacht am Rhein« sangen.

466. Wie huldigte die Stadt dem neu gekürten deutschen Kaiser?

Nach dem raschen Sieg über Frankreich wurde König Wilhelm I. am 18. Januar 1871 in Versailles zum deutschen Kaiser ausgerufen. Unter dem Eindruck des deutschen Sieges fasste der Kölner Oberbürgermeister Alexander Bachem den Plan, dem Kaiser bei seiner Rückkehr aus Frankreich durch Überreichung eines goldenen Lorbeerkranzes zu huldigen. Zahlreiche Städte und Gemeinden der Rheinprovinz beteiligten sich an dem Kranz, wobei der finanzielle Anteil nach Maßgabe der Bevölkerungszahl festgelegt wurde. Am 15. März 1871, als Wilhelm I. in St. Ingbert bei Saarbrücken erstmals als Kaiser deutschen Boden betrat, huldigte Bachem an der Spitze einer Deputation dem Monarchen durch Überreichung der kostbaren Goldschmiedearbeit.

467. Wie standen die Kölner zu dem 1871 neu gegründeten Deutschen Kaiserreich?

1871 erfassten Freude und Stolz über die Besiegung Frankreichs und nationale Begeisterung über die Gründung des Deutschen Reichs ganz Deutschland. Endlich war die Einheit der Deutschen erreicht, und das neu geschaffene Reich hatte wieder einen Kaiser. Reichsgründer Bismarck wurde 1875 Ehrenbürger Kölns, Generalfeldmarschall Helmut Graf von Moltke 1879. Noch heute tragen vier Straßen Kölns seinen Namen. Die monarchiebegeisterte Volksstimmung spiegelte sich sogleich im Karneval wider: Die Funkenartillerie Blau-Weiß trat in preußischer Montur als neues Traditionskorps auf den Plan *(siehe 935)*, »Held« Karneval wurde 1872 in »Prinz« Karneval umbenannt, und der Präsident des Festkomitees, August Wilcke, fand bei seiner Proklamation markige Worte: »Unser nächster Karneval soll ein wahrhaftig deutscher sein, ein von einer nationalen Idee durchdrungener.« Kaiser und Kaiserreich wurden rasch zu einer Selbstverständlichkeit im Leben und Denken. Als Konrad Adenauer im September 1917 zum Oberbürgermeister gewählt wurde *(siehe 507)*, endete er seine Antrittsrede vor der Stadtverordnetenversammlung mit den Worten: »Wie könnten wir diese für Cöln so bedeutungsvolle Stunde würdiger schließen als mit dem von heißer Dankbarkeit durchglühten Schwur der Treue zu Kaiser und Reich, dem Ruf, seine Majestät, unser allergnädigster Kaiser und König, er lebe hoch, hoch, hoch!«

Enthüllung des Denkmals Kaiser Wilhelms I. auf dem Kaiser-Wilhelm-Ring am 18. Juni 1897

468. Wie oft und zu welchen Anlässen kommt Kaiser Wilhelm I. nach Köln?

Die Anfänge der Kaiserzeit sind überschattet vom Kulturkampf *(siehe 471ff.)*. Dennoch erhält die Stadt selbst in diesen konfliktreichen Jahren mehrmals kaiserlichen Besuch:

- 29. September 1875: Kaiser Wilhelm I. besichtigt die Internationale Gartenbauausstellung in der Flora. Während seine Gemahlin, Kaiserin Augusta den Dom besucht (sie stickte eigenhändig das Porträt der hl. Hedwig für den Chorschrankenteppich), sieht der Kaiser wegen des Kulturkampfes davon ab.
- 12. September 1877: Der Kaiser besucht ein Konzert im Gürzenich. Die Domkapitulare und der Stadtdechant verzichten auf ihre zunächst zugesagte Teilnahme, nachdem bekannt wurde, dass auch der alt-katholische Bischof Joseph Reinkens *(siehe 474)* erscheinen wolle.
- 26. September 1878: feierliche Enthüllung des Denkmals Friedrich Wilhelm III. auf dem Heumarkt. Bei der Gelegenheit ertönt erstmals die »Kaiserglocke« des Doms *(siehe 242)*.
- 15. Oktober 1880: Einweihung des Doms *(siehe 218–223)*. Kaiserin Augusta interveniert erfolgreich gegen eine Teilnahme des alt-katholischen Bischofs Reinkens *(siehe 474)* am Festdiner im Brühler Schloss.
- 25. September 1884: Beim letzten Besuch Wilhelms I. ist der Kulturkampf weitgehend abgeklungen. Der Kaiser wird am Bahnhof von Weihbischof Baudri begrüßt. Er fährt erstmals die neue Ringstraße entlang, die nach dem Ab-

riss der Stadtmauer *(siehe 486, 488)* als Prachtboulevard angelegt worden war.

469. Welche Entwicklung nahm Köln zur Kaiserzeit?

Die Gründung des Kaiserreichs führte in ganz Deutschland zu einem Aufschwung sondergleichen. In Köln erfolgte ungeachtet der anfänglichen Schatten des Kulturkampfes der Wandel zur modernen Großstadt: Die mittelalterliche Stadtmauer fiel, die Neustadt entstand, weiträumige Eingemeindungen machten Köln zeitweise zur flächenmäßig größten Stadt im Reich und waren Voraussetzung zur Entwicklung zu einem der bedeutendsten Handels- und Industriestandorte Deutschlands. Köln wurde als viertgrößte Stadt im Reich zur unangefochtenen Metropole des Rheinlands.

470. Weshalb wurde 1874 der Kölner Erzbischof Paulus Melchers verhaftet?

Am 31. März 1874 wird Erzbischof Paulus Melchers, zugleich Vorsitzender der Fuldaer Bischofskonferenz, wegen seiner Auflehnung gegen die im Rahmen des Kulturkampfes *(siehe 471ff.)* gegen die

1874: Erzbischof Paul Melchers, 28 Wochen im Zentralgefängnis Klingelpütz in Haft

römisch-katholische Kirche gerichteten Gesetze verhaftet und 28 Wochen im Kölner Zentralgefängnis Klingelpütz eingesperrt. Nach seiner Freilassung entzieht er sich 1875 einer erneuten Verhaftung durch Flucht in ein Kapuzinerkloster in der Nähe des holländischen Maastrichts, von wo aus er das Erzbistum zehn Jahre leitet. Die Fertigstellung und festliche Einweihung des Doms 1880 findet deshalb in angespannter Atmosphäre statt. Der Kaiser ist anwesend, der Erzbischof fehlt *(siehe 220)*.

471. Was war der 16 Jahre dauernde »Kulturkampf«?

Nach dem Deutsch-Französischen Krieg 1870/71 sah Bismarck in der katholischen Kirche einen Gegner des 1871 unter preußischer Führung entstandenen Deutschen Reichs, dessen Kaiser der protestantische preußische König Wilhelm I. war. Sein von 1871 bis 1887 als Reichskanzler und preußischer Ministerpräsident geführter »Kulturkampf« richtete sich nicht nur gegen die von ihm mit Misstrauen betrachtete katholische Zentrumspartei – sie wurde 1871 im neu gebildeten Reichstag zweitstärkste Fraktion –, sondern gegen die katholische Kirche und ihr Oberhaupt selbst. Bismarcks Misstrauen wurde dadurch verstärkt, dass die Bevölkerung des neuen Reichslandes Elsass-Lothringen überwiegend katholisch war und von den Kanzeln Proteste gegen den Anschluss an das Deutsche Reich laut wurden.

472. Welche Gründe und Anlässe lösten den Kulturkampf aus?

Mitte des 19. Jahrhunderts galt die katholische Kirche als innovationsfeindlich und fortschrittshemmend. 1864 veröffentlichte Papst Pius IX. ein Verzeichnis von 80 Irrtümern moderner theologischer und gesellschaftlicher Lehren, die von der Kirche abzulehnen seien. Dieser »Syllabus Errorum« beinhaltete sowohl die Ächtung philosophischer Vorstellungen wie die des Naturalismus, Pantheismus und Rationalismus als auch die Ablehnung von Gewissens-, Glaubens- und Pressefreiheit, von Sozialismus, Kommunismus, Liberalismus und Nationalismus. Der kirchliche Zensuranspruch wurde verschärft durch das 1870 vom Ersten Vatikanischen Konzil beschlossene Dogma der Unfehlbarkeit des Papstes, wenn er in Fragen des Glaubens und der Sitte »ex cathedra« verkündet (18 von 19 deutschen Bischöfen hatten sich zunächst dagegen ausgesprochen). Das Dogma führte in Deutschland innerkirchlich zu heftigen Auseinandersetzungen und schließlich zur Abspaltung der »Alt-Katholiken«, von denen allein in Köln 4.000 exkommuniziert wurden. Den Mitgliedern der alt-katholischen Kirche, die überwiegend zur katholischen Oberschicht zählten, wurde von der Amtskirche die Lehrbefugnis entzogen. Weil davon betroffene Professoren zugleich Staatsbeamte waren, sah der preußische Staat dies als Eingriff in seine Belange an und reagierte mit großer Schärfe.

473. Wo feierten die Kölner Alt-Katholiken ihre Gottesdienste?

Ihre erste Messe feierten die Alt-Katholiken am 2. Februar 1872 in der evangelischen Garnisonskirche Pantaleon. Später diente ihnen die Kölner Ratskapelle als Kirche, bis sie 1907 die neu gebaute Kirche Christi Auferstehung an der Jülicher Straße 28 einweihen konnten. Die Kirche wurde im Zweiten Weltkrieg zerstört. Der nach dem Krieg errichtete Nachfolgebau ist auch heute noch das Zentrum der »Ka-

Altkatholische Kirche Christi Auferstehung Ecke Jülicher Straße/Moltkestraße

tholischen Pfarrgemeinde Christi Auferstehung der Alt-Katholiken in Köln«.

474. Wann und wie lange gab es in Köln neben dem römisch-katholischen auch einen alt-katholischen Bischof?

Am 4. Juni 1873 wurde der Universitätsprofessor für Kirchengeschichte Dr. Josef Hubert Reinkens in der Pantaleonskirche zum ersten Bischof der alt-katholischen Kirche in Deutschland gewählt. So gab es für kurze Zeit in Köln neben dem römisch-katholischen Erzbischof Melchers auch einen alt-katholischen Bischof. Nach seiner Weihe wurde Reinkens von Papst Pius IX. exkommuniziert. Im Oktober 1873 verließ er Köln und siedelte nach Bonn über.

475. Mit welchen Maßnahmen geht der Staat gegen die römisch-katholische Kirche vor?

Unter Bismarcks Führung (preußischer Ministerpräsident und zugleich Reichskanzler) wird der »Kulturkampf« mit zunehmender Härte geführt:

- 1871: Die nach den Kölner Wirren *(siehe 427)* gebildete »Katholische Abteilung« des preußischen Kultusministeriums wird aufgehoben. In das Strafgesetzbuch wird der § 130a (»Kanzelparagraph«) eingefügt. Er verbietet Geistlichen, sich in Ausübung ihres Berufes politisch zu äußern.

- 1872: In Preußen werden die Schulen unter Staatsaufsicht gestellt. Der Jesuitenorden wird reichsweit verboten. Bismarck bricht die diplomatischen Beziehungen zum Vatikan ab.
- 1873: Vier Preußische »Maigesetze« unterwerfen bei Strafandrohung die katholische Kirche weitgehender staatlicher Reglementierung: Angehende Theologen müssen ein staatliches »Kulturexamen« ablegen. Die Bischöfe werden verpflichtet, Neubesetzungen geistlicher Ämter dem zuständigen Oberpräsidenten zu melden. Ein »Königlicher Gerichtshof für kirchliche Angelegenheiten« erhält weitgehende Befugnisse.
- 1874: Preußen führt die Zivilehe ein. Das »Expatriierungsgesetz« engt Freizügigkeit und staatsbürgerliche Rechte der Geistlichen ein. Geistliche, die gegen die Maigesetze verstoßen, bekommen einen Aufenthaltsort angewiesen oder werden ausgewiesen.
- 1875: Die Zivilehe wird reichsweit eingeführt. Durch das preußische »Brotkorbgesetz« werden die staatlichen finanziellen Zuwendungen an die katholische Kirche *(siehe 422)* eingestellt. Das preußische »Klostergesetz« verfügt die Aufhebung und Enteignung aller religiösen Orden und Kongregationen mit Ausnahme der krankenpflegerischen. Als Konsequenz werden 296 Ordensniederlassungen (im Erzbistum Köln 94) mit knapp 4.000 Mitgliedern verboten. Das Kölner Generalvikariat und das Priesterseminar werden geschlossen.
- 1878: In den zwölf Bistümern Preußens amtieren nur noch drei Bischöfe. Ein Viertel der Pfarreien ist unbesetzt.

476. Wann wurde der Kulturkampf offiziell beigelegt?

Unter dem aussöhnungsbereiten neuen Papst Leo XIII. (1878–1903) erfolgt schrittweise ein gegenseitiges Einlenken. Nachdem der Papst 1880 unerwartet die Anzeigepflicht für die Neubesetzung von Pfarrstellen billigt, kündigt Bismarck im Reichstag eine Abmilderung der antiklerikalen Gesetze an. Noch im Juli 1880 wird das Erste Milderungsgesetz verabschiedet, das unter anderem das »Brotkorbgesetz« *(siehe 475)* aufhebt. Ein Zweites Milderungsgesetz folgt 1882. Im gleichen Jahr wird die preußische Gesandtschaft beim Vatikan wiedererrichtet. Das Dritte Milderungsgesetz von 1883 erklärt alle bischöflichen Weihe- und Amtshandlungen straffrei. Als Bismarck 1885 in einer internationalen Streitfrage den Schiedsspruch des Papstes anerkennt, verleiht dieser ihm (zum Entsetzen der deutschen Katholiken) die höchste päpstliche Auszeichnung, den Christusorden. Nachdem 1886 und 1887 zwei Friedensgesetze nahezu alle Kulturkampfgesetze revidieren – bis auf den Kanzelparagraphen *(siehe 475)*, der noch bis 1953 geltendes Recht bleibt, sowie die Zivilehe und die Schulaufsicht –, erklärt der Papst am 23. Mai 1887 den Friedenszustand zwischen dem Heiligen Stuhl und dem Deutschen Reich für wiederhergestellt.

477. Wie endete der Kulturkampf in Köln?

Der Konflikt zwischen Kirche und Staat wurde für das Erzbistum Köln in einer für alle Seiten gesichtswahrenden, diplomatischen Weise beendet: Papst Leo XIII. berief Paulus Melchers 1885 aus seinem zehnjährigen Exil in Holland als Kurienkardinal nach Rom, woraufhin dieser auf sein Amt als Kölner Erzbischof verzichtete. Damit war der Weg frei, noch im glei-

Kölner Erzbischof Paulus Melchers, ab 1885 Kurienkardinal in Rom

chen Jahr den Bischof des Ermlandes, Philippus Krementz, im Einvernehmen mit dem preußischen Staat zum neuen Kölner Erzbischof (1885–1899; ab 1893 Kardinal) zu wählen. Sein 1895 in Rom gestorbener Vorgänger Melchers wurde mit Genehmigung Kaiser Wilhelms II. am 27. Dezember 1895 in der bischöflichen Gruft des Kölner Doms beigesetzt.

478. Welche Folgen hatte der Kulturkampf für den politischen Katholizismus?

Bismarcks Kampf gegen die katholische Kirche erwies sich als Bumerang. Schon die staatlichen Maßnahmen bei den Kölner Wirren *(siehe 427)* hatten im katholischen Deutschland eine Protest- und Solidarisierungswelle ausgelöst. Der Sieg Preußens über Österreich 1866 wurde als Hinausdrängen der österreichischen Schutzmacht der Katholiken empfunden. Zum entscheidenden Schritt zur Bildung eines politischen Gegengewichts wurde die am 13. Dezember 1870 erfolgte Gründung der Zentrumspartei. Sie erreichte bei den Reichstagswahlen im März 1871 18,6 % der Stimmen. Mit 63 Mandaten bildete sie auf Anhieb die zweitstärkste Fraktion im Reichstag. Bismarcks Kulturkampf gab der Partei weiteren Auftrieb. Bei den Wahlen 1874 erhielt das Zentrum 27,9 % der Stimmen und 91 Sitze. Von 1881 bis 1912 bildete es die stärkste Reichstagsfraktion. Zu Recht wurde deshalb gespottet, Bismarck habe sich »am Weihwasser die Finger verbrannt«.

479. Welche Rolle spielte die Zentrumspartei in Köln?

In Köln entwickelte sich das Zentrum rasch zur dominierenden politischen Kraft. Das veranschaulichen die letzten Reichstagswahlen im Wahlkreis »Cöln-Stadt« vor Ausbruch des Ersten Weltkriegs.

Jahr	Wahlberechtigte	Abgegebene Stimmen	Zentrum	Sozialdemokraten	Nationalliberale
1895	45.894	22.345	10.353	7.366	3.887
1896	46.397	21.775	11.389	6.797	3.485
1898	50.129	26.822	12.821	9.008	4.880
1903	54.139	35.331	15.649	13.291	6.223
1907	59.023	44.456	17.859	15.661	10.844
1912	61.069	44.680	17.343	18.666	7.154

Obwohl in Köln zuletzt die Sozialdemokraten die meisten Stimmen erhielten, wirkte sich dies kommunalpolitisch nicht aus, da Kommunalwahlen nach dem Dreiklassenwahlrecht (siehe 395) erfolgten. Bei der Wahl Adenauers zum Oberbürgermeister im September 1917 entfielen von den 60 Sitzen der Stadtverordnetenversammlung auf das Zentrum 36, auf die Liberalen 24. Die Sozialdemokraten waren in der Stadtverordnetenversammlung überhaupt nicht vertreten.

480. Seit wann gibt es in Köln die Sozialdemokratische Partei Deutschlands (SPD)?

1875 wurde in Gotha die »Sozialistische Arbeiterpartei« (SAP) gegründet. Sie war ein Zusammenschluss des 1863 gegründeten »Allgemeinen Deutschen Arbeitervereins« (ADAV) mit der seit 1869 bestehenden »Sozialdemokratischen Arbeiterpartei« (SDAP). Aus der durch das Sozialistengesetz *(siehe 481)* von 1878–1890 verbotenen SAP ging 1890 durch Umbenennung die »Sozialdemokratische Partei Deutschlands« (SPD) hervor. Das Gründungsdatum für die Kölner Parteiorganisation ist der 4. Juni 1877. Ihre Wurzeln reichen zurück bis zu dem im Revolutionsjahr 1848 von dem Kölner Armenarzt Andreas Gottschalk gegründeten und alsbald verbotenen »Arbeiter Verein zu Köln« *(siehe 461)*. Die SPD hatte es nach 1890 in Köln wegen der Dominanz der katholischen Zentrumspartei *(siehe 479)* zunächst schwer, Wählerstimmen und politischen Einfluss zu gewinnen. Bei den Reichstagswahlen 1912 überflügelte sie jedoch das Zentrum *(siehe 479)* und errang erstmals in Cöln-Stadt ein Reichstagsmandat. Kommunalpolitisch gewann sie erst 1919 nach Abschaffung des Dreiklassenwahlrechts Einfluss *(siehe 526ff.)*.

481. Was war das »Sozialistengesetz«?

Nach zwei Attentaten auf Kaiser Wilhelm I., die Bismarck den Sozialdemokraten anlastete, erließ der Reichstag 1878 ein Ausnahmegesetz »gegen die gemeingefährlichen Bestrebungen der Sozialdemokratie«. Es sollte die sozialdemokratische Parteiorganisation durch Versammlungs-, Organisations- und Publikationsverbot zerschlagen. Das zunächst auf zweieinhalb Jahre befristete Gesetz wurde bis 1890 regelmäßig verlängert. Nach Auslaufen des Verbots änderte die 1875 gegründete »Sozialistische Arbeiterpartei« (SAP) 1890 ihren Namen in »Sozialdemokratische Partei Deutschlands« *(siehe 480)*.

Gedenktafel für August Bebel in Deutz, Kasemattenstraße 8

482. Welcher Kölner stand in Deutschland an der Spitze der Sozialdemokraten?

August Bebel war bis zu seinem Tod 1913 der unangefochtene Führer der Sozialdemokratischen Partei Deutschlands. 1840 als Sohn eines Soldaten in einer Festungskasematte in Deutz geboren, wurde der gelernte Drechsler 1865 in Leipzig Vorsitzender des Arbeiterbildungsvereins und 1869 Mitbegründer der Sozialistischen Arbeiterpartei (SAP), die 1890 den Namen SPD annahm *(siehe 480)*. Bebel gehörte seit 1871 bis zu seinem Tod 1913 in ununterbrochener Folge dem Reichstag an. In Deutz ist an dem Haus in der Kasemattenstraße 8 eine Gedenktafel angebracht.

483. Welche Ehrungen wurden Bismarck zu seinen Lebzeiten in Köln zuteil?

Wie in ganz Deutschland wurde Bismarck auch in Köln als Reichsgründer kulthaft verehrt. Zu seinem 60. Geburtstag, am 1. April 1875, ernannte ihn die

Stadt – vier Jahre nach der Gründung des Deutschen Reichs, aber gleichzeitig auf der Höhe des Kulturkampfes – zum Ehrenbürger. Zwei Kölner Honoratioren stifteten ein Bronzestandbild Bismarcks. Es stammte aus der Hand des Berliner Bildhauers Fritz Schaper und war das erste Standbild, das zu Lebzeiten des Reichskanzlers geschaffen wurde. Am 1. April 1879, dem Geburtstag Bismarcks, wurde es an repräsentativer Stelle auf dem Augustinerplatz enthüllt. Eine 60 cm hohe Statuette befindet sich im Stadtmuseum, die Reste des zerstörten Denkmals wurden nach dem Zweiten Weltkrieg gestohlen. Das Wallraf-Richartz-Museum & Fondation Corboud besitzt ein Porträt Bismarcks, das Franz von Lenbach 1888 im Auftrag der Stadt Köln malte.

484. Welche weiteren Ehrungen erhielt Bismarck in Köln nach seinem Tod?

Nach dem Tod des Reichsgründers (1898) folgten die Kölner dem Aufruf der deutschen Studentenschaft, den verstorbenen »eisernen Kanzler« auch in Köln durch Errichtung einer Bismarcksäule zu ehren. Nachdem ein Denkmalausschuss das nötige Geld gesammelt hatte, schuf Arnold Hartmann ein heute noch bestehendes, monumentales Denkmal von 27 m Höhe. Es wurde 1903 am Oberländer Ufer enthüllt und in die Obhut der Stadt übernommen. In der Neustadt Nord wie auch in Rodenkirchen gibt es eine Bismarckstraße. Sie halten die Erinnerung an den Gründer des zweiten deutschen Kaiserreichs lebendig.

485. Wann besuchte Bismarck offiziell Köln?

Bismarck gehörte zwar zur Begleitung des Königs, als dieser 1870 auf der Fahrt zur Westfront in Köln Station machte *(siehe 465)*. In seiner Eigenschaft als preußischer Ministerpräsident oder nach 1871 als Reichskanzler hat er der viertgrößten Stadt Deutschlands jedoch trotz seiner Ehrenbürgerschaft nie einen offiziellen Besuch abgestattet.

Abriss der Stadtmauer, hier am Severinstor, ab 1881

486. Wann fiel die mittelalterliche Stadtmauer?

Durch die militärtechnische Entwicklung war der innere Verteidigungsgürtel Kölns schon seit den Jahren nach 1860 überholt. Der innere Festungsring mit Stadtmauer und den davor liegenden Forts *(siehe 403)* hatte militärisch keine Bedeutung mehr. Die Stadt nahm deshalb nach dem Sieg über Frankreich 1871 Verhandlungen mit dem Preußischen Kriegsministerium über den Erwerb der Festungsanlagen auf, die 1881 nach zähem Ringen um den Kaufpreis zum Abschluss gebracht werden konnten. Noch im gleichen Jahr begann am 11. Juni 1881 der Abbruch der Stadtmauer, die die Stadt im Zeitalter der Industrialisierung eingeschnürt und in ihrer Entwicklung gehemmt hatte.

487. Wie viele Menschen lebten in Köln, als Preußen die Stadtmauer freigab?

Die Einwohnerzahl der Stadt war bis 1881 durch die wirtschaftliche und industrielle

Entwicklung seit 1816 von 49.300 auf fast 150.000 angewachsen, sodass die Bevölkerungsdichte bei Beginn des Mauerabrisses Rekordhöhe hatte. 40.648 Einwohner drängten sich auf einen Quadratkilometer. Köln war damit neben Altona die am dichtesten besiedelte Stadt im Deutschen Reich.

488. Welche Chancen eröffnete die Niederlegung der Stadtmauer?

Die Niederlegung der Mauer wird zum Startschuss für die Entwicklung zur modernen Großstadt: Das mittelalterliche Köln wird nach den Vorbildern von Wien und Paris mit einem großzügig konzipierten Ringboulevard umgeben (die heutige Ringstraße vom Ubierring bis zum Theodor-Heuss-Ring). Außerhalb schließt sich, nach einheitlichem städteplanerischem Konzept von Stadtbaumeister Hermann Joseph Stübben, in einem Halbkreis von 600 m Tiefe die Neustadt an, die zwischen 1880 und 1920 als geschlossenes Ensemble mit allen Stilrichtungen entsteht. Ihre Anlage wird am 22. April 1882 mit der Grundsteinlegung des ersten Baus am Hohenzollernring 58 mit großem Elan in Angriff genommen. Sie reicht bis zu den »Wällen« (Krefelder Wall u.a.), vor denen sich die neupreußischen Forts *(siehe 403)* befinden. Das davor liegende freie Schussfeld bleibt als Freifläche erhalten. Aus ihr entsteht der Innere Grüngürtel, der für das heutige Köln als grüne Lunge und innerstädtische Erholungsfläche von unschätzbarem Wert ist. Außerhalb dieses Grüngürtels liegen die Vororte. Die Neustadt konnte nach dem Zweiten Weltkrieg infolge erheblicher Kriegsschäden und wegen ungezügelter Abrisswut nur noch teilweise ihren Charme erhalten. Die Skulptur Stübbens steht auf der Westseite des Ratsturms (3. Obergeschoss, rechts).

Nach Abtragen der Stadtmauer ab 1881 blieben nur noch wenige der großen Stadttore erhalten. Hier das Severinstor im Süden der Stadt

489. Welchem Umstand verdankt die Nachwelt, dass drei der zwölf mittelalterlichen Stadttore erhalten blieben?

Im Rausch der Aufbruchsstimmung und der Umwandlung Kölns in eine »offene« Stadt drohte der Abriss der kompletten 700-jährigen Stadtmauer. Denkmalpflegerische Gesichtspunkte spielten für die Stadtväter damals noch keine Rolle. Es ist der Intervention des Preußischen Kultusministeriums zu verdanken, dass wenigstens drei der zwölf großartigen mittelalterlichen Stadttore und einige Teilstücke der Mauer erhalten blieben. Eigelstein-, Hahnen- und Severinstor und der Bayenturm sind heute städtebauliche Schmuckstücke, die an die große mittelalterliche Geschichte und Bedeutung Kölns erinnern. Keine deutsche Großstadt hat Vergleichbares aufzuweisen.

490. Welchen Preis musste die Stadt für die Stadtmauer an Preußen zahlen?

Die Verhandlungen mit dem Preußischen Kriegsministerium erwiesen sich als außerordentlich zäh. Einer Forderung von 17,25 Millionen Goldmark stand das Angebot der Stadt von neun Millionen gegenüber. Man einigte sich 1881 schließlich auf einen Kaufpreis von 11,794 Millionen Goldmark. 1906 bezahlte Köln weitere 26,5 Millionen für die »Innere Umwallung«, die der preußische Festungsinspekteur nach 1882 militärisch völlig sinnlos um den Grüngürtel im Verlauf der heutigen Inneren Kanalstraße anlegen ließ. Als Kaiser Wilhelm I. 1884 die Verteidigungsanlagen Kölns inspizierte, beendete sein Machtwort den Weiterbau der Anlagen. Sie wurden nach 1911 niedergelegt.

491. Wer war der »rote Becker«?

Einer der bedeutendsten (und erster protestantischer) Kölner Oberbürgermeister (1875–1885) war Hermann Heinrich Becker, wegen seines roten Bartes der »rude Becker« genannt. Der studierte Jurist hatte 1848 als 28-Jähriger zu den führenden Köpfen der demokratischen Revolutionsbewegung gehört und war deshalb zu einer fünfjährigen Festungshaft verurteilt worden, was jedoch 1875 seiner Wahl zum Oberbürgermeister und der Bestätigung durch die Regierung nicht im Wege stand. Zu seinen großen Verdiensten zählen die erfolgreichen Verhandlungen mit Preußen über den Erwerb der Festungsanlagen *(siehe 486, 490)* sowie der anschließende Abriss der mittelalterlichen Stadtmauer ab 1881, der die moderne Entwicklung der Stadt einleitete. In seine Amtszeit fiel 1880 die Einweihung des Doms mit dem von der Stadt veranstalteten Festzug *(siehe 218, 223)*. Die Hermann-Becker-Straße in der Neustadt-Nord ist nach ihm benannt. Seine Skulptur steht auf der Südseite des Ratsturms (2. Obergeschoss, rechts).

492. Welcher Düsseldorfer machte Köln zur Großstadt und zur flächenmäßig größten Stadt des Deutschen Reichs?

Nachfolger des »roten Beckers« wird 1886 der Düsseldorfer Oberbürgermeister Wilhelm Becker, der »lange Becker« (1886–1907). Er betreibt mit Geschick und großer Energie die größte und erstmals den Rhein überschreitende Stadterweiterung in der Geschichte Kölns. Sie tritt mit Genehmigung der preußischen Regierung am 1. April 1888 in Kraft. Neben den rechtsrheinischen Orten Deutz und Poll werden linksrheinisch 24 Orte Kölner Stadtgebiet *(siehe 493)*. Die Stadt wächst dadurch auf das Zehnfache ihrer bisherigen Größe. Mit 108 km² ist Köln nunmehr flächenmäßig die größte Stadt Deutschlands. Die Einwohnerzahl steigt von 150.000 auf 250.000. Mit diesen Eingemeindungen sind die Weichen für eine prosperierende Zukunft gestellt, innerhalb der folgenden 50 Jahre verdreifacht sich die Einwohnerzahl auf 772.200. 1905 werden Wilhelm Becker die Ehrenbürgerrechte verliehen.

493. Welche Eingemeindungen erfolgen zur Kaiserzeit?

Die durch den neupreußischen Festungsring Jahrzehnte eingeschnürte Stadt kann sich ab 1881 nach Aufgabe der überholten Verteidigungsanlagen und nach Abbruch der mittelalterlichen Stadtmauer bis 1914 auf das Vierzigfache vergrößern. Die Fläche Kölns wächst in diesem Zeitraum von 405 ha (Stadtgebiet innerhalb der mittelalterlichen Stadtmauer) auf 19.726 ha. Ab 1883 erfolgen in mehreren Schritten Eingemeindungen:

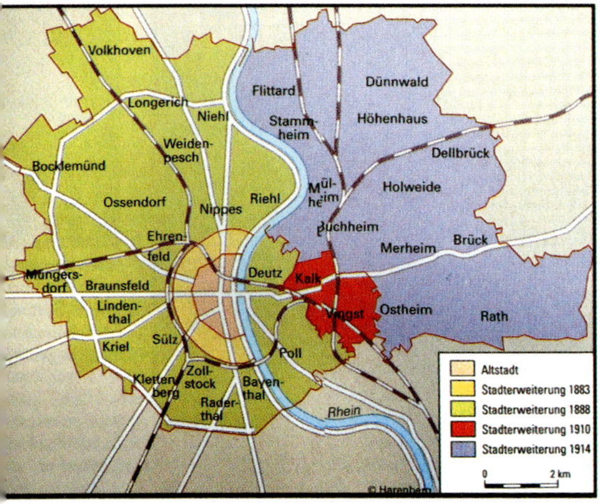

Eingemeindungen von 1883 bis 1914

1883: Eingemeindung eines Gebietsstreifens bis zum Glacisweg des neuen Befestigungsrings aus den Gemeinden Ehrenfeld, Longerich, Müngersdorf, Rondorf.
1888: Eingemeindung rechtsrheinisch von Deutz (Stadt) und Poll sowie linksrheinisch von 24 Orten: Bayenthal, Bickendorf, Bocklemünd, Braunsfeld, Ehrenfeld (Stadt), Klettenberg, Kriel, Lindenthal, Merheim (heute Weidenpesch), Melaten, Mengenich, Müngersdorf, Niehl, Nippes, Ossendorf, Raderberg, Raderthal, Rondorf, Riehl, Sülz, Zollstock.
1910: Eingemeindung der Stadt Kalk und der Gemeinde Vingst.
1914: Eingemeindung der rechtsrheinischen Stadt Mülheim und der Orte Brück, Buchheim, Dellbrück, Dünnwald, Flittard, Höhenhaus, Holweide, Merheim, Ostheim, Rath und Stammheim. Das Kölner Stadtgebiet wird dadurch auf beiden Rheinseiten etwa gleich groß.

494. Wie entwickelt sich die Kölner Industrie im Kaiserreich?

Beflügelt durch die Stadterweiterung, setzt sich der wirtschaftliche Aufschwung der Stadt mit zunehmender Gründung von Großbetrieben der Schwerindustrie fort, die sich aus Platzgründen vorwiegend in den 1888 oder später eingemeindeten Vororten Nippes, Bayenthal, Ehrenfeld, Deutz und Kalk ansiedeln. 1895 gibt es 30 Industrieunternehmen von überregionaler Bedeutung, 1907 sind es bereits an die 100. Hergestellt werden Lokomotiven, Dampfmaschinen, Schiffe, Gas- und Petroleummotoren, landwirtschaftliche Maschinen, Eisenkonstruktionen, Erd- und Seekabel, Musik- und Fernsprechanlagen, Kraftfahrzeuge, Motoren und vieles mehr. 1914 zählt die Stadt fast 2.000 metallverarbeitende Betriebe. Köln (mit 516.540 Einwohnern im Jahr 1910) entwickelt sich innerhalb weniger Jahrzehnte zu einem der bedeutendsten Industriestandorte Deutschlands.

495. Welche technische Revolution geht von Köln aus?

Der aus dem Taunus stammende kaufmännische Handlungsgehilfe und Tüftler Nikolaus August Otto (1832–1891) entwickelt 1862 in Köln einen Gasmotor, der 1867 auf der Weltausstellung in Paris mit der Goldmedaille ausgezeichnet wird. 1864 gründet er in Köln zusammen mit Eugen Langen die erste Motorenfabrik der Welt, die 1872 in der »Gasmotorenfabrik Deutz« aufgeht. Mit der Konstruktion des Viertakt-Verbrennungsmotors 1876 und der Erfindung der elektrischen Zündung für seine Motoren im Jahr 1884 legt Otto die Grundlage für eine weltweite technische Revolution. Nunmehr können auch flüssige Brennstoffe anstelle von Gas eingesetzt werden. Dadurch wird der Automobilbau möglich. Die nach seinem Konstruktionsprinzip gebauten Verbrennungsmotore tragen den Namen »Ottomotor« in alle Länder der Welt. Otto

Lokomotivbau bei der Humboldt AG während des Kaiserreichs

wird 1891 auf dem Melatenfriedhof beigesetzt, wo noch heute sein Grabstein zu sehen ist. Vor dem Deutzer Bahnhof steht auf dem nach ihm benannten Ottoplatz eine Nachbildung seines »atmosphärischen Gasmotors« von 1867. Otto und Langen stehen in der Figurengalerie des Ratsturms (3. Obergeschoss, Westseite).

496. Wie schnell wuchs die Bevölkerung Kölns ab 1816?

Während der Zugehörigkeit zu Preußen nahm die Einwohnerzahl in rasantem Tempo zu. In weniger als hundert Jahren stieg sie auf das Zehnfache, bis 1939 auf das über Fünfzehnfache:

1816	49.300
1825	59.000
1840	75.000
1852	101.100
1867	125.200
1885	161.400
1890	281.700
1900	372.500
1905	428.700
1910	516.500
1919	633.900
1925	700.200
1933	757.200
1939	772.200

497. Welche kulturelle Entwicklung nahm Köln unter preußischer Herrschaft?

In den hundert Jahren von 1815–1915 entwickelte sich in Köln durch öffentliche und private Initiativen ein außerordentlich lebhaftes kulturelles Leben von überörtlicher Bedeutung:

1827: Gründung der »Concert-Gesellschaft«.

1842: Gründung des Kölner Männer-Gesang-Vereins *(siehe 888)*.

1856: Einweihung der von Franz Stollwerck in der Bayenstraße errichteten »Königshalle« mit 2.000 Sitzplätzen.

1857: Eröffnung des von Franz Stollwerck finanzierten »Vaudeville Theaters« in der Schildergasse.

1857: Umbau des Gürzenichs zum Konzertsaal.

1857: Gründung des Gürzenich-Orchesters *(siehe 887)*.

1858: Umbenennung der 1848 gegründeten Rheinischen Musikschule unter ihrem Leiter Ferdinand Hiller in »Conservatorium« *(siehe 838)*.

1860: Einweihung des Diözesanmuseums.

1860: Eröffnung des Kölner Zoos in Riehl *(siehe 983)*.

1861: Einweihung des Wallraf-Richartz-Museums *(siehe 872)*.

1864: Einweihung der Flora in Riehl *(siehe 977)*.

1872: Eröffnung des neuen Stadttheaters in der Glockengasse mit 1.800 Plätzen *(siehe 895)*.

1880: Einweihung des Vereinshauses der 1872 gegründeten Lesegesellschaft in der Mörsergasse.

1888: Gründung des Museums für Angewandte Kunst *(siehe 877)*.

1895: Eröffnung des Flora Theaters.

1900: Einzug des 1887 gegründeten Kunstgewerbemuseums in sein neues Gebäude am Hansaring.

1901: Eröffnung der Handelshochschule am Hansaring *(siehe 498)*.
1901: Eröffnung des privaten Residenztheaters in der Bismarckstraße.
1902: Eröffnung des Theater- und Opernhauses am Habsburgerring mit 1.800 Plätzen *(siehe 895, 896)*.
1906: Eröffnung des Metropoltheaters in der Apostelnstraße.
1908: Einrichtung des Museums für Handel und Industrie im Neubau der Handelshochschule in der Claudiusstraße.
1910: Einweihung des Schnütgenmuseums am Hansaring *(siehe 869)*.
1912: Eröffnung der Hochschule für kommunale und soziale Verwaltung.
1913: Eröffnung des Museums für Ostasiatische Kunst am Hansaring (*siehe 869)*.

498. Wer war Gustav von Mevissen, was erinnert heute noch an ihn?

Der wegen seiner Verdienste 1884 geadelte Kölner Großkaufmann und Politiker Gustav von Mevissen (1815–1899) gehörte zu den herausragenden wirtschaftspolitischen Persönlichkeiten seiner Zeit. Er war Präsident der Rheinischen Eisenbahngesellschaft, 1842 Mitbegründer der liberalen Rheinischen Zeitung und 1853 Gründer der Bank für Handel und Industrie. Als Vorsitzender der Kölner Handelskammer und Mitglied des Preußischen Herrenhauses (1866–1891) setzte er sich seit 1858 für die Einrichtung einer auf die »praktischen« Wissenschaften ausgerichteten Handelshochschule in Köln ein, zu deren Gründung er 1897 – kurz vor seinem Tod – ein Kapital von 100.000 Goldmark stiftete. Die Erfüllung dieses Wunsches erlebte er nicht mehr. Die 1901 gegründete Handelshochschule war zunächst in dem neugotischen Gebäude am Hansaring untergebracht (heute Hansagymnasium). 1907 bezog sie den Neubau in der Südstadt am Römerpark (in der NS-Zeit Sitz der Gauleitung). Träger der Handelshochschule war die Stadt, die auch die Professoren berief. An Mevissen erinnert die Mevissenstraße in der Nähe des Reichenspergerplatzes. Seine Skulptur steht lebensgroß über dem Eingangsportal des Hansagymnasiums am Hansaring. Eine weitere Skulptur steht am Ratsturm (Ostseite, 3. Etage, links).

499. Welche beiden weltbekannten Komponisten wurden während der Preußenzeit in Köln geboren?

Jacques Offenbach (1819–1880) und Max Bruch (1838–1920). Offenbach war Sohn des Kantors der jüdischen Synagogengemeinde. Nach seinen Kölner Jugendjahren ging er 1833 nach Paris, studierte dort Musik und wurde in Paris Musiker (Cellovirtuose), Kapellmeister und einer der berühmtesten Operettenkomponisten. Sein letztes großes Meisterwerk wurde die Oper »Hoffmanns Erzählungen«, deren Uraufführung 1881 er nicht mehr erlebte. Nach ihm ist der Offenbachplatz benannt. Der insbesondere durch sein Violinkonzert bekannte Max Bruch wurde 1838 in Köln als Sohn des stellvertretenden Polizeipräsidenten geboren. Er war ein Enkel des 1803 zum ersten lutherischen Pfarrer Kölns gewählten Gottlieb Bruch. Er starb 1920 in Berlin, wo er als Professor die letzten 20 Jahre seines Berufslebens verbrachte. Nach ihm ist die Max-Bruch-Straße in Lindenthal genannt.

500. Wann wurde die Hohenzollernbrücke gebaut?

50 Jahre nach Inbetriebnahme der nur zweigleisigen Dombrücke im Jahr 1859 *(siehe 448)* wird diese durch die vierglei-

Stahlglied der Hängevorrichtung der Hindenburgbrücke

sige Hohenzollernbrücke ersetzt. Sie wird 1911 in Anwesenheit Kaiser Wilhelms II. eingeweiht. Das an beiden Ufern mit mächtigen Portalen und Türmen versehene imposante Bauwerk besteht aus zwei zweigleisigen Eisenbahnbrücken und einer 16 m breiten Straßenbrücke, die nach dem Zweiten Weltkrieg zur Verkehrsberuhigung der Domumgebung entfällt.

501. Welche weiteren Rheinbrücken entstanden vor dem Ersten Weltkrieg?

Kölns Entwicklung zum Verkehrskreuz des Westens führte dazu, dass 1910 im Süden der Stadt eine weitere zweigleisige Eisenbahnbrücke – die »Südbrücke« – gebaut wurde. Von 1913–1915 ersetzte die Stadt die veraltete Schiffsbrücke zwischen Köln und Deutz durch eine Kettenhängebrücke, die später den Namen Hindenburgbrücke erhielt. Sie überquerte den Rhein nicht weit von der Stelle, an der im Jahr 310 Kaiser Konstantin die erste feste Brücke errichten ließ *(siehe 55)*. Die Brücke hing zwischen zwei Pylonen an langen Stahlgliedern, von denen eines heute am Heumarkt zu sehen ist, und zwar auf dem nördlichen Fußweg der Brückenrampe der Deutzer Brücke, die 1948 als Ersatz für die im Zweiten Weltkrieg zerstörte Hindenburgbrücke gebaut wurde.

Die Hindenburgbrücke vor dem Krieg. Die Bahn vorne fährt nach Bocklemünd.

502. Wie ist die Stimmung der Kölner Bevölkerung bei Ausbruch des Ersten Weltkriegs?

Mobilmachung und Kriegsausbruch am 1. August 1914 werden in Köln – wie überall im Reich – bejubelt und begeistert gefeiert. Scharenweise melden sich Kriegsfreiwillige. Allgemein herrscht Siegeszuversicht. Köln wird wegen seiner beiden Eisenbahnbrücken zur Drehscheibe für Truppentransporte an die Westfront. Die Parolen auf den Militärzügen zeugen vom Optimismus der Soldaten.

503. Welche Militärstärke hatte die Festung Köln bei Ausbruch des Kriegs?

Wegen der großen militärischen Bedeutung Kölns beherbergte die Festung bei Kriegsbeginn außer dem Gouvernement und der Kommandantur sieben Stäbe, acht Infanterie-, Kürassier- und Artillerieregimenter, vier Spezialbataillone, die Garnisonsverwaltung, ein Proviant- und Bauamt sowie das Festungsgefängnis. Die Kriegsbesatzung betrug 52.237 Mann. Hinzu kamen 6.022 Pferde, 168 schwere Geschütze, 80 Geschütze der bespannten Fußartillerie, 164 leichte Geschütze, 24

Maschinengewehre, 412 Scheinwerfer und ungeheure Munitionsmengen sowie Proviant für drei Monate.

504. Wie viele Kölner werden Soldat, wie viele lassen 1914–1918 fürs Vaterland ihr Leben?

Mehr als 60.000 Kölner werden eingezogen oder melden sich freiwillig. Mehr als 15.000 verlieren ihr Leben an der Front oder auf See. Ihnen wird 1927, nach Abzug der britischen Besatzungstruppen, im Hindenburgpark ein Denkmal errichtet, das sich heute – im Gegensatz zu dem noch immer sorgfältig gepflegten Britischen Ehrenfriedhof *(siehe 522)* – in einem verwahrlosten Zustand befindet.

Ein mächtiger Adler krönt das Denkmal für die im Ersten Weltkrieg gefallenen Kölner.

505. Welches Schicksal trifft 1914 den Kreuzer »Cöln«?

Gleich zu Beginn des Kriegs bewegt die Kölner sehr, dass bereits am 28. August 1914 im Seegefecht vor Helgoland der »Kleine Kreuzer Cöln« von überlegenen englischen Seestreitkräften versenkt wird. Von den 485 Besatzungsmitgliedern überleben etwa 200 den Untergang, bevor sie anschließend ertrinken. Als Einziger wird nach 76 Stunden der aus Köln stammende Obermatrose Neumann von dem Wrack eines zerfetzten Kutters der Cöln aus der

Kutter des Kleinen Kreuzers Cöln (Eigelsteintorburg)

Nordsee gerettet. Das Boot hängt heute in dem offenen Gewölbe der Eigelsteintorburg. Dank einer Initiative der Marinekameradschaft »Leuchtturm Köln e.V.« sowie des »Freundeskreises Fregatte Köln« wurde das seit Jahrzehnten verwahrloste Schiffswrack im Juni 2007 abgehängt, von 500 Kilogramm Taubenkot und anderem Unrat gesäubert, saniert und konserviert. Die Mittel dazu wurden durch Beiträge und Spenden aufgebracht. Am 28. August 2008, dem Jahrestag des Untergangs des Kreuzers »Cölln«, kehrte der Kutter an seinen alten Platz in der Eigelsteintorburg zurück.

506. Wie ist die Versorgungslage Kölns, welche Maßnahmen ergreift Adenauer?

Als sich ab 1915 die Versorgungslage zunehmend verschlechtert, übernimmt Adenauer, seit 1906 Beigeordneter und seit 1909 Erster Beigeordneter der Stadt, mit großem Einfallsreichtum und Sinn für praktisches Handeln die Organisation der Lebensmittelversorgung. Zu seinen originellen Leistungen zählt die Herstellung eines »Sparbrotes« aus Mais-, Gersten- und Reismehl, dessen Rezept er zusammen mit den Inhabern der Brotfabrik Oebel entwickelt und 1915 als Patent anmeldet. Von den dreipfündigen Broten werden täglich etwa 10.000 Stück hergestellt. Adenauers Tatkraft und Umsicht ist es zu verdanken, dass Köln die Hungerjahre des Kriegs besser übersteht als andere Großstädte.

507. Wann wird Adenauer Oberbürgermeister, wie lange bleibt er im Amt?

1917 wird der bisherige Kölner Oberbürgermeister Max Wallraf als Unterstaatssekretär ins Reichsministerium des Inneren berufen. Die aus 60 Mitgliedern bestehende Stadtverordnetenversammlung (Zentrum 36, Liberale 24 Sitze) wählt daraufhin im September 1917 einstimmig (zwei Stimmen sind ungültig) den bisherigen Ersten Beigeordneten der Stadt, Dr. Konrad Adenauer, auf zwölf Jahre zum Nachfolger. Mit 41 Jahren wird er der jüngste Oberbürgermeister einer deutschen Großstadt. 1929 bestätigt ihn die Abgeordnetenversammlung mit einer Mehrheit von zwei Stimmen (49:47). Die kommunalpolitisch außerordentlich erfolgreiche Amtszeit Adenauers *(siehe 529)* endet im März 1933 mit der Machtübernahme der Nationalsozialisten *(siehe 545)*.

508. Wann wird Köln im Ersten Weltkrieg aus der Luft angegriffen?

Am 2. Oktober 1917 greifen nachts feindliche Flieger Köln an. Zur Vorsicht werden daraufhin die kostbaren Domfenster in Sicherheit gebracht. Am 18. Mai 1918 werfen englische Flieger in den Mittagsstunden bei klarer Sicht 23 Bomben über dem Stadtzentrum zwischen Neumarkt, Waidmarkt und Volksgarten ab. 41 Tote und 47 Verletzte sind zu beklagen. 24

Im Juni 1918 zu Kriegszwecken eingeschmolzen: Kaiserglocke des Doms

Jahre später erfolgt im Mai 1942 der berüchtigte 1.000-Bomber-Angriff (474 Tote, 5.000 Verletzte, 45.000 Obdachlose, *siehe 580*).

509. Wie viele Kölner Kirchenglocken werden für Kriegszwecke eingeschmolzen?

Der Mangel an kriegswichtigen Metallen führt dazu, dass selbst Kirchenglocken Kriegszwecken dienen müssen. 1917 werden 80 Kölner Glocken eingeschmolzen. Opfer dieser Aktion wird auch die größte freischwingende Glocke der Welt, die (klanglich missglückte) 27 t schwere »Kaiserglocke« des Doms, von der nur der eiserne Klöppel erhalten bleibt *(siehe 242)*.

510. Wann endet die Herrschaft des deutschen Kaisers und letzten preußischen Königs?

Mit der Meuterei der Kieler Matrosen am 3. November 1918 bricht die Revolution aus, die rasch auf München, Berlin und andere Städte übergreift. Am 9. November gibt Reichskanzler Prinz Max von Baden die Thronentsagung Kaiser Wilhelms II. und des Kronprinzen bekannt. Am 10. November begibt sich Wilhelm II., letzter deutscher Kaiser und letzter preußischer König, ins Exil nach Holland. Damit endet die Monarchie in Deutschland und in Preußen. Köln bleibt aber weiterhin eine preußische Stadt.

511. Welche Größe und Bedeutung erlangte Köln gegen Ende der Zugehörigkeit zu Preußen?

Während der ersten Jahrzehnte der Preußenzeit war die Stadt durch die mittelalterliche Stadtmauer eingeschnürt. Durch die Eingemeindungen von 1888, 1910, 1914 und 1922 *(siehe 710)* wuchs sie bis zum Ausbruch des Zweiten Weltkriegs 1939 flächenmäßig von 7,7 km² auf 251 km². Die Einwohnerzahl entwickelte sich im gleichen Zeitraum von 49.300 (1816) auf 772.200. Am Ende der Zugehörigkeit zu Preußen war Köln viertgrößte Stadt Deutschlands. Aus der von den Franzosen und hinsichtlich überörtlicher Funktionen auch von der preußischen Regierung zunächst zurückgesetzten Stadt war in den 125 Jahren der Zugehörigkeit zu Preußen die wirtschaftlich und kulturell blühende Metropole des Rheinlands geworden. Im Zweiten Weltkrieg versank sie in Schutt und Asche.

512. Was erinnert in Köln heute noch an die Kaiserzeit und die Herrschaft der preußischen Könige?

Die Erinnerung an die Hohenzollern wird in Köln vielfältig lebendig gehalten, ein Zeichen, dass die Stadt sich mit Preußen letztlich versöhnte: Auf der »Hohenzollernbrücke« stehen unverändert die Reiterstandbilder der vier preußischen Könige, die von 1840 bis 1918 Preußen regierten: Auf der Deutzer Seite reiten gen Osten Friedrich Wilhelm IV. (1840 bis 1861) und Wilhelm I. (1861–1888, ab 1871 deutscher Kaiser), auf der linken Rheinseite reiten gen Westen auf den Dom zu Friedrich III. (1888) und Wilhelm II. (1888–1918). Das Reiterstandbild Friedrich Wilhelm III. (1797–1840), der 1815 zu Beginn des Anschlusses der Rheinlande an Preußen als König regierte, steht auf dem Heumarkt. Nach ihm ist das Friedrich-Wilhelm-Gymnasium benannt. Eine Statue Friedrich Wilhelms IV., der den Grundstein für die Vollendung des Doms legte, steht in der Figurengalerie des Ratsturms (Nordseite, 2. Obergeschoss). Der »Kaiser-Wilhelm-Ring« erhielt seinen Namen zu Ehren des ersten deutschen Kaisers (des »alten Kaiser Wilhelm«). Dort stand seit 1897 ein weiteres Reiterstandbild des Monarchen, das jedoch dem Bombenkrieg zum Opfer fiel. An seine Gemahlin erinnert die Kaiserin-Augusta-Schule.

Reiterstandbild an der Hohenzollernbrücke, hier Kaiser Wilhelm I. *(siehe 767)*

Hochkonjunktur bei den Gelddruckern

Weimarer Republik 1919–1933

513. Welche geschichtliche Periode umfasst die »Weimarer Republik«?

Die Zeitspanne vom Ende des Ersten Weltkriegs 1918 bis zur Machtergreifung Hitlers 1933 wird als Weimarer Republik bezeichnet. Sie ist benannt nach dem Tagungsort der verfassunggebenden deutschen Nationalversammlung 1919 in Weimar. Obwohl nur von kurzer Dauer, bilden diese 15 Jahre keinen geschlossenen Zeitraum. Er beginnt mit der Novemberrevolution 1918 im Gefolge der militärischen Niederlage im Ersten Weltkrieg und endet mit der Zustimmung der Reichstagsmehrheit zum Ermächtigungsgesetz für Hitler am 23. März 1933. Dazwischen liegen acht Besatzungsjahre, von Inflation und Arbeitslosigkeit geprägte Notzeiten, zwei Währungsreformen (Einführung der Rentenmark und der Reichsmark 1923 und 1924), daran anschließend Jahre relativer Stabilität bis 1929, die mit der Weltwirtschaftskrise 1929/30 jäh enden.

514. Wie griff die Novemberrevolution 1918 auf Köln über?

Die Meuterei der Kieler Matrosen am 3. November setzt rasch in vielen deutschen Städten revolutionäre Kräfte frei. Das kriegsmüde Deutsche Reich bricht zusammen. Am 9. November gibt Reichskanzler Prinz Max von Baden die Abdankung des Kaisers bekannt und tritt selbst zurück. Noch am gleichen Tag ruft Philipp Scheidemann (SPD) in Berlin die Deutsche Republik aus, Friedrich Ebert übernimmt in Berlin die Regierungsgeschäfte. Wie in anderen Städten etabliert sich in Köln am 8. November ein »Arbeiter- und Soldatenrat« (ASR). Er besteht aus je sechs Vertretern der SPD, der Unabhängigen Sozialdemokraten sowie sechs Soldatenvertretern. Der Kölner Regierungspräsident und der amtierende Militärgouverneur akzeptieren den ASR, der seine Zentrale im Rathaus etabliert, als Inhaber der vollziehenden Gewalt. Auch Oberbürgermeister Adenauer arrangiert sich mit dem ASR und wird von diesem zum »Beauftragten für Ruhe und Ordnung« bestellt.

515. Welche Verdienste erwarb sich der im November 1918 gebildete »Arbeiter- und Soldatenrat« (ASR)?

Nach dem Waffenstillstand (11. November 1918) waren die Truppen der deutschen Westfront innerhalb von drei Wochen auf das rechte Rheinufer zurückzunehmen. Vier Armeekorps mit etwa 400.000 zurückflutenden Soldaten wurden im November ohne das befürchtete Chaos durch Köln geschleust und überquerten reibungslos die Rheinbrücken. Die Organisation des Durchmarschs wurde als großartige Leistung des ASR angesehen. Sie wurde von den Volksbeauftragten in Berlin als vorbildlich gewürdigt.

Ehemaliges englisches Offizierskasino, Am Botanischen Garten

516. Welche Siegermacht besetzt 1918 Köln?

Auf der Grundlage von Artikel V des Waffenstillstandsabkommens vom 11. November 1918 wird Köln von den Engländern besetzt. Am 6. Dezember marschieren die ersten britischen Einheiten über die Aachener Straße in die Stadt ein.

517. Wie viele Engländer kamen als Besatzungsmacht nach Köln?

Das erste Kontingent zur Besetzung Kölns bestand aus 30.000 Engländern. Es wuchs bis Ende 1919 auf 55.000 Mann, sank aber schon bald auf die Hälfte. Gegen Ende der Besatzungszeit 1925 waren noch 9.160 Engländer in der Stadt.

518. Wie wurden die Besatzungstruppen untergebracht?

Zum Leidwesen der Bevölkerung wurden für die Unterbringung der Offiziere und Soldaten mehr als 2.000 Privathäuser und Wohnungen, fünf Hotels und 88 Schulen, aber auch Möbel und jedwede Gebrauchsgüter beschlagnahmt. Die Stadt musste in den Folgejahren in guter Lage für Offiziere und Soldaten und deren Angehörigen mehr als 1.000 Häuser und Wohnungen errichten. Zahlreiche für die Besatzungstruppen gebaute Einfamilienhäuser – zum Beispiel in Köln-Riehl – blieben erhalten. Hauptquartier der britischen Truppen war bis zu ihrem Abzug 1926 in unmittelbarer Nähe des Doms das Hotel Excelsior.

519. Wie verhielt sich die Besatzungsmacht gegenüber dem Arbeiter- und Soldatenrat?

Die Engländer akzeptierten als Verhandlungspartner auf deutscher Seite nur die legale kommunale Verwaltung unter Führung von Oberbürgermeister Adenauer, der zu der Besatzungsmacht ein kooperatives Verhältnis fand. Der Arbeiter- und Soldatenrat löste sich daraufhin im März 1919 auf.

520. Welcher prominente englische Politiker besuchte die Besatzungstruppen?

Am 17. August 1919 kam Kriegsminister Winston Churchill, der im Zweiten Weltkrieg britischer Premierminister wurde, zur Truppenbesichtigung nach Köln.

Kriegsminister Winston Churchill bei Abnahme einer Parade vor dem Dom

521. Wann endet die britische Besatzungszeit?

Am 26. Januar 1926 verlassen die letzten britischen Soldaten Köln. Am 31. Januar findet vor dem Dom in Anwesenheit einer riesigen Menschenmenge eine Befreiungsfeier mit einer Ansprache des Oberbürgermeisters statt.

522. Wo liegt in Köln der Britische Ehrenfriedhof?

Auf dem Südfriedhof befindet sich am Hauptgang des neueren Teils ein Ehrenfriedhof für 2.463 britische Soldaten. Mehr als 1.000 von ihnen starben als Angehörige der »British Army of Occupation«. Der Friedhof befindet sich bis heute im Eigentum des britischen Staates. Er wird von der »Commonwealth War Graves

Britischer Ehrenfriedhof auf dem Südfriedhof, Köln-Raderthal

Commission« (entspricht dem Volksbund Deutscher Kriegsgräberfürsorge) betrieben und sorgsam gepflegt.

523. Wann gab es nach dem Ersten Weltkrieg wieder einen Karnevalszug?

1927 findet nach zwölfjähriger Pause erstmals seit 1914 wieder ein Rosenmontagszug statt. Obwohl der aus Paderborn stammende Kölner Erzbischof Karl Josef Kardinal Schulte (1920–1941) den Karneval als heidnisch und »des christlichen Volkes unwürdig« verurteilt, können die Kölner nach Abzug der britischen Besatzungsmacht endlich wieder dem Dreigestirn mit Prinz Ferdi Leisten sen., Bauer August Waimann und Jungfrau Hans Holz zujubeln.

524. Welche kommunalpolitischen Veränderungen bewirkte das Ende der Monarchie?

Nach dem Sturz der Monarchie wird das in Preußen seit 1845 für Kommunalwahlen geltende Dreiklassenwahlrecht *(siehe 394, 395)* sofort geändert. Durch die »Verordnung der Preußischen Regierung über die anderweitige Regelung des Gemeindewahlrechts vom 24. Januar 1919« wird ein Wahlrecht eingeführt, das allgemeine, unmittelbare, freie, gleiche und geheime Wahlen vorsieht. Wahlberechtigt sind

Männer und Frauen, welche das 20. Lebensjahr vollendet haben. Dadurch ergibt sich bei den vier Kommunalwahlen während der Weimarer Republik ein völlig neues Parteienspektrum. Während sich noch 1917 bei der Wahl Adenauers zum Oberbürgermeister die 60 Sitze der Stadtverordnetenversammlung lediglich auf Zentrum (36) und Liberale (24) verteilt hatten *(siehe 507)*, bilden 1919 bei der ersten Kommunalwahl die Sozialdemokraten (37,62 %; 43 Sitze) dicht hinter dem Zentrum (42,14 %; 49 Sitze) die zweitstärkste Fraktion. Bei der Wahl 1924 werden sie von den erstmals teilnehmenden Kommunisten weit überflügelt. Bei der für Köln schicksalhaften Kommunalwahl am 12. März 1933 werden die Nationalsozialisten (39,6 %) die mit Abstand stärkste Partei.

Standarte der 1920 gegründeten Ortsgruppe Köln des Reichsbundes Jüdischer Frontsoldaten (RJF)

525. Wie entwickelte sich die Zahl der Stadtverordneten während der Weimarer Republik?

Die Größe der Stadtverordnetenversammlung hatte sich während der Monarchie nach der Einwohnerzahl gerichtet. Aufgrund veränderter Berechnungsverfahren veränderte sich die Zahl der Stadtverordneten ab 1919 sprunghaft:

Jahr	Zahl der Stadtverordneten	
1856	30	
1875	36	
1889	45	als Folge von Eingemeindungen (siehe 493)
1910	51	als Folge von Eingemeindungen (siehe 493)
1914	60	als Folge von Eingemeindungen (siehe 493)
1919	114	
1924	91	
1929	95	
2008	90	(siehe 717)

526. Wann gewann die SPD in Köln erstmals kommunalpolitischen Einfluss?

Zur Zeit der Monarchie waren die seit 1890 in der SPD vereinigten Sozialdemokraten *(siehe 480)* trotz steigender Wählerzahlen bei den Reichstagswahlen in der Kölner Stadtverordnetenversammlung nicht vertreten. Grund war das für Kommunalwahlen geltende preußische Dreiklassenwahlrecht *(siehe 395)*. 1910 veranstaltete die SPD deshalb zusammen mit der Demokratischen Vereinigung Kölns eine Protestversammlung gegen das Dreiklassenwahlrecht, an der 15.000 Menschen teilnahmen. Sie blieb ohne Folgen. Kommunalpolitischen Einfluss gewann die SPD in Köln erst durch das 1919 geänderte Wahlrecht, das sie noch im gleichen Jahr nach dem Zentrum zur zweitstärksten politischen Kraft werden ließ *(siehe 524)*. Adenauer ernannte daraufhin 1920 drei Sozialdemokraten zu Beigeordneten. Es war der Anfang einer langjährigen Zusammenarbeit mit der SPD. Bis 1926 konnte er sich in Köln auf eine Koalition von Zentrum und SPD stützen.

527. Wie viele Währungsumstellungen mussten die Kölner während der Weimarer Republik verkraften?

Der rasche Verfall der geltenden Währung (»Papiermark«) führt während der ersten Nachkriegsjahre zu einer galoppierenden Inflation. Ausgezahlter Lohn ist am folgenden Tag nur noch einen Bruchteil wert. Der Milchpreis klettert im Juli 1923 von 3.600 auf 280.000 Mark. Am Ende wird nur noch in Milliarden gerechnet. Der Stadt-Anzeiger kostet am Kiosk 350 Milliarden Mark. Not und Verarmung der Bevölkerung sind unvorstellbar. Die Händler halten ihre Waren zurück. Durch Gesetz vom 13. Oktober 1923 führt die Reichsregierung am 16. Januar 1924 als »Zwischenwährung« die Rentenmark ein. Eine Rentenmark wird dem Wert einer Billion Papiermark gleichgesetzt, ein Dollar entspricht 4,2 Billionen. Das »Wunder der Rentenmark« führt zu rascher Erholung der Wirtschaft und zur Verbesserung der Versorgungslage. Im Oktober 1924 wird als endgültige Währung die Reichsmark eingeführt.

528. Welche überragende Persönlichkeit bestimmte maßgeblich die Entwicklung Kölns von 1918 bis 1933?

Während der gesamten Zeit der Weimarer Republik stand in Köln an der Spitze der Verwaltung der 1917 einstimmig zum Oberbürgermeister gewählte Konrad Adenauer *(siehe 507)*. Ihn zeichneten Weitblick, Kreativität, Tatkraft und taktisches Geschick aus. Seine Leistungen haben die Stadt auf Dauer geprägt. 1929 wurde er nach zwölfjähriger Amtszeit von der inzwischen parteipolitisch völlig anders zusammengesetzten Stadtverordnetenversammlung (mit einer Mehrheit von zwei Stimmen) erneut für zwölf Jahre gewählt. Nach der Kommunalwahl am 12. März 1933 vertrieben ihn die Nationalsozialisten einen Tag später aus dem Amt *(siehe 545)*. Die förmliche Entlassung Adenauers durch den Preußischen Minister des Innern erfolgte am 17. Juli 1933.

Plakat zur Pressa, größte Weltfachausstellung für das Pressewesen

529. Welches waren die herausragenden kommunalpolitischen Leistungen Adenauers zwischen 1918 und 1933?

Die Dynamik, mit der Adenauer Köln in den krisenhaften Nachkriegsjahren voranzubringen versuchte, wurde in ganz

Deutschland mit Staunen und Bewunderung verfolgt. Die damit verbundene steigende Verschuldung der Stadt führte aber auch zu wachsender Kritik und war im Krisenjahr 1932 mitursächlich für die Zahlungsunfähigkeit Kölns *(siehe 539)*. Zu den bedeutendsten – durchweg kostspieligen – Projekten unter Adenauers Regie zählen:

- 1919: Erwerb des Geländes des aufgegebenen preußischen Festungsrayons und seine Umwandlung zum Inneren und Äußeren Grüngürtel mit Wiesen, Wäldern, Wanderwegen, Ruheplätzen und Sportanlagen *(siehe 973)*.
- 1919: Neugründung der (1798 von den Franzosen geschlossenen) Kölner Universität in städtischer Trägerschaft *(siehe 816)*.
- 1922: Eingemeindung Worringens. Köln wurde damit flächenmäßig größte Stadt Deutschlands.
- 1922: Beginn der Erschließung von 460 ha Industriegelände im Norden Kölns.
- 1922: Baubeginn des Niehler Hafens.
- 1923: Eröffnung des Müngersdorfer Stadions, mit 82 ha zweitgrößte Sportanlage Deutschlands.
- 1924: Veranstaltung der ersten großen Messe in Köln *(siehe 536)*.
- 1925: Umwandlung des »Conservatoriums der Musik in Coeln« in eine »Staatliche Hochschule für Musik« in finanzieller Trägerschaft der Stadt *(siehe 827)*.
- 1925: Jahrtausendausstellung der Rheinlande.
- 1926: Ausbau des bisherigen britischen Militärflughafens Butzweiler Hof, der noch im gleichen Jahr den zivilen Flugbetrieb aufnimmt. Er ist (nach Berlin-Tempelhof) zweitgrößter deutscher Flughafen und wird zum »Luftkreuz des Westens«.
- 1926: Umzug der »Westdeutschen Rundfunk A.G.« von Münster nach Köln *(siehe 909)*. Damit beginnt die Entwicklung Kölns zur Medienstadt.
- 1928: Veranstaltung der PRESSA, damals größte Weltfachausstellung für das Pressewesen, die von Mai bis Oktober fünf Millionen Besucher anlockt.
- 1929: Fertigstellung der Mülheimer Brücke als größte Hängebrücke Europas *(siehe 537, 538)*.
- 1929 Grundsteinlegung für den Neubau der Universität im Grüngürtel in Köln-Lindenthal *(siehe 816)*.
- 1929: Ansiedlung der Fordwerke in Köln-Niehl.
- 1932: Eröffnung der Autostraße Köln–Bonn (Europas erste Autobahn).

530. Worauf beruhte die starke Stellung Adenauers als Stadtoberhaupt?

Die 1850 unter dem Einfluss der revolutionären Ereignisse von 1848 *(siehe 463)* erlassene »Preußische Gemeindeordnung« billigte in § 153 den Städten die Befugnis zu, alternativ die Einführung der kollegialen Magistratsverfassung oder die Bürgermeistereiverfassung zu beschließen. Der Rat der Stadt Köln entschied sich für die seit der französischen Munizipalverfassung geltende Bürgermeistereiverfassung. Dabei blieb es 80 Jahre lang trotz mehrerer Initiativen, die Magistratsverfassung einzuführen. Adenauer stand aufgrund der Bürgermeistereiverfassung als Oberbürgermeister an der Spitze der städtischen Verwaltung, war Vorgesetzter aller Beamten und leitete und beaufsichtigte den gesamten Geschäftsgang der Verwaltung. Zugleich war er stimmberechtigtes Mitglied und Vorsitzender des Rates. Bei Stimmengleichheit hatte er die entscheidende Stimme. Er war auf zwölf Jahre gewählt und konnte nicht durch ein Misstrauensvotum gestürzt werden.

531. Wodurch wurde Adenauers Einfluss noch verstärkt, wie lange war er Präsident des preußischen Staatsrats?

Adenauers Einfluss und seine Machtfülle als Oberbürgermeister wurden verstärkt durch zahlreiche einflussreiche Funktionen, die er außerhalb Kölns wahrnahm:

- 25. Januar 1918: Berufung durch allerhöchsten Erlass in das Preußische Herrenhaus.
- 1918–1932: Mitglied des Provinzialausschusses der Rheinprovinz (1920–1932 Vorsitzender).
- 1921–1933: Präsident des preußischen Staatsrats, eines der drei obersten Staatsorgane des »Freistaates Preußen«.
- 1921–1933: Mitglied des engeren Vorstandes des Deutschen Städtetages.
- 1921–1933: Vorstandsmitglied des Preußischen und Rheinischen Städtetages.

Besonders durch sein Ansehen als Präsident des 79 Mitglieder zählenden preußischen Staatsrats konnte Adenauer zugunsten Kölns Einfluss auf die Gesetzgebung und auf Entscheidungen der preußischen Ministerien nehmen. Er wurde in dieses hohe Amt von 1921–1933 (letztmals am 18. Januar 1933) 13-mal gewählt.

532. Wann flogen in der Kölner Stadtverordnetenversammlung Wurfgeschosse?

Gelegentlich kam es in besonders turbulenten Ratssitzungen zu körperlichen Nahkämpfen und sogar zum Einsatz von Wurfgeschossen. Als am 6. Juli 1922 ein Antrag der SPD, den Hohenzollernring und den Kaiser-Wilhelm-Ring zum Gedächtnis der ermordeten Politiker Matthias Erzberger und Walter Rathenau umzubenennen, auf lebhaften Widerspruch stieß, schlug der Fraktionsvorsitzende der Kommunisten, Josef Neubauer, vor, man könne ja zur Erinnerung an das abgedankte Kaiserhaus die (verrufene) Kammachergasse umbenennen. Dies löste einen Tumult aus, in dessen Verlauf Neubauer ein Wasserglas nach dem liberalen Fraktionsvorsitzenden schleuderte. Als Adenauer der Situation nicht mehr Herr werden konnte, hob er kurz entschlossen die Sitzung auf und ließ den Stadtverordneten in der nächsten Sitzung Pappbecher reichen.

533. Wie oft gab es Erwägungen, Adenauer zum Reichskanzler zu wählen?

Dreimal wurde auf höchster politischer Ebene eine Wahl des in hohem Ansehen stehenden Kölner Oberbürgermeisters zum Reichskanzler diskutiert: im Mai 1921, im November 1922 und im Mai 1926 (vor Bildung der dritten Regierung Marx, *siehe 534*). Adenauer lehnte entsprechende Angebote wegen Fehlens einer verlässlichen parlamentarischen Mehrheit ab.

534. Welcher Kölner Politiker wurde Reichskanzler?

Der 1863 in Köln geborene Zentrumspolitiker Wilhelm Marx (gest. 1946) wurde 1923 als Nachfolger Stresemanns Reichskanzler. Er war bereits 1899 für das Zentrum in das preußische Abgeordnetenhaus gewählt worden, war 1910–1918 und 1920–1932 Mitglied des Reichstags und gehörte 1919 der Weimarer Nationalversammlung an. Die 1923 von ihm gebildete Minderheitsregierung der bürgerlichen Mitte war die erste von insgesamt vier Reichsregierungen, die er bis

Juni 1928 führte. Von den zwölf Kanzlern der Weimarer Republik war er am längsten im Amt. In Köln-Holweide ist eine Straße nach ihm benannt.

535. Welchen berühmten Stadtplaner holte Adenauer nach Köln?

1920 gelang es Adenauer, den renommierten Hamburger Stadtplaner Prof. Fritz Schumacher für drei Jahre (1920 bis 1923) als Beigeordneten zur Umsetzung seiner städteplanerischen Vorstellungen zu gewinnen. Schumacher entwickelte bis 1923 für Köln einen so überzeugenden »Generalsiedlungsplan« (nach heutiger Terminologie »Flächennutzungsplan«), dass er in seinen Grundzügen bis in die Gegenwart die Kölner Planung bestimmt. Grundgedanke der Grünflächenplanung war, die durch die »Entfestung« Kölns verfügbaren vormals militärisch genutzten Rayonflächen als »Inneren und Äußeren Grüngürtel« zu erhalten, sie unter Einbeziehung der vorhandenen Parkanlagen und Grünflächen durch »Grünradiale« untereinander zu verbinden sowie den Anschluss an das Grün des weiteren Umlandes sicherzustellen.

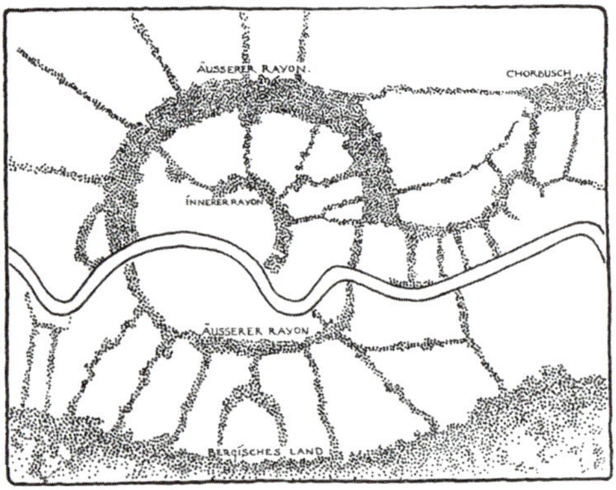

Schema des Grünflächensystems von Fritz Schumacher

Eingangsbereich der Kölner Messe, 1928

536. Was waren Adenauers Pferdeställe?

Mit der Durchführung der ersten großen Messe 1924 gab Adenauer den Startschuss für die Entwicklung Kölns zur Ausstellungs- und Messestadt. Bis 1928 wurden am Rheinufer in Deutz die Messehallen gebaut (heute Sitz von RTL). Mit einer überbauten Fläche von 33.000 m² war dies das größte Bauvorhaben in Deutschland nach 1918. Zu den sechs großen Hallen gehörte die deutschlandweit größte Kongress- und Konzerthalle mit 5.000 Sitzplätzen. Der architektonisch anspruchsvolle Messebau mit seinem 86 m hohen Turm wertete das rechtsrheinische Köln auf, verlieh dem Rheinpanorama einen modernen städtebaulichen Akzent und Köln ein zusätzliches Wahrzeichen. Wegen ihrer schlichten Ausstattung wurden die Messehallen im Volksmund »Adenauers Pferdeställe« genannt.

537. Was war der Grund für den Bau der Mülheimer Brücke?

Im Eingemeindungsvertrag zwischen den Städten Köln und Mülheim hatte Köln sich 1913 zum Bau einer festen Brücke verpflichtet. Sie sollte die infolge des gewachsenen Rheinverkehrs täglich bis zu dreißig Mal ausgefahrene Schiffsbrücke, die Mülheim 1888 der Stadt Mainz abgekauft hatte, ersetzen. 1929 wurde die Mülheimer Brücke eingeweiht. Mit einer Länge von 708 m und einer mittleren Spannweite von 315 m war sie die damals größte (Kabel-)Hängebrücke Europas *(siehe 769)*.

Einweihung der Mühlheimer Brücke 1929

538. Welche besonderen Verdienste hat Adenauer um den Brückenbau?

Adenauer wollte aus städtebaulich-ästhetischen Gründen zwischen Köln und Mülheim unbedingt eine Hängebrücke, obwohl sie wesentlich teurer als eine Bogenbrücke war. Nachdem ein Preisgericht mit neun gegen zwei Stimmen aus 38 Entwürfen eine Bogenbrücke ausgewählt und die Mehrheit der Stadtverordneten sich diesem Votum angeschlossen hatte, bedurfte es gekonnter kommunalpolitischer Tricks, um schließlich doch noch – mithilfe der Kommunisten – im Rat die Hängebrücke durchzusetzen. Die Unterstützung der ansonsten von ihm gemiedenen Kommunisten gewann Adenauer dadurch, dass er sie mit Fotos einer Leningrader Hängebrücke von der Fortschrittlichkeit seines Vorhabens überzeugte.

539. Welche Folgen hatte die 1929 ausgelöste Weltwirtschaftskrise für Köln?

Die durch den New Yorker Börsenkrach am 24. Oktober 1929 ausgelöste Weltwirtschaftskrise führte in Deutschland zu verheerenden Folgen. Im Winter 1931/1932 erreichte die Arbeitslosigkeit einen Höchststand von 6,128 Millionen. In Köln stieg sie von 70.000 im Oktober 1930 auf 110.000 im Juli 1932. Im März 1933 lebte fast ein Drittel der Bevölkerung von Arbeitslosengeld oder städtischen Fürsorgeleistungen. Der dadurch bedingte rasante Ausgabenanstieg bei gleichzeitigem Einbruch der Steuereinnahmen führte Köln in die Pleite. Ab Herbst 1932 war die Stadt zahlungsunfähig. Sie konnte fällige Schatzanweisungen aus dem Jahr 1929 nicht mehr tilgen.

540. Wie zeigt sich gegen Ende der Weimarer Republik die politische Radikalisierung?

Die sich seit 1929 dramatisch verschlechternde Wirtschaftslage und hohe Arbeitslosigkeit finden ihren Niederschlag in den Reichstagswahlen, die in immer dichterer Folge notwendig werden. In Köln entfällt zulasten der bürgerlichen Mitte ein immer größerer Stimmenanteil auf die radikalen Parteien. Den größten Zuwachs verzeichnet die NSDAP:

Reichstagswahlen – Stimmenanteil in Köln in %

	Zentrum	SPD	KPD	NSDAP
14.09.1930	24,9	19,4	17,0	17,6
31.07.1932	28,2	18,4	22,0	24,5
06.11.1932	27,3	17,4	24,5	20,4
05.03.1933	25,6	14,9	18,1	33,1

Das Adenauer-Denkmal an der Kirche St.Aposteln

541. Wann gewinnen erstmals Nationalsozialisten Sitze in der Kölner Stadtverordnetenversammlung?

Bei der Stadtverordnetenwahl am 17. November 1929 verändern sich die Sitzverteilung und das Parteienspektrum: Das Zentrum erhält 35 Sitze (vorher 31), die SPD 21 (vorher 11) die KPD 13 (vorher 15). Erstmals ziehen auch Nationalsozialisten in den Rat ein. Sie erhalten aufgrund von 12.521 Stimmen vier Sitze. Ihre Parole lautet »fort mit Adenauer«. Diese Forderung wird nach der am 12. März 1933 erfolgenden letzten Kommunalwahl in der Weimarer Republik bereits am folgenden Tag umgesetzt *(siehe 545).*

542. Wie wird Adenauer heute in Köln geehrt?

Den Kölnern ist es recht, dass des berühmtesten Sohnes der Stadt vielfach ehrenvoll gedacht wird. Nach seinem Tod 1967 wurde die Rheinuferstraße zwischen Hohenzollernbrücke und Zoobrücke (bis dahin Kaiser-Friedrich-Ufer) in Konrad-Adenauer-Ufer umbenannt. In der Figurengalerie des Rathausturms erhielt Adenauer einen Platz auf der Domseite im dritten Obergeschoss (neben Willi Ostermann und Kardinal Frings). Sein lebensgroßes, von Kölner Bürgern gestiftetes Standbild steht seit 1995 an der Nordseite der Apostelnkirche (nachdem der Antrag der CDU, das Denkmal vor dem Rathaus aufzustellen, gescheitert war). An dem Nachfolgebau des Hauses Balduinstraße 6, in dem Adenauer am 5. Januar 1876 geboren wurde, ist eine Gedenktafel angebracht. Im Äußeren Grüngürtel erinnert der Adenauer-Weiher an ihn. Bereits 1951 wurde Adenauer zum Ehrenbürger der Stadt ernannt. 1994 erhielt der Flughafen Köln-Bonn seinen Namen.

Nazi-Großaufgebot am 28. März 1936 – Hitler vor dem Gürzenich

Nationalsozialismus 1933–1945

543. War Köln eine nationalsozialistische Stadt?

Die in den Nachkriegsjahrzehnten beliebte Version, der Nationalsozialismus habe in Köln nie richtig Fuß fassen können, ist eine Legende. Köln war schon in der Weimarer Zeit das Zentrum des Nationalsozialismus im Rheinland. Es war zunächst Sitz des Gaus Rheinland (Süd), der aus den Regierungsbezirken Köln, Aachen, Koblenz und Trier bestand. Nach dessen Teilung 1931 wurde Köln Sitz des Gaus Köln-Aachen (Gauleiter Josef Grohé). Kurz nach der Ernennung Hitlers zum Reichskanzler ergriffen die Nationalsozialisten nicht ohne Unterstützung breiter Bevölkerungskreise auch in Köln rasch die Macht. Bei den Kommunalwahlen am 12. März 1933 wurde die NSDAP mit 39,6 % stärkste Kölner Partei.

544. Wie oft war Adolf Hitler in Köln, wie wurde er empfangen?

Hitler war mehrmals in Köln. 1930 sprach er am 18. März und 18. August, 1932 am 9. März, am 28. Juli und am 30. Oktober auf Großveranstaltungen (am 28. Juli auf den Rheinwiesen vor 30.000 Teilnehmern). Am 4. Januar 1933 fand in Köln-Lindenthal in der Villa des Bankiers Kurt Frei-

Gauparteitag 1934 in Köln

herr von Schröder ein Geheimtreffen mit dem vormaligen Reichskanzler Franz von Papen statt. Offizielle Besuche als Reichskanzler (daneben hielt Hitler sich verschiedentlich auch inoffiziell in Köln auf) erfolgten am 19. Februar und 26. Oktober 1933 sowie am 28. März 1936 und 30. März 1938. Es waren für die Partei triumphale Ereignisse. Am 28. März 1936 sprach Hitler, nachdem am 7. März die deutsche Wehrmacht in das seit 1918 entmilitarisierte Rheinland einmarschiert war. Er wurde von über 100.000 Kölnern begeistert empfangen. Hitler selbst schwärmte noch Jahre später über seinen letzten Empfang im März 1938: Mehrere Hunderttausend hätten ihm die größten Ovationen seines Lebens gebracht, die Menge habe jedes Mal bei seinem Erscheinen auf dem Balkon des Dom-Hotels geschunkelt, beim Verlassen der Rheinlandhalle hätten sämtliche Glocken geläutet.

545. Wie vollzog sich 1933 der Machtwechsel an der Spitze der Stadt Köln?

Am Tag nach der Kommunalwahl vom 12. März 1933 marschieren SA-Trupps vor das Rathaus, das von Nationalsozialisten besetzt wird. Gauleiter Josef Grohé erklärt

13. März 1933: Die Machtergreifung der NSDAP im Kölner Rathaus

Oberbürgermeister Adenauer für abgesetzt und ernennt den Nationalsozialisten Dr. Günter Riesen (Angestellter eines Kölner jüdischen Bankhauses) zum kommissarischen Oberbürgermeister. Adenauer flieht bereits am frühen Morgen, um seiner Verhaftung und der Demütigung zu entgehen, als Gefangener durch die Stadt geführt zu werden. Die Anpassung an die neuen Machtverhältnisse erfolgt rasch. Schon in der ersten Sitzung des neuen Stadtrats löst sich die Zentrumsfraktion, bis dahin stärkste politische Kraft in Köln, auf. Ihre Mitglieder dienen sich zum Entsetzen Adenauers den neuen Machthabern als »Hospitanten« an.

546. Welche antijüdischen Sofortmaßnahmen ergreift die neue NS-Verwaltungsspitze?

Bereits am 27. März – drei Tage vor dem allgemeinen Boykottaufruf gegen jüdische Geschäfte, Ärzte und Rechtsanwälte – beschließt die Stadt, jüdische Firmen ab sofort weder zur Abgabe von Angeboten heranzuziehen noch bei der Vergabe von Aufträgen zu berücksichtigen. Oberbürgermeister Riesen ordnet am 1. April an, dass Juden im Dienst der Stadt nicht zu beschäftigen sind. Bis Ende 1935 werden 587 den neuen Machthabern unliebsame Mitarbeiter entlassen und bis März 1936 durch 1.412 »alte Kämpfer« ersetzt, die damit für ihre Treue belohnt werden. Wichtige Rechtsgrundlage für das Entfernen aus dem Dienst wird das von der Reichsregierung beschlossene »Gesetz zur Wiederherstellung des Berufsbeamtentums« vom 7. April 1933.

547. Wie viele Mitglieder hatte die Partei in Köln zu Beginn der NS-Zeit?

Ausschließlich Köln betreffende Zahlen liegen nicht vor. Nach der Parteistatistik von 1935 betrug die Zahl der Parteieintritte im Gau Köln-Aachen bis zum 14. September 1930 2.470. Bis zum 30. Januar 1933 kamen 13.787 hinzu. Danach traten bis zum 31. Dezember 1934 74.365 weitere Mitglieder in die Partei ein, sodass sich deren Gesamtzahl am 1. Januar 1935 auf 90.619 belief. Man geht davon aus, dass wenigstens ein Drittel davon auf Köln entfiel, da es als größte Stadt mit 757.000 ein Drittel der Einwohner des Gaus (2.307.567) stellte. Nach dem Machtwechsel erfolgte ein regelrechter Ansturm auf die Geschäftsstellen der NSDAP. Viele Bewerber wollten aus Existenzangst oder Opportunismus die Mitgliedschaft erwerben. Sie waren allerdings für die Partei von minderem Wert, weshalb man von den »Märzgefallenen« sprach. Im Mai wurde schließlich eine allgemeine Aufnahmesperre verhängt, die erst ab 1935 vorsichtig gelockert wurde. Rückschlüsse auf die Gesamtzahl der Parteimitglieder ergeben sich aus der Zahl von über 63.000

Parteizentrale Am Filzengraben

Entnazifizierungsverfahren in den Jahren 1945–1949 *(siehe 611, 612)*.

548. Wie viele Ortsgruppen der NSDAP gab es in Köln?

Die NSDAP überzog die Stadt mit einem engen organisatorischen Netz von (1938) 74 Ortsgruppen, die in Zellen (160–480 Haushalte) und Blöcke (40–60 Haushalte) untergliedert waren. An der Spitze standen jeweils ein Ortsgruppenleiter, Zellenwart und Blockwart.

549. Seit wann war die antijüdische Haltung des Nationalsozialismus bekannt?

Das Parteiprogramm der Nationalsozialisten von 1920 enthielt bereits eine unmissverständliche Kampfansage: »Staatsbürger kann nur sein, wer Volksgenosse ist. Volksgenosse kann nur sein, wer deutschen Blutes ist ohne Rücksicht auf die Konfession. Kein Jude kann daher Volksgenosse sein.« Noch deutlicher formulierte Hitler seine antijüdischen Ziele in seiner 1925/26 erschienenen Rechenschafts- und Programmschrift »Mein Kampf«.

550. Wie viele Juden leben 1933, wie viele 1945 in Köln?

1933 zählt die Synagogengemeinde Köln (deren Grenzen über das Stadtgebiet hinausreichten) 18.281 Mitglieder. Bei der Volkszählung 1933 bekennen sich knapp 15.000 der 757.000 Einwohner Kölns (= knapp über 2 %) zum Judentum. Etwa die Hälfte wandert in den folgenden Jahren aus. Im Mai 1939 leben in Köln noch etwa 8.000 Juden. Sie werden ab 1941 deportiert und bis auf wenige Ausnahmen in den NS-Vernichtungslagern ermordet *(siehe 559)*. In dem vom NS-Dokumentationszentrum *(siehe 576)* herausgegebenen Gedenkbuch »Die jüdischen Opfer des Nationalsozialismus« sind über 7.000 Namen ermordeter Kölner Juden dokumentiert. Für Frühjahr/Sommer 1945 schwanken die Zahlen der in Köln lebenden Juden zwischen 100 und 200 *(siehe 849)*. Nach deren Angaben gelang es 30–40 Personen, versteckt in Köln zu überleben.

551. Wann begannen auf den Straßen die ersten organisierten antijüdischen Aktionen?

Der in Köln verlegte »Westdeutsche Beobachter« (Schriftleiter seit 1925 Josef Grohé) verkündet am 28. März 1933 auf der Titelseite einen von Hitler selbst angeregten Aufruf der Parteileitung zum organisierten Boykott jüdischer Geschäf-

... bedarf keines Kommentares

te, Ärzte und Rechtsanwälte. Erster Boykotttag ist der 1. April. Durch alle Straßen patrouillieren uniformierte SA- und SS-Streifen, beziehen Posten vor den jüdischen Geschäften und bringen antijüdische Plakate mit Boykottaufrufen an. Jüdische Geschäftsinhaber werden durch die Straßen geführt und gezwungen, demütigende Plakate zu tragen. Heftige Proteste aus dem Ausland führen am 4. April zum Abbruch der Boykottaktion.

552. Wann wurde das Justizgebäude am Reichenspergerplatz gestürmt?

Als Auftakt zur Boykottaktion dringen am 31. März 1933 bewaffnete SA- und SS-Leute in das Justizgebäude am Reichenspergerplatz ein und durchsuchen das Haus nach jüdischen Juristen. Diese werden mit körperlicher Gewalt auf einen offenen Mülltransportwagen gezwungen und (wie Abfall) unter dem Gespött der Menge durch die Straßen der Stadt zum Polizeipräsidium gefahren.

553. Wie wurde die Justiz »gesäubert«?

Der am 27. März 1933 zum Reichskommissar für die preußische Justizverwaltung ernannte Hanns Kerrl weist am 31. März durch Funkspruch alle OLG-Präsidenten an, umgehend allen jüdischen Richtern nahezulegen, sofort ihr Urlaubsgesuch einzureichen und sicherzustellen, »dass ab morgen früh 10 Uhr« nur noch bestimmte jüdische Rechtsanwälte, deren Zahl dem Verhältnis der Juden zur Gesamtbevölkerung entspricht, vor Gericht auftreten. Schon am 3. April berichtet der Kölner OLG-Präsident, dass statt bisher 16 nur noch ein jüdischer Anwalt am OLG zugelassen sei. Von den 81 am Amts- und Landgericht Köln zugelassenen jüdischen Anwälten behalten nur vier ihre Zulassung. In Preußen beträgt im April 1933 die Zahl der planmäßigen Justizbeamten 45.181. Davon sind 1.704 Juden. Von diesen sind im März 1934 nur noch 331 im Amt.

554. Wie wirkte sich der Machtwechsel auf die Studierenden der Kölner Universität aus?

Die 1919 neu gegründete Universität *(siehe 816)* zählte im Wintersemester 1932/33 4.695 Studenten, darunter 188 Glaubensjuden (3,85 %). Bereits im Sommersemester 1933 sank deren Zahl um 61 % auf 73. Grund war das von der Reichsregierung beschlossene »Gesetz gegen die Überfüllung deutscher Schulen und Hochschulen« vom 25. April 1933, das eine Prozentnorm für Juden (für Köln 1,5 %) festlegte. Nach 1934 fand keine Neuimmatrikulation jüdischer Studenten mehr statt. Als 1938 nach der »Reichskristallnacht« *(siehe 558, 560)* der Reichserziehungsminister den Universitäten telegrafierte: »Ich ermächtige Sie, inländischen jüdischen Studierenden zur Vermeidung von Unzuträglichkeiten bis zur weiteren Entscheidung die Teilnahme an den Vorlesungen und Übungen sowie das Betreten der Hochschule zu verbieten«, konnte der Rektor feststellen, »dass sich an der Universität Köln keine jüdischen Studenten befinden«. Der Prozess der völligen Eliminierung war in Köln bereits abgeschlossen. Ein Anschlag, der jüdischen Studenten das Betreten der Universität verbot, wurde auf Beschluss des Senats der Universität dennoch für jedermann sichtbar angebracht.

555. Wie wurde der Lehrkörper der Universität »gesäubert«?

Bereits im April 1933 trafen in der Universität Köln die Durchführungsbestimmungen für das »Gesetz zur Wiederherstellung des Berufsbeamtentums« vom 7. April 1933 ein. Als Folge wurde noch am 29. April, unmittelbar vor Beginn des Sommersemesters, neun jüdischen Professoren »empfohlen«, ihre Lehrbefugnis nicht auszuüben. Mit gleicher Verfügung wurden aus »politischen« Gründen neun weitere Professoren beurlaubt. Bis 1938 wurden 17 weitere Professoren aus dem Dienst entfernt. Der Rektor hatte auf jeder Senatssitzung die Namen derer zu verkünden, denen die Lehrbefugnis entzogen war. Durch diese Maßnahmen war die Universität Köln innerhalb weniger Jahre »judenrein« und »politisch gleichgeschaltet«.

556. Welche antisemitischen Züge nahm der Karneval an?

Die judenfeindliche Haltung schlug sich auch im Karneval nieder. Bereits 1934

Judenhetze auch im Kölner Karneval

wurden im Rosenmontagszug Wagen mit antisemitischen und rassistischen Parolen und Figuren mitgeführt.

557. Was änderten die Nationalsozialisten an der Kölner Karnevalstradition, was blieb davon erhalten?

Dem Kampf gegen die Homosexualität fielen schon bald auch die Tanzmariechen zum Opfer, die bis 1935 traditionsgemäß Männer waren und in besonderer Weise zur Komik beitrugen. Sie wurden durch weibliche Mariechen ersetzt, die sich mit ihrem Charme rasch in die Herzen der Kölner eintanzten und deshalb nach dem Krieg beibehalten wurden. Die Kölner Jungfrau wurde hingegen auch nach dem Krieg wieder durch einen Mann dargestellt.

558. Wann begann in Köln die verschärfte Verfolgung der Juden?

1935 schaffen die vom Reichstag einstimmig verabschiedeten »Nürnberger Gesetze« (Reichsbürgergesetz und Gesetz zum Schutz des deutschen Blutes und der deutschen Ehre) die gesetzliche Grundlage für verschärfte Verfolgungsmaßnahmen. Sie leiten die systematische Verwirklichung des antisemitischen Programms der NSDAP von 1920 *(siehe 549)* und aus Hitlers »Mein Kampf« ein. Auftakt wird die reichsweite Pogromnacht zum 10. November 1938 (»Reichskristallnacht«): SA-Leute und Mitläufer demolieren und plündern jüdische Geschäfte und Wohnungen. Juden werden brutal misshandelt. Dabei kommt in Ehrenfeld ein jüdischer Frisör zu Tode. Wie im gesamten Reich werden auch in Köln alle sieben Synagogen zerstört und in Brand gesetzt. 800 Juden werden von der Gestapo verhaftet und in das KZ Dachau verbracht. 1941 werden alle Juden verpflichtet, als Erkennungszeichen den Judenstern zu tragen. Sie unterliegen einer nächtlichen Ausgangssperre, dürfen keine öffentlichen Transportmittel mehr benutzen und erhalten gekürzte Lebensmittelrationen.

559. Wie viel Kölner Juden wurden ermordet?

1941 wird die »Endlösung« eingeleitet: Am 21. Oktober 1941 beginnt vom Deutzer Bahnhof aus die Deportation der in Köln noch vorhandenen 6.277 Juden in die Vernichtungslager im Osten. Von Deutz-Tief aus werden bis 1944 aus dem Raum Köln ca. 11.000 Juden deportiert, davon etwa 7.000 Einwohner der Stadt. Die genauen Zahlenangaben schwanken, da die Mitgliederlisten der Synagogengemeinde nicht erhalten blieben und die Register des Einwohnermeldeamtes nahezu völlig vernichtet wurden.

560. Wie viele jüdische Synagogen gab es 1938 in Köln, was geschah mit ihnen?

In Köln gab es bis November 1938 sieben jüdische Synagogen:

- Konservative Synagoge, Glockengasse 7 (1861)
- Synagoge der orthodoxen Synagogengemeinde Adass Jeschorun, St.-Apern-Straße 29–31 (1884). Ihr waren ein Lehrerseminar, eine Übungsschule (Morija) und ein Reformrealgymnasium (Jawne) angegliedert.
- Synagoge der liberalen Synagogengemeinde, Roonstraße 50 (1899)
- Synagoge im Hof des Kinderheims, Lützowstraße 35–37 (1919)
- Synagoge in Köln-Ehrenfeld, Körner Straße 93 (1927)
- Deutzer Synagoge, erstmals im 16. Jahrhundert erwähnt, 1784 durch Eisgang zerstört. Der Neubau an alter Stelle am Rheinufer musste 1914 dem Bau der Hindenburgbrücke weichen. Als Ersatz wurde 1915 die Synagoge am Reischplatz 6 geweiht.
- Mülheimer Synagoge, 1784 durch Eisgang zerstört, 1786 an gleicher Stelle, Mülheimer Freiheit 78, wiederaufgebaut.

Alle Kölner Synagogen wurden in der »Reichskristallnacht« am 9. November 1938 verwüstet und gebrandschatzt. Die Synagogen Glockengasse, Roonstraße und Köln-Ehrenfeld brannten völlig aus. Alle Gebäude wurden später Opfer des Bombenkriegs.

561. Wie verhielt sich die katholische Kirche?

Widerstand und öffentliche Kritik vonseiten der Amtskirche waren so zurückhaltend, dass viele katholische Gläubige irritiert waren. Hinzu kam, dass das 1933 mit dem Vatikan vereinbarte Reichskonkordat die Vereinbarkeit von Nationalsozialismus und Katholizismus suggerierte. Der Kölner Kardinal Schulte wandte sich zu keinem Zeitpunkt öffentlich gegen die rassistischen Aktionen und Verfolgungen

Die am 9. November 1938 in der Reichskristallnacht demolierte Synagoge in der Glockengasse

der neuen Machthaber. Das wurde erst anders, als 1942 Josef Frings als Erzbischof sein Nachfolger wurde. In Hirtenbriefen und Predigten bezog er entschieden gegen die braunen Machthaber Stellung und nannte die Judenverfolgung mutig »himmelschreiendes Unrecht«. Zur Erinnerung an diesen großen Kölner Erzbischof (1942–1969), dem Papst Pius XII. 1946 die Kardinalswürde verlieh, steht auf dem Laurenzplatz ein Denkmal mit seiner Büste. Im Figurenreigen des Rathausturms steht seine Skulptur im dritten Obergeschoss an der Nordseite.

562. Wie verhielt sich die evangelische Kirche?

Ein Großteil des deutschen Protestantismus sympathisierte mit der 1932 entstandenen Glaubensbewegung »Deutsche Christen«, die auf ein nationalkirchliches, völkisch orientiertes Christentum ausgerichtet war und eine Synthese mit der Ide-

Pfarrer Hans Encke, Mitglied der Bekennenden Kirche, veranstaltete in der Kreuzkapelle in Riehl Abschiedsgottesdienste für Juden vor deren Deportation

ologie des Nationalsozialismus suchte. Bei den Kirchenwahlen am 23. Juli 1933 erzielten die Deutschen Christen durchschnittlich Mehrheiten von 70%. Im September 1933 wählten sie auf der Nationalsynode in Wittenberg Ludwig Müller zum Reichsbischof (»Reibi« Müller). Diese Entwicklung spiegelte sich auch in den evangelischen Gemeinden Kölns wider. Während der gesamten NS-Zeit übten die Deutschen Christen in den meisten Kölner Gemeinden und kirchlichen Gremien einen bestimmenden Einfluss aus. Die Gegner der Deutschen Christen sammelten sich seit 1934 in der »Bekennenden Kirche«, deren exponierter Vertreter in Köln der Riehler Pfarrer Hans Encke (Sohn des bedeutenden Gartenbaudirektors Fritz Encke, *siehe 973*) wurde. Unter großen persönlichen Risiken betreute und half er Juden und veranstaltete in der Kreuzkapelle in Riehl Abschiedsgottesdienste vor deren Deportation. Nach dem Krieg wurde Encke Superintendent des Kirchenkreises Köln.

Löwenbrunnen am Klibansky-Platz: Gedenkstätte für mehr als 1.100 deportierte jüdische Kinder

563. Welche Gedenkstätte erinnert an die Deportation 1.100 jüdischer Kinder?

1990 wurde auf dem Erich-Klibansky-Platz (Helenenstraße), finanziert durch zahlreiche private Spenden, eine Gedenkstätte eingeweiht, die an die Deportation von mehr als 1.100 jüdischen Kindern erinnert. Sie besteht aus einem achteckigen Löwenbrunnen (den Brunnen krönt der Löwe von Juda), in dessen Umrandung Bronzeplatten mit den Namen aus Köln deportierter Kinder eingelassen sind. Der Standort war einst Schulhof des jüdischen Gymnasiums Jawne. Der Platz wurde nach dessen letztem Direktor Dr. Klibansky benannt, dem es noch 1939 gelang, 130 Schüler nach England zu retten, bevor er selbst am 24. Juli 1942 mit seiner Frau, seinen drei Söhnen und 1.163 Kindern in einem Wald bei Minsk erschossen wurde.

564. Wer war Edith Stein, was erinnert an sie?

Die 1891 in Breslau geborene, 1918 zum Dr. phil. promovierte Edith Stein trat 1922 zum katholischen Glauben über. Sie war zuletzt Dozentin am Institut für wissenschaftliche Pädagogik in Münster, bevor sie 1933 als Ordensschwester unter dem Namen Teresia Benedicta a Cruce in das Kölner Karmelitinnenkloster eintrat. 1938 floh sie wegen drohender Verhaftung in den Karmel im niederländischen Echt. Dort wurde sie 1942 verhaftet, nach Auschwitz deportiert und ermordet. Papst Johannes Paul II. sprach die konvertierte Jüdin am 1. Mai 1987 in Köln selig und am 11. Oktober 1998 in Rom heilig. 1999 wurde auf dem Maria-Ablass-Platz vor der Residenz des Kölner Erzbischofs ein vom Erzbistum in Auftrag gegebenes Denkmal zu Ehren Edith Steins enthüllt. In der Krypta der Karmelitinnenkirche Maria vom Frieden erinnert eine Gedenktafel an sie. Ihre Skulptur steht auf der Nordseite des Ratsturms (4. Obergeschoss, rechts).

565. Was geschah mit den Sinti und Roma?

Ab Mai 1935 wurden alle Wohnwagen der »Zigeuner« in einem Sammellager in der Venloer Straße 888 (Schwarz-Weiß-Platz) in Köln-Bickendorf zusammengefasst und ihre Bewohner dort interniert.

Blick in ein Sammellager von Sinti und Roma

Das Kölner Lager galt als Muster für das gesamte Deutsche Reich. 1940 wurden mehr als 1.500 Sinti und Roma aus dem Rheinland vom Bahnhof Deutz-Tief aus in Ghettos und Lager nach Polen deportiert und ab 1943 in das KZ Auschwitz-Birkenau verbracht, wo die meisten ermordet wurden. Nur wenige – größtenteils zwangssterilisiert – überlebten.

566. Was erinnert an das Schicksal der Sinti und Roma?

Am Auenweg in Deutz, auf der Rückseite des Bahnhofs Deutz-Tief, wurde 1990 eine Gedenktafel angebracht, die an die von hier aus erfolgte Deportation von 1.500 Sinti und Roma und 11.000 Juden erinnert. Im Mai 1990 zog der Kölner Künstler Gunter Demnig mit einem Laufrad eine breite Kreidespur von Bickendorf zum Bahnhof Deutz mit der tausendfachen Inschrift »Mai 1940 – 1.000 Sinti und Roma«. Heute erinnern an 23 Stellen in Köln in den Boden eingelassene Steinplatten an den Mai 1940. In sie ist Demnigs Inschrift in Bronze eingelegt.

567. Was geschah mit den Homosexuellen, was erinnert an ihren Leidensweg?

Obwohl § 175 des Strafgesetzbuchs jedwede gleichgeschlechtliche Beziehung verbot, hatte sich in Köln in der Weimarer Zeit eine rege schwul-lesbische Subkultur entwickelt. Sie wurde nach der Machtergreifung Ziel rigoroser Verfolgung. Bereits am Aschermittwoch 1933 wurden sämtliche einschlägigen Lokale geschlossen. Zahlreiche Homosexuelle landeten im KZ, wo sie mit einem rosa Dreieckswinkel gekennzeichnet wurden. Das nach dem Krieg an der Rheinuferpromenade neben der Hohenzollernbrücke errichtete Denkmal für die während der NS-Zeit ermordeten Homosexuellen hat deshalb die Form eines aus rosafarbenem Marmor bestehenden Dreiecks mit der Inschrift:

Totgeschlagen – Totgeschwiegen
Den schwulen und lesbischen Opfern
Des Nationalsozialismus

Mahnmal auf dem jüdischen Friedhof zur Erinnerung an die Reichskristallnacht am 9. November 1938

568. Seit wann erinnern »Stolpersteine« an das Schicksal ehemaliger NS-Opfer?

Unter dem Titel »Stolpersteine« startete der in Köln lebende Künstler Gunter Demnig 1993 in Köln ein Projekt, das die Erinnerung an die Vernichtung von Juden, Sinti, Roma und anderen politisch Verfolgten der NS-Zeit lebendig halten soll: 10 x 10 cm große, mit Messing überzogene Pflastersteine, die jeweils den Namen eines Opfers tragen, werden an deren ehemaliger Wohnstätte im Gehweg eingelassen. Inzwischen (2008) gibt es über 13.000 dieser Stolpersteine in mehr als 186 Städten (unter anderem in Österreich, Italien, in den Niederlanden, Ungarn). In Köln sind es über 1.400.

569. Welche zehn Gedenkstätten sollte jeder Kölner kennen?

- Die Figurengruppe des »Trauernden Elternpaares« von Ewald Mataré, aufgestellt 1959 in der Ruine von St. Alban zur Erinnerung an die Opfer und Leiden beider Weltkriege.
- Kölner Totenmal, Lichhof an Maria im Kapitol, errichtet 1949 zum Gedenken an die Gefallenen des Zweiten Weltkriegs.
- »Der schwebende Engel« von Ernst Barlach, seit 1952 in der Antoniterkirche zur Erinnerung an die Gefallenen beider Weltkriege.
- Mahnmal auf dem Hansaplatz, älteste Gedenkstätte für NS-Opfer.
- Mahnmal Klingelpütz auf dem Gelände des ehemaligen gleichnamigen Gefängnisses, das an über tausend Hinrichtungen in den Jahren 1933–1945 erinnert.
- Löwenbrunnen am Erich-Klibanski-Platz *(siehe 563)*.
- Gedenktafel am Bahnhof Deutz-Tief *(siehe 559)*.

- Denkmal für die ermordeten Homosexuellen an der Rheinuferpromenade *(siehe 567).*
- Mahnmal an der Rheinfront der (ehemaligen) Deutzer Messe zur Erinnerung an die dort in verschiedenen Lagern untergebrachten KZ- und Gestapo-Häftlinge, Zwangsarbeiter und Kriegsgefangenen.
- »Die Jünglinge im Feuerofen«, Denkmal auf dem Westfriedhof zum Gedenken an die Opfer der Gestapo (dort liegen 792 Opfer begraben). Der Westfriedhof ist die wichtigste Erinnerungsstätte an die zahllosen Opfer des NS-Regimes.

570. Welche Straßennamen erinnern an ehemalige jüdische Bürger Kölns?

- Adolf-Kober-Straße, Köln-Stammheim, Dr. Adolf Kober war 1918–1939 Rabbiner in Köln, emigrierte 1939 in die USA, wo er 1958 in New York starb.
- Auerbachplatz, Köln-Sülz, Dr. Benjamin Auerbach war 30 Jahre Chefarzt des Israelitischen Asyls für Kranke und Altersschwache in Köln-Ehrenfeld, emigrierte 1939 und starb 1940 in New York.
- Bernhard-Feilchenfeld-Straße, Köln-Zollstock, Bernhard Feilchenfeld war Leiter der jüdischen Wohlfahrtspflege in Köln, gestorben 1934.
- Bodenheimerstraße, Köln-Bickendorf, Max Bodenheimer war Rechtsanwalt, gründete die »National-Jüdische Vereinigung«, wanderte 1935 aus und starb 1940. Er ist durch eine Figur am Rathausturm geehrt.
- Dr.-Simons-Straße, Köln-Deutz, Dr. Julius Simons war jüdischer Lehrer. Er wurde 1943 in Auschwitz ermordet.
- Elias-Gut-Straße, Köln-Stammheim, Elias Gut war Religionslehrer, zeitweise Direktor des Jüdischen Lehrerseminars. Er emigrierte in die Schweiz, wo er 1940 starb.
- Erich-Klibansky-Platz, Altstadt Nord, Erich Klibansky war Leiter des Jüdischen Gymnasiums, er wurde 1942 ermordet *(siehe 563).*
- Herbert-Lewin-Straße, Lindenthal, Herbert Lewin war Chefarzt im Jüdischen Krankenhaus Köln, überlebte im KZ. Wurde nach dem Krieg erster Vorsitzender der Synagogen-Gemeinde Köln.
- Leonhard-Tietz-Straße, Altstadt-Süd, Leonhard Tietz war Vorstand des jüdischen Warenhauses, wanderte nach dessen »Arisierung« (Westdeutsche Kaufhof A.G.) 1934 aus und starb 1941 in Jerusalem.
- Nathan-Kahn-Straße, Köln-Stammheim, Nathan Kahn war Vorstandsmitglied der Kölner Jüdischen Gemeinde, emigrierte 1939 nach Südafrika, wo er 1948 starb.
- Ransenbergweg, Köln-Bocklemünd, Robert Ransenberg war jüdischer Buchdrucker und als SPD-Mitglied Stadtverordneter im Rat der Stadt Köln. Er wurde 1941 deportiert und kam im KZ um.

571. Welche Straßennamen erinnern an andere Opfer des NS-Regimes?

- Bartholomäus-Schink-Straße, Köln-Ehrenfeld, Edelweißpirat, 1944 in Ehrenfeld gehängt.
- Benedikt-Schmittmann-Straße, Lindenthal, Universitätsprofessor, 1939 im KZ ermordet.
- Bernhard-Letterhaus-Straße, Neustadt-Nord, Zentrumsabgeordneter, 1944 hingerichtet.
- Nikolaus-Groß-Straße, Neustadt-Nord, Schriftleiter der »Ketteler Wacht«, 1944 hingerichtet.

- Otto-Gerig-Straße, Deutz, kath. Reichstagsabgeordneter, 1944 in Buchenwald gestorben.
- Prälat-Otto-Müller-Platz, Neustadt-Nord, Gründer und geistlicher Kopf der Katholischen Arbeitnehmerbewegung (KAB), 1944 in Haft gestorben.
- Theodor-Babilon-Straße, Deutz, Geschäftsführer des Kolpinghauses, 1945 im KZ gestorben.

572. Welche städtebaulichen Pläne hatten die Nationalsozialisten?

Die Nationalsozialisten beabsichtigten, Köln städtebaulich ihren Stempel aufzudrücken. Aufgrund des Gesetzes zur Neuordnung der Städte von 1937 wurde dem Stadtbauamt die zentrale Planungskompetenz entzogen und einer neuen Planungsstelle (ab 1941 »Planungs GmbH« genannt) übertragen, die unmittelbar Gauleiter Grohé als »Beauftragtem des Führers für die Neugestaltung der Hansestadt Köln« unterstellt wurde. Geplant wurden neben einer Nord-Süd-Achse durch die Innenstadt eine repräsentative Ost-West-Achse vom Hahnentor bis zur Hindenburgbrücke, in deren Verlängerung in Deutz zwischen Hohenzollern- und Hindenburgbrücke ein monumentales Gauzentrum – als architektonisches Gegenstück zum Dom – entstehen sollte. Der Hauptbahnhof sollte an das westliche Ende (Schnittpunkt Grüngürtel), der Deutzer Bahnhof an das östliche Ende dieser Achse, die vornehmlich für Aufmärsche quer durch die Stadt gedacht war, verlegt werden. Eine Eisenbahnbrücke in Höhe der heutigen Zoobrücke sollte den Zugverkehr um die Innenstadt herumleiten. Chefplaner war der Kölner Architekt Clemens Klotz.

Modell zur Planung des Gauzentrums in Deutz als architektonisches Gegenstück zum Dom

573. Was war das Maifeld?

Im Grüngürtel zwischen Aachener Weiher und Bachemer Straße entstand als Endpunkt der geplanten Ost-West-Achse als riesiges Aufmarschgebiet für 200.000 Menschen das Maifeld. An dessen Südseite wurde 1938 als Tribüne ein wuchtiger terrassenförmiger Bau errichtet, der durch einen riesigen Hoheitsadler mit einer Höhe von 15 m und einer Spannweite von 20 m gekrönt war.

574. Welche städtebaulichen Spuren hat die NS-Zeit hinterlassen?

Erste Abbrucharbeiten für die geplante Ost-West-Achse zwischen Hahnentor und Heumarkt (»Durchbruch«) begannen 1937. Nach dem Krieg wurde das Projekt von Architekt Wilhelm Riphahn in gemäßigter Form fortgesetzt (Hahnenstraße). Die geplante Nord-Süd-Achse wurde nach dem Krieg als sogenannte Nord-Süd-Fahrt in eingeschränkter Form realisiert. 1936 nahm die Stadt – im Wesentlichen basierend auf älteren Planungen – die Entkernung und Sanierung des baulich und sozial heruntergekommenen Martinsviertels in Angriff. Durch Zusammenlegung benachbarter Häuser, durch Neubauten nach historischen Vorbildern und durch Beibehaltung des alten Straßen-

Hoheitsadler auf dem Maifeld zwischen Aachener Weiher und Bachemer Straße

EL-DE-Haus, seit 1988 NS-Dokumentationszentrum, Appellhofplatz 23–25

grundrisses wurde das Viertel in historischem Charakter städtebaulich vorbildlich saniert. Der Neuaufbau nach 1945 orientierte sich weitgehend an dem sanierten Zustand der dreißiger Jahre *(siehe 645)*.

575. Wann wurde Köln »Hansestadt«?

Am 1. Oktober 1935 proklamierte Oberbürgermeister Riesen im Hansesaal des Rathauses Köln zur »Hansestadt Köln«. Mit diesem Etikett sollte sichtbar an die große mittelalterliche Epoche erinnert werden, als Köln eine der führenden europäischen Hansestädte war *(siehe 134)* und von hier aus der Export »deutscher Art, deutscher Sprache und deutscher Kultur« erfolgte. Die Verkehrsbetriebe hießen fortan »Bahnen der Hansestadt Köln«. 1945 war diese Episode vorbei. Die Bahnen wurden wieder in »Bahnen der Stadt Köln« umbenannt.

576. Seit wann gibt es das »NS-Dokumentationszentrum« im EL-DE-Haus?

Das EL-DE-Haus, Appellhofplatz 23–25, war von 1935–1945 Sitz der Kölner Gestapo. In dem im Keller eingerichteten Hausgefängnis wurden Gestapo-Häftlinge gefangen gehalten, verhört und gefoltert. Im Hof stand ein Galgen (allein von Oktober 1944 bis März 1945 mindestens 315 Hinrichtungen). An den Zellenwänden blieben rund 1.800 von Inhaftierten gefertigte Inschriften und Zeichnungen erhalten. 1981 wurde in dem vom Krieg weitgehend verschonten Haus die Gedenkstätte »Gestapogefängnis« eröffnet. 1988 zog in das erste und zweite Obergeschoss das im Jahr zuvor vom Rat der Stadt Köln beschlossene NS-Dokumentationszentrum ein. Hier befindet sich heute außer einer guten Präsenzbibliothek die Dauerausstellung »Köln und der Nationalsozialismus«. Das mit steigender Tendenz besuchte Haus verzeichnete 2007 42.500 Besucher (2006: 37.861), 112 Veranstaltungen und 1.152 Führungen. Der Name EL-DE-Haus geht zurück auf die Initialen (LD) seines Bauherrn, des Goldwaren- und Uhrengroßhändlers Leopold Dahmen, der das 1934/35 errichtete Haus nach erfolgter Beschlagnahme bereits im Rohbau an die Gestapo vermieten musste.

St. Aposteln am Neumarkt, 10. April 1945

Zweiter Weltkrieg / Bombenkrieg 1939–1945

577. Wann fielen in Köln die ersten Bomben?

Schon kurz nach Kriegausbruch heulen in Köln erstmals die Sirenen. Die Stadt liegt nur 80 km von der Westfront entfernt, ist für feindliche Flieger leicht zu erreichen und wegen der Lage am Rhein auch nachts leicht zu orten. In der Nacht zum 13. Mai 1940 wirft ein Einzelflugzeug die ersten Sprengbomben. Am 18. Juni sind bei einem erneuten Angriff die ersten sechs Opfer zu beklagen. Der erste größere Luftangriff erfolgt am 1. März 1941. Bis Ende 1941 sind bereits 100 Luftangriffe auf Köln registriert, als weite Teile des »Reichs« den Bombenkrieg nur vom Hörensagen kennen.

578. Wie viele Luftschutzbunker wurden in Köln gebaut?

Aus der Kriegszeit sind heute noch 59 öffentliche Kölner Luftschutzbunker bekannt, die wenigstens 100 Personen aufnehmen konnten. Sie wurden als Hoch- oder Tiefbunker gebaut. In einigen Hochbunkern, wie zum Beispiel im Bunker in Köln-Mülheim, Berliner Straße 20, fanden über 2.800 Personen Schutz. Eine gute Zusammenstellung enthält auf 132 Seiten der Band »Bunker in Köln« der Schriftenreihe der Kunst- und Museumsbibliothek der Stadt Köln.

Hochbunker in Deutz, 2007

Am Tag danach …

579. Wie viele Luftschutzbunker blieben erhalten, wie werden sie heute genutzt?

26 Hochbunker mit teilweise ansprechender äußerer Gestaltung blieben erhalten. In den ersten Nachkriegsjahren dienten sie (teilweise bis 1956, *siehe 617*) zu Wohnzwecken. Später wurden sie unfunktioniert. Sie werden heute als Kulturzentrum oder Jugendtreff, Lagerort oder als exklusiver Wohnraum genutzt.

580. Wann war der erste 1.000-Bomber-Angriff auf Köln?

Die Royal Air Force (RAF) fliegt nach den Plänen des britischen Luftmarschalls Arthur Harris (Bomber-Harris) in der Nacht zum 31. Mai 1942 bei klarem Vollmond mit 1.048 Bombern und einer Bombenlast von nahezu 1.500 Tonnen den ersten 1.000-Bomber-Angriff der Geschichte (Operation Millenium), der gezielt die Kölner Zivilbevölkerung demoralisieren soll (moral bombing). In den ersten Angriffswellen werden Brandbomben geworfen, um für die nachfolgenden Spreng- und Brandbombenabwürfe (insgesamt 110.000 Stab- und 1044 Phosphorbomben) das Zielgebiet zu beleuchten. Den Feuerschein können die Piloten bereits von der holländischen Küste aus sehen. In dem Inferno kommen 474 Menschen ums Leben, 5.000 werden verletzt, 45.000 obdachlos. Neben zwölf historisch wertvollen Kirchen der Innenstadt wird auch der Dom getroffen (42 Brandherde). Die Dombauhütte brennt völlig nieder *(siehe 246)*.

581. Wie viele Opfer forderte der Nachtangriff am 29. Juni 1943 (Peter und Paul)?

Der Nachtangriff am 29. Juni 1943, dem kurz darauf weitere schwere Angriffe folgen, fordert mit 4.377 die meisten Todesopfer. Mindestens 10.000 Personen werden verletzt, 230.000 haben kein Obdach mehr. Der Dom wird von zwei Sprengbomben getroffen *(siehe 246)*. Die Orgel im Nordschiff wird zerstört. Die Polizeiberichte sprechen seit diesem Angriff nicht mehr von Toten und Verletzten, sondern von Gefallenen und Verwundeten.

582. Was waren die schwersten Luftangriffe auf Köln?

Von insgesamt 50 schweren Angriffen auf Köln gelten die folgenden als die schwersten. Die Angaben stammen aus den offiziellen Polizeiberichten. Sie sind teilweise lückenhaft, da des Öfteren wegen der dichten Folge der Angriffe verlässliche Erhebungen und Zuordnungen nicht möglich waren. Die Todeszahlen enthalten nicht die Vermissten und Verschütteten:

Datum	Minen	Spreng-bomben	Stabbrand-bomben	Phosphor-bomben	Tote	Verletzte	Obdachlose	Woh-nungen total	Wohnhäuser zerstört total	schwer	mittel	leic
31.5.1942 (1.000-Bomber-Nachtangriff)	20	864	110.000	1.044	469	5.027	45.132	13.010	3.330	2.090	–	7.42
29.6.1943 (Nachtangriff)	67	1.084	158.000	4.038	4.377	10.000	230.000	34.869	6.368	3.515	–	11.29
4.7.1943 (Nachtangriff)	49	815	125.000	3.800	588	1.000	72.000	8.691	2.200	1.310	–	3.94
9.7.1943 (Nachtangriff)	77	868	115.000	4.638	502	?	48.000	12.681	2.381	1.756	–	9.0
21.4.1944 (Nachtangriff)	158	1.363	130.000	20.000	644	1.067	25.000	13.690	1.861	3.975	–	19.7
14.10.1944 (Zwei Tagangriffe)	29	3.272	60.000	600	182	247	8.723	–	549	579	546	1.2
15.10.1944 (1.000-Bomber-Tagangriff)	22	3.500	100.000	360	319	290	11.789	–	717	389	206	1.3
17.10.1944 (Tagangriff)		2.800	50.000	490	120	128	–	–	413	455	242	1.4
28.10.1944 (1.000-Bomber-Tagangriff)	105	3.200	120.000	435	543		8.565	–	2.239	613	485	2.1
30.10.1944 (1.000-Bomber-Abendangriff, schwerster aller Angriffe)	170	4.000	200.000	635	497	26.000	–	–	1.200	800	1.000	1.5
31.10.1944 (Abendangriff)	138	2.000	80.000	–	–	3.656	–	–	327	527	379	5
30.12.1944 (Abendangriff)	19	1.190	25.000	62	24	36	565	–	116	215	112	2
14.1.1945 (Tagangriff)	6 2.500	–	–	–	–	–	–	–	60	77	70	1

2.3.1945: Letzter Angriff – keine amtlichen Aufzeichnungen

Der letzte Tagangriff kurz vor der Eroberung der Stadt durch die Amerikaner war einer der schwersten überhaupt. Die Festung Köln sollte sturmreif gebombt werden. Es waren keine Dienststellen mehr da, die amtliche Aufzeichnungen hätten machen können.

583. Wie viele Luftangriffe auf die Stadt gab es von 1939–1945?

Im Verlauf des Kriegs erfolgten insgesamt 262 Luftangriffe.

584. Wie oft wurde Alarm gegeben?

Von September 1939 bis März 1945 heulten die Sirenen 1.122-mal »Alarm«.

585. Was war der »Nippeser Sender«?

Im Krieg war es streng verboten, Nachrichten und Propaganda ausländischer Sender zu hören. Dies Verbot wurde von den Kölnern weitgehend missachtet. Besonders beliebt waren die deutschsprachigen Sendungen von BBC-London. Da Nippes außerhalb des Grüngürtels lag und deshalb »Ausland« war, sprach man über den englischen Sender verdeckt, der »Nippeser Sender« habe gemeldet.

Rettung der letzten Habseligkeiten

586. Wie viele Bomben fielen auf Köln?

Die Gesamtzahl der von 1939–1945 abgeworfenen Bomben betrug mindestens:

- Minen: 1.274
- Sprengbomben: 42.950
- Stabbrandbomben: 1.401.939
- Phosphorbrandbomben/-kanister: 39.649

587. Wann wurde die Stadt zur Festung erklärt?

Im September 1944 wird Köln zur Festung erklärt und eine Rundumverteidigung vorbereitet. Während ab dem 6. Oktober die Abwehrschlacht im Hürtgenwald tobt, erfolgen im gleichen Monat elf schwere Bombenangriffe auf Köln *(siehe 582)*. Der Oktober 1944 wird für die Stadt der Kriegsmonat mit der höchsten Intensität des Luftkriegs.

588. Wie viele Todesopfer und Verletzte forderte der Bombenkrieg in Köln insgesamt?

Nach vorsichtigen Schätzungen kosteten die Fliegerangriffe auf Köln über 20.000 Menschen das Leben. Mindestens 40.000 wurden verletzt.

589. Wie hoch ist die Zahl der »Ausgebombten«?

In den Polizeiberichten sind zu den schwereren Angriffen auf Köln vom 8. Juli 1941 bis zum 14. Januar 1945 insgesamt 517.436 Fälle von Ausquartierung, Obdachlosigkeit bzw. Evakuierung aufgeführt. Die leichteren Angriffe sind darin nicht enthalten. Diese Zahlen lassen erahnen, wie viel Leid die Kölner Bevölkerung durch den Bombenkrieg zu ertragen hatte, wie viele Menschen das Los traf, »ausgebombt« zu sein und damit oftmals einem ungewissen Schicksal entgegenzusehen.

Ausgebombt – Zukunft offen …

590. Welches Ausmaß hatten die Kriegszerstörungen?

Der Gesamtzerstörungsgrad betrug bezogen auf Wohnungen 70 % bei erheblichen Unterschieden in den einzelnen Stadtteilen. In der Altstadt-Süd waren 93 % des Wohnraums, in der nördlichen Altstadt 87 % zerstört. Überproportional betroffen waren auch Lindenthal (85 %), Kalk (83 %) sowie die Stadtteile Mülheim, Neustadt-Nord und Neustadt-Süd mit je 80 % zerstörter Wohnungen. Von den fast 70.000 in der Vorkriegszeit im Stadtgebiet vorhandenen Gebäuden wurden durch Bombenangriffe 27.808 zu 60 bis 100 % zerstört. Von den 252.373 Wohnungen waren es 110.941. Insgesamt 91 der 150 Kölner Kirchen wurden dem Erdboden gleichgemacht, 52 beschädigt.

591. Welche Kirchenruine blieb als Mahnmal erhalten?

Die ausgebrannte Kirche St. Alban, unmittelbar neben dem Gürzenich, blieb als Mahnmal und Gedenkstätte für die Toten der beiden Weltkriege erhalten. Im Inneren der Ruine steht seit 1959 die von Ewald Mataré geschaffene Figurengruppe des »Trauernden Elternpaares«. Die beiden Figuren sind eine verkleinerte Nachbildung der Skulpturen, die Käthe Kollwitz 1931 zum Gedenken an ihren im Ersten Weltkrieg gefallenen Sohn für den Soldatenfriedhof Roggevelde in Belgien schuf.

592. Was ist die »Madonna in den Trümmern«?

Bei der völligen Zerstörung der Kirche St. Kolumba durch Spreng- und Brandbomben blieb auf einer Säule wie durch ein Wunder die steinerne Madonna der Kirche unversehrt. Schon bald pilgerten die Kölner zur Ruine, um dort zu beten. 1950 wurde nach den Plänen Gottfried Böhms zu Ehren der »Trümmermadonna« eine sehr eindrucksvolle achteckige, zeltartige Kapelle errichtet, in der man täglich Gläubige antreffen kann. Die »Kapelle der Madonna in den Trümmern« erinnert wie kein zweiter Ort an die Schrecknisse, Opfer und Leiden des Bombenkriegs. Sie konnte 2004 in den Neubau des Diözesanmuseums integriert werden. Dort wird sie unverändert von vielen Kölnern für ein stilles Gebet aufgesucht. Der alte Eingang an der Brückenstraße blieb erhalten.

Die steinerne Madonna von St. Kolumba. Wie durch ein Wunder im Bombenhagel unversehrt

Der Nordturm nach dem 3. November 1943 in höchster Gefahr

Der letzte Kölner Rheinübergang, die Hohenzollernbrücke, beim Rückzug am 6. März 1945 von deutschen Soldaten gesprengt

593. Bei wie vielen Angriffen erlitt der Dom Bombentreffer?

Der Dom wurde bei acht Luftangriffen von Brand- bzw. Sprengbomben getroffen *(siehe 246)*.

594. Wie viele Rheinbrücken wurden durch Bomben zerstört?

Von den 1939 bei Kriegsbeginn vorhandenen fünf Rheinbrücken wurden in der Schlussphase des Kriegs, zwischen Oktober 1944 und Februar 1945, vier durch Bomben zerstört, die Hohenzollernbrücke wurde von deutschen Truppen gesprengt *(siehe 762)*.

595. Welche Rückwirkungen hatte der Bombenkrieg auf die Einwohnerzahl Kölns?

Bei Kriegausbruch zählte Köln 768.000 Einwohner. Die schweren Bombenangriffe ließen durch Wohnungsverlust sowie freiwillige oder organisierte Evakuierung die Einwohnerzahl sinken. 1943 ging die Zahl besonders drastisch zurück: Wurden im April noch 663.000 Lebensmittelkartenempfänger gezählt, sank deren Zahl im August nach den besonders schweren Angriffen *(siehe 582)* auf 479.527. Am 17. September 1944 wurden rund 445.000 Einwohner gezählt. Zwei Monate später, am 13. November, war die Zahl auf 254.000 gesunken, um zum Jahresende 1944 schließlich auf 178.000 abzufallen. Wer konnte, verließ die zerbombte Stadt. Anfang März 1945, beim Einmarsch der Amerikaner, lebten in Köln noch 40.000 Menschen. Bis Ende Dezember 1945 war die Einwohnerzahl durch Rückwanderung wieder auf 447.000 gestiegen *(siehe 613)*.

596. Ab wann erfolgte die Evakuierung der Zivilbevölkerung?

Über 94 % der Bevölkerung verließen im Verlauf des Kriegs freiwillig oder notgedrungen, auf eigene Initiative oder in organisierten Maßnahmen die Stadt. Für alle Formen galt die Bezeichnung Evakuierung. Für die im Verlauf des Kriegs zu-

Frust einer Kölner Familie, die keine mehr ist

nehmend notwendig werdende organisierte Evakuierung der bombengefährdeten Städte wurde das »Reich« in Entsende- und Aufnahmegaue eingeteilt. Aufnahmegau für Köln war Niederschlesien, was bei den Kölnern allein schon wegen der Entfernung auf keine große Gegenliebe stieß. Wer konnte, suchte bei Verwandten oder Freunden oder auf eigene Initiative in näher gelegenen Gebieten eine Bleibe.

597. Was war die Kinderlandverschickung (KLV)?

Im September 1940 ordnete Hitler die Evakuierung von Kindern und Jugendlichen aus den luftkriegsgefährdeten Städten Deutschlands an. Die amtliche Bezeichnung war »erweiterte Kinderlandverschickung« (KLV). Im Verlauf des Kriegs entwickelte sich die KLV zu einer der größten Evakuierungsmaßnahmen der Geschichte. Verschickt werden sollte in KLV-Lager, die in »luftkriegssicheren Aufnahmegauen« lagen. Die Evakuierungsmaßnahmen waren zunächst freiwillig. Die Verschärfung des Bombenkriegs führte aber zur Ausübung zunehmenden Drucks. Ab 1943 wurden in besonders gefährdeten Städten wie Köln ganze allgemeinbildende Schulen geschlossen und unter teilweise erheblichem Widerstand der Mütter evakuiert, sodass man auch von »Kinderlandverschleppung« sprach. Eine Dokumentation der KLV von Köln und Umgebung befindet sich auf zwei CD-ROMs im NS-Dokumentationszentrum im EL-DE-Haus *(siehe 576)*.

598. Wie wurde Luftmarschall Arthur Harris lange nach dem Krieg für seine »Verdienste« im Bombenkrieg gegen Deutschland in England geehrt?

Der britische Luftmarschall Sir Arthur Harris (Bomber-Harris) erhielt im Februar 1942 die Leitung des Bomberkommandos der Royal Air Force. Er entwickelte die Strategie des Flächenbombardements deutscher Städte und deren Zivilbevölkerung. Unter seiner Leitung erfolgten nicht nur die Angriffe auf Köln, sondern auch auf Hamburg, Berlin, Dresden und die anderen (insgesamt 161) deutschen Städte. Um ihn für seine – heute auch in England umstrittenen – »Verdienste« zu ehren, wurde am 31. Mai 1992 (genau 50 Jahre nach dem ersten 1.000-Bomber-Angriff auf Köln, *siehe 580*) in London in der Nähe des Parlaments in Gegenwart der »Queen Mother« sein bronzenes Standbild enthüllt. Der Kölner Oberbürgermeister Norbert Burger nahm dies zum Anlass, der Königinmutter zu schreiben, dass man an diesem Tag in Köln der Bombardierung der Stadt am 31. Mai 1942 und der 500 zivilen Todesopfer in einem Gottesdienst gedenken werde, während in London die Enthüllung eines Heldendenkmals stattfinde.

599. Welche Rolle spielten Zwangsarbeiter und andere Lagerinsassen im Bombenkrieg?

Während des Zweiten Weltkriegs mussten in großem Umfang Männer und Frauen aus den besetzten Ländern in Deutschland Zwangsarbeit leisten. In Köln wurden Zwangsarbeiter, Kriegsgefangene und selbst KZ-Häftlinge nicht nur in Industriebetrieben, sondern auch zu Bergungs- und Aufräumungsarbeiten nach Luftangriffen, zur Bombenräumung und zur Beseitigung von Bombenschäden eingesetzt. Sie leisteten einen wichtigen und oft auch gefährlichen Beitrag, die Lebensmöglichkeiten in der Stadt nach den schweren Bombardements aufrechtzuerhalten. Im Verlauf des Kriegs wurden in Köln 2.138 Bombenblindgänger entschärft.

600. Wie viele Lager (für Zwangsarbeiter, Kriegsgefangene, Häftlinge) gab es in Köln?

Nach dem heutigen Stand der historischen Aufarbeitung gab es in Köln über das Stadtgebiet verstreut mehr als 200 Lager, in denen Zwangsarbeiter, Kriegsgefangene, KZ-Häftlinge und andere Gruppen Inhaftierter untergebracht waren. Zu den größeren Lagern zählten das Hansahochhaus, in dem ab Mai 1944 900 für die Reichsbahn arbeitende Zwangsarbeiter untergebracht waren, und die Messe in Deutz, in der sich schon seit 1939 verschiedene Lager (zunächst für Kriegsgefangene, später auch für Zwangsarbeiter und sogar KZ-Häftlinge) für mehrere Tausend Menschen befanden. Ab September 1942 wurden insgesamt etwa 6.000 Häftlinge aus dem KZ Buchenwald in das »Außenlager« Deutz verlegt, das im Kongresssaal eingerichtet war. In einem der Messelager war im Herbst 1944 vorübergehend auch Konrad Adenauer von der Gestapo inhaftiert.

Zwangsarbeiter, KZ-Häftlinge bei der Schuttentsorgung

Kein Aufkommen gegen die Übermacht

601. Wann wurde Köln von amerikanischen Truppen eingenommen?

Am 6. März 1945 nehmen Truppen der 1. US-Armee das linksrheinische Köln ein. Innerhalb von zwei Tagen besetzen 40.000 US-Soldaten die Stadt. Amerikanische Kriegsberichterstatter sprechen von »einem der größten Trümmerhaufen der Welt«.

Die letzte Schlacht ist geschlagen. Deutsche Soldaten ergeben sich am Dom

Amerikanische Soldaten beten im trümmerübersäten Dom

602. Wie lange war Köln nach der Einnahme durch die Amerikaner noch Frontstadt?

Die rechte Rheinseite bleibt noch bis zum 13. April in deutscher Hand. Das linksrheinische Köln bleibt dadurch noch sieben Tage Frontstadt, die von Deutz aus von deutscher Artillerie beschossen wird. Dabei wird der Dom mehrfach getroffen *(siehe 246)*.

603. Wie viele Bombenblindgänger wurden nach dem Krieg in Köln geräumt?

Immer wieder zeigen Bombenfunde und entsprechende Sicherheitsmaßnahmen, dass der Bombenkrieg bis in unsere Tage seine unseligen Nachwirkungen hat. Nach Auskunft des Kampfmittelräumdienstes des Landes NRW wurden von Januar 1946 bis 2007 im Kölner Stadtgebiet 3.742 Bomben entschärft. Mit welchen Gefahren die Räumung von Blindgängern verbunden ist, lässt sich daran ablesen, dass in diesem Zeitraum in NRW 152 Opfer zu beklagen waren, die bei der Räumung von Kampfmitteln ihr Leben verloren. Die Zahlen für Köln lassen sich für den Gesamtzeitraum nicht ermitteln, fest steht indessen, dass hier seit 1977 acht Todesfälle zu beklagen waren.

Neubeginn 1945

Rückkehr in die zerstörte Stadt ... es bleibt die Hoffnung ...

604. Wann setzen die Amerikaner eine zivile Stadtverwaltung ein, wer wird erster Oberbürgermeister?

Am 9. März 1945 nimmt die amerikanische Militärregierung ihre Tätigkeit auf. Sie nimmt Quartier in dem Gebäude Kaiser-Wilhelm-Ring 2–4. Ihre Zuständigkeit erstreckt sich auf die Stadt und den Regierungsbezirk Köln. Am 14. März setzt sie für Köln eine zivile Stadtverwaltung ein. Da Konrad Adenauer mit Rücksicht auf seine an der Front stehenden Söhne ablehnt, das Amt des Oberbürgermeisters zu übernehmen, steht die Stadtverwaltung zunächst unter der provisorischen Leitung von Wilhelm Suth, einem Schwager Konrad Adenauers und von 1920 bis 1933 Kölner Stadtkämmerer. Am 4. Mai wird Adenauer Oberbürgermeister.

605. Welches Gebäude dient zunächst als provisorisches Rathaus?

Da das historische Rathaus und der gegenüberliegende »Spanische Bau« in Trümmern liegen, weisen die Amerikaner der Stadtverwaltung das vom Krieg verschonte Allianzgebäude am Kaiser-Wilhelm-Ring 31–41 zu. Es führt ab Juni die Bezeichnung »Rathaus« und ist zunächst mit kaputten Fensterscheiben ohne Heizung, Strom und Wasser. Dort bleiben Rat und Verwaltung länger als geplant. Erst im April 1957 kann der Umzug in den neuen »Spanischen Bau« erfolgen. Die Entdeckung des römischen Prätoriums unter den alten Fundamenten und die archäologische Sicherung verzögern Neubau und Umzug um Jahre.

606. Wann konnte das alte Kölner Rathaus wieder bezogen werden?

Im April 1957 räumt die Stadtverwaltung das Allianzgebäude und zieht in den im alten Rathausviertel an alter (erweiterter) Stelle völlig neu errichteten »Spanischen Bau« um. Unter ihm befinden sich unter einer riesigen Spannbetondecke die archäologisch freigelegten Fundamente des

Das »Allianzgebäude« beherbergte die erste Kölner Stadtverwaltung nach dem Krieg

Regierungssitzes (Prätorium) der Statthalter der römischen Provinz Niedergermanien *(siehe 50, 51)*. Die Ausgrabungen sind zur Besichtigung freigegeben. Das alte historische Rathaus mit Ratsturm (Rathausturm), Renaissance-Laube, Löwenhof und Hansasaal kann nach langjährigen Wiederaufbauarbeiten erst im August 1972 eingeweiht und bezogen werden.

607. Was waren 1945 die dringendsten Aufgaben der Verwaltung?

Die von den Amerikanern eingesetzte Verwaltung stand vor einem riesigen Berg von Aufgaben. Die dringlichsten waren:

- Aufbau eines funktionsfähigen, »unbelasteten« Verwaltungsapparats
- Sicherung der Ernährung und Ausgabe von Lebensmittelkarten
- Instandsetzung von Wohnräumen
- Trümmerbeseitigung
- Wiederherstellung der Wasser-, Gas- und Stromversorgung
- Wiederherstellung von Bus- und Straßenbahnverkehr
- Wiederbelebung der Kölner Wirtschaft
- Wiederaufnahme des Schulunterrichts
- Brückenbau zur Verbindung der links- und rechtsrheinischen Stadtteile
- Städtebauliche Planung für den Wiederaufbau der Stadt

608. Zu welcher Besatzungszone gehörte Köln?

Im Februar 1945 legten Churchill, Roosevelt und Stalin auf der Jalta-Konferenz die Besatzungszonen für das besiegte Deutschland endgültig fest. Danach gehörte Köln zur britischen Besatzungszone. Entsprechend dieser Abmachung übernahmen am 21. Juni 1945 die Engländer die Militärregierung in Köln. Das amerikanische Militär zog nach 100 Tagen Herrschaft über die Stadt Köln ab.

609. Was war »Trizonesien«?

Die amerikanische und die britische Militärregierung schlossen zur Verbesserung der Versorgung und zur Beschleunigung des Wiederaufbaus zum 1. Januar 1947 ihre beiden Besatzungszonen zu einem vereinigten Wirtschaftsgebiet zusammen und schufen für diese »Bizone« einen gemeinsamen Wirtschaftsrat. 1948 schloss sich Frankreich mit seiner Besatzungszone dieser Entwicklung an. Damit entstand wirtschaftlich eine »Trizone«, die 1948 eine gemeinsame Währungsreform ermöglichte. Im Volksmund sprach man schon seit 1948 von »Trizonesien«, insbesondere nachdem der bekannte Kölner Karnevalist Karl Berbuer mit dem Karnevalsschlager »Wir sind die Eingeborenen von Trizonesien« einen bundesweit gesungenen Ohrwurm komponiert hatte, dessen Melodie bei einigen offiziellen Anlässen sogar als Ersatz für die noch fehlende Nationalhymne diente.

610. Von wem wird Adenauer als Oberbürgermeister wegen Unfähigkeit abgesetzt?

Am 6. Oktober 1945 wird Adenauer von dem britischen Gouverneur der Provinz

Kardinal Frings beim Trümmerräumen 1946

Nord-Rhein, Brigadier Barraclough, abgesetzt. In der zwölf Punkte umfassenden Entlassungsverfügung wirft der Gouverneur Adenauer vor, er habe zu wenig zur Lösung der Probleme getan und seine Pflicht gegenüber der Bevölkerung Kölns nicht erfüllt. Er wird angewiesen, die Stadt spätestens bis zum 14. Oktober zu verlassen und sich künftig jedweder politischen Tätigkeit zu enthalten.

611. Wann und wie wurde in Köln die »Entnazifizierung« eingeleitet?

Auf Anordnung der britischen Militärregierung vom 22. März 1946 wurde für den Stadtkreis Köln das »Städtische Amt für Entnazifizierung« geschaffen. Die Aufgabe wurde mit großer Intensität und Gründlichkeit angepackt: Ende 1947 gab es neben dem Hauptausschuss 312 Unterausschüsse und 62 Ortskomitees. Bereits im ersten Jahr waren 20.558 Verfahren erledigt, 13.998 Personen wurden als unbelastet erklärt, 3.756 konnten in ihrer früheren Stellung verbleiben, 907 konnten mit Einschränkung weiterbeschäftigt werden, die Zahl der Entlassungen betrug 1.230.

612. Wann und wie endete die Entnazifizierung?

Nicht zuletzt aufgrund widersprüchlicher Richtlinien und Einzelentscheidungen der oft pragmatisch handelnden britischen Militärregierung ließ der Schwung allmählich nach. Es gab immer häufiger Kopfschütteln und Frust, sodass die Geschäftsstelle des Entnazifizierungsausschusses im Juni 1948 konstatieren konnte: »Die zunehmende Interesselosigkeit fast aller in den Komitees und Unterausschüssen tätigen Mitarbeiter, hervorgerufen durch die ungerechtfertigte Einstufung ehemaliger Nazigrößen in Gruppen, die Mitläufern und Unbelasteten vorbehalten sind, erschweren die Durchschleusung der Fragebögen und gestaltet sie sehr schwierig.« Immerhin wurden von April 1947 bis März 1949 noch weitere 39.152 Personen »kategorisiert«. Von ihnen waren 2.365 Minderbelastete (Kategorie III), 9.074 Mitläufer (IV) und 28.113 Entlastete (V). Im Juni 1949 wurden die Kölner Entnazifizierungsausschüsse vom Sonderbeauftragten für die Entnazifizierung im Land NRW schließlich aufgelöst. Ewa 4.000 Verfahren blieben unerledigt.

... und es gibt ein zweites Leben ...

613. Wie schnell kehrten die Kölner in ihre Heimat zurück, in welchem Tempo nahm die Bevölkerung wieder zu?

Sofort nach Beendigung der Kampfhandlungen begannen die Kölner in Scharen in ihre Heimatstadt zurückzukehren, was zunehmend Probleme verursachte. Nicht wenige kamen zu Fuß von weit her aus östlichen Evakuierungsorten. Manche führten ihre letzte Habe auf Handkarren mit sich, auf denen mitunter ein Schild »ich mööch zo Fooß noh Kölle jonn« zu erkennen gab, wohin man unterwegs war. Innerhalb eines Dreivierteljahres kehrten über 400.000 Kölner in ihre Heimatstadt zurück. Im Juni/Juli waren es 20.000 pro Woche. Das Statistische Jahrbuch der Stadt Köln 1947 weist für 1945 folgende Einwohnerzahlen aus:

1945:	Versorgte Bevölkerung ohne Ausländer
Januar	177.700
Februar	152.000
März	40.000
April	69.000
Mai	138.500
Juni	175.000
Juli	250.000
August	324.000
September	359.200
Oktober	398.800
November	423.200
Dezember	447.000

Bis Dezember 1946 stieg die Bevölkerungszahl auf 497.400.

614. Wie viele Vertriebene und »SBZ-Flüchtlinge« nahm Köln auf?

Die ungleichmäßige Verteilung der Vertriebenen im Bundesgebiet machte in den Nachkriegsjahren staatlich organisierte Umsiedlungsaktionen erforderlich, von denen auch die zerbombten Großstädte nicht ausgenommen wurden. 1950 lebten bereits mehr als 26.000 Vertriebene in Köln. Davon stellten die Schlesier mit 18.000 die größte Gruppe. Als das Land NRW auch Köln immer wieder neue Kontingente zuwies, versuchte sich die Stadt zeitweilig mit dem Hinweis zu wehren, noch immer könnten 150.000 evakuierte Kölner nicht in ihre Heimatstadt zurückkehren. Im Laufe der Jahre entspannte sich die Lage. Bis 1961 wurden rund 80.000 Vertriebene und 55.000 Flüchtlinge aus der »sowjetisch besetzten Zone« (SBZ) in Köln ansässig.

615. Was war ein »Pimmok«?

Angesichts von Wohnungsnot und allgemeinem Mangel stieß der Zuzug von »Ostflüchtlingen« bei den Einheimischen nicht auf ungeteilte Gegenliebe. Die Neubürger aus dem Osten, die oft ihre völlig anderen Dialekte mitbrachten, wurden von den Kölnern hinter vorgehaltener Hand als »Pimmoken« bezeichnet. In diesem etwas herablassenden Wort schwangen Ressentiments mit, die bei manchen Kölnern noch aus ihrer Evakuierungszeit in den Ostgebieten herrühren mochten. Es spricht für die rheinische Assimilationskraft, aber auch für die Integrationsbereitschaft der Neubürger, von denen manche »echte« Kölsche wurden, dass die anfänglichen Spannungen im Laufe der Jahre schwanden und die Bezeichnung »Pimmok« den nachgewachsenen Generationen heute unbekannt ist.

616. Welches Ausmaß hatte die Wohnungsnot?

Die nach Köln zurückströmenden Menschen kehrten in eine weitgehend zerstörte Stadt zurück. 110.941 Wohnungen von ehemals 252.373 waren zerstört *(siehe 590)*, darüber hinaus viele beschädigt und nur eingeschränkt bewohnbar. Die Unterbringung der Rückkehrer wurde für die städtische Verwaltung ein drückendes Problem, das eine strenge Wohnraumbewirtschaftung durch das »Wohnungsamt« erforderte. Das Statistische Jahrbuch der Stadt Köln für 1946 weist für den Stichtag 14. Dezember 1946 je Bewohner eine Wohnfläche von 8,0 m² aus (1949 waren es nur noch 6,9 m²). Viele Rückkehrer suchten sich auf eigene Faust eine oft riskante Bleibe in ausgebombten Kellern oder Ruinen. Im Verwaltungsbericht 1948/49 berichtete das »Trümmeramt«, dass »zehn Tote und zwanzig Ver-

In kleinen Schritten ...

... der neuen Zukunft entgegen

letzte in Häusern und Ruinen, die durch Sturm zum Einsturz gebracht worden waren, geborgen wurden«. Mehrere Tausend Menschen fanden Unterkunft in den leer stehenden Luftschutzbunkern.

617. Bis wann lebten Menschen noch in Bunkern, was war das »Entbunkerungsprogramm«?

Die mehr als 50 aus der Kriegszeit erhaltenen Luftschutzbunker *(siehe 578)* dienten noch lange als Wohnunterkunft. Ab 1949 versuchte die Stadt, durch ein »Entbunkerungsprogramm« Ersatzwohnraum zu schaffen. Wie mühsam dieses Ziel zu erreichen war, veranschaulichte ein Bericht der Kölnischen Rundschau vom 28. November 1952 über die Zustände im Markthallenbunker: Auf zwei Etagen lebten dort noch immer 86 Familien mit 163 Kindern in fensterlosen Zellen von 2 x 3 m². Für alle Bewohner standen nur sechs Toiletten zur Verfügung. Erst 1956 – elf Jahre nach Kriegsende – konnte der Oberbürgermeister verkünden, dass in den Kölner Bunkern keine Menschen mehr wohnten.

618. Wie war die Ernährungslage, wann wurde in Köln gehungert?

Die Versorgung mit Nahrungsmitteln war in den ersten Nachkriegsjahren weitaus schlechter als im Krieg. Statt der (vom Völkerbund festgelegten) täglich erforderlichen 2.400 Kalorien wurden oft weniger als 800 zugeteilt. Im April 1947 war der absolute Tiefpunkt des Nachkriegshungerns mit Tagesrationen von 737 Kalorien erreicht. Die Lebensmittelkarten wiesen dementsprechend geringe Rationen aus. Nicht selten konnte man die Marken nicht einmal einlösen, weil es in den Läden nichts gab. »Schlangestehen« gehörte zum Alltag. Die Lage war so kata-

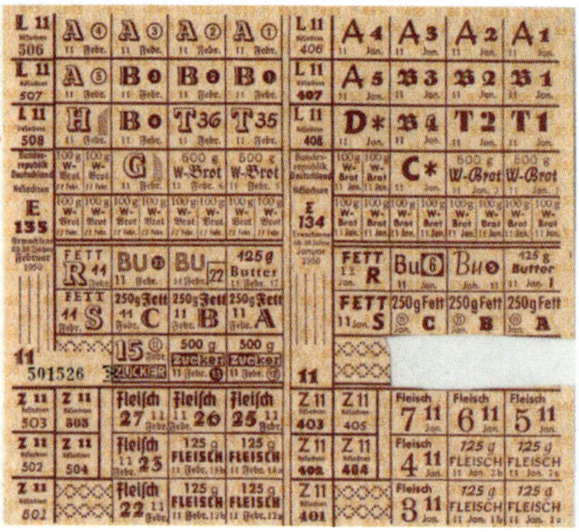

Ohne Marken nichts zu essen ...

strophal, dass sich die Stadtvertretung am 18. Juli 1946 mit dem Hilfsappell »Köln hungert« an die Weltöffentlichkeit wandte. Im November kam es in zahlreichen Betrieben aus Protest zur Arbeitsniederlegung.

619. Was war die Schulspeisung, welche Bedeutung hatte sie?

Zur Rettung in größter Not wurde für viele die Schulspeisung. Nachdem ärztliche Feststellungen ergaben, dass der Gesundheitszustand der Kölner Schuljugend der schlechteste aller deutscher Großstädte war, nahm das »Verpflegungsamt« der Stadt im November 1945 zunächst in den Volksschulen die Schulspeisung auf. Im Februar 1946 konnte die nunmehr tägliche Speisung auch auf die Fach-, Mittel- und höheren Schulen ausgedehnt werden. Im März 1947 belieferten 17 Großküchen 170 Schulen mit zusammen 63.000 Schulkindern und Lehrpersonen, sodass etwa 12 % der Bevölkerung von der Schulspeisung erfasst waren. Für manche Kinder der Volksschulen war sie der Hauptgrund des Schulbesuchs. Als die Schulspeisung auch auf die Schulferien ausgedehnt wurde, kamen viele Schüler und Lehrer auch in den Ferien täglich zur Schule. Da auswärtige Schüler meistens fernblieben, waren die Portionen für die Daheimgebliebenen größer – ein unschätzbares Geschenk.

620. Ab wann wurde die Lebensmittelversorgung besser?

Es dauerte nach Kriegsende drei volle Jahre, bis die Tagesrationen erstmals 1.500 Kalorien erreichten. Damit lagen sie immer noch unter zwei Dritteln des notwendigen Bedarfs. Deutlich besser wurde es erst nach der Währungsreform im Juni 1948, als die alte Reichsmark in die »Deutsche Mark« umgetauscht wurde (zunächst pro Kopf 40,– DM) und sich die Geschäfte schlagartig mit Waren füllten.

621. Wann kam das Ende der Lebensmittelrationierung?

Die letzten Lebensmittelkarten wurden in Köln im Januar 1950 ausgegeben. Es gab, nachdem der Krieg fast fünf Jahre vorbei war, endlich wieder genug zu essen. Das Ernährungsamt konnte aufgelöst werden. In England dauerte die Rationierung bestimmter Lebensmittel noch bis 1954.

622. Wann gab es wieder Wasser, Strom und Gas?

Neben Hunger und dem allgemeinen Mangel litten die Menschen besonders darunter, dass die öffentlichen Versorgungseinrichtungen am Anfang vollständig ausfielen und erst allmählich wieder funktionsfähig wurden. Die Versorgung mit Wasser und Strom gelang als Erstes. Im Oktober 1945 erhielten bereits 85 % der Einwohner wieder Wasser, 95 % wieder Strom. Die Gasversorgung kam wegen der zerstörten unterirdischen Leitungsnetze in langsameren Schritten und in den einzelnen Stadtteilen und Straßen

Bronzestatue von Kardinal Frings am Laurenzplatz

sehr unterschiedlich wieder in Gang. Am 31. Dezember 1946 gab es erst 12.882 Gasabnehmer (1939: 123.735). In Köln-Riehl setzte zum Beispiel die Gasversorgung in einzelnen Straßenzügen erst im Dezember 1948 wieder ein – mehr als dreieinhalb Jahre nach Kriegsende.

623. Wie war die Kohleversorgung?

Besonders bitter für die Bevölkerung war, dass Kohle zum Kochen und Heizen fehlte. Die Militärregierung bestimmte die vor den Toren Kölns geförderte Braunkohle für das Ausland. Da das Trümmerholz bald aufgebraucht war, half man sich mit heimlichem »Klüttenklau« besonders auf den Gleisanlagen am Niehler Hafen, wo täglich zahllose mit Briketts beladene Waggons auf ausländische Schiffe verladen wurden.

Bronzetafel in der St. Engelbert-Kirche mit dem Kernsatz der erlösenden Silvesterpredigt

624. Was bedeutete »Fringsen«?

In der Zeit bitterster Not, im extrem kalten Winter 1946, predigte Kardinal Frings am 31. Dezember 1946 in der St. Engelbert-Kirche in Köln-Riehl. Seine denkwürdige Silvesterpredigt enthielt einen Satz, dessen Inhalt wie ein Lauffeuer durch Köln ging: »Wir leben in Zeiten, da der Einzelne das wird nehmen dürfen, was er zur Erhaltung seines Lebens und seiner Gesundheit notwendig hat, wenn er es durch seine Arbeit oder durch Bitten nicht erlangen kann.« Den Kölnern fiel ein Stein vom Herzen. Das heimliche »Klüttenklauen« war keine Sünde mehr. Sofort entstand hierfür der Ausdruck »Fringsen«.

625. Womit versucht die Stadt, die Trümmer beschleunigt zu beseitigen?

Aufgrund eines Beschlusses der Stadtverordnetenversammlung ruft Oberbürgermeister Pünder im April 1946 die Kölner Bürger zu einer eintägigen ehrenamtlichen Hilfe bei der Schuttbeseitigung auf. Über 175.000 folgen dem Appell, wobei viele Prominente mit gutem Beispiel vorangehen. Rund 1,5 Millionen m^3 Schutt, das sind 5 % der Gesamtmenge von 30 Millionen m^3, werden dadurch ab-

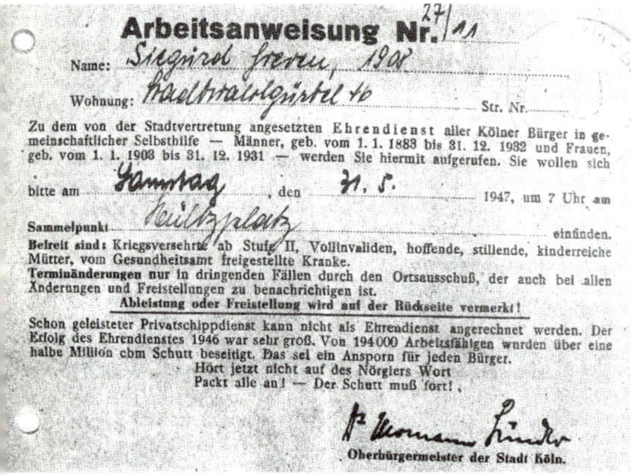

Arbeitsanweisung Nr.

Name:

Wohnung: Str. Nr.

Zu dem von der Stadtvertretung angesetzten Ehrendienst aller Kölner Bürger in gemeinschaftlicher Selbsthilfe — Männer, geb. vom 1. 1. 1883 bis 31. 12. 1932 und Frauen, geb. vom 1. 1. 1903 bis 31. 12. 1931 — werden Sie hiermit aufgerufen. Sie wollen sich bitte am , den 1947, um 7 Uhr am Sammelpunkt einfinden.

Befreit sind: Kriegsversehrte ab Stufe II, Vollinvaliden, hoffende, stillende, kinderreiche Mütter, vom Gesundheitsamt freigestellte Kranke.

Terminänderungen nur in dringenden Fällen durch den Ortsausschuß, der auch bei allen Änderungen und Freistellungen zu benachrichtigen ist.

Ableistung oder Freistellung wird auf der Rückseite vermerkt!

Schon geleisteter Privatschippdienst kann nicht als Ehrendienst angerechnet werden. Der Erfolg des Ehrendienstes 1946 war sehr groß. Von 194000 Arbeitsfähigen wurden über eine halbe Million cbm Schutt beseitigt. Das sei ein Ansporn für jeden Bürger.

Hört jetzt nicht auf des Nörglers Wort
Packt alle an! — Der Schutt muß fort!

Oberbürgermeister der Stadt Köln.

175.000 Kölner helfen einen Tag unentgeltlich bei der Trümmerräumung, oft nicht ganz freiwillig …

Trümmerbahn im Einsatz

gefahren. Wegen des Erfolgs wird die Aktion in den folgenden beiden Jahren wiederholt. Die von der Stadt durchgeführte Trümmerräumung wird dadurch wesentlich unterstützt. Bis zum Frühjahr 1949 sind etwa 10 % der Trümmer innerhalb der Altstadt beseitigt, alle wesentlichen Straßenzüge wieder passierbar.

626. Was ist der »Sühnedienst«?

Nach der ehrenamtlichen Schuttaktion werden im Winter 1946 ehemalige Mitglieder der NSDAP zu einem sechstägigen »Sühnedienst« verpflichtet. Nach den Aufzeichnungen des Tiefbauamtes nehmen an den Aufräumungsarbeiten 19.363 Personen teil.

627. Wo sind die Trümmermassen geblieben?

Die abgefahrenen Trümmer wurden zunächst in Spezialbetrieben auf weiterverwertbare Materialien durchsucht. Was übrig blieb, landete auf riesigen »Trümmerbergen«, die im Außenbereich angelegt und später begrünt wurden. Heute erinnern im Inneren Grüngürtel der Herkulesberg, mit 25 m Höhe der höchste der damals entstandenen Trümmerberge, sowie die begrünten Anhöhen am Aachener Weiher im Hiroshima-Nagasaki-Park an die Schuttbeseitigung der Nachkriegsjahre. Der Park erhielt seinen Namen im August 2004 zur Erinnerung an die Opfer des Kriegs. Köln ist seit 1985 Mitglied des internationalen Städtebündnisses gegen Atomwaffen, des sogenannten Hiroshima-Nagasaki-Bündnisses.

628. Was war ein »Permit«?

Anfangs benötigte jeder Betrieb, der produzieren konnte und wollte, ein »Permit« der Militärregierung. Auf Betreiben Adenauers wurde schon am 25. Mai 1945 die Industrie- und Handelskammer wieder zugelassen. Sie erhielt das Recht zur Ausstellung von »small permits« für Betriebe bis zu 25 Arbeitern, was die Zulassung der Betriebe beschleunigte.

629. Wie kamen Wirtschaft und Industrie wieder in Gang?

Am 1. Juli 1947 gab es in Köln wieder 10.338 handwerkliche Betriebe mit ins-

Ford Taunus, »Buckel-Ford« von 1949

gesamt 41.994 Beschäftigten. Die Betriebe hatten schwer mit den Kriegsfolgen zu kämpfen. Nach Angaben der Handwerkskammer zum 1. Oktober 1947 hatten von den 7.464 Handwerksbetrieben der Kölner Innung 3.896 einen Zerstörungsgrad von bis zu 100 %, nur 597 von bis zu 20 %. Zahlreiche Betriebe kamen rasch wieder in Gang, weil sie im Krieg Werkstätten und Maschinen ausgelagert hatten. Nachteilig wirkte sich der Mangel an Energie, Kohle, Strom und Rohstoffen aus. Betriebe wie Felten & Guilleaume mussten im Winter 1946 die Produktion wegen Kohlemangel einstellen. Hinderlich waren auch die mangelnden Transportkapazitäten. Es fehlten Kraftwagen, Treibstoff, Güterwagen, Lastschiffe und die notwendige Infrastruktur – intakte Straßen, Brücken und Schienen.

630. Ab wann werden bei Ford wieder Pkws gebaut?

Nachdem bereits ab Mai 1948 Lkws produziert werden, nehmen die Fordwerke in Köln-Niehl im Oktober auch die Pkw-Produktion wieder auf. Am 23. November 1948 läuft der erste Pkw, ein Ford Taunus, vom Band. Sein Preis: 6.965 DM.

631. Wie entwickelt sich die Beschäftigungslage?

Die ersten Nachkriegstatistiken zeigen schon bald einen hohen Beschäftigungsgrad. Die Zahlen belegen, in welchen Schritten sich das administrative, gewerbliche und industrielle Leben wieder entwickelt. Sie zeigen auch, dass die Kölner trotz Hungersnot den Kopf nicht hängen lassen und zügig mit dem Wiederaufbau der Stadt beginnen.

Einwohner	Beschäftigte	Arbeitnehmer	Arbeitslose
31.12.1946	486.373	171.631	13.207
31.12.1947	515.355	163.515	10.967
31.12.1948	540.744	191.067	7.377
31.12.1949	570.246	200.945	12.062
31.12.1950	602.913	217.556	12.253

632. Wann wurden in Köln auf Geheiß der Besatzungsmächte Fabriken demontiert?

Am 10. Oktober 1947 veröffentlichen die Militärgouverneure der britischen und der amerikanischen Zone eine Liste zur Demontage vorgesehener Fabriken. Die Zahl der Objekte beträgt in der britischen Besatzungszone 496, davon 294 in NRW. Auf Köln entfallen 13 Betriebe, unter anderem die Firmen Arendt in Niehl (Kompressoren), Böscher in Kalk (Metallurgische Anlagen), Pellentz & Co. in Ehrenfeld (Aufzugbau) sowie Teile der Werke von Klöckner-Humbold-Deutz (Herstellung von Verbrennungsmotoren). Die Abbaumaßnahmen ziehen sich bei einzelnen Anlagen bis zum Demontagestopp 1950 hin. Für sie erweist sich letztendlich der Kalte Krieg als gnädiger Retter.

633. Was sind 1945 erste Zeichen der Normalisierung und des Wiederaufbaus?

Den Menschen in der zerstörten Stadt macht Mut, dass 1945 schon bald Zeichen des Wiederaufbauwillens und eines Neubeginns zu sehen sind:

2. April: Die erste Ausgabe des von den Amerikanern herausgegebenen »Kölnischen Kuriers« erscheint. Er ist wichtiges Informationsblatt für die Bevölkerung und berichtet, die neu aufgebaute Polizei habe bereits eine Stärke von 350 Mann.
3. April: Die Hauptstellen der Kreis- und der Stadtsparkasse sind wieder geöffnet. Die anderen Kreditinstitute öffnen ab 28. April.
9. April: Der Kölnische Kurier berichtet, dass 147 Bäckereien, 83 Fleischerläden und 403 Nahrungsmittelläden vorhanden sind.

April/Mai: Die Amerikaner errichten eine hölzerne Pfahljochbrücke oberhalb der zerstörten Deutzer Brücke. Sie ist eine wichtige Verbindung zur anderen Rheinseite.

April–Oktober: Das Wasser- und Stromversorgungsnetz wird kontinuierlich instand gesetzt. Im Oktober erhalten 85 % der Einwohner Wasser, 95 % Strom *(siehe 622)*.

1. Juni: Ein beschränkter Straßenbahnverkehr beginnt. Am 30. September sind von den damals 184 km Bahnstrecken bereits 60 km und am Jahresende 90 km in Betrieb.
2. Juni: Beginn der Müllabfuhr
23. Juli: Wiederaufnahme des Volksschulbetriebs im linksrheinischen Köln
13. August: Erstes Konzert des Gürzenich-Orchesters in der Aula der Universität
17. August: Beginn der Theaterspielzeit in der Aula der Universität.
20. August: Wiederaufnahme des Volksschulbetriebs im rechtsrheinischen Teil der Stadt
1. Oktober: Britische Pioniere beginnen mit dem Bau der »Pattonbrücke« (neben der Bastei).
10. Dezember: Eröffnung der Kölner Universität

634. Welche augenfälligen Schritte zur Verbesserung und Normalisierung der Lebensbedingungen folgen 1946–1948?

29. April 1946: Eröffnung der Schuttsäuberungsaktion durch Ehrendienst der Bevölkerung
3. Mai 1946: Einweihung der Südbrücke (eingleisig, ab 2. September 1950 zweigleisig)
9. Mai 1946: Eröffnung der Staatlichen Hochschule für Musik Köln
13. Oktober 1946: Erste freie Kommunalwahl
25. Mai 1947: Wiedereröffnung des Zoologischen Gartens
7. Juli 1947: Eröffnung der »Deutschen Hochschule für Leibesübungen«
14. September 1947: Dreitägige Kölner Herbstmesse (1. Nachkriegsmesse mit 463 Ausstellern)
8. Mai 1948: Inbetriebnahme der wiederhergestellten Hohenzollernbrücke (zweigleisig)
20. Juni 1948: Währungsreform
20. August 1948: Einweihung der Deutzer Straßenbrücke
8. September 1948: Wiederaufnahme des Spielbetriebs der Puppenspiele

635. Wann beginnt 1945 der Volksschulbetrieb, wie sind die Rahmenbedingungen?

Von den 180 Volksschulgebäuden (mit vor dem Krieg 70.000 Schülern) ist nach dem

Riesige Kraftanstrengung: Die Deutzer Brücke konnte bereits 1948 eingeweiht werden.

Krieg keines mehr nutzbar, viele sind völlig zerstört. Unter größten Schwierigkeiten gelingt es, 22 notdürftig wiederherzustellen. Am 23. Juli 1945 wird in ihnen im linksrheinischen Teil der Stadt der Volksschulunterricht wieder aufgenommen. Wegen Raummangels findet Schichtunterricht statt. Es fehlt an Lehr- und Lernmitteln. Die Kinder haben weder Bücher noch Hefte. Am 20. August beginnt in 18 Schulgebäuden der Unterricht auch auf der rechtsrheinischen Seite.

636. Wann nehmen die Mittel- und höheren Schulen den Unterricht wieder auf?

Am 26. November 1945 wird der Unterricht in den höheren Schulen wiederaufgenommen. Sie müssen sich ebenfalls in Schichtunterricht noch für mehrere Jahre Gebäude teilen oder werden mit einzelnen Klassen in Privathäusern untergebracht. Von den 16 städtischen Schulen sind neun total zerstört, fünf schwer und zwei leicht beschädigt. Von den fünf staatlichen Gymnasien erlitten drei Totalschaden. Der Unterricht in den Mittelschulen wird am 20. Dezember in behelfsmäßig hergerichteten Gebäuden wiederaufgenommen. Von den fünf ehemaligen Schulen sind zwei total zerstört.

637. Ab wann gibt es in Köln wieder Zeitungen?

Die Amerikaner geben ab dem 2. April 1945 den »Kölnischen Kurier« heraus. Er ist wichtiges Informationsblatt für die Bevölkerung. Sein Erscheinen endet am 26. Februar 1946. Am 2. bzw. 4. März 1946 erscheinen erstmals die der SPD nahestehende »Rheinische Zeitung« und die »Volksstimme« der Kommunisten. Am 19. März 1946 kommt die der CDU nahestehende »Kölnische Rundschau« hinzu. Alle drei Zeitungen erscheinen wegen Papiermangels zunächst nur zweimal wöchentlich mit einem Umfang von vier bis sechs Seiten.

638. Wann war die erste freie Kommunalwahl nach dem Krieg?

Im März 1946 stellen die Engländer den Kölner Kommunalpolitikern die für Köln vorgesehene Kommunalverfassung vor. Sie sieht nach englischem Vorbild das (bis 1994 geltende) »duale System« vor. Danach ist der Oberbürgermeister auf repräsentative Funktionen beschränkt, während die eigentliche Verwaltungsarbeit in Händen eines politisch neutralen Oberstadtdirektors liegt. Am 28. März wird die neue Verfassung von allen Parteien gegen die Stimmen der KPD angenom-

Nicht klein zu kriegen: Karnevalsumzug 1946

men. Am 13. Oktober 1946 findet die erste Kommunalwahl nach einem an das englische Mehrheitswahlrecht angelehnten Wahlmodus statt.

639. Wie fallen die ersten Kommunalwahlen nach dem Krieg aus?

Die beiden ersten Kommunalwahlen waren am 13. Oktober 1946 und am 17. Oktober 1948.

	13.10.1946		17.10.1948	
	Stimmenanteil	Sitze	Stimmenanteil	Sitze
CDU	53,4 %	41	42,5 %	19
SPD	34,6 %	8	37,7 %	17
KPD	9,3 %	2	10,9 %	5
FDP	0,7 %	–	7,2 %	3

640. Wen wählte die Stadtvertretung zum Oberbürgermeister, wen zum Oberstadtdirektor?

Die erste demokratisch gewählte Stadtverordnetenversammlung bestätigte als Oberbürgermeister Hermann Pünder (CDU), den die Engländer am 20. November 1945 als Nachfolger des abgesetzten Adenauers eingesetzt hatten. Zum Oberstadtdirektor wurde der bisherige Erste Beigeordnete Willi Suth (CDU) gewählt.

641. Wann war der erste Rosenmontagszug nach dem Krieg?

Am 28. Februar 1948 zog der erste vom Festausschuss Kölner Karneval organisierte Rosenmontagszug der Nachkriegszeit durch die noch weitgehend in Trümmern liegende Stadt. Sein Motto war »Mer sin widder do un dun, wat mer künne«. Aber schon vorher – sogar schon 1946 – ließen es sich manche Kölner nicht nehmen, auf eigene Faust am Rosenmontag kostümiert durch die Straßen zu ziehen und damit zu zeigen, dass Köln und die Kölschen und der Karneval den Krieg überlebt haben.

Zerstörungsgrad der Altstadt Süd: 93%, der Gesamtstadt: 70%

Stadtplanung und Städtebau der Nachkriegsjahre

642. Vor welchen städtebaulichen Problemen, Herausforderungen und einmaligen Chancen stand die Stadt 1945?

Köln wies 1945 einen Zerstörungsgrad von 93 % der Altstadt-Süd, 87 % der Altstadt-Nord und 70 % der Gesamtstadt (berechnet nach Wohnungsverlust) auf. Die Lage war geprägt durch eine katastrophale Wirtschaftslage, durch starken Rückfluss der ausgebombten Bevölkerung und durch großen Wohnungsmangel. Durch den hohen Zerstörungsgrad war die historisch einmalige Chance gegeben, ohne nennenswerte Eingriffe in vorhandene Bausubstanz für die künftige Millionenstadt eine Funktions- und Verkehrsplanung vorzunehmen, ohne dabei die Grundstruktur und den Charakter der Kölner Altstadt als organisch gewachsener Einheit preiszugeben. Dieser Balanceakt führte zu bis heute umstrittenen »bahnbrechenden« Planungsentscheidungen (insbesondere die Nord-Süd-Fahrt) wie auch in der Folgezeit zu umstrittenen Kompromissen.

643. Wann waren nach dem Zweiten Weltkrieg die Anfänge einer Wiederaufbauplanung?

Erste Überlegungen zu einer neuen städtebaulichen Planung setzten bereits 1945 ein. Organisatorisch zuständig blieb mit Billigung der Stadt weiterhin die Planungsstelle (ab 1941 »Planungs GmbH«), die nach 1937 von den Nationalsozialisten mit einer wissenschaftlichen, einer technischen und einer Planungsabteilung außerhalb der städtischen Verwaltung gebildet und Gauleiter Grohé unterstellt worden war *(siehe 572)*. Sie wurde im Dezember 1945 in »Wiederaufbau GmbH« umbenannt und erst 1951 aufgelöst. Ihr zur NS-Zeit ernannter Leiter, der Architekt Michael Fleischer, blieb trotz massiver Proteste der Kölner Architektenschaft bis zum Herbst 1946 im Amt. Seiner Planungsabteilung wurde als »geistige Leitung« ein Beirat zur Seite gegeben, der sich aus den renommierten Architekten Eugen Blanck, Karl Band und Wilhelm Riphahn zusammensetzte. Im Mai 1946 avancierte der Beirat zur »Planungskommission«. Sie stellte im Juni 1946 erste Grundzüge der Wiederaufbauplanung vor.

644. Wer wurde zum »Generalplaner für den Wiederaufbau« berufen?

Mit Wirkung ab November 1946 erhielt der (Kirchen-)Architekt Rudolf Schwarz von der Stadt einen Fünfjahresvertrag, der ihm die Aufbauplanung der zerstörten Stadt Köln übertrug. Als »Generalplaner für den Wiederaufbau« übernahm er

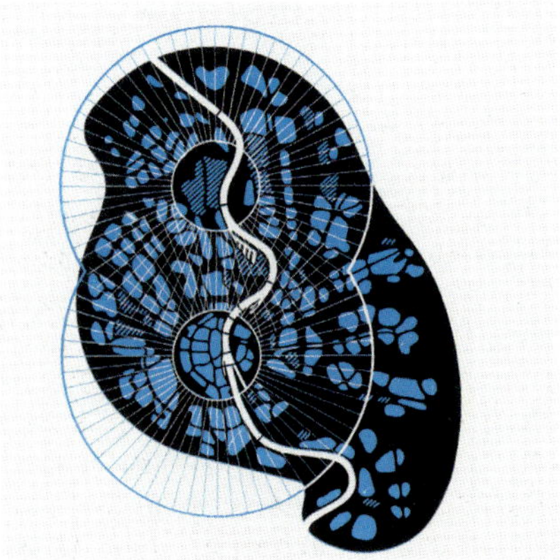

Geplant: Köln – eine Doppelstadt, Entwurf von Rudolf Schwarz 1949

die Leitung der »Wiederaufbau GmbH« mit ihren drei Abteilungen *(siehe 643)*. Auf ihn geht das bis heute letzte städtebauliche Gesamtkonzept zurück, das für die Stadt entwickelt wurde. Am 24. Juni 1948 stellte er der Stadtverordnetenversammlung in einer ganztägigen Sitzung seinen Generalplan vor, der großen Beifall fand. Seine Planungen wurden 1950 unter dem Titel »Das neue Köln. Ein Vorentwurf« publiziert. Ein wesentliches Element seiner Planung war, dass er über die Altstadt mit ihrer historisch gewachsenen engen und verwinkelten Struktur ein Netz von Hauptstraßen legte, das in leichter Korrektur und Verbreiterung alter Wege Verteilung und Fluss des künftigen Verkehrs ermöglichen sollte.

645. Auf welche Planungen und städtebaulichen Veränderungen der NS-Zeit wurde nach 1945 zurückgegriffen?

Der Wiederaufbau des Martinsviertels nach 1945 orientierte sich weitgehend an der als vorbildlich betrachteten Sanierung der dreißiger Jahre *(siehe 574)*. Generalplaner Schwarz übernahm auch einen Großteil der in der NS-Zeit entwickelten Straßenplanung. Die von ihm geplante Nord-Süd-Fahrt lehnte sich an die NS-Planung an, allerdings mit reduzierter Dimension und modifizierter Linienführung *(siehe 653)*. Die Gestaltung der bereits zur NS-Zeit in Angriff genommenen Ost-West-Achse wurde durch die Planung von Riphahn abgemildert *(siehe 651)*.

646. Welchen Fehleinschätzungen unterlag die Stadtplanung in den Nachkriegsjahren?

Bis in die 60er Jahre war für die Planer die »autogerechte« Stadt das Leitbild. Erst danach erkannte man den Wert autofreier Innenstädte. Niemand hätte sich

1945 vorstellen können, dass 50 Jahre später in Köln über 400.000 Pkws mit Kölner Kennzeichen fahren *(siehe 736)* und die Stadt eines der bedeutendsten Verkehrskreuze Westeuropas sein würde. Auch Umweltschutz, Denkmalschutz und Respekt vor architektonischen Schöpfungen der wilhelminischen Gründerzeit hatten nicht ihren erst später erkannten Stellenwert. Sich wandelnde Wertvorstellungen und ein Umdenken führten dazu, dass nicht wenige Elemente der frühen Nachkriegsplanung und ihre Realisierung den Erkenntnissen und der Kritik späterer Jahrzehnte nicht standhielten. Sie wurden modifiziert oder ad acta gelegt, soweit nicht bereits unwiderrufliche Fakten geschaffen waren.

647. Welche Brückenplanung betrieb die Stadt?

Generalplaner Schwarz empfahl zur Entlastung der Deutzer Brücke den Bau einer weiter südlich gelegenen zusätzlichen Brücke, die er – von Deutz aus gesehen – »Gotenringbrücke« nannte. Dieser Vorschlag wurde 1957 von der Stadt mit dem Bau der Severinsbrücke realisiert *(siehe 742, 773)*. Unvermeidbarer Preis war auf linksrheinischer Seite die Zerschneidung eines gewachsenen Altstadtviertels. Unausgeführt blieb sein Vorschlag, eine weitere Hauptbrücke in Höhe der Bastei auf die Ringstraße zu führen. Das gewachsene Umweltbewusstsein ließ es in den 60er Jahren ratsamer erscheinen, den Verkehr in größerer Distanz um das Zentrum zu führen und mit der Zoobrücke *(siehe 774)* auf die Innere Kanalstraße zu leiten. Auch die Hohenzollernbrücke erhielt zur Verkehrsberuhigung der Domumgebung nicht wieder ihre frühere Straßentrasse. Die Zahl der Kölner Brücken wuchs in der Nachkriegszeit insgesamt von fünf auf acht *(siehe 761, 762)*.

Hohenzollernbrücke heute, Musical Dome rechts im Hintergrund

648. Wie oft wurde von Stadtplanern eine Verlegung des Hauptbahnhofs empfohlen?

Eine Verlegung des Hauptbahnhofs und der Eisenbahntrasse weg von der Domnähe wurde in Köln verschiedene Male erwogen. Der Planer der Neustadt Stübben *(siehe 488)* schlug schon in den 80er Jahren des 19. Jahrhunderts eine Verlegung des Hauptbahnhofs in den Westen der Neustadt (Stadtgarten) vor. Aus Kostengründen entschied sich die Stadt für einen Neubau an alter Stelle. Der von Oberbürgermeister Adenauer Anfang der 20er Jahre nach Köln geholte Stadtplaner Fritz Schumacher *(siehe 535)* plante die Anlage des Hauptbahnhofs am Aachener Weiher. In der NS-Zeit wurden Pläne für eine Eisenbahnbrücke am Standort der heutigen Zoobrücke entwickelt *(siehe 572)*. Auch Rudolf Schwarz plädierte 1948 dafür, die historisch einmalige Chance der Strukturverbesserung der Innenstadt zu nutzen, eine neue Eisenbahnbrücke in der Fortsetzung der Inneren Kanalstraße zu bauen und als Standort des Hauptbahnhofs den Güterbahnhof Gereon vorzusehen.

Entwurf von Rudolf Schwarz 1948 zur Neuordnung der Innenstadt

649. Weshalb wurden Hauptbahnhof und Hohenzollernbrücke nach 1945 nicht verlegt?

Die Empfehlungen von Rudolf Schwarz wurden durch die von der Reichsbahnverwaltung gesetzten Fakten überholt. Am 9. Mai 1948 wurde – im Mittelteil mit einer zweigleisigen Notkonstruktion – die auf ihren alten Fundamenten teilweise wiederhergestellte Eisenbahnbrücke wieder in Betrieb genommen. 1951 besiegelte die Ausschreibung eines Wettbewerbs für die neue Empfangshalle des Hauptbahnhofs den alten Standort. Bis zur Elektrifizierung fügten die von den Lokomotiven in die Luft geblasenen Schwefelgase dem Dom erhebliche Schäden zu *(siehe 752)*. Zur Verkehrsberuhigung der Domumgebung wurde die Hohenzollernbrücke aber nicht wieder als Straßenbrücke ausgebaut.

650. Was waren die Ursprünge der »Ost-West-Achse«?

Erste planerische Überlegungen für eine Ost-West-Achse reichen bis ins frühe 20. Jahrhundert zurück. Ausgangspunkt war der 1912 begonnene Bau der Brücke am Heumarkt (Hindenburgbrücke). Nach den damaligen, nicht durchsetzbaren Planungen sollte die Achse zunächst als gerade Verbindung zwischen der Rheinbrücke und der Aachener Straße durch die Gürzenichstraße und die Schildergasse verlaufen. Stadtplaner Schumacher *(siehe 535)* schlug in den 20er Jahren eine

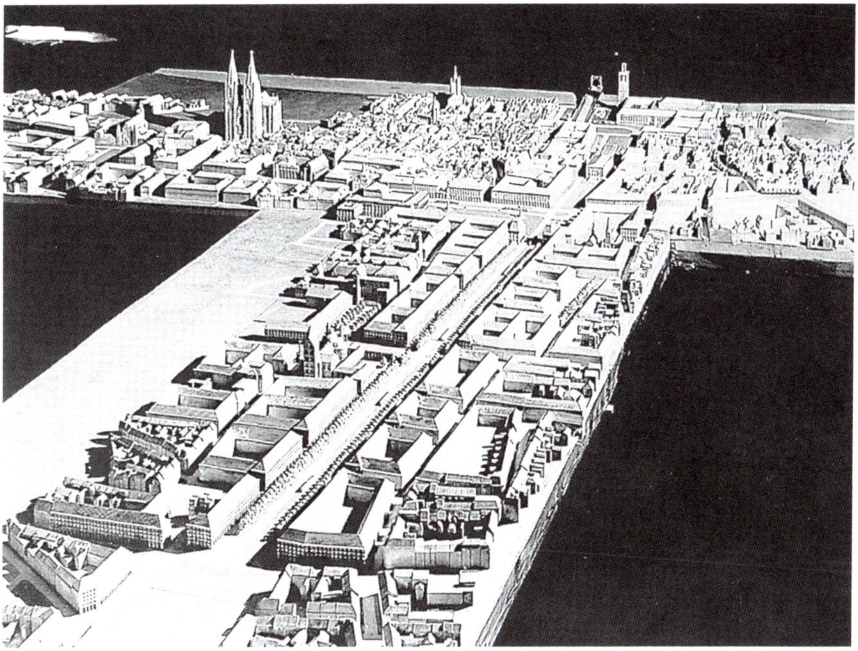

Modell der NS-Planung für die Ost-West-Achse, hier gesehen vom Hahnentor Richtung Heumarkt/Deutzer Brücke

südlich verlagerte Trasse vor. Als Folge fanden 1930 zur Amtszeit von Oberbürgermeister Adenauer im Bereich von Pippinstraße, Augustinerplatz und Blindenstraße erste Straßendurchbrüche statt. Nach der NS-Planung der 30er Jahre sollte die Kölner Altstadt von einem Achsenkreuz durchzogen werden. Die Ost-West-Achse sollte zwischen Hahnentor und Heumarkt eine 68 m breite repräsentative Aufmarschstraße werden, die das am Aachener Weiher entstandene Maifeld *(siehe 573)* mit dem in Deutz geplanten Gauzentrum verbinden sollte. Im Rahmen dieser Planungen wurde zwischen 1939 und 1940 mit dem gradlinigen Straßendurchbruch zwischen Rudolfplatz und Neumarkt (Hahnenstraße) begonnen.

651. Welche architektonische Struktur erhielt die »Ost-West-Achse« nach 1945?

1945 war die Bausubstanz um die Hahnenstraße zu 97 % zerstört. Bereits im Sommer 1945 wurde Wilhelm Riphahn von der Stadt mit der Ausarbeitung eines Aufbauplans beauftragt. Er legte 1946 das Grundkonzept für die Gestaltung der Hahnenstraße vor, das in den anschließenden Jahren schrittweise umgesetzt wurde. In Abstimmung mit der »Aufbauinteressengemeinschaft Hahnenstraße« wurden bis Ende 1950 entlang der südlichen Straßenseite eingeschossige Ladenlokale gebaut. Als Gegengewicht folgten 1954–1957 die dahinter liegenden höheren Wohnbauten am Marsilstein und in der Schaafenstraße. Auf der nördlichen

Hahnenstraße, Blick nach Osten zum Neumarkt, im Hintergrund links St. Aposteln

Seite der Hahnenstraße entstanden mit dem ebenfalls flach gehaltenen britischen Kulturinstitut »die Brücke« (1951/1952) und dem »Stoffpavillon Moeller« (1951/52) weitere typische Riphahn-Bauten. Die fußgängerfreundliche Hahnenstraße trägt im Wesentlichen bis heute das von Riphahn entworfene architektonische Gesicht der 50er Jahre.

652. Wann entstanden erste Pläne für eine »Nord-Süd-Achse«?

Der von Oberbürgermeister Adenauer Anfang der 20er Jahre berufene Stadtplaner Fritz Schumacher stellte erste Überlegungen für eine die Altstadt von Nord nach Süd durchquerende breite Erschließungsstraße an. Sie sollte vom Eigelstein aus über Marzellenstraße, Hohe Straße und Severinstraße führen und damit weitgehend der alten römischen Nord-Süd-Achse entsprechen. Die NS-Planung der 30er Jahre sah für Köln ein überdimensioniertes Achsenkreuz vor, das die Altstadt völlig zerschnitten hätte. Die darin vorgesehene Nord-Süd-Achse sollte weitgehend dem von Schumacher projektierten Verlauf folgen. Die Straße sollte wie die Ost-West-Achse *(siehe 650)* eine Breite von 68 m erhalten.

653. Wie wurde die Nord-Süd-Achse (»Nord-Süd-Fahrt«) nach 1945 geplant und gebaut?

Schwarz ging 1948 das Thema sehr viel behutsamer an und ließ bei seiner Planung die römische Nord-Süd-Achse außer Betracht. Die von ihm vorgeschlagene – einschließlich der beidseitig je 3 m breiten Fußgängerwege – nur 18 m breite Nord-Süd-Straße sollte in leicht geschwungenem Verlauf Bezug nehmen auf historische Straßenverläufe und Bebauungen. Im »Herzen der City« sollte eine größere Platzanlage mit Oper und Schauspielhaus (der spätere Offenbachplatz, *siehe 897*) das Zentrum der Geschäftsstadt werden. Die Realisierung dieser Empfehlungen entwickelte sich ganz anders: Nach dem Ausscheiden von Schwarz 1951 und der im gleichen Jahr erfolgenden Auflösung der Wiederaufbau GmbH *(siehe 643)* übernahm die Stadtplanungsabteilung deren Aufgaben. In der Folge wurde beschlossen, die Trasse der insgesamt 3,4 km langen »Nord-Süd-Fahrt« könne auf mehr als 9/10 ihrer Gesamtlänge 32 m breit ausgebaut werden. Bei der Umsetzung dieses Beschlusses wurde 1962–1966 die Trasse mit einer entsprechend breiten Schneise durch die gesamte City gebrochen. Nur an wenigen Stellen erfolgte eine Untertunnelung. Die Altstadt ist dadurch bis heute durch eine breite Schneise, vor der Schwarz gewarnt hatte, zerschnitten. Der Offenbachplatz entwickelte sich nicht zum Zentrum der Geschäftsstadt, sondern ist tot. Heute gilt die Nord-Süd-Fahrt vielen Kölnern als die größte Bausünde des Wiederaufbaus.

654. Wann wurde für Köln eine Stadtautobahn geplant, was wurde daraus?

Anfang der 60er Jahre war die Zeit groß dimensionierter Verkehrsprojekte, denen

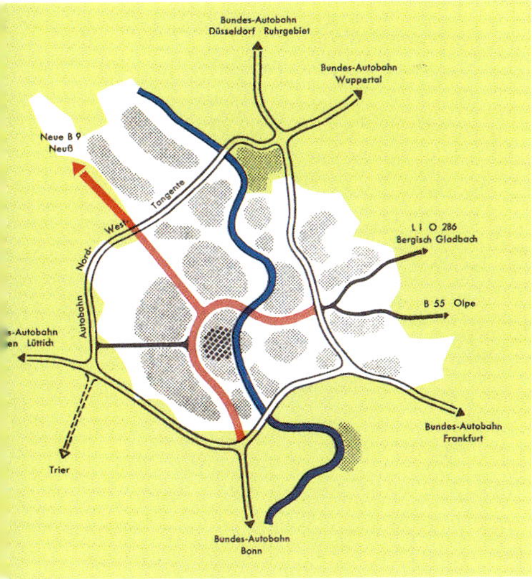

Die in den sechziger Jahren aufgestellte Planung für eine Stadtautobahn opferte den Inneren Grüngürtel weitgehend dem Verkehr.

die Planer auch den Inneren Grüngürtel zu opfern bereit waren. Durch eine Stadtautobahn sollte endgültig eine autogerechte Erschließung der Innenstadt gewährleistet werden. Das hierfür erarbeitete Konzept sah linksrheinisch eine Linienführung hauptsächlich über den Inneren Grüngürtel parallel zur Inneren Kanalstraße und zum Eisenbahnring vor. Über diese halbkreisförmige Stadtautobahn sollte eine Anbindung an die A3 und A4 im Osten, an die A1 und A57 im Norden und die A4 im Süden erfolgen. Widerstände in der Bevölkerung und in der Politik sowie ein umweltbezogenes Umdenken ließen das Projekt scheitern. Gebaut wurde aber die Autobahnverbindung vom Autobahnkreuz Köln-Ost über die Zoobrücke zur Inneren Kanalstraße sowie deren Anbindung an die A57. Die Innere Kanalstraße wurde in ihrer Gesamtlänge von 4,7 km – bis auf einen 1,3 km langen Abschnitt – sechsspurig ausgebaut.

655. Wann entstand die »Nordstadt« Chorweiler, wie entwickelte sie sich?

Bereits in den 20er Jahren entwickelten Stadtplaner Schumacher *(siehe 535)* und 1948 Generalplaner Schwarz erste Konzepte für eine neue 100.000 Einwohner zählende Stadt im Norden Kölns. Sie sollte Wohnstätte für die in den nördlichen Stadtteilen verstärkt angesiedelte Industrie sein. Der 1957 von den Architekten Harald Ludmann und Joachim Riedel detailliert ausgearbeiteten Planung für die 14 km vom Kölner Stadtzentrum entfernte »Neue Stadt Chorweiler« stimmten 1958 alle Ratsfraktionen zu. Der Bau dieser größten hochgeschossigen Neubausiedlung Nordrhein-Westfalens, an der sich namhafte Architekten beteiligten, wurde in den 80er Jahren zum Symbol verfehlter Städtebaupolitik. Chorweiler wurde zu einem sozialen Brennpunkt, dessen Merkmale extrem hohe Bevölkerungsdichte (2007: 16.603 Einwohner auf 1,9 km²), ein hoher Ausländeranteil (2007 ca. 40 %; 105 Nationen) und starke Kon-

Ganz allmählich gewinnt der Ortsteil Chorweiler etwas mehr an Attraktivität

zentration sozial benachteiligter Bevölkerungsgruppen waren. Ausreichende soziale und kulturelle Angebote fehlten. Das vom Rat 1985 beschlossene »Ergänzungsprogramm Chorweiler« hat dazu beigetragen, die Wohn- und Lebensverhältnisse dieses Stadtteils, der verkehrlich durch die A57, die B9, durch Straßenbahn, Busse und S-Bahn gut angebunden ist, allmählich zu verbessern.

656. Welche Bedeutung erhielt der Öffentliche Personennahverkehr (ÖPNV)?

Das heute selbstverständlich gewordene Leitbild einer vom Individualverkehr möglichst frei gehaltenen City verlieh schon bald dem Ausbau eines leistungsfähigen Netzes öffentlicher Personenbeförderungsmittel einen besonderen Stellenwert. Der Ausbau des ÖPNV in einer Stadt wie Köln mit historisch engem Straßengefüge gehört zu den bedeutendsten Wiederaufbauleistungen. 1962 entschied sich die Stadt für ein kombiniertes System von Unterpflasterbahn/Straßenbahn, das inzwischen eine Streckenlänge von 44,5 km hat *(siehe 741, 742)*. Bis 2011 werden mit der neuen Nord-Süd-Strecke weitere 3,9 km hinzukommen *(siehe 743)*. Der ÖPNV innerhalb der Kölner Stadtgrenzen und die Verkehrsverbindungen zum Umland können als vorbildlich *(siehe 739, 740)* bezeichnet werden.

657. Wie viele Gebäude fielen der städtebaulichen Nachkriegsideologie zum Opfer?

Die radikale Abkehr von der NS-Zeit und ein weitverbreiteter Glaube, sich auch von davor liegenden Epochen der deutschen Geschichte distanzieren zu müssen, führten in den ersten Nachkriegsjahren dazu, auch Geschmack und Baustil

Das durchaus aufbaubare Opernhaus am Rudolfplatz 1957, eines der Opfer der Abrissmanie

früherer Generationen gering zu achten. Nicht nur die Stadtplaner und Architekten, sondern auch private Bauherren wollten modern, neuzeitlich und fortschrittlich sein und den Wiederaufbau entsprechend gestalten. Diesem Trend fielen öffentliche und private Gebäude – vor allem zahlreiche Häuserfassaden der nach 1880 gebauten Neustadt – zum Opfer. Der damals gegen den verachteten Historismus gerichtete Kampf und die dadurch eingetretenen beträchtlichen Verluste an erhaltenswerter und restaurierbarer Bausubstanz werden heute bedauert und bitter kritisiert. In seinem Buch »Das moderne Köln« nennt Werner Jung dies offen eine Kulturschande und spricht davon, dass Köln erst nach dem Zweiten Weltkrieg wirklich zerstört worden sei. Traurige Beispiele öffentlicher Abrissmanie sind das alte Opernhaus, das Hohenstaufenbad, das Kunstgewerbemuseum am Hansaring und die Westseite des Rathauses, die durch moderne Architektur ersetzt wurde.

658. Wann wurde der Rheinufertunnel gebaut?

Der 600 m lange, sechsspurige Rheinufertunnel zwischen Hohenzollern- und Deutzer Brücke wurde 1982 in Betrieb genommen. Er ist Teil der entlang dem linksrheinischen Rheinufer führenden B51, die eine wichtige und stark befahrene Nord-Süd-Verbindung unmittelbar am Rand des Stadtzentrums ist. Die Tieferlegung der Rheinuferstraße an dieser Stelle war städtebaulich eine der bedeutendsten Baumaßnahmen der letzten Jahrzehnte. Sie ermöglichte die Anlage des Rheingartens, der die Altstadt und ihre weltberühmte Rheinfassade mit der Uferpromenade verbindet. Die Altstadt von Köln liegt seitdem wieder am Rhein.

Naherholungsgebiet im Herzen der Stadt, der Rheingarten

659. Welche weiteren Strecken waren zur Untertunnelung vorgesehen?

Der Rheinufertunnel sollte zunächst nur ein erster Abschnitt sein. Geplant war, die Rheinuferstraße im weiteren Verlauf nach Süden in einer Länge von 1,5 km bis zum Ubierring schrittweise tiefer zu legen, um die gesamte Südstadt wieder an den Rhein anzubinden und die Lebens- und Aufenthaltsqualität der dort lebenden Bevölkerung zu erhöhen. Leider mussten Planung und weiterer Ausbau wegen fehlender Finanzierungsmöglichkeiten zunächst eingestellt werden. Wie 2008 zahlreiche Eingaben von Bürgern zum sogenannten »Bürgerhaushalt« zeigten, besteht in der Bevölkerung der Wunsch nach weiteren Untertunnelungen im Bereich der Rheinuferstraße wie auch der Nord-Süd-Fahrt.

»Überragend« – der Fernmeldeturm, mit 266 m das höchste Gebäude der Stadt

660. Wie viele Hochhäuser wurden nach dem Krieg gebaut?

Bis zum Zweiten Weltkrieg war das höchste Gebäude Kölns nach dem Dom das 66 m hohe Hansahochhaus, das den Krieg überstand. Es wurde 1925 außerhalb der mittelalterlichen Stadtmauer (heute: die Ringe) am Hansaring errichtet. Nach 1945 erlaubte die Stadtplanung außerhalb der Ringe *(siehe 744)* eine Vielzahl von Hochhäusern. Die höchsten Bauwerke Kölns (höher als 70 m) sind heute:

- Fernmeldeturm (Colonius), 266 m (1981), Innere Kanalstraße
- KölnTurm, mit Antenne 165,5 m (2001), Im Mediapark
- Hohe Domkirche St. Peter und Maria (der Dom) 157,4 m, Domkloster

- Colonia-Haus, mit Antenne 155 m (1972), An der Schanz, Köln-Riehl
- Deutschlandfunk (früher Deutsche Welle) 138 m (1978), Raderberggürtel, Köln-Marienburg
- Uni-Center, 131 m (1973), Luxemburger Straße, Köln-Sülz
- Ringturm (Gerling), 109 m (1972), Theodor-Heuss-Ring (Ebertplatz)
- Justizzentrum, 105 m (1981), Luxemburger Straße, Köln-Sülz
- KölnTriangle, 103,2 m (2005), Ottoplatz, Köln-Deutz
- Herkuleshaus, 102 m (1969), Graeffstraße, Neuehrenfeld
- Lufthansa-Hochhaus, 95 m (1969), Urbanstraße, Köln-Deutz
- Hochhaus (vor Umzug nach Bonn Sitz der Deutschen Welle), 102 m (1975), Raderberggürtel, Köln-Marienburg
- Universitätsklinikum, 89 m (1971), Kerpener Straße, Köln-Lindenthal
- DKV-Versicherung, 84 m (1966), Aachener Straße, Köln-Braunsfeld
- Wohnhochhaus, 82 m, Mevissenstraße 16, Neustadt-Nord
- Wohnheim Sporthochschule, 77 m (1973), Carl-Diem-Weg, Köln-Müngersdorf
- Wohnhochhaus, 76 m (1971), Bonner Straße, Köln-Bayenthal
- Fernmeldehochhaus Telekom, 75 m (1981), Innere Kanalstraße
- Allianz-Wohnpark, 73 m (1973), Krohnstraße, Köln-Bayenthal
- Wohnturm, 70 m (1976), An der Schanz, Köln-Riehl

Der Stadt ist es nach dem Zweiten Weltkrieg nicht gelungen, ein überzeugendes und konsequent einzuhaltendes Höhenkonzept für die Innenstadt zu entwickeln. Sie genehmigte auch innerhalb der Altstadt und auf dem gegenüberliegenden Rheinufer nach und nach Hochbauten, was auf erhebliche Kritik stieß. Beispiele sind das Gerling-Hochhaus im Gereonsviertel, die Fernmeldeämter, das Lufthansa-Gebäude, die in Domnähe gelegenen WDR-Bauten und andere. Die Hochhäuser und hohen Bauten blieben nicht ohne Einfluss auf die Silhouette des Stadtzentrums, die im Kern aber unverändert von Dom, Groß St. Martin und dem Ratsturm geprägt ist. Gefahren für das Stadtpanorama durch weitere Hochhäuser werden nicht nur von vielen Kölnern befürchtet. Wegen Hochhausplanungen für Deutz stand 2004 sogar die Anerkennung des Doms als Weltkulturerbe auf dem Spiel. Erst nach energischer Drohung der UNESCO lenkte die Stadt 2006 schließlich ein *(siehe 258)*.

661. Welche Beispiele repräsentativer Architektur der 50er Jahre blieben erhalten?

- Das Opernhaus
- Der Gürzenich (Innengestaltung des Festsaals, Foyer, Treppenhaus, West- und Ostfassade)
- Der neue Spanische Bau (Rathaus)
- Die Empfangshalle des Hauptbahnhofs
- Das WDR-Funkhaus am Wallrafplatz
- Das Museum für Angewandte Kunst (vormals Wallraf-Richartz-Museum)
- Die Industrie- und Handelskammer
- Die Hahnenstraße
- Das Blau-Gold-Haus am Domkloster
- Das Domforum Köln (vormals Bank für Gemeinwirtschaft), Domkloster 3
- Der »Ringhof« (ehemals Autohaus Fleischhauer) am Hohenzollernring
- Die Bauten des Gerling-Konzerns in der Nachbarschaft von St. Gereon
- Das Walter-Oppenhoff-Haus (ehemals Concordia-Lebensversicherung) am Maria-Ablass-Platz
- Die Fabrikationsanlagen von 4711 in der Venloer Straße

Köln bei Nacht – eines der schönsten Panoramen der Welt

Köln heute

662. Wie lang ist das Rheinufer im Kölner Stadtgebiet?

Das Stadtgebiet reicht auf der linken Rheinseite wesentlich weiter nach Nord und Süd als auf der rechten. Darum erstreckt sich »Köln am Rhein« am linken Rheinufer auf 44 km, rechtsrheinisch auf 27,3 km Länge. Der Kölner Hochwasserschutz erstreckt sich folglich über eine Strecke von über 70 km.

663. Wie breit ist der Rhein bei Köln?

Der Rhein hat im Kölner Stadtgebiet eine Breite von durchschnittlich etwa 400 m. Je nach Hochwasserstand ist der Fluss streckenweise wesentlich breiter.

664. Wie sauber ist der Rhein?

Durch gemeinsame Anstrengungen der Anliegerstaaten und durch gewaltige Investitionen in Kläranlagen ist der Rhein wieder zu einem verhältnismäßig sauberen Fluss geworden. In den letzten 20 Jahren stieg er von der Güteklasse III (stark verschmutzt) in die Klasse II (mäßig belastet) auf. 43 Fischarten leben wieder im Rhein. Das entspricht dem Artenspektrum des Jahres 1900. Lachs, Meerforellen, Flunder, Maifisch und viele andere Arten sind wieder da.

665. Seit wann liegt Köln wieder am Rhein?

Köln litt in den Jahren des Wiederaufbaus zunehmend darunter, dass die Altstadt durch die stark befahrene Rhein-

Blick über den Strom auf die Mühlheimer Brücke

uferstraße vom Rhein abgeschnitten war. Die Verkehrsdichte erreichte in den 70er Jahren 80.000 Fahrzeuge pro Tag. Das Problem löste 1982 der mit zwei 600 m langen, dreispurigen Tunnelröhren technisch schwierige und sehr kostenaufwendige Rheinufertunnel. Als zwei Jahre später auf der Trasse der früheren Uferstraße der Rheingarten fertiggestellt war, feierte Köln im August 1984 seine Eröffnung mit einem dreitägigen Fest. Das Herzstück Kölns, die Altstadt zwischen Hohenzollern- und Deutzer Brücke, liegt seitdem wieder am Rhein.

Unten Tunnel, oben Grün. Neue Qualität zwischen Altstadt und Rhein

666. Wo steht der Kölner Pegel, welche Höhe zeigt er bei normalem Wasserstand?

Der Pegelturm steht seit 1951 am Rheinufer an der Frankenwerft. Er misst permanent den Wasserstand des Rheins mithilfe eines Schwimmers, der über ein Gestänge die Zifferblätter der an der Turmfront angebrachten Pegeluhr bewegt. Die elektronisch aufgezeichneten Daten können über das Internet abgefragt werden. Der Pegel zeigt bei normalem Wasserstand 3,55 m an. Das Vorgängerhäuschen von 1901 wurde 1943 durch Bomben zerstört.

667. Seit wann erfolgen in Köln regelmäßige Wasserstandsmessungen?

1810 wurde zur Franzosenzeit ein Lattenpegel installiert. Mit ihm wurde seit 1813 der Wasserstand des Rheins regelmäßig gemessen, bis er durch das modernere Schwimmersystem abgelöst wurde.

668. Was bedeutet in Köln der Pegelstand »Null«?

Der Nullpunkt des Kölner Pegels liegt 34,98 m über NN, das heißt, über Normal Null. (Der Fußboden des Kölner Doms liegt 55,2 m über NN.) Bei Pegelstand Null muss in einer Fahrrinne von mindestens 150 m Breite eine Wassertiefe von mindestens 1 m gewährleistet sein.

669. Was bedeutet die Angabe »nach heutigem Pegel«?

Der jetzige Pegelstand »Null« gilt erst seit dem 1. November 1979. Vorher lag die Nullmarke des Kölner Pegels einen Meter höher. Das bedeutet, dass bei einem Hochwasser (nach heutigem Pegel) von neun Metern der Pegel vor 1979 nur acht Meter anzeigte.

670. Wo liegen die Hochwassermarken I und II des Kölner Pegels?

Marke I: 6,20 m: Einschränkungen für die Schifffahrt
Marke II: 8,30 m: völlige Einstellung der Schifffahrt

671. Wo liegen die für Köln kritischen Pegelstände?

9,80 m: Sperrung des Rheinufertunnels
10,00 m: Überflutung der Altstadt
10,70 m: Auslösung von Katastrophenalarm
11,00 m: Weite Teile der Stadt werden überflutet; bis zu 200.000 Einwohner müssen evakuiert werden.

Hochwasser – wird auch für die »Altstädtler« nie zur Gewohnheitssache

672. Wann war das letzte große Hochwasser?

2003 zeigte der Kölner Pegel den Stand von 9,71 m

673. Wann musste der Rheinufertunnel wegen Hochwassers erstmals gesperrt werden?

Der Rheinufertunnel wird bei einem Pegelstand von 9,80 m geschlossen. 1983 war das Jahr eines zweifachen Frühjahrshochwassers. Der Pegel stand am 13. April weit über 9 m und erreichte am 30. Mai mit 9,96 fast die 10-Meter-Marke. Der Tunnel musste deshalb bereits ein Jahr nach Inbetriebnahme erstmals geschlossen werden.

674. Wann waren die höchsten Wasserstände der letzten 100 Jahre?

Die höchsten Wasserstände waren 1926, 1993 und 1995 mit Pegelständen von 10,63–10,69 m.

675. Wann war das »Jahrtausendhochwasser«?

1784 erreichte der Wasserstand in einem extremen Winter nach heutigem Pegel 13,55 m. Die Eisdecke erreichte eine Di-

Jahrtausendhochwasser 1784 Am Leystapel, nach heutigem Pegel 13,55 m

cke von drei Metern. Auf dem zugefrorenen Rhein türmten sich riesige Berge von Eisschollen. Am 28. Februar führten Tauwetter und Eisgang in Köln und Mülheim zu einer Katastrophe. In Mülheim wurden 2/3 der Häuser vom abgehenden Eis weggerissen.

676. Wo sind Markierungen des Hochwasserstandes von 1784 heute noch zu sehen?

Am Haus Am Leystapel/Ecke Filzengraben und an der »Schmitzsäule« bei Groß St. Martin befinden sich Hochwassermarkierungen, die den Wasserstand von 1784 zeigen. Damals stand das gesamte Martinsviertel unter Wasser.

677. Wurde Köln auch schon zur Römerzeit von Hochwassern heimgesucht?

Als Köln von den Römern vor mehr als 2.000 Jahren als Oppidum Ubiorum gegründet wurde *(siehe 11)*, erfolgte dies auf der sich linksrheinisch parallel zum Rhein erstreckenden, hochwassersicheren Niederterrasse. Nach der Versandung und Verfüllung des ehemaligen römischen Hafens (Alter Markt) wuchs die Stadt erst im Mittelalter in hochwassergefährdete Bereiche hinein (Martinsviertel).

678. Wie sieht das Schutzkonzept Kölns gegen Hochwasser aus, wie hoch sind die Kosten?

1996 beschloss der Rat der Stadt Köln einstimmig ein Hochwasserschutzkonzept. Es hat zum Ziel, die Stadt vor Hochwasser bis zu einem Pegelstand von 11,30 m zu schützen. Die seit Jahren mit einem Kostenaufwand von rund 400 Millionen Euro laufenden Baumaßnahmen (Mauern, Deiche, Spundwände, Pumpwerke) verändern im Uferbereich das Erscheinungsbild der Stadt. Sie sollen bis 2009 abgeschlossen sein.

679. Wie viele Einwohner hat Köln?

2007 betrug die Einwohnerzahl der Stadt 1.025.094. Davon waren mehr als die Hälfte (525.279) weiblich. 176.534 Einwohner waren Ausländer (17,2 %).

680. Wann wurde Köln Millionenstadt?

1975 überschritt die Stadt mit 1.022.075 Einwohnern erstmals die Millionengrenze. Grund waren die im gleichen Jahr erfolgten Eingemeindungen *(siehe 711)*.

681. Wann begann in der Neuzeit das rasche Bevölkerungswachstum der Stadt?

Mit der Preußenzeit beginnen 1814 die Industrialisierung und ein rasches Wachstum der Bevölkerung – beschleunigt durch Eingemeindungen *(siehe 709, 710)*. Innerhalb von 100 Jahren verzehnfacht sich die Zahl der Einwohner.

Einwohner			
1816	49.300	1939	772.200
1817	53.000	1945	40.000 (im März)
1818	55.100	1945	447.000 (im Dezember, siehe 613)
1840	75.900		
1852	101.100	1946	491.400
1880	144.800	1960	773.280
1900	372.500	1970	864.754
1910	516.500	1975	1.022.075
1925	700.200	2007	1.025.094

682. Wie entwickelte sich die Zahl der Einwohner von der Römerzeit bis 1800?

In Ermangelung exakter statistischer Daten ist man bis 1794 auf Schätzungen angewiesen:

1. und 2. Jh.	20.000–40.000 (siehe 17)
3. und 4. Jh.	15.000 (siehe 17)
1200:	20.000
1250:	über 20.000 (Beginn des Dombaus)
1400:	40.000
1500:	45.000
1700:	40.000
1794:	44.500 (Besetzung durch die Franzosen)

683. Wie viele Kölner Einwohner sind Ausländer?

Am 1. Januar 2007 waren von den 1.024.346 Einwohnern Kölns 847.812 (82,8 %) Deutsche. 176.534 (17,2 %) waren Ausländer (davon 27.214 unter 18 Jahren).

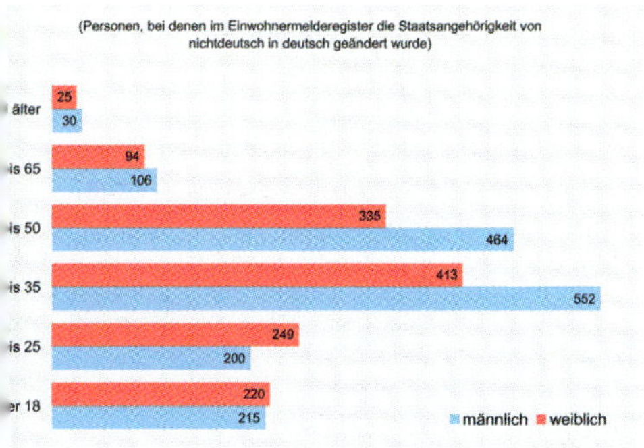

»Einbürgerung 2006«

684. Wie hoch ist die Zahl der Eingebürgerten?

Ende 2007 betrug die Zahl der Eingebürgerten 74.908 (2005: 64.267, davon waren 20.810 unter 18 Jahren).

685. Wie viele Aussiedler leben in Köln?

Ende 2006 lebten in Köln 55.958 Aussiedler (2005: 56.546, davon 7.765 unter 18 Jahren).

686. Wie viele Einwohner der Stadt haben einen »Migrationshintergrund«?

Das städtische Amt für Statistik verwendet neuerdings den Begriff »Migrationshintergrund«, um den Bedarf einer umfassenden Integrationspolitik zutreffender einschätzen zu können. Er umfasst Ausländer und Deutsche, im Einzelnen: Nichtdeutsche, Aussiedler, Eingebürgerte sowie Kinder mit der Option auf Einbürgerung oder familiärem Migrationshintergrund. Anfang 2007 gab es insgesamt 321.960 Einwohner mit Migrationshintergrund (= 31,4 % der Einwohner). Davon waren 74.947 unter 18 Jahren. Für sie besteht nach § 4 des Staatsangehörigkeitsgesetzes die Pflicht, sich bis zum vollendeten 24. Lebensjahr zu entscheiden, ob sie die mit der Geburt erhaltene deutsche Staatsbürgerschaft beibehalten oder die elterliche Staatsbürgerschaft annehmen wollen (Optionsrecht).

687. Welche Nation stellt den größten Ausländeranteil?

Die Türken sind mit 63.839 Einwohnern (2007) die größte ausländische Bevölkerungsgruppe.

688. Aus welchen anderen europäischen Staaten stammen jeweils mehr als 1.000 ausländische Kölner Bürger?

Aus europäischen Staaten stammten:

	2006	2005
Italien	18.732	19.014
Polen	7.455	6.338
Griechenland	5.924	6.060
Russland	4.343	4.382
Ukraine	3.790	3.796
Portugal	3.239	3.262
Bosnien und Herzegowina	2.967	2.947
Kroatien	2.789	2.854
Spanien	2.659	2.621
Frankreich	2.559	2.466
Österreich	2.314	2.337
Niederlande	2.263	2.243
Großbritannien	2.029	2.016
Belgien	1.560	1.572
Mazedonien	1.358	1.424
Bulgarien	1.032	1.031

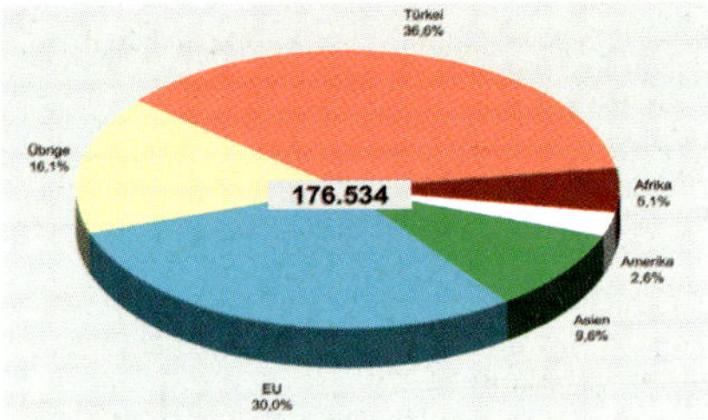

Ausländer nach Herkunft

689. Wie viele Ausländer stammen aus Afrika?

2006 lebten 9.032 Ausländer in Köln (2005: 8.683), die aus afrikanischen Staaten stammen. Mehr als 1.000 kamen aus den Staaten:
Marokko: 2.514 (2005: 2.486)
Tunesien: 1.168 (2005: 1.102.)

690. Wie viele Ausländer stammen aus Asien?

2006 lebten insgesamt 16.917 Ausländer in Köln (2005: 16.454), die aus asiatischen Staaten stammen. Mehr als 1.000 kamen aus:
Iran: 3.464 (2005: 3.480)
Irak: 2.562 (2005: 2.486)
China: 1.821 (2005: 1.709)
Afghanistan: 1.087 (2005: 1.077)

691. Wie viele Ausländer stammen aus Amerika und Australien?

2006 stammten insgesamt 4.654 Ausländer aus Amerika (2005: 4.474). Davon entfielen auf Nordamerika (USA und Kanada) 1.827 (2005: 1.796), auf Südamerika 2.827 (2005: 2.678). Aus Australien stammten 259 (2005: 243).

692. Wie groß ist in Köln die Zahl der Haushalte (mit und ohne Kinder)?

Ende 2007 gab es in Köln 532.513 Haushalte, davon war mehr als jeder zweite

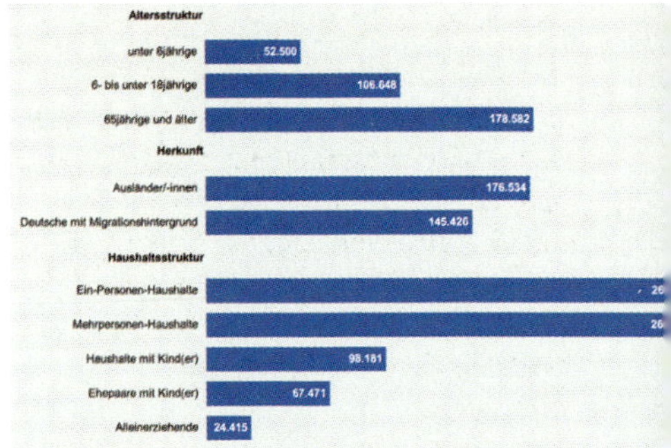

Einwohner und Haushalte nach ausgewählten Gruppen

ein Singlehaushalt (268.433). Kinder und Jugendliche lebten in 98.071 Haushalten. Davon:

- Ehepaare mit Kindern 67.471
- Nichtverheiratete 6.296
- Alleinerziehende 24.415

693. Wie hoch ist die Zahl der jährlichen Geburten, wie hoch die der Sterbefälle?

2007 betrug die Zahl der Geburten 9.358. Sie lag über der Zahl der Sterbefälle (9.054).

694. Wie viele Einwohner Kölns erhalten Sozialleistungen?

Laut »Statistisches Jahrbuch Köln 2006« erhielten im Dezember 2006:

- 119.380 Personen die Grundsicherung für Arbeitssuchende (darunter 31.345 nicht erwerbsfähige Hilfsbedürftige unter 15 Jahren sowie 41.873 Arbeitslose)
- 18.777 Sozialhilfeleistungen nach SGB XII (davon Ausländer 4.718 = 25,1 %)
- 3.975 Leistungen nach dem Asylbewerberleistungsgesetz
- 4.596 Leistungen nach dem Unterhaltsvorschussgesetz
- 201 Leistungen der Kriegsopferfürsorge

695. Wie groß ist unter den Sozialhilfeempfängern der Ausländeranteil?

Im Dezember 2006 waren von den insgesamt 18.777 Sozialhilfeempfängern (nach SGB XII) 4.718 Ausländer. Das entspricht einem Anteil von 25,1 %. Außerdem erhielten 3.975 Ausländer mit der Sozialhilfe vergleichbare Leistungen nach dem Asylbewerberleistungsgesetz.

696. Wie groß ist die Arbeitslosigkeit, wie hoch die Arbeitslosenquote?

Am 31. Dezember 2006 betrug in Köln die Zahl der Arbeitslosen 60.948 (davon waren 27.579 Frauen). Die Arbeitslosenquote lag bei 13,3 %. Seitdem hat sich die Lage leicht verbessert. Ende 2007 waren in Köln 57.267 arbeitslos (11,3 %). Auch im April 2008 betrug die Quote 11,3 %. Sie lag damit über dem Durchschnitt des Bundes (8,1 %) und des Landes NRW (8,7 %). 2006 betrug die Zahl der Langzeitarbeitslosen 35.712 (2005: 27.062).

697. Wie viele Krankenhäuser, wie viele Krankenhausbetten gibt es in Köln?

Im Kölner Stadtgebiet gibt es 24 Krankenhäuser mit insgesamt 7.180 Betten (2000: 8.179). Die Bettenzahl nimmt seit Jahren trotz Zunahme stationär behandelter Patienten (236.374 im Jahr 2006 gegenüber 220.869 im Jahr 2000) kontinuierlich ab. Grund hierfür ist der Rückgang der Verweildauer aufgrund verbesserter und schnellerer diagnostischer Verfahren und verbesserter Therapien. Auch die infolge der Gesundheitsreformen durchgeführte Umstellung auf Fallpauschalen wirkt sich aus. Die Verweildauer beträgt inzwischen 8,4 Tage (gegenüber 10,5 im Jahr 2000). Die Zahl der in den Krankenhäusern angestellten Ärzte beträgt 2.280, die Zahl der Pflegekräfte 5.604.

St. Elisabeth-Krankenhaus in Lindenthal, zur Zeit der Errichtung 1927–1932 Westdeutschlands größtes Krankenhaus.

698. Wie verteilt sich die Trägerschaft der Allgemeinkrankenhäuser?

Bei der Krankenhausversorgung wird in besonderem Maße die lange Tradition kirchlichen Engagements im sozialen Bereich sichtbar. Unverändert dominieren die Einrichtungen in kirchlicher (freigemeinnütziger) Trägerschaft: 13 Krankenhäuser werden von katholischer (Caritas), zwei von evangelischer Seite (Diakonie) betrieben. Nur drei Häuser stehen in städtischer Trägerschaft. Das Land NRW ist Träger der Universitätsklinik.

699. Wie viele Einwohner Kölns sind älter als 65 Jahre?

2007 waren 181.108 Einwohner Kölns älter als 65.

700. Wie viele Senioreneinrichtungen gibt es im Kölner Stadtgebiet?

2006 gab es in Köln 67 Senioreneinrichtungen (2000: 57) mit insgesamt 7.605 Plätzen (ohne Kurzzeit- und Tagespflege).

701. Wie viele Schwerbehinderte gibt es in Köln?

2005 betrug die Zahl der Schwerbehinderten 77.862. Der Grad der Behinderung betrug bei
34.624 50 bis unter 70 %
22.196 70 bis unter 100 %
21.042 100 %

702. Wie viele Einwohner Kölns sind über 80 Jahre, wie viele über 90 Jahre alt?

Ende 2006 waren 41.020 Kölner älter als 80. Die Zahl der über Neunzigjährigen betrug 5.969.

703. Wie viele Einwohner sind 99 Jahre alt und älter?

Ende 2006 lebten in Köln 230 Personen mit einem Lebensalter von über 99 Jahren. Davon bestand der überwiegende Anteil (199) aus Frauen.

704. Wie ist die Ausstattung mit Kinderbetreuungsplätzen?

Laut »Statistisches Jahrbuch Köln 2006« betrug 2006 die Zahl der Kinderbetreuungsplätze für:

- Kinder unter 3 Jahren: 1.622 (bei insgesamt 26.568 Kindern)
- Kinder von 3 bis unter 6 Jahren: 26.401 (bei insgesamt 25.932 Kindern). Das entspricht einem Versorgungsgrad von 100 %.
- Kinder von 6 bis unter 11 Jahren: 5.817 (bei insgesamt 44.093 Kindern)

Das Angebot für Kinder unter drei Jahren soll bis 2009 von derzeit 7 % auf 20 % erhöht werden.

705. Wie groß ist die Zahl der Kinderbetreuungseinrichtungen (Kindergärten, Krippen, Horte)?

Sie betrug 2006 insgesamt 552.

Wohngebäude in der Südstadt (Teutoburger Straße) – teilweise unversehrt den Krieg überstanden

706. Wie viele Wohngebäude gibt es in Köln?

2007 betrug die Zahl der Wohngebäude 130.176 (2004: 128.107), davon waren 76.778 Ein- und Zweifamilienhäuser (2004: 75.106).

707. Wie viele Wohnungen gibt es in Köln?

2007 gab es in Köln 532.897 Wohnungen (2004: 526.798).

708. Wie groß ist das Kölner Stadtgebiet heute, wie groß war es zur Römerzeit?

Köln ist flächenmäßig die drittgrößte, hinsichtlich der Einwohnerzahl die viertgrößte Stadt Deutschlands. Das Stadtgebiet umfasst ein Areal von 40.515 ha. Demgegenüber hatte die seit 50 n. Chr. von der Römermauer umgebene Stadt »CCAA« nur eine Fläche von 98,6 ha *(siehe 35)*. Heute liegt zwischen der nördlichen und der südlichen Stadtgrenze eine Distanz von 28,1 km, zwischen der westlichen und der östlichen liegen 27,6 km.

709. Wann erfolgten die ersten Eingemeindungen in der Stadtgeschichte?

Die Stadt in den Grenzen der Römermauer (96,8 ha) wird im Mittelalter dreimal erweitert *(siehe 121):*

- 956 wird unter Erzbischof Bruno das rheinseitig vorgelagerte Gebiet (Martinsviertel) befestigt und in die Stadt einbezogen, die damit auf 122 ha wächst.
- 1106 wird die Stadt um die Vorstädte Niederig, Oversburg und die Immunität St. Aposteln erweitert, die in die Stadtumwallung einbezogen werden. Die Stadtfläche umfasst danach 223 ha.
- 1180 beginnt der Bau der mittelalterlichen Stadtmauer. Alle Gebiete innerhalb der Mauer gehören von da an zur Stadt. Das umschlossene Areal beträgt jetzt 410 ha.

710. Wann waren die großen Eingemeindungen der Neuzeit?

Nach den mittelalterlichen Stadterweiterungen *(siehe 121)* vergrößert die Stadt ihr Gebiet erst wieder ab 1888 durch umfangreiche Eingemeindungen:

- 1888 werden rechtsrheinisch die Stadt Deutz und der Ort Poll, linksrheinisch die Stadt Ehrenfeld und weitere 23 Orte eingemeindet *(siehe 492, 493).* Das Stadtgebiet umfasst danach eine Fläche von 11.133 ha.
- 1910 erfolgt die Eingemeindung der Stadt Kalk und der Gemeinde Vingst. Dadurch erweitert sich das Stadtgebiet auf 11.741 ha.
- 1914 folgt die Eingemeindung der Stadt Mülheim und der Gemeinde Merheim. Die Stadtfläche beträgt danach 19.726 ha.
- 1922 wird Worringen (teilweise) eingemeindet. Die Stadtfläche erweitert sich dadurch auf 25.113 ha.

Luftaufnahme Kalk

711. Welche weiteren Gebiete wurden nach dem Zweiten Weltkrieg eingemeindet?

1975 werden linksrheinisch eingemeindet die Stadt Wesseling, die Gemeinde Rodenkirchen sowie die Orte Auweiler, Esch, Pesch, Widdersdorf, Lövenich, Weiden, Junkersdorf, Marsdorf, Rondorf, Meschenich, Godorf, Sürth und Weiß. Rechtsrheinisch werden eingemeindet die Stadt Porz sowie die Orte Westhoven, Heumar, Gremberghoven, Grengel, Eil, Elsdorf, Wahn, Lind, Zündorf, Urbach und Langel. Die Stadtfläche erweitert sich dadurch (vorübergehend) um 17.784 ha auf insgesamt 42.922 ha.

712. Welches eingemeindete Gebiet musste Köln wieder abtreten?

1976 musste Köln das eingemeindete Wesseling wieder freigeben. Wesseling wurde als selbstständige Gemeinde in den Erftkreis eingegliedert. Die Stadtfläche Kölns verringerte sich dadurch auf 40.515 ha.

Stadtbezirke Köln: 1 = Innenstadt, 2 = Rodenkirchen, 3 = Lindenthal, 4 = Ehrenfeld, 5 = Nippes, 6 = Chorweiler, 7 = Porz, 8 = Kalk, 9 = Mülheim

713. In wie viele Stadtbezirke ist Köln verwaltungsmäßig aufgeteilt, wie heißen sie?

Die Stadt Köln ist in neun Stadtbezirke aufgegliedert. Sie haben folgende Nummern und Namen:

1: Innenstadt
2: Rodenkirchen
3: Lindenthal
4: Ehrenfeld
5: Nippes
6: Chorweiler
7: Porz
8: Kalk
9: Mülheim

714. Wie viele Stadtteile hat Köln?

Köln hat 85 Stadtteile. Sie sind auf die neun Stadtbezirke verteilt. Die alten Ortsnamen blieben alle erhalten (zum Beispiel Riehl, Fühlingen, Kalk).

715. Was ist in Köln ein »Veedel« (Viertel)?

Veedel ist heute eine eher emotionale Bezeichnung für Stadtviertel. In Kölns alten Stadtvierteln leben die ehemaligen verschiedenartigen Kölner Sondergemeinden fort, die alten Pfarrgemeinden der inneren Alt- oder Römerstadt, der Rheinvorstadt (Martinsveedel) und die mittelalterlichen Vorstadtbezirke (Severin, Mauritius, Gereon, Aposteln). Die großen Verkehrsachsen der Neuzeit (Hahnenstraße, Nord-Süd-Fahrt) haben manch altes Veedel zerschnitten und den inneren Zusammenhalt der Bewohner beeinträchtigt. Aber auch heute noch sind »Vringsveedel«, »Eijelsteinsveedel« und »Künebätsveedel« feste Begriffe. Auch die Nippeser und Ehrenfelder sprechen von ihrem Veedel. Die Bläck Fööss haben den Begriff liebevoll sentimental besungen (»Bei uns em Veedel ...«) und dadurch das kleinlokale Zusammengehörigkeitsgefühl neu belebt. Im Karneval spielen die »Veedelszöch« *(siehe 931)* seit Jahren zunehmend eine wichtige Rolle.

716. Wie groß ist der Rat der Stadt Köln, wie setzt er sich zusammen?

Der Rat besteht aus 90 Ratsmitgliedern. Er setzt sich seit der letzten Kommunalwahl (26. September 2004) wie folgt zusammen:

Partei	Prozent	Sitze
CDU	32,7	29
SPD	30,9	28
Grüne	16,5	15
FDP	7,4	7
PDS	2,9	3
Rep.	0,8	1
Sonstige	8,5	7
		90

Zusätzlich hat der Oberbürgermeister im Rat Sitz und Stimme.

717. Wie entwickelte sich die Größe des Rates der Stadt Köln seit 1945, wann war die erste Kommunalwahl nach dem Krieg?

Am 13. Oktober 1946 fanden in der britischen Besatzungszone die ersten Kommunalwahlen statt. Die englische Besatzungsmacht legte nach englischem Vorbild die (duale) Kommunalverfassung fest. Die Zahl der gewählten Stadtverordneten entwickelte sich seitdem wie folgt:

Kommunalwahl	Zahl der Mitglieder des Rates
13.10.1946	51
17.10.1948	44
09.11.1952	66
28.10.1956	66
19.03.1961	66
27.09.1964	67
27.09.1969	67
04.03.1975	91 (als Folge der Eingemeindungen, siehe 711)
30.09.1979	91
30.09.1984	91
01.10.1989	95
16.10.1994	91
12.09.1999	94 (ohne stimmberechtigten Oberbürgermeister)
26.09.2004	90 (ohne stimmberechtigten Oberbürgermeister)

718. Wie heißen zurzeit (2008) der Oberbürgermeister und die drei Bürgermeister?

Der Kölner Oberbürgermeister heißt Fritz Schramma. Er wurde am 18. September 2000 als Nachfolger des verstorbenen Harry Blum für neun Jahre gewählt. Außer dem Oberbürgermeister hat die Stadt drei Bürgermeister. Dies sind zurzeit:
Bürgermeister Josef Müller (CDU)
Bürgermeisterin Elfi Scho-Antwerpes (SPD)
Bürgermeisterin Angela Spizig (B90/Grüne)

719. Welche Oberbürgermeister hatte Köln seit 1945?

- Dr. Konrad Adenauer (CDU) 04.05.1945–06.10.1945
- Dr. Willy Suth (CDU) 06.10.1945–20.11.1945 (kommissarisch)
- Dr. Hermann Pünder (CDU) 20.11.1945–19.04.1948
- Dr. Ernst Schwering (CDU) 19.04.1948–15.11.1948
- Robert Görlinger (SPD) 15.11.1948–09.12.1949
- Dr. Ernst Schwering (CDU) 09.12.1949–23.11.1950
- Robert Görlinger (SPD) 23.11.1950–08.11.1951
- Dr. Ernst Schwering (CDU) 08.11.1951–09.11.1956
- Theo Burauen (SPD) 09.11.1956–17.12.1973
- John van Nes Ziegler (SPD) 20.12.1973–28.10.1980
- Dr. h.c. Norbert Burger (SPD) 28.10.1980–01.10.1999
- Harry Blum (CDU) 01.10.1999–17.03.2000
- Fritz Schramma (CDU) seit 18.09.2000

720. Wer war der erste gewählte Oberbürgermeister nach dem Krieg

Dr. Hermann Pünder (CDU) 1945–1948. Er war zunächst – wie seine beiden Vorgänger Adenauer und Suth – von der britischen Besatzungsmacht eingesetzt worden, bevor er nach der ersten Kommunalwahl 1946 zum Oberbürgermeister gewählt wurde.

721. Wann wurde nach dem Krieg ein Kölner Oberbürgermeister durch Losentscheid bestimmt?

Bei den Kommunalwahlen am 17. Oktober 1948 erhielten die CDU (42,5 %) 19, die SPD (37,7%) 17, die KPD (10,9%) 5 und die FDP (7,2%) 3 Sitze. Bei der Wahl des Oberbürgermeisters ergaben zwei Wahlgänge ein Patt zwischen dem CDU-Kandidaten Schwering und seinem SPD-Konkurrenten Görlinger. Der anschließende Losentscheid ging zugunsten Görlingers aus. Er wurde Oberbürgermeister, Schwering sein Stellvertreter. Im darauf folgenden Jahr tauschten die beiden Politiker die Ämter.

722. Wer wurde erstmals durch Direktwahl Oberbürgermeister?

In der Kommunalwahl am 12. September 1999 wurde erstmals nach der neuen Gemeindeordnung NRW vom 14. Juli 1994 der Oberbürgermeister Kölns nach den Grundsätzen der Mehrheitswahl direkt gewählt. Als Sieger ging Harry Blum (CDU) aus der Wahl hervor. In der kommenden Kommunalwahl 2009 wird der Oberbürgermeister erneut durch Direktwahl bestimmt.

723. Seit wann ist der Oberbürgermeister wieder Chef der Verwaltung?

Die neue Gemeindeordnung NRW vom 14. Juli 1994 schaffte das 1946 von der britischen Besatzungsmacht nach englischem Vorbild eingeführte (duale) Kommunalverfassungsrecht ab. Die Aufteilung der Kompetenzen zwischen Oberbürgermeister und Oberstadtdirektor wurde aufgehoben. War der Kölner Oberbürgermeister zuvor zwar politisch verantwortlich, aber für die in der Verantwortung des Oberstadtdirektors stehende Verwaltung nicht zuständig, wurde er nunmehr sowohl politisch als auch für die Verwaltung zuständig und verantwortlich. Die Position des Oberstadtdirektors entfiel. Die wesentlichen Funktionen des Oberbürgermeisters sind seitdem:

- Vorsitz im Rat und Hauptausschuss
- Leitung der Verwaltung. Der Oberbürgermeister ist Dienstvorgesetzter und kann fachliche Weisungen erteilen.
- Repräsentation der Stadt

724. Wie viele Dezernenten / Beigeordnete hat die Stadt, wie heißen sie?

- Dezernat I, Allgemeine Verwaltung, Ordnung, Recht: Stadtdirektor Guido Kahlen (SPD) seit 22. Juni 2006
- Dezernat II, Finanzen: Beigeordneter Peter Michael Soenius (CDU) seit 1. Mai 2001
- Dezernat III, Wirtschaft und Liegenschaften: Beigeordneter Dr. Norbert Walter-Borjahns (SPD) seit 15. Juli 2006
- Dezernat IV, Bildung, Jugend und Sport: Beigeordnete Dr. Agnes Klein (SPD) seit 13. November 2006
- Dezernat V, Soziales, Integration und Umwelt: Beigeordnete Marlis Bredehorst (90/Grüne) seit 20. Oktober 2003
- Dezernat VI, Stadtentwicklung, Planen und Bauen: Beigeordneter Bernd Streitberger (parteilos) seit 1. Januar 2004
- Dezernat VII, Kunst und Kultur: Beigeordneter Prof. Georg Quander (parteilos) seit 24. Mai 2005

725. Wie viele Mitarbeiter hat die Stadt, wie hoch sind die Personalausgaben?

Die Verwaltung der Stadt Köln besteht aus rund 17.000 Mitarbeitern. Die Personalausgaben betrugen im Haushaltsjahr 2007 620,3 Millionen Euro. Das waren gut 16% des Verwaltungshaushalts.

726. Wie groß ist das Haushaltsvolumen der Stadt, wie hoch der Schuldenstand?

2007 hatte die Stadt Köln nach Jahren defizitärer Haushalte erstmals wieder einen ausgeglichenen Haushalt mit einem Gesamtvolumen von 4.000.800.000 Euro (erstmals mehr als 4 Milliarden). Der Gesamtschuldenstand betrug 2,45 Milliarden Euro. Der Etat 2007 war der letzte Haushalt, der nach der bisherigen Methode der Kameralistik aufgestellt und abgewickelt wurde. Der Haushalt 2008 wurde von der Verwaltung erstmals nach den Regeln des »Neuen Kommunalen Finanzmanagements (NKF)« in Form einer Bilanz aufgestellt. Damit betraten Verwaltung und Rat Neuland. Aufgrund eines Beschlusses vom März 2008, statt eines einjährigen Haushalts für 2008 für die Jahre 2008 und 2009 einen Doppelhaushalt aufzustellen, wurde am 24. Juni 2008 der »Doppelhaushalt 2008/2009« beschlossen. Sein Gesamtvolumen beträgt für 2008 4,140 Milliarden, für 2009 3,950 Milliarden Euro.

727. Wie viele internationale Städtepartnerschaften hat Köln?

Es zeugt von der Weltaufgeschlossenheit Kölns und mehr noch von dem Willen, nach den schrecklichen Kriegsgeschehnissen zwischen 1939 und 1945 zum Aufbau einer friedlichen internationalen Gemeinschaft aktiv beizutragen, dass die Stadt nach dem Zweiten Weltkrieg 20 internationale Städtepartnerschaften einging. Erste Partnerstadt wurde 1952 eine englische Stadt:

Liverpool (Großbritannien)	seit 1952
Esch-sur-Alzette (Luxemburg)	seit 1958
Lille (Frankreich)	seit 1958
Lüttich (Belgien)	seit 1958
Rotterdam (Niederlande)	seit 1958
Turin (Italien)	seit 1958
Kyoto (Japan)	seit 1963
Tunis (Tunesien)	seit 1964
Turku (Finnland)	seit 1967
Klausenburg/Cluj-Napoca (Rumänien)	seit 1976
Tel-Aviv-Yafo (Israel)	seit 1979
Barcelona (Spanien)	seit 1984
Peking (China)	seit 1987
Cork (Irland)	seit 1988
Corinto/El Realejo (Nicaragua)	seit 1988
Indianapolis (USA)	seit 1988
Thessaloniki (Griechenland)	seit 1988
Wolgograd (Russland)	seit 1988
Kattowitz (Polen)	seit 1991
Bethlehem (Palästina)	seit 1996
Istambul	seit 1997

Liverpool, Partnerstadt seit 1952

728. Ging Köln auch Partnerschaften mit West-Berlin und mit ehemaligen DDR-Gemeinden ein?

Ja, und zwar 1967 mit dem Bezirk Neukölln (West-Berlin) und 1990 mit dem Bezirk Treptow-Köpenick.

729. Welche Gerichte haben ihren Sitz in Köln?

Köln ist Sitz folgender acht Gerichte:

- Amtsgericht Köln
- Landgericht Köln
- Oberlandesgericht Köln
- Finanzgericht Köln
- Arbeitsgericht Köln
- Landesarbeitsgericht Köln
- Verwaltungsgericht Köln
- Sozialgericht Köln

Gerichtsgebäude Luxemburger Straße,
Sitz von Amts- und Landgericht

730. Welche besondere überörtliche Bedeutung hat das Verwaltungsgericht (VG) Köln?

Wegen der zahlreichen Bundesbehörden im Köln-Bonner Raum nimmt das mit 90 Richtern (2007) besetzte VG Köln bundesweit eine Sonderstellung ein. Von den jährlich ca. 13.000 abgeschlossenen Verfahren (2007: 12.944) gehen ca. 5.000 auf diese Bundespräsenz zurück. Davon entfällt der Löwenanteil von über 3.000 Verfahren auf das in Köln ansässige Bundesverwaltungsamt (Spätaussiedler, Fälle aus dem Staatsangehörigkeitsrecht, Asylverfahren, Rückzahlung von BAföG-Leistungen). Aber auch gegen das für die Zulassung von Arzneimitteln zuständige Bundesinstitut für Arzneimittel und Medizinprodukte mit Sitz in Bonn richten sich zahlreiche oft schwierige Verfahren.

731. Auf welchen Gebieten der Justiz und der öffentlichen Verwaltung hat Köln heute wieder zentralörtliche Bedeutung?

Während Köln zur Franzosenzeit sämtliche kirchliche, kulturelle (Universität), judikative und administrative zentralörtliche Funktionen verlor, gewann die Stadt zur Preußenzeit schrittweise solche Funktionen zurück. Obwohl viertgrößte Stadt Deutschlands und größte Stadt in NRW, wurde Köln aber nicht Regierungssitz des 1946 neu gebildeten Landes NRW. Heute ist die Stadt wieder Sitz von Gerichten, Landesbehörden und auch von Bundesbehörden, deren Zuständigkeitsbereich sich über das Stadtgebiet hinaus – teilweise bundesweit – erstreckt *(siehe 729, 732–734)*. Seit 2003 ist Köln darüber hinaus Sitz der einzigen EU-Agentur in Deutschland, der Europäischen Agentur für Flugsicherheit (EASA). Die EASA mit ihren 400 Mitarbeitern ist zuständig für die Genehmigung aller gemeinsamen europäischen Sicherheits- und Umweltstandards und aller Fluglizenzen in der zivilen Luftfahrt in der EU.

732. Welche Größe hat der Regierungsbezirk Köln?

Der Regierungsbezirk Köln wurde 1816 von Preußen gebildet. Damit erhielt die größte Stadt des Rheinlandes nach der Franzosenzeit wieder eine wichtige zentralörtliche staatliche Verwaltungsfunktion. 1972 wurde der Regierungsbezirk Köln mit dem Regierungsbezirk Aachen vereinigt. Er ist mit 4.380.269 Einwohnern (30.06.2006) und einer Fläche von 7.395 km² heute einer der bevölkerungsreichsten und am dichtesten besiedelten Regierungsbezirke in Deutschland. Die Bevölkerungsdichte beträgt 592 Einwohner pro km². Der Bezirk umfasst die kreisfreien Städte Aachen, Bonn, Köln und Leverkusen sowie acht Landkreise.

733. Welche Aufgaben hat der Landschaftsverband Rheinland (LVR), welches Gebiet umfasst er?

Das Land NRW besteht aus einem rheinischen Teil mit den Regierungsbezirken Köln und Düsseldorf und einem westfälischen Teil mit den Regierungsbezirken Arnsberg, Detmold und Münster. Der LVR ist der Verband der rheinischen Städte und Kreise für die kommunalen Angelegenheiten, die über die Grenzen der Gemeinden, Städte und Kreise hinausgehen zum Beispiel auf den Gebieten von Kultur, Denkmalpflege, Gesundheit (Psychiatrie), Blindenschulen, Behinderteneinrichtungen und Jugendhilfeeinrichtungen. Der LVR umfasst ein Gebiet von 12.655 km^2 mit 9.599.237 Einwohnern. Er hat über 3.000 Beschäftigte.

Sitz des Landschaftsverbandes Rheinland auf der rechten Rheinseite

734. Welche obersten Bundesbehörden haben ihren Sitz in Köln?

Köln ist Sitz folgender oberster Bundesbehörden:

- Bundesamt für den Güterverkehr
- Bundesamt für den Verfassungsschutz
- Bundesverwaltungsamt
- Bundesamt für den Zivildienst

… und es werden mehr mit jedem Tag …

735. Wie viele Kilometer umfasst das Kölner Straßennetz?

Die Straßen Kölns haben aneinandergereiht eine Gesamtlänge von 2.531 km.

736. Wie hoch ist die Zahl der in Köln zugelassenen Pkws / sonstigen Kraftfahrzeuge?

2007 trugen 413.739 private Pkws (2006: 410.092) das Kennzeichen K. Die Zahl hat sich kaum verändert. Hinzu kommen ca. 65.000 sonstige Fahrzeuge (Lkws, Omnibusse, Krafträder), die mit Kölner Kennzeichen fahren (2006: 64.329).

737. Ist Köln eine autofreundliche Stadt?

Innerhalb der Ringstraße liegt mit dem 1 km^2 großen römischen Kern das mittelalterliche Köln, das als preußische Festungsstadt bis 1880 durch die Stadtmauer des 12. Jahrhunderts eingeschnürt war *(siehe 737)*. Das ist der Grund für die zahlreichen verwinkelten Straßen, Gassen und Gässchen, die den Grundriss der Stadt, ihre Atmosphäre und ihren fußgängerfreundlichen Charakter prägen. Autofahrer, besonders auswärtige, haben es deshalb schwer – jedenfalls innerhalb »der Ringe« *(siehe 744)*.

738. Wie viele Parkhäuser gibt es in der Innenstadt?

Der Kölner Stadt-Anzeiger veröffentlichte am 8. Dezember 2006 einen »Parkhaus-Report«. Er zählte 60 Parkhäuser in der Innenstadt und in Köln-Deutz mit ihren Kapazitäten, Tarifen und Öffnungszeiten auf. Nach dem Urteil des ADAC gibt es in der Kölner Innenstadt genügend Parkhäuser und Tiefgaragen.

739. Welche Bedeutung hat für Köln der Öffentliche Personennahverkehr (ÖPNV), wie viele Personen befördert die KVB?

Der römisch-mittelalterliche, enge Stadtgrundriss Kölns mit nur wenigen größeren Verkehrsadern erfordert einen besonders gut ausgebauten ÖPNV, um die City möglichst vom Individualverkehr *(siehe 736)* frei zu halten. Diese Aufgabe löst mit einem dichten Liniennetz von Straßenbahnen und Bussen die Kölner Verkehrsbetriebe AG (KVB), die eines der größten öffentlichen Verkehrsunternehmen Deutschlands ist. Die KVB sichert täglich für ca. 800.000 Fahrgäste die Mobilität in und um Köln. 2006 wurden 245,5 Millionen Personen befördert.

Die KVB: 250 Millionen Fahrgäste jährlich

740. Welche Funktion hat der Verkehrsverbund Rhein-Sieg (VRS), weshalb hat die KVB ihre Mitgliedschaft zum 31. Dezember 2009 gekündigt?

Der 1987 geschaffene VRS verbindet den Kölner Verkehrsraum mit dem Umland. Er ermöglicht dem Fahrgast, mit nur einem Fahrausweis U-, S-, Stadtbahn und DB-Linien und ca. 400 Buslinien zu benutzen und an ca. 6.700 Haltestellen ein-, aus- und umzusteigen. 2006 wurden täglich über 1,4 Millionen Fahrgäste befördert. Träger des VRS sind die Städte Bonn, Köln, Leverkusen und Monheim sowie der Oberbergische-, der Rhein-Sieg-, der Rheinisch-Bergische sowie der Kreis Euskirchen. Im März 2008 hat die KVB ihre Mitgliedschaft im VRS vorsorglich zum 31. Dezember 2009 gekündigt. Grund ist die im Januar 2008 durch politischen Druck erfolgte Gründung des neuen Zweckverbandes »Nahverkehr Rheinland« (NVR). Er soll als Dachverband von VRS und dem Aachener Verkehrsverbund den Schienenverkehr für den gesamten Raum Köln-Aachen planen, organisieren und finanzieren. Die KVB sieht darin die Gefahr einer Bevormundung

741. Seit wann gibt es in Köln eine U-Bahn?

Statt eine regelrechte U-Bahn zu bauen (Pläne dazu gab es bereits vor dem Ersten Weltkrieg), entschied sich die Stadt 1962 aus Kostengründen für den Bau einer Unterpflasterstraßenbahn. So konnte ein Großteil der vorhandenen Straßenbahnwagen auch auf den sukzessive gebauten Tunnelstrecken fahren. Der erste Tunnelabschnitt wurde 1968 zwischen Dom und Friesenplatz in Betrieb genommen.

Pulsierendes Großstadtleben auf den Ringen, hier der Hohenzollernring

742. Welchen Umfang hat das derzeitige U-Bahn- / Straßenbahnnetz Kölns?

Bis 1978 entstanden die meisten unterirdischen Abschnitte im Stadtzentrum. In den achtziger und neunziger Jahren wurde das Tunnelnetz weiter ausgebaut. Heute (2008) sind 44,5 km als U-Bahnstrecke in Betrieb, teilweise unterirdisch, als Hochbahn oder ebenerdig. Hinzu kommen 48 km Eisenbahnstrecken nach Bonn sowie 94 km Straßenbahnstrecken. Das Schienennetz hat derzeit eine Gesamtlänge von 186 km.

743. Welche Lage und Länge hat der im Bau befindliche Nord-Süd-Tunnel, was kostet er?

Vom Hauptbahnhof wird künftig eine neue 3,9 km lange U-Bahnstrecke unterirdisch über Heumarkt, Severinstraße, Chlodwigplatz bis zum Bonntor führen. Der Tunnel soll 2011 in Betrieb genommen werden. Die im Jahr 2000 bei der Planung veranschlagten Kosten von 630 Millionen Euro stiegen ständig an. Sie beliefen sich 2004 auf 780, 2006 auf 890 und im Juli 2007 auf 954 Millionen Euro. Mit weiterem Kostenanstieg wird gerechnet.

744. Was sind in Köln »die Ringe«?

Die erste moderne Straße der Stadt wurde die nach 1881 außerhalb des alten Kölns angelegte 4,5 km lange Ringstraße. Sie beschreibt auf dem planierten Graben der 1881 geschleiften mittelalterlichen Stadtbefestigung einen Halbkreis, der im Süden am Rhein mit dem Ubierring beginnt und im Norden mit dem Theodor-Heuss-Ring erneut auf den Rhein stößt. Diese breit angelegte Straße (die Ringe) ist die Grenze zur Neustadt.

745. Wonach sind die Ringe benannt?

Die Kölner erhielten mit ihrer ersten modernen Straße zugleich ein praktisches Geschichtsbuch. Den einzelnen Abschnitten und Plätzen des 4,5 km langen Boulevards wurden von Süden nach Norden die Namen von Volksstämmen, Herrschern und Herrscherhäusern gegeben, die für Köln bedeutsam waren: Ubierring, Chlodwigplatz, Karolinger-, Sachsen- und Salierring, Barbarossaplatz, Hohenstaufenring, Rudolfplatz, Hohenzollernring, Kaiser-Wilhelm-Ring, Hansaring und schließlich – nach mehrfachen Umbenennungen – Namen der neuesten Geschichte: Ebertplatz (ursprünglich Deutscher Platz, ab 1923 Platz der Republik, ab 1933 Adolf-Hitler-Platz) und Theodor-Heuss-Ring (früher Deutscher Ring).

746. Welche Straßen- und Bahntrassen umgeben halbkreisförmig das linksrheinische Köln?

Der mittelalterliche Teil der heutigen Stadt ist halbkreisförmig von mehreren Verkehrsringen umgeben, die dazu dienen, den Verkehr um das Zentrum herumzuleiten: von innen nach außen (Entfernungen von der Stadtmitte, dem Heumarkt am Rhein, in Richtung Westen angegeben):

- Die Ringstraße (Die Ringe, *siehe 744*) – 1,7 km

- Der Eisenbahnring – 2,2 km
- Die Innere Kanalstraße (in den 60er Jahren an der Außenperipherie des Inneren Grüngürtels gebaut) – 2,6 km
- Die ab 1903 angelegten, überwiegend von der Straßenbahn befahrenen Gürtel (von der Mülheimer Brücke im Norden bis zum Bayenthalgürtel südlich der Südbrücke) – 3,8 km
- Die Äußere Kanalstraße (kein voller Halbkreis) – 4,4 km
- Die Militärringstraße (mit 21 km die längste Straße Kölns) – 6 km
- Der Autobahnring – 8 km

747. Welche ehemals römischen Fernstraßen führen heute als modern ausgebaute Verkehrswege von Köln aus zu ihren alten Zielen?

- Neusser Straße (B9) (die alte Römerstraße lag ab Agneskirche auf der Trasse der Niehler Straße)
- Venloer Straße (B59)
- Aachener Straße (B55)

Neusser Straße, geschäftig, bunt, hier Richtung Agnes-Kirche

- Dürener Straße (B264)
- Luxemburger Straße (B265)
- Brühler Straße (B51)
- Bonner Straße (A555)

748. Welchen Umfang hat der Kölner Autobahnring, wie viele Autobahnen zweigen von ihm ab?

Köln ist seit Fertigstellung der Köln-Leverkusener Autobahnbrücke im Jahr 1965 von einem geschlossenen Autobahnring umgeben. Er hat eine Gesamtlänge von 54 km. Zehn auf den Autobahnring mündende Autobahnen unterstreichen die Bedeutung Kölns als Verkehrskreuz des Westens.

749. Welche Bedeutung hat Köln im überregionalen Verkehr?

Köln war schon zur Römerzeit ein bedeutendes überregionales Verkehrs- und Handelszentrum. Diese Funktion hat sich im Mittelalter durch zahlreiche rechtsrheinische Handelswege, durch Fernstraßen in den östlichen innerdeutschen Raum sowie durch das Stapelrecht und durch Kölns zentrale Bedeutung für die Rheinschifffahrt (Stapelrecht *siehe 118, 435*) erheblich verstärkt. Heute ist Köln mit acht Rheinbrücken, der Konzentration zahlreicher Eisenbahnlinien, dem Autobahnring mit zehn einmündenden Autobahnen, mit sechs Häfen und dem Flughafen Köln-Bonn eines der bedeutendsten westeuropäischen Verkehrskreuze.

750. Welche Bedeutung hat Köln im Eisenbahnverkehr, wie viele Züge verkehren täglich im Kölner Hauptbahnhof?

Köln ist ein europäischer Verkehrsknotenpunkt ersten Ranges mit dem deutschlandweit höchsten Eisenbahnverkehrsaufkommen. Von besonderer Bedeutung sind neben dem Hauptbahnhof der Rangierbahnhof Gremberg sowie der größte Container- und Umschlagbahnhof des Binnenlandes Köln-Eifeltor. Den Hauptbahnhof fahren täglich etwa 1.200 Züge an, die ausschließlich dem Personenverkehr dienen. Der Güterverkehr erfolgt über die Südbrücke.

751. Weshalb liegt der Hautbahnhof unmittelbar neben dem Dom?

Mitte des 19. Jahrhunderts bestand die unausweichliche Notwendigkeit, die in Deutz endenden Eisenbahnlinien mit den linksrheinisch in die Stadt führenden Eisenbahnen zu verbinden. So entstand 1859 als erste feste Brücke seit der Römerzeit die genau auf den Dom ausgerichtete »Dombrücke« *(siehe 448)*, die 1911 durch die Hohenzollernbrücke ersetzt wurde. Zur Anlage des »Centralbahnhofs« wurde in der Nachbarschaft des Doms der damals berühmte Botanische Garten geopfert, der aus den zum ehemaligen Jesuitenkolleg gehörenden Anlagen *(siehe 271)* hervorgegangen war. Als Ersatz entstand 1862 in Riehl die Parkanlage der »Flora«, die 1914 durch den Botanischen Garten ergänzt wurde.

752. Welche negativen Auswirkungen hatte die Lage des Hauptbahnhofs auf den Dom?

Bis zur Elektrifizierung der Eisenbahn in den 60er und 70er Jahren des 20. Jahrhunderts bliesen die in den Hauptbahnhof einfahrenden Dampflokomotiven über 100 Jahre lang Unmengen von Schwefelabgasen in die Luft. Sie waren die wesentliche Ursache für den Kalkfraß am Dom *(siehe 234, 235)* und für die Schwarzfärbung der ursprünglich hellen *(siehe 236)* Kathedrale.

Der Hauptbahnhof vom Dom aus, hinten Mitte St. Maria Himmelfahrt

753. Welche Vorteile bringt die Lage des Hauptbahnhofs heute?

Es gibt neben Köln keine weitere Stadt der Welt, die den aus dem Zug steigenden Besucher unmittelbar mitten ins Zentrum führt. Er steht sofort vor dem Dom und braucht nur wenige Schritte zu den wichtigsten Museen, den Haupteinkaufsstraßen, zur Philharmonie, dem historischen Martinsviertel und zum Rhein. Eine solche Ballung touristischer Attraktionen ist weltweit einmalig.

754. Wie lautet der korrekte Name des Kölner Flughafens, welchen Rang nimmt er unter den deutschen Flughäfen ein?

Die offizielle Bezeichnung lautet seit 1994: »Flughafen Köln/Bonn Konrad Adenauer«. Der Flughafen rangiert in Deutschland der Größe nach an vierter, hinsichtlich der Passagierzahlen an sechster Stelle (2007: 10,47 Millionen). Im Frachtbereich ist er die Nummer zwei (2007: 719.000 t). Da er einer der wenigen deutschen Flughäfen ohne Nachtflugverbot ist (bis 2030), nutzen ihn viele Expressdienste als Drehkreuz (UPS, FedEx, DHL, British Airways World Cargo, Coyne Air, TAP und weitere). So starten und landen auf den drei Start- und Landebahnen auch nachts Frachtmaschinen im Minutentakt. Der Preis für den nächtlichen Flugbetrieb ist eine nicht unbeträchtliche Lärmbelästigung im Einflugbereich. 2007 gab es insgesamt 151.029 Flugbewegungen.

755. Wie sind die Kapazitätsprognosen für den Flughafen?

Der Flughafen wurde in den letzten Jahren ständig erweitert. Er verfügt inzwischen über drei Start- und Landebahnen. 2002 kamen die Billigflieger Germanwings und Hapag-Lloyd Express nach Köln. Das bescherte dem Flughafen einen Zuwachs von 43 %. Die Eröffnung des Flughafenbahnhofs im Juni 2004 für ICE und S-Bahnzüge brachte zusätzliche Impulse. Die beiden heutigen deutschen »Low Cost Airlines« Germanwings und TUIfly wollen ihre Aktivitäten weiter ausbauen. 2006 wurden erstmals über zehn Millionen Passagiere gezählt, 2007 waren es 10,47 (die Kapazitätsgrenze liegt bei zwölf Millionen). Die Nutzung des Flughafens ist tendenziell steigend.

756. Hat der Flughafen auch militärische Bedeutung?

Westlich der kleineren Landebahn des Flughafens liegt die Luftwaffenkaserne Wahnheide, in der 4.500 Soldaten und 1.500 zivile Mitarbeiter beschäftigt sind. Auf dem ca. 2 km² großen Gelände befinden sich 190 Gebäude, in denen unter anderem das Luftwaffenamt, das Luftwaffenführungskommando, das Streitkräfte-Unterstützungskommando und weitere Kommandobehörden, Verbände und Truppenteile untergebracht sind. Köln ist damit einer der wichtigsten Großstandorte der Luftwaffe. Mit insgesamt 10.000 Soldaten und zivilen Mitarbeitern ist Köln der größte Bundeswehrstandort in Deutschland.

Flughafen Köln/Bonn – Nr. 2 aller deutschen Flughäfen im Frachtbereich

757. Welche Rolle spielt Köln in der Personenschifffahrt?

Köln ist das unumstrittene Zentrum der Personenschifffahrt auf dem Rhein. Die Stadt ist Standort der weltweit bekannten weißen Flotte der KD, deren offizieller Name »Köln-Düsseldorfer Deutsche Rheinschifffahrt AG« ist. Sie ist die älteste Flussschifffahrtslinie der Welt *(siehe 442)*. Mit ihrer modernen Flotte von 15 Schiffen unternimmt sie Schiffstouren auf Rhein, Main und Mosel. Der Flusskreuzfahrt-Geschäftsbereich einschließlich der Kreuzfahrtschiffe wurde Ende der neunziger Jahre in die ebenfalls in Köln ansässige »Viking Flusskreuzfahrten GmbH« (Hauptsitz Basel) ausgegliedert. Daneben ist Köln Standort der traditionsreichen »Weber Fahrgastschiff GmbH« sowie der »Kölntourist Personenschifffahrt am Dom GmbH«, die sich mit ihren kleineren Schiffen hauptsächlich dem touristischen Kurzstreckenverkehr – bis hin nach Königswinter – widmet.

758. Verkehren auf dem Rhein heute noch Schaufelraddampfer?

Zur weißen Flotte der KD gehört die 1913 gebaute »Goethe«. Sie ist der einzige aktive Schaufelraddampfer auf dem Rhein.

Der 1913 gebaute Schaufelraddampfer der KD für 1600 Passagiere

Das Schiff wurde am 3. März 1945 bei Oberwinter durch Bombentreffer versenkt, 1951/52 in einer Mainzer Werft wieder instand gesetzt und seitdem mehrfach restauriert und umgebaut. Die »Goethe« ist heute als Oldtimer mit 1.600 Passagierplätzen wegen der nostalgischen Atmosphäre ein besonders beliebtes Kölner Ausflugsschiff.

759. Wie viele Kriegsschiffe wurden auf den Namen Köln getauft?

Bisher erhielten fünf Kriegsschiffe den Namen Köln:

- Kleiner Kreuzer Cöln (1909–1914) (am 28. August 1914 bei Helgoland versenkt, *siehe 505*)
- Kleiner Kreuzer Cöln (1916–1919)
- Leichter Kreuzer Köln (1928–1945)
- Fregatte Köln (1961–1982)
- Fregatte Köln (1984 bis heute)

760. Wie viele Rheinbrücken hat Köln, welche Bedeutung haben sie für die Stadt?

Die acht Rheinbrücken sind wichtige Verkehrsverbindungen und zugleich Zierde, Stolz und Reichtum Kölns. Sie prägen mit ihrer gestalterischen und konstruktiven Individualität entscheidend das Stadtbild. Mit Ausnahme der Zoobrücke und der Rodenkirchener Autobahnbrücke stehen sie unter Denkmalschutz. Die Brücken sind verkehrsmäßig von großer innerstädtischer und überregionaler Bedeutung. Sie sind wichtiges Bindeglied des Kölner Wirtschaftsraums und machen Köln zu einem europäischen Verkehrskreuz ersten Ranges.

761. Wie heißen die Kölner Rheinbrücken, wie ist der aktuelle Sanierungsbedarf?

Die Brücken heißen von Nord nach Süd (Bau/Neubau):

- Köln-Leverkusener Autobahnbrücke (1965)
- Mülheimer Brücke (1929/1951)
- Zoobrücke (1966)
- Hohenzollernbrücke (Eisenbahnbrücke/ ausschließlich Personenverkehr) (1911/ 1959)
- Deutzer Brücke (vormals Hindenburgbrücke) (1915/1948)
- Severinsbrücke (1959)
- Südbrücke (Eisenbahnbrücke/ausschließlich Güterverkehr) (1910/1950)
- Rodenkirchener Autobahnbrücke (1941/1954)

Nach einem 2008 erstellten Gutachten müssen die Zoobrücke (für 30,5 Millionen Euro) und die Deutzer Brücke (für 22 Mil-

Die Hohenzollernbrücke, nur noch für Eisenbahn und Fußgänger

lionen Euro) grundlegend saniert werden. Bereits 2006 ergab ein Gutachten für die Severinsbrücke und die Mülheimer Brücke Sanierungskosten von insgesamt 72 Millionen Euro. Die anstehende Überholung der Brücken wird sich über mehrere Jahre erstrecken.

762. Welches Schicksal erlitten die Kölner Rheinbrücken im Zweiten Weltkrieg?

Die fünf ehemaligen Kölner Rheinbrücken wurden in der Schlussphase des Zweiten Weltkriegs völlig zerstört:

- Mülheimer Brücke: 14.10.1944
- Südbrücke: 06.01.1945
- Rodenkirchener Autobahnbrücke: 14.01.1945
- Hindenburgbrücke: 28.02.1945
- Hohenzollernbrücke: 06.03.1945 (von deutschen Pionieren gesprengt)

763. Welches war die erste feste Brücke in Köln?

Die unter dem römischen Kaiser Konstantin 310 gebaute Brücke, die das römische Köln mit dem Kastell Deutz verband *(siehe 55)*, war die erste feste Brücke Kölns. Nach Abzug der Römer um 400 n. Chr. fehlten die Pioniere, um sie sachgerecht zu unterhalten. Für Fuhrwerke war sie deshalb nur bis ins 5. Jahrhundert nutzbar. Sie wurde schließlich im 10. Jahrhundert abgerissen.

764. Wie fand der Verkehr zwischen den beiden Rheinufern vom Mittelalter bis in die Neuzeit statt?

Zwischen Köln und dem gegenüberliegenden Ufer verkehrten Nachen, Boote und (seit 1674) die »fliegende Brücke«. Dies war eine äußerst leistungsfähige Fähre, die bis zur Franzosenzeit nur betreiben konnte, wer das kaiserliche Fährregal hatte. Mit ihr konnten innerhalb einer Viertelstunde bis zu 500 Personen und 100 Pferde übergesetzt werden.

Fliegende Brücke seit 1674: 500 Personen und 100 Pferde in 15 Minuten

765. Wann erhielt Köln in der Neuzeit erstmals eine feste Rheinbrücke?

1859 wurde als erste feste Rheinbrücke seit der Konstantinbrücke von 310 die »Dombrücke« als zweigleisige Eisenbahn- und Straßenbrücke gebaut *(siehe 448)*. Sie wurde 1911 durch die Hohenzollernbrücke ersetzt *(siehe 500)*. Vor der Errichtung der Dombrücke bewältigte den Personen- und Güterverkehr ab 1822 eine Schiffsbrücke, die noch bis zur Fertigstellung der Hindenburgbrücke 1915 in Betrieb blieb *(siehe 437)*.

Die »Muusfall« genannte Dombrücke von 1859

766. Welche Funktion und Bedeutung hat die Hohenzollernbrücke heute?

Die im März 1945 gesprengte Brücke wurde nach dem Krieg als viergleisige Eisenbahn- und als Fußgängerbrücke wiedererrichtet. Zur Verkehrsberuhigung der Domumgebung verzichtete man auf die Wiederherstellung der ehemaligen Straßenbrücke *(siehe 500)*. Auf beiden Rheinseiten kann man die ursprüngliche Breite der Brücke noch gut erkennen. Auf der Deutzer Seite blieb die Straßenrampe mit den alten Straßenbahnschienen bis heute erhalten. 1989/90 wurde die Brücke mit einem zusätzlichen Brückenbogen um zwei Gleise erweitert. Über die seitdem sechsgleisige Brücke rollen täglich mehr als 1.200 Züge (ausschließlich Personenverkehr). Sie ist die meistbefahrene Eisenbahnbrücke Europas.

Eines der vier Reiterstandbilder an der Hohenzollernbrücke, hier Kaiser Friedrich III. *(siehe 512)*

767. Welche Könige und Kaiser schmücken als Reiterstandbilder die Hohenzollernbrücke?

Auf der Hohenzollernbrücke stehen unverändert die Reiterstandbilder der letzten vier regierenden Hohenzollern: Auf der Deutzer Seite nach Osten reitend König Friedrich Wilhelm IV. (nördlich) und Kaiser Wilhelm I., auf der Kölner Seite nach Westen reitend Kaiser Friedrich III. (nördlich) und der letzte deutsche Kaiser Wilhelm II.

768. Was ist das »Kölner Brücken-Grün«?

Adenauer legte 1929 für die von ihm als Hängebrücke durchgesetzte Mülheimer Brücke *(siehe 537)* einen lindgrünen Anstrich – das inzwischen weltbekannte »Kölner Brücken-Grün« – fest, mit dem heute fünf der acht Kölner Brücken gestrichen sind. Die von der Firma Bayer in Leverkusen hergestellte Korrosionsschutzfarbe trägt die genaue Bezeichnung »Chromoxydgrün«. Sie verleiht dem Stadtpanorama eine belebende, fröhliche Note. Einen weniger fröhlichen Grünton haben die beiden dem Bund gehörenden Eisenbahnbrücken. Die Köln-Leverkusener Autobahnbrücke hat einen blauen Anstrich.

769. Welche Kölner Hängebrücken hatten vor dem Zweiten Weltkrieg die größten Spannweiten in Europa?

Die 1929 eingeweihte Mülheimer Brücke *(siehe 537)* hatte die damals größte Spannweite (315 m). Sie wurde von der in den Jahren 1939–1941 gebauten Rodenkirchener Autobahnbrücke (Kabelhängebrücke) noch übertroffen. Diese wurde damals mit einer Länge von 567 m und einer Mittelstützweite von 378 m die Brücke mit der weitesten Spannweite Europas. Im Krieg zerstört, wurde sie nach ihrer Neuerrichtung 1954 erneut dem Verkehr übergeben. 1990–1995 erfolgte eine Verbreiterung auf sechs Fahrspuren. Der Neubau der Mülheimer Brücke wurde 1951 in Anwesenheit von Bundeskanzler Adenauer eingeweiht.

770. Welcher berühmte Architekt hat die Kölner Brückenlandschaft maßgeblich geprägt?

Der in Köln geborene Architekt Gerd Lohmer (1909–1981) war einer der bedeutendsten Brückenarchitekten seiner Zeit. Nach seinen Plänen wurden nach dem Krieg die Deutzer, die Severins- und die Zoobrücke gebaut. Bereits Ende der dreißiger Jahre zeichnete er den Entwurf für Deutschlands erste »klassische« Autobahnbrücke, die in den Jahren 1939–41 bei Rodenkirchen entstand. Für Lohmer war Brückenbau technische, künstlerische und städtebauliche Gestaltung. Er hat Kölns Rheinpanorama in herausragender Weise geprägt. 1963 erhielt er für seine Leistungen den Großen Kunstpreis für Architektur des Landes Nordrhein-Westfalen.

771. Welche technischen Besonderheiten zeichnen die Deutzer Brücke aus?

1948 ersetzte die Deutzer Brücke die zerstörte Hindenburgbrücke. Sie wurde aber nicht wieder als Hängebrücke mit Pylonen, sondern nach Plänen Lohmers als Hohlkastenkonstruktion gebaut, die sich elegant über den Strom spannt. Sie war die schlankste Vollwandbrücke ihrer Zeit und wurde Vorbild für zahlreiche andere. Ihre Verbreiterung 1979 war eine internationale Sensation: Neben die bestehende Stahlbrücke wurde im Abstand von 5,30 m in absolut identischer Formgebung eine Zwillingsbrücke in Spannbeton errichtet, die nach Fertigstellung bei einer Länge von 437 m und 23.000 t Gewicht mit hydraulischen Pressen (5 cm pro Stunde) an die Stahlbrücke nahtlos herangeschoben wurde. Wenn man die Deutzer Brücke unterquert, kann man die unterschiedlichen Konstruktionen gut erkennen, zumal die Betonkonstruktion nicht mit dem Kölner Brücken-Grün der stählernen Brücke gestrichen ist.

Nach der Zerstörung der Hindenburgbrücke wird bis 1948 an gleicher Stelle die Deutzer Brücke gebaut. *Siehe 634*

772. Welche Brücke wurde nach dem Zweiten Weltkrieg als erste zusätzliche Rheinquerung in Köln gebaut?

Der erste völlig neue Brückenschlag nach dem Krieg war die 661 m lange, 1959 eingeweihte Severinsbrücke. Planer war Gerd Lohmer. Die Entscheidung, südlich der Deutzer Brücke einen weiteren dringend notwendigen Rheinübergang zu schaffen, war linksrheinisch mit schmerzlichen Einschnitten in die gewachsene Struktur des Severinsviertels (»Vringsveedel«) verbunden. Rechtsrheinisch lag die Brücke unproblematischer in der Verlängerung des Gotenrings, weshalb sie auch zunächst Gotenringbrücke heißen sollte. Aber noch vor der Einweihung stand der Name Severinsbrücke fest, quasi als Trost für die städtebaulichen Eingriffe in das nach dem frühchristlichen Bischof Severin (346–399) genannte urkölnische Stadtviertel. 1968 wurde auf der linksrheinischen Rampe die über vier Meter hohe, von Elmar Hillebrand aus Marmor geschlagene Statue des hl. Severins aufgestellt.

773. Was zeichnet die Severinsbrücke technisch und städtebaulich aus?

Lohmer entschied sich bei der Planung der Brücke aus städtebaulichen Gründen für eine ganz neue Form von Hängebrücke, die er »Schrägseilbrücke« nannte, weil sie an einem einzigen A-förmigen Pylon hängt. Den Strompfeiler, auf dem der spitz zulaufende 77,2 m hohe Pylon ruht, platzierte er bewusst als Kontrapunkt zum Dom auf die rechte Rheinseite, weshalb er seinen Planungsvorschlag auch »Kontrapunkt« nannte.

774. Wann entstand die Zoobrücke, was ist das Besondere an ihr?

1962–1965 wurde als zweite völlig neue Rheinquerung nach Plänen Lohmers die Zoobrücke gebaut. Ihre elegante Linienführung wird zusätzlich betont durch ihre helle Oberkante. Die sechsspurig in die Autobahn A4 mündende, 597 m lange Brücke verdankt ihren Namen einer Leserumfrage des Kölner Stadt-Anzeigers. Der Kölner Zoo liegt nur 200 m von der linksrheinischen Rampe entfernt. Die Zoobrücke ist weltweit die am weitesten gespannte Kastenträgerbrücke mit nur einem einzigen Hauptlager. Bei der Konstruktion wurden Erkenntnisse des Flugzeugbaus verwendet. Der Brückenpfeiler steht asymmetrisch nahe dem rechten Rheinufer.

775. Welches Hindernis stand dem Bau der Zoobrücke entgegen?

Bei der Planung der Zoobrücke als Verlängerung der Inneren Kanalstraße stand der rechtsrheinische Pylon der 1957 errichteten Rheinseilbahn dem Brückenbau im Wege. Die Seilbahn wurde deshalb zunächst abgebaut, dann aber aufgrund öffentlicher Proteste neu geplant. Der rechtsrheinische Pylon wurde nach Süden in den Rheinpark verschoben. Seitdem führt die Seilbahn diagonal über die Brücke.

776. Welche völlig neue Rheinbrücke wurde nach dem Krieg als letzte gebaut?

Fast gleichzeitig mit der Zoobrücke wurde ganz im Norden als letzter völlig neuer Rheinübergang die Köln-Leverkusener Autobahnbrücke gebaut. Als »Harfenbrücke« mit zwei Pylonen verlieh sie mit ihrem unverwechselbaren Aussehen der Kölner Brückenlandschaft einen zusätzlichen Akzent. Als sie am 5. Juli 1965 eröffnet wurde, war Köln damit die erste Stadt Europas, die über einen Autobahnring verfügte. Er hat eine Länge von 54 km.

777. Was waren die ersten Rheinübergänge nach dem Zweiten Weltkrieg?

Im Frühjahr 1945 errichteten die Amerikaner als Erstes in der Nähe der zerstörten Südbrücke in Höhe der Schönhauser Straße für militärische Zwecke eine Pontonbrücke. Zur zivilen Nutzung bauten sie unmittelbar neben der zerstörten Hindenburgbrücke eine feste, hölzerne Pfahljochbrücke, die »McNaire-Brücke«. Sie wurde im September 1946 wieder abgebrochen. An ihre Stelle trat die im gleichen Jahr von den Engländern zusammen mit der Stadt errichtete »Patton-Brücke« in Höhe der Bastei. Diese Stahlbehelfsbrücke führte vom Theodor-Heuss-Ring (damals Deutscher Ring) an der Bastei vorbei über den Rhein ins Messegelände. Ihren Namen erhielt sie nach dem amerikanischen Panzergeneral George Patton. Die Brücke stand bis 1951.

Die Rheinseilbahn überquert Rhein und Zoobrücke seit 1957, unfallfrei!

778. Seit wann gibt es die Rheinseilbahn?

Die Rheinseilbahn wurde 1957 für die Bundesgartenschau gebaut, die im Rheinpark auf der rechten Rheinseite stattfand. Da es die Zoobrücke noch nicht gab, wollte man auf diese Weise am Zoo der Bevölkerung eine Rheinquerung zur Gartenschau ermöglichen. Es war die erste Schwebebahn, die in Europa über einen Strom führte. Wenige Wochen nach Eröffnung waren bereits eine halbe Million Menschen die 680 m lange Strecke mit der Seilbahn gefahren. Als wenige Jahre später beim Bau der Zoobrücke der rechtsrheinische Pylon im Wege stand, wurde er nach Süden versetzt, weshalb die Seilbahn diagonal über die Zoobrücke führt.

779. Welche Bedeutung und welchen Rang hat Köln als Hafenstadt?

Köln wurde von den Römern am Rhein als Hafenstadt gegründet. Die Stadt ist seither über mehr als 2000 Jahre ein wichtiges Zentrum der Rheinschifffahrt, auch wenn der römische Hafen bereits zur Römerzeit versandete. Das 1259 verliehene und bis 1831 gültige Stapelrecht zwang alle von Nord oder Süd kommenden Handelsschiffe, ihre Waren in Köln (am Rheinufer – *siehe 790*) auszuladen, drei Tage zu stapeln, den Kölner Kaufleuten mit Vorkaufsrecht anzubieten und danach auf andere Schiffe umzuladen *(siehe 118, 435)*. Erst die Industrialisierung führte im 19. Jahrhundert auf beiden Rheinufern zum Bau von Häfen. Köln ist heute nach Duisburg der zweitgrößte Binnenhafenstandort Deutschlands.

780. Wie viele Häfen hat Köln heute, wie heißen sie?

Köln verfügt über sechs Häfen. Es sind dies die fünf Handelshäfen: Deutz, Godorf, Mülheim, Niehl I und Niehl II sowie der nur noch von Sportbooten und Jachten genutzte Rheinauhafen.

781. Wie sind Kapazität, logistische Ausstattung und Umschlag der Kölner Häfen?

Die Wasserfläche der Häfen (ohne Rheinauhafen) beträgt 778.000 m², die Kailänge 28 km, wovon 14,5 km dem Umschlag dienen. 2005 überschritt der Umschlag mit 10,4 Millionen t erstmals die Zehnmillionengrenze. 2007 verbesserte sich der Hafenumschlag auf 11,1 Millionen t. Betreiber der Häfen Niehl I und II, Godorf und Deutz ist die »Häfen und Güterverkehr Köln AG« (HGK). Sie verfügt über ein eigenes Eisenbahnnetz von 96,4 Streckenkilometer (Gleislänge 241 km), 50 Lokomotiven, 19 Krananlagen und vier Containerbrücken. 2007 steigerte sie im Eisenbahngüterverkehr ihre Transportleistung um 18,8 % auf 15,2 Millionen t.

782. Welches sind Kölns umschlagsstärkste Häfen?

Der südlichste und umschlagsstärkste Kölner Hafen ist Godorf. 2007 betrug der Umschlag 6,154 Mio t. Der Hafen ist stark auf die Anforderungen der chemischen In-

Hafenverwaltung am Rheinauhafen

dustrie ausgerichtet. Als spezieller Öl- und Gashafen sowie als Umschlagplatz für chemische Flüssigprodukte ist der Hafen durch ein Leitungssystem direkt mit den meisten Chemieunternehmen im Kölner Süden verbunden. Nach langem Tauziehen beschloss der Rat im August 2007 gegen den Widerstand von Naturschützern eine Erweiterung des Hafens und seinen Ausbau zum Containerterminal. Nach Godorf verzeichnet der Hafen Niehl I den zweitgrößten Umschlag. Er belief sich 2007 auf 2,533 Mio t. 2007 wurden dort 573.475 TEU umgeschlagen. (TEU = Twenty Feet Equivalent Unit = Maßeinheit zur Zählung von Containern).

783. Welche besonderen Aufgaben erfüllt der Hafen Niehl II?

Im nördlichsten Hafen Kölns in Höhe der Fordwerke werden seit 1983 täglich die meisten der in den Kölner Fordwerken gebauten Autos auf RoRo-Schiffe (Roll-on – Roll-off) verladen und ins Autoverteilzentrum nach Neuss gebracht. Von dort werden sie zumeist mit Güterzügen weitertransportiert. Niehl II verfügt auch über spezielle Umschlagmöglichkeiten für Öl und Gas. Der Umschlag im Ölhafen betrug 2005 586 t.

784. Welche Bedeutung haben die Häfen Mülheim und Deutz, welche Pläne bestehen für den Hafen Deutz?

Die Bedeutung des Hafens Köln-Mülheim liegt darin, dass sich dort die einzige Werft am Rhein zwischen dem Bodensee und Duisburg für Binnenschiffe befindet. Der Deutzer Hafen entstand in den 90er Jahren des 19. Jahrhunderts zur gleichen Zeit wie der Rheinauhafen. Vollendet wurde er 1908. Heute ist er Umschlagplatz vor allem für Getreide, Kreide und Schrott. Mehrere Getreide-, Recycling- und Baustoffbetriebe haben sich dort angesiedelt. Der Umschlag betrug 2005 lediglich 454 t, womit der Anteil am gesamten Kölner Hafenumschlag bei etwa 9 % lag. Bei der Stadt bestehen deshalb Überlegungen für alternative Nutzungsmöglichkeiten nach dem Vorbild des Rheinauhafens (Umwandlung in Luxuswohnungen). Diese Absichten sind heftig umstritten und werden insbesondere von der HGK *(siehe 781)* unter Hinweis auf den steigenden Bedarf an Hafenkapazitäten mit Entschiedenheit abgelehnt. Das Wirtschaftsministerium NRW warnt vor der Aufgabe von Hafengebieten, weil der Containerverkehr bis 2025 um 200 % zunehmen werde. Die Entscheidung über die künftige Nutzung des Deutzer Hafens ist noch nicht gefallen.

785. Wann entstand der Rheinauhafen?

Das Bedürfnis nach einem Schutzhafen für die moderne Dampfschifffahrt führte

Die in Köln als »Siebengebirge« bekannten Lagerhallen von 1909/1910 stehen unter Denkmalschutz. Heute zu Wohnungen umgebaut.

1849 zur Anlage eines linksrheinischen städtischen Hafens, der 1891–1898 zum erweiterten, modernen »Rheinauhafen« mit Gleisanschluss ausgebaut wurde. Der Name rührt von der »Rheinaue« genannten Insel her, die mit einer Breite von 30–35 m dem Rheinufer zwischen Maria Lyskirchen und dem Bayenturm vorgelagert war. Der Rheinauhafen zeichnete sich durch ausgedehnte Lagerbauten aus, die aus städtebaulichen Gründen historische Architekturformen aufgriffen. Vom Rhein aus besonders augenfällig war das als »Siebengebirge« bekannte, 1909/10 gebaute »Danziger Lagerhaus«, das inzwischen unter Denkmalschutz gestellt wurde. Im Rahmen des Umnutzungskonzepts für den Rheinauhafen *(siehe 787)* entstanden dort in letzter Zeit 138 Wohneinheiten.

786. Welche Funktion hat der Rheinauhafen heute?

Die Verlagerung des Umschlagbetriebs zu den moderneren Kölner Häfen außerhalb des Stadtzentrums führte dazu, dass ab 1971 die Nutzung des Rheinauhafens als Jachthafen einsetzte. Der Bau des 1993 eingeweihten Schokoladenmuseums an der Nordspitze des Hafens markierte den Beginn einer lange umstrittenen, völlig neuen Nutzungskonzeption mit weitreichender städtebaulicher Veränderung des ca. 2 km langen Hafengebiets.

787. Wie sieht die neue städtebauliche Konzeption für den Rheinauhafen aus?

Im Januar 2006 beschloss die Kölner Ratsmehrheit nach langen Diskussionen einen Bebauungsplan für den gesamten Hafenkomplex, von dem knapp ein Drittel unter Denkmalschutz steht und restauriert und umgenutzt werden soll. Der Bebauungsplan basiert im Kernbereich auf dem Wettbewerbsentscheid von 1992, der als markanten Akzent drei sechzehngeschossige Kranhäuser vorsieht. Auf den insgesamt 235.000 m² Nutzfläche sind 30 % für Wohnen, 40 % für Büros und 30 % für kulturelle Einrichtungen geplant. Inzwischen sind alle drei Kranhäuser im Bau, das mittlere (Kranhaus 1) wurde Ende 2008 bezugsfertig. Die Umstrukturierung des Rheinauhafens ist das zurzeit größte städtische Entwicklungsvorhaben. Die Fertigstellung soll 2009 sein.

788. Wo lag der erste Kölner Hafen?

Vor dem Oppidum Ubiorum, das die Römer bereits vor Christi Geburt gründeten, lag eine lang gestreckte Rheininsel, die die Römer zur Anlage des ersten Hafens nutzten. Die stromaufwärts gelegene Einfahrt wurde durch einen gewaltigen, dreigeschossigen steinernen Molenkopf (9 x 9 m), das »Ubiermonument« *(siehe 8)*, gesichert, das als ältester römischer Steinbau nördlich der Alpen gilt. Der Hafen bot Liegeplätze für 200 Handelsschiffe. Als der Hafen im Laufe der Jahrhunderte versandete, wurde die Insel (Umgebung von Groß St. Martin) zur Stadterweiterung genutzt. Aus dem aufgeschütteten

Markige Akzente der neuen Hafenbebauung: die sogenannten »Kranhäuser«

Hafen entstanden der Alter Markt und der Heumarkt. Danach besaß Köln bis ins 19. Jahrhundert keinen Hafen mehr *(siehe 135, 790).*

789. Ist die Lage des römischen Hafens heute noch in Köln zu erkennen?

Vom Alter Markt führt eine Treppe neben dem Ratsturm nach oben auf ein deutlich höheres Terrain (Bürgerstraße). Dort verlief die zum Rhein gelegene Stadtmauer des römischen Köln. Sie lag unmittelbar am Hafen. Wenige Meter westlich der Mauer stand der römische Statthalterpalast (Prätorium). Wer die Überreste des Prätoriums (Eingang Kleine Budengasse) besichtigt, kann dort auf dem großen, begehbaren Fußbodenstadtplan die Lage des römischen Hafens und die an ihm gelegenen Gebäude gut erkennen.

790. Wie sahen die Kölner Hafenanlagen im Mittelalter aus, was erinnert an sie?

Im Mittelalter hatte Köln keinen Hafen. Zum Anlanden und Umladen wurde das gesamte Rheinufer innerhalb der Stadtmauern genutzt. Daran erinnern zahlreiche Markt- und Straßennamen *(siehe 135).*

791. Welches sind die Charakteristika des Kölner Wirtschaftslebens?

Seit dem Mittelalter zeichnen sich Handel, Gewerbe und – seit dem 19. Jahrhundert – auch die Industrie Kölns durch Branchenvielfalt und mittelständische Prägung aus, die sich in Krisenzeiten als stabilisierende Elemente erwiesen. Schwerpunkte der Wirtschaft bilden heute der Automobilbau, der Maschinen- und Anlagenbau, die Petrochemie, die elektrotechnische und die pharmazeutische Industrie sowie die Medien und der Dienstleistungssektor. Der tertiäre Sektor (Dienstleistungen) mit Forschung, Verwaltung, Versicherung, Banken, Zentralen großer Unternehmen, Tourismus, Fremdenverkehr und weiteren Dienstleistungen ist von besonderem Gewicht *(siehe 793).*

792. Wie groß ist der wirtschaftliche Gesamtumsatz, welches sind die umsatzstärksten Sektoren der Kölner Wirtschaft?

2006 betrug der wirtschaftliche Gesamtumsatz 25,295 Milliarden Euro (2005: 25,466). Er verteilt sich (Angaben in Mio Euro) wie folgt:

	2000	2005	2006
Auto- und Maschinenbau:	1.716,4	2.072,7	2.235,5
Chemische Industrie:	3.417,7	2.782,8	2.046,2
Papier-, Verlags-, Druckgewerbe:	1.174,9	1.231,8	1.200,6
Herstellung von Geräten der Elektrizitätserzeugung und -verteilung:	618,0	640,0	686,9
Herstellung von Gummi- und Kunststoffwaren:	219,1	234,8	218,9
Herstellung von Metallerzeugnissen:	202,1	223,8	244,1
Übrige Industrie:	12.361,2	18.281,0	18.663,1
Gesamt:	19.709,5	25.466,1	25.295,3

793. Wie groß ist das Bruttoinlandsprodukt, wie groß die Bruttowertschöpfung?

Das Bruttoinlandsprodukt und die Bruttowertschöpfung entwickelten sich von 2000 bis 2005 wie folgt (jüngere Zahlen stehen noch nicht zur Verfügung):

	2000	2005
Bruttoinlandsprodukt (Mio Euro)	37.470	39.554
Bruttowertschöpfung (Mio Euro)	33.722	35.697
davon		
Dienstleistungssektor (Mio Euro)	27.643	28.898
Produzierendes Gewerbe (Mio Euro)	6.042	6.767

794. Wie viele sozialversicherungspflichtige Beschäftigte (Ansässige / Einpendler) arbeiten in Köln?

	2000	2005	2006
Gesamtzahl:	457.875	435.199	434.341
davon Ausländer:	52.529	45.799	46.001
in Köln ansässig:	254.022	228.451	225.933
Einpendler:	203.853	206.748	208.408

795. Wie viele Auspendler wohnen in Köln?

2006 betrug die Zahl der Auspendler 82.496 (2005: 80.760).

796. Wie viele Unternehmen sind Mitglied der Industrie- und Handelskammer Köln (IHK), wie weit reicht deren Einzugsbereich?

Die IHK ist eine Körperschaft des öffentlichen Rechts mit Pflichtmitgliedschaft (Industrie- und Handelskammergesetz von 1956). Am 30. September 2007 (Stichtag) gehörten der IHK Köln 137.500 Unternehmen an. Das waren 11.420 mehr als im Jahr 2005. Der Bereich der IHK umfasst die Städte Köln, Leverkusen, den Rhein-Erft-Kreis, den Rheinisch-Bergischen Kreis sowie den Oberbergischen Kreis.

797. Wie viele Unternehmen gehören ausländischen Inhabern?

Im Einzugsbereich der IHK Köln und der Handwerkskammer Köln befinden sich ca. 9.000 Unternehmen, deren Inhaber ausländischer Herkunft sind. Die Hälfte stammt aus Italien.

798. Wie viele chinesische Unternehmen sind in Köln ansässig?

Im November 2006 wurde das 100. Unternehmen aus der Volksrepublik China im Kölner Handelsregister eingetragen.

Die Stadt nutzt die Städtepartnerschaft mit Peking dazu, in China für den Standort Köln zu werben.

799. Wie viele Handwerksbetriebe gehören der Handwerkskammer zu Köln an?

Die Kölner Handwerkskammer ist eine Körperschaft des öffentlichen Rechts. Für ihre über 31.000 Mitgliedsunternehmen besteht Pflichtmitgliedschaft. Die Kammer versteht sich als Dienstleistungsorganisation und erbringt für ihre Mitglieder vielfältige Serviceleistungen im In- und Ausland. Ihr Gebiet umfasst die kreisfreien Städte Köln, Bonn und Leverkusen sowie den Rhein-Erft-Kreis, den Oberbergischen Kreis, den Rheinisch-Bergischen Kreis und den Rhein-Sieg-Kreis.

800. Was ist das Rheinisch-Westfälische Wirtschaftsarchiv (RWWA)?

Das 1906 in Köln gegründete RWWA ist eine Service- und Forschungseinrichtung von und für die westdeutsche Wirtschaft. Es ist der IHK zu Köln angeschlossen. Die seit 2000 in der Rechtsform einer Stiftung geführte Einrichtung ist das älteste regionale Wirtschaftsarchiv in Deutschland. Es sammelt und bewahrt auf über 14 Regal-Kilometern Material, das für Forschung und Recherchen kostenfrei zur Verfügung steht.

801. Welches sind die bekanntesten Messen im Rahmen der »Koelnmesse«?

Köln ist seit 1925 Messestadt *(siehe 536)*. Die bekanntesten regelmäßig in Köln stattfindenden Messen sind die Anuga (allgemeine Nahrungs- und Genussmittelausstellung), photokina (Messe für Fotografie), imm Cologne (Internationale Möbelmesse), ART Cologne (Fachmesse für moderne Kunst), Orgatec (Büroeinrichtungsmesse), ISM (Internationale Süßwarenmesse), spoga (Internationale Fachmesse für Sport, Camping und Lifestyle im Garten) und die IFMA (Internationale Fahrrad- und Motorradausstellung).

Werbung für die »photokina Köln 1954«

802. Welchen Rang nimmt die »Koelnmesse« ein, wie viele Besucher hat sie?

Die Kölner Messe besitzt das viertgrößte Messegelände der Welt mit 284.000 m² Innen- und 100.000 m² Außengelände. Die wesentlichen Daten für 2006 sind:

- Zahl der Veranstaltungen: 32
- Besucher: 1.777.320
  (davon Fachbesucher aus dem Ausland: 812.429)
- Aussteller aus dem Inland: 13.068
- Aussteller aus dem Ausland: 17.371

803. Welche Rolle spielt der Tourismus, welche Auswirkungen hat er auf Handel, Gastronomie und das Beherbergungsgewerbe?

Wie schon im Mittelalter ist auch heute der Tourismus für Handel, Gastronomie und das Beherbergungsgewerbe von ausschlaggebender Bedeutung. Besondere Impulse geben Karneval, Messen und die Weihnachtsmärkte. In Köln gibt es mehr

Luxus der besonderen Art – Hotel im »Wasserturm«

als 3.000 Lokale, Restaurants und Brauhäuser. Das ist pro Kopf der Bevölkerung die größte Dichte in Deutschland. Die Statistik zeigt im Beherbergungsgewerbe eine steigende Tendenz:

	2004	2005	2006	2007
Beherbergungsbetriebe	251	248	248	244
Betten	24.351	24.530	25.189	24.784
Gäste	2.128.686	2.329.655	2.423.258	2.487.251
Übernachtungen	3.850.084	4.211.579	4.382.428	4.480.211

804. Welches Produkt trägt seit 300 Jahren den Namen Kölns in die ganze Welt?

Seit 1708 Jahren macht das in Köln hergestellte »Eau de Cologne« den Namen Kölns als Standort des Duftwassergewerbes in der ganzen Welt bekannt und berühmt. Der deutsche Name »Kölnisch Wasser« ist als »Coellnisches Wasser« 1764 erstmals belegt. Seine Ursprünge

gehen auf Giovanni Paolo de Feminis und Johann Maria Farina zurück, die Anfang des 18. Jahrhunderts mit dem neuen, leichten Duft Köln als Duftstadt weltberühmt machten *(siehe 290)*. Im 19. Jahrhundert existierten in der Stadt zeitweise an die 50 Duft-Wasserfabrikanten *(siehe 291)*. Heute wird diese Tradition fortgesetzt von der Firma »Farina Gegenüber dem Jülichplatz GmbH« (Obenmarspforten 21) und der Firma »4711« in der Glockengasse.

805. Wie viele öffentliche Brunnen sprudeln in Köln?

In Köln gibt es mehr als 80 öffentliche Brunnen unterschiedlicher Größe, von denen derzeit (2008) über 60 in Betrieb sind. Viele historische oder moderne Brunnen sprudeln dank privater Unterstützung durch Bürger, Vereine oder Unternehmen. Die Betriebskosten entstehen durch Wasser- und Stromverbrauch und

Karl-Berbuer-Brunnen, Karl-Berbuer-Platz, Nähe Überquerung der Severinsbrücke durch die Severinstraße

durch die aus hygienischen Gründen erforderliche regelmäßige Reinigung. Für den Betrieb stellt die Stadt jährlich 200.000 Euro, Sponsoren 100.000 Euro zur Verfügung. Wer den Betrieb weiterer Brunnen sponsern möchte, kann sich bei der Stadtverwaltung melden (Tel. 0221/221-211 21).

806. Welche Brunnen in der Innenstadt sollte jeder Kölner kennen?

- Taubenbrunnen vor der Domfassade
- Jan-von-Werth-Brunnen, auf dem Alter Markt
- Heinzelmännchenbrunnen, Am Hof *(siehe 807)*
- Frauenbrunnen im Innenhof des Farina-Komplexes *(siehe 808)*
- Fastnachtsbrunnen auf dem Gülichplatz
- Römerbrunnen, Burgmauer
- Ostermannbrunnen, Ostermannplatz im Rheinviertel *(siehe 809)*
- Karl-Berbuer-Brunnen, Karl-Berbuer-Platz
- Zeitungsbrunnen, Breite Straße

Die Schneidersfrau, die Erbsen und die Kölner Heinzelmännchen: Der Brunnen erzählt die Geschichte.

807. Wann entstand der Heinzelmännchenbrunnen?

Der 1889 vor dem Brauhaus Früh errichtete Heinzelmännchenbrunnen erzählt die Sage der Kölner Heinzelmännchen, die heimlich bei Nacht alle Arbeiten für die Kölner Handwerker erledigten.

808. Wo steht der Kölner Frauenbrunnen, was stellt er dar?

Der sehr originelle Frauenbrunnen wurde von der Krefelder Künstlerin Anneliese Langenbach geschaffen. Er stellt Kölner Frauen aller Epochen von der Antike bis zur Gegenwart dar: Beginnend mit der Ubierin folgen Römerin, Fränkin, hl. Ursula, Griet (Jan van Werth), Jüdin, Niederländerin, Italienerin, Preußin und schließlich eine Frau der Gegenwart. Der Brunnen steht im Innenhof des Hauses An Farina.

809. Wann entstand der Ostermannbrunnen, welche Bedeutung hatte er?

Bereits 1939 wurde zu Ehren des 1936 verstorbenen Altmeisters des kölschen Liedes, Willi Ostermann, auf dem nach ihm benannten Platz im Martinsviertel der Ostermannbrunnen errichtet. Er zeigt »et Schmitzens Billa« und andere derbe Gestalten aus dem Volk, die Ostermann in seinen über 100 Liedern besungen hat. 1969 hat hier am 11. 11. die Willi-Ostermann-Gesellschaft den öffentlichen Startschuss zum Karneval wiederbelebt. Damals fanden sich gerade mal 200 Kölner bei der Vorstellung des neuen Dreigestirns ein. Weil der Platz nicht mehr ausreicht, findet seit 1987 die Eröffnung der »Session« mit inzwischen an die 20.000 Teilnehmern auf dem benachbarten Alter Markt statt.

810. Ist Köln eine Stadt repräsentativer Plätze?

In der Festungsstadt Köln war es eng. Innerhalb der Stadtmauer (der Ringe) konnten sich deshalb, abgesehen von den Märkten, keine größeren Plätze entwickeln. Dafür entstanden (bis in die Gegenwart) zahlreiche, für Köln typische, kleinere, teilweise idyllische und versteckte Plätzchen. Von denen sollte man kennen:

- Roncalliplatz
- Rathausplatz
- Theo-Burauen-Platz
- Wallrafplatz
- Laurenzplatz
- Ostermannplatz
- Karl-Berbuer-Platz
- Jupp-Schmitz-Plätzchen
- Rote-Funken-Plätzchen
- Gülichplatz
- Kurt-Hackenberg-Platz
- Heinrich-Böll-Platz
- Dechant-Löbbel-Platz
- Erich-Klibansky-Platz *(siehe 563)*
- Börsenplatz
- Maria-Ablass-Platz
- Lichhof
- Marienplatz
- Severinskirchplatz
- Georgsplatz
- Mauritiuskirchplatz
- Apostelnkloster
- Gereonsdriesch

Auf einem der intimsten Plätze der Altstadt, dem Ostermannplatz Nähe Salzgasse, steht der gleichnamige Brunnen

811. Die Namen welcher Plätze erinnern an mittelalterliche Märkte?

Aus dem Mittelalter stammen Alter Markt, Neumarkt, Heumarkt, Buttermarkt, Eisenmarkt, Fischmarkt, Holzmarkt, Waidmarkt. Mit Ausnahme des Neumarktes liegen sie alle in Rheinnähe, da Handel und Fernhandel weitgehend von der Rheinschifffahrt bestimmt waren.

812. Wie heißt der größte Platz Kölns?

Kölns größter Platz ist der Neumarkt. Er wurde im 11. Jahrhundert von Erzbi-

Gustav von Mevissen, 1815–1899, gehörte zu den herausragenden wirtschaftspolitischen Persönlichkeiten seiner Zeit.

schof Anno II. nahe der westlichen Römermauer mit einer Größe von 27.216 m² als neuer Markt im Unterschied zu den ufernahen anderen wesentlich kleineren Märkten angelegt. Er diente im Mittelalter als Viehmarkt und für andere Veranstaltungen, die Raum beanspruchten und mit Belästigungen für die Anwohner verbunden waren. Die 1794 einmarschierenden Franzosen errichteten hier als Symbol der Revolution einen Freiheitsbaum *(siehe 305)*. Im 19. Jahrhundert diente der riesige Platz als Paradeplatz für das preußische Militär, aber auch als Zentrum des Karnevals. Er war Ausgangspunkt des Rosenmontagszugs.

813. Welchen Rang hat Köln als Hochschulstandort?

Köln beherbergt elf Hochschulen mit insgesamt rund 70.000 Studenten. Die Stadt ist damit eine der drei größten Hochschulstandorte Deutschlands. Einige Hochschulen sind einzigartig und haben ganz Deutschland als Einzugsgebiet. In Köln befinden sich die größte deutsche Universität, die einzige Sporthochschule, europaweit die größte Musikhochschule und mit der Cologne Business School die Hochschule, die bundesweit als Erste Bachelor-Studiengänge anbot.

814. Seit wann ist Köln (wieder) Hochschulstandort?

Nachdem die Franzosen 1798 die 1388 gegründete Kölner Universität geschlossen hatten, blieb Köln über 100 Jahre ohne Hochschule. Erst 1901 stimmte die preußische Regierung der insbesondere von Gustav von Mevissen geforderten Gründung einer Handelshochschule zu *(siehe 498)*. Aus ihr ging 1919 die Kölner Universität hervor.

815. Welche Einrichtungen zählen zum Hochschulbereich?

Zum Kölner Hochschulbereich gehören (mit Studentenzahlen) elf Einrichtungen:

WS 1999/2000:	WS 2006/07	
Universität zu Köln	57.479	43.382
Deutsche Sporthochschule Köln	4.753	4.830
Hochschule für Musik Köln	1.265	1.048
Fachhochschule Köln	15.153	13.536
Private Rheinische Fachhochschule Köln	1.641	4.005
Kath. Fachhochschule NRW – Abt. Köln	1.154	1.087
Fachhochschule für öffentliche Verwaltung NRW – Abteilung Köln	1.030	1.155
Kunsthochschule für Medien Köln	232	323
Internationale Filmschule Köln	60	60
Cologne Business School*		
Hochschule Fresenius	120 (2003)	1.052 (2008)

*Die Cologne Business School hat auf telefonische Anfrage keine Auskünfte zu den Sudienzahlen gegeben.

816. Seit wann hat Köln wieder eine Universität, wer ist ihr Träger?

Aufgrund zäher Verhandlungen durch Oberbürgermeister Konrad Adenauer ging 1919 aus der Handelshochschule die neue Kölner Universität in der Trägerschaft der Stadt hervor. In ihr vereinigten sich neben der 1901 gegründeten Handelshochschule die 1912 gegründete Verwaltungshochschule, die seit 1904 bestehende Akademie für praktische Medizin sowie das 1918 gegründete Forschungsinstitut für Sozialwissenschaften. Die neue Universität blieb bis 1953 eine städtische Einrichtung. Erst am 1. April 1953 übernahm das Land NRW die Trägerschaft.

817. Wo hatte die 1919 gegründete Universität zunächst ihren Standort?

Die 1901 gegründete Handelshochschule *(siehe 498)* zog 1907 vom Hansaring in einen Neubau in der Südstadt Am Römerpark. Dies wurde auch zunächst der Standort der 1919 aus ihr hervorgegangenen Universität, die 1934 nach Lindenthal in den Neubau im Inneren Grüngürtel umzog. Der alte, sehr repräsentative Bau Am Römerpark wurde während der NS-Zeit Sitz der Gauleitung. Heute wird das Gebäude von der Fachhochschule Köln genutzt.

Die »Alte Universität«, heute Fachhochschule, in der NS-Zeit Sitz der Gauleitung

818. Welchen Namen trägt die Kölner Universität, wie heißt der vor ihr liegende Platz, welches Siegel führt die Universität?

Die Universität heißt offiziell »Universität zu Köln«. Der vor ihr liegende Platz ist benannt nach Albertus Magnus (1200 bis 1280), dem großen Kölner Gelehrten des Mittelalters, der 1248 von der Universität Paris nach Köln berufen wurde und den Ruhm Kölns als Zentrum der Wissenschaft begründete *(siehe 140)*. Auf dem Platz steht seit 1956 seine von Gerhard Marcks geschaffene überlebensgroße Bronzeskulptur. Abgüsse stehen vor der Universität Bogotá und der University of Texas in Houston, Texas.
Die Universität zu Köln sieht sich in der Tradition der 1388 gegründeten und 1798 von den Franzosen geschlossenen mittelalterlichen Universität, deren Siegel von 1392 sie bis heute führt *(siehe 144)*.

819. Wann wurde die Universität nach Ende des Zweiten Weltkriegs wiedereröffnet, welche Fakultäten hat sie heute?

Am 24. Oktober 1945 konnte die Universität ihren Lehrbetrieb wieder aufnehmen. Mit 500 Professoren und mehr als 100 Studienfächern gliedert sie sich heute in sieben Fakultäten:

- Wirtschafts- und Sozialwissenschaftliche Fakultät
- Rechtswissenschaftliche Fakultät
- Medizinische Fakultät mit Universitätsklinikum
- Philosophische Fakultät

- Mathematisch-Naturwissenschaftliche Fakultät
- Erziehungswissenschaftliche Fakultät
- Heilpädagogische Fakultät

820. Wie groß ist die Zahl der Studenten, wie viele sind Ausländer, wie ist die Quotierung zwischen Männern und Frauen?

Im Wintersemester 2006/07 studierten an den Kölner Hochschulen 70.793 Studenten. Von ihnen waren etwas mehr als die Hälfte (35.899) weiblich. 9.487 waren Ausländer. Köln wird als multikulturelle Stadt dadurch mitgeprägt, dass so viele Studenten aus dem Ausland kommen.

Albertus-Magnus-Skulptur von Gerhard Marcks vor dem Universitätsgebäude

821. Seit wann gibt es die Fachhochschule Köln, welchen Rang hat sie?

Die Fachhochschule Köln entstand 1971 aus dem Zusammenschluss mehrerer Berufsfachschulen und Ingenieurschulen. Sie ist mit zehn Fakultäten, 45 Studiengängen und ca. 14.000 immatrikulierten Studenten (WS 2006/07: 13.536) die größte und facettenreichste Fachhochschule in Deutschland. 44 % ihrer Studenten studieren Ingenieurwissenschaften. Seit 1995 gehört auch die frühere Fachhochschule für Bibliotheks- und Dokumentationswesen dazu, die 1949 als Bibliothekar-Lehrinstitut des Landes NRW gegründet worden war und 1982 in eine Fachhochschule umgewandelt wurde.

822. Was ist die private Rheinische Fachhochschule Köln (RFH)?

Die 1971 gegründete RFH ist die einzige staatlich anerkannte Kölner Hochschule in freier, gemeinnütziger, nicht kirchlicher Trägerschaft. Sie entstand aus der 1958 gegründeten Rheinischen Ingenieurschule für Bau und Maschinenwesen Köln. Die RFH bietet 18 Studiengänge an, die als Vollzeitstudium und auch als berufsbegleitendes Studium (Lehrveranstaltungen abends und an Samstagen) durchgeführt werden. Sie hat rund 4.000 Studenten (WS 2006/07: 4.005).

823. Wann entstand die »Katholische Fachhochschule NRW – Abteilung Köln«?

Die Katholische Fachhochschule NRW entstand 1971 aus 14 höheren Fachschulen für Sozialarbeit, Sozialpädagogik und Heilpädagogik sowie einem Institut für Religionspädagogik. Sie wird getragen von den katholischen Bistümern Aachen, Essen, Köln, Münster und Paderborn. Die Fachhochschule besteht aus vier Abteilungen, die auf verschiedene Standorte verteilt sind. Die Abteilung Köln zählt heute (2008) 1.087 Studenten und 30 Professoren, die den Fachbereichen Sozialwesen und Gesundheitswesen angehören. Kleinere Abteilungen befinden sich in Aachen, Münster und Paderborn. Im Sommer 2008 hatten alle vier Abteilungen zusammen 3.240 Studenten.

824. Seit wann gibt es die Hochschule Fresenius?

Die Hochschule Fresenius mit Stammsitz in Idstein bei Wiesbaden geht auf eine 1848 gegründete Chemiefachschule zurück, die 1971 als private Fachhochschule staatlich anerkannt wurde. Ihre im Wintersemester 2003/04 (mit anfänglich 120 Studenten) eröffnete Außenstelle Köln führte bis August 2008 den Namen »Hochschule für Wirtschaft und Medien« (FHWM). Sie bietet Bachelor-Studiengänge in Betriebs-, Medien-, Gesundheitswirtschaft sowie Wirtschaftsrecht und Wirtschaftspsychologie sowie Weiterbildungslehrgänge an. Im Sommersemester 2008 betrug die Zahl der Studenten 1.052.

825. Was ist die Fachhochschule für öffentliche Verwaltung Nordrhein-Westfalen (FHÖV-NRW) Abteilung Köln?

Diese Fachhochschule ist eine nicht rechtsfähige Einrichtung des Landes NRW. Sie ist nur für Beamte im Landes- oder Kommunaldienst zugänglich. Neben Köln gibt es die Standorte Bielefeld, Duisburg, Hagen, Gelsenkirchen und Münster. Wer nach dreijähriger dualer Ausbildung erfolgreich die staatliche Prüfung absolviert, erhält den akademischen Grad »Diplom-Verwaltungswirt (FH)«. Im WS 2006/07 betrug in Köln die Zahl der Studierenden 1.155.

826. Wann wurde die »Deutsche Sporthochschule Köln« gegründet, was zeichnet sie aus?

Die 1947 unter Mitwirkung von Carl Diem in Köln-Müngersdorf gegründete Deutsche Sporthochschule Köln ist die einzige Sporthochschule Deutschlands. Sie steht in der Tradition der 1920 von Carl Diem gegründeten Deutschen Hochschule für Leibesübungen Berlin. Sie verfügt heute über 21 Institute, in denen geforscht und gelehrt wird. 2007 zählte sie 5.760 Studenten aus 58 Ländern. Besonders bekannt ist die »Hennes-Weisweiler-Akademie«, an der die Lizenz als Fußballtrainer für die Bundesliga erworben werden kann.

Musikhochschule Köln – mit 1800 Studenten und 440 Lehrkräften die größte Europas

827. Seit wann gibt es die Hochschule für Musik Köln, welchen Rang hat sie?

Die 1845 gegründete Rheinische Musikschule erhielt 1858 den Namen »Conservatorium der Musik in Coeln«. Als diese hauptsächlich von Stiftungen und Spenden finanzierte »freie Anstalt« nach dem Ersten Weltkrieg in der Inflationszeit in unlösbare finanzielle Schwierigkeiten geriet, wurde sie von der Stadt provisorisch übernommen. 1925 erreichte Oberbürgermeister Adenauer den Abschluss eines Vertrages mit dem Preußischen Minister für Wissenschaft, Kunst und Volksbildung, der zur Gründung der Staatlichen Hochschule für Musik führte, die (mit staatlichen Zuschüssen) finanziell von der Stadt getragen wurde. Sie erhielt die Befugnis zur Ausbildung von Musikstudienräten. Heute ist die »Hochschule für Musik Köln« mit rund 1.800 Studenten (WS 2006/07 in Köln: 1.048) und 440 Lehrkräften die größte Musikhochschule Europas. Sie genießt international einen ausgezeichneten Ruf. Gelehrt wird an den drei Standorten Köln, Aachen und Wuppertal.

828. Seit wann gibt es die Kunsthochschule für Medien Köln?

Die Kunsthochschule für Medien Köln ist die erste Hochschule für alle audiovisuellen Medien in Deutschland. Nach langen Diskussionen über die richtige Konzeption nahm sie 1990 ihren Lehrbetrieb zunächst mit Zusatz- und Weiterbildungsgängen auf. Seit 1994 wird auch ein Vollzeitstudium angeboten. Im WS 2006/20007 waren 323 Studenten immatrikuliert.

829. Welche Ausbildungsgänge bietet die private Internationale Filmschule Köln GmbH (ifs)?

Die 2000 als private Hochschule von der Filmstiftung NRW gegründete ifs bietet dreijährige Ausbildungsgänge (rund 60 Teilnehmer) mit Bachelorabschluss in den Bereichen Regie, Filmproduktion und Drehbuch an. Daneben stehen Weiterbildungsgänge (bis 120 Teilnehmer) in anderen Bereichen wie Filmschnitt, Animation und mehr im Lehrprogramm.

830. Was ist die Cologne Business School (CBS), wann wurde sie gegründet?

Die 1993 gegründete CBS ist eine staatlich anerkannte private Wirtschaftshochschule für Management, die mit der englischen University of Hertfordshire zusammenarbeitet. Sie bietet den dreijährigen englischsprachigen Bachelorstudiengang »International Business« mit den Schwerpunkten European, Asian, Pacific, Media and Tourism Management in Verbindung mit einer Fremdsprache an. Für Aufbaustudiengänge kooperiert sie mit ausländischen Hochschulen.

Akademische Damenverbindung Agrippinia, Köln

831. Wie viele studentische Korporationen gibt es am Hochschulstandort Köln?

Köln als Millionenstadt bietet nicht das ideale Umfeld für studentisches Korporationsleben. Nach dem Krieg gab es außerdem Jahrzehnte hindurch ideologische Anfeindungen. Trotzdem existieren 2008 in Köln wieder 26 meist farbentragende studentische Verbindungen. Darunter sind zwei »Akademische Damenverbindungen« sowie elf nicht-farbentragende Studentengemeinschaften. Die historischen Wurzeln reichen bei einzelnen bis ins 19. Jahrhundert, also bis in die Zeit vor der Wiedereröffnung der Kölner Universität 1919 zurück. Es gibt aber auch völlige Neugründungen aus der Zeit nach dem Krieg. Die beiden Akademischen Damenverbindungen »Helena« und »Agrippinia« sind die jüngsten Neugründungen. Sie existieren erst seit 2002 bzw. 2003. Eine aktuelle Übersicht bietet das Buch »Civis Academicus 2005/2006«.

832. Seit wann gibt es die Volkshochschule Köln (VHS Köln)?

Die VHS Köln wurde 1919 gegründet und kam 1920 in städtische Trägerschaft. Einem demokratisch-humanistischen Weltbild verpflichtet, wurde sie 1933 von den Nationalsozialisten geschlossen. 1946 nahm sie ihre Arbeit in der ursprünglichen Tradition wieder auf.

833. Wie ist die Kapazität der VHS Köln, welche Bildungsangebote hat sie?

Die VHS Köln beschäftigt 130 hauptberufliche Mitarbeiter und arbeitet mit 1.100 freiberuflichen Dozenten der unterschiedlichsten Fachrichtungen zusammen. Ihr Programm umfasst ca. 3.000 Kurse zur Weiterbildung von Erwachsenen und Jugendlichen, die von rund 57.000 Teilnehmern (2006) besucht werden. Die Kurse finden an insgesamt 83 Unterrichtsorten in den verschiedenen Stadtbezirken statt. Das facettenreiche Bildungsangebot reicht von Altgriechisch und Latein über einen breiten Fächer moderner Sprachen bis hin zu Kursen über Kunst, Kultur, Geschichte, Umwelt, Botanik, Gesundheit, Technik, EDV und viele weitere praxisbezogene Themenbereiche.

834. Wo befindet sich die Karl-Rahner-Akademie, wer ist ihr Träger?

Die 1951 gegründete Karl-Rahner-Akademie (Jabachstraße 4–6) ist als katholische Stadtakademie eine Einrichtung des katholischen Männerwerks der Stadt Köln e.V. Sie wird mit Unterstützung des Ordens der Jesuiten betrieben und trägt seit 1988 den Namen des Jesuiten Karl Rahner (1904–84), der zu den bedeutendsten Theologen des 20. Jahrhunderts zählt. Die Akademie bietet ein breit gefächertes Bildungsangebot. Es reicht von Theologie, Philosophie, Geschichte, Naturwissenschaften, Medizin, Psychologie und Wirtschaft bis zur bildenden Kunst, Musik, Literatur, Theater, Oper und Film.

835. Was ist die Melanchthon-Akademie, wer ist ihr Träger?

Die Melanchthon-Akademie (Kartäuserwall 24 b und Im Mediapark 7) ist die Stadtakademie des Evangelischen Stadtkirchenverbandes Köln. Durch ein umfangreiches Bildungsprogramm mit ca. 250 Veranstaltungen pro Semester erfüllt sie zugleich Aufgaben eines Erwachsenenbildungswerkes.

836. Wann wurde die »Akademie för uns kölsche Sproch« gegründet, was ist ihr Anliegen?

Die von der Stadtsparkasse Köln als Kultursponsor ins Leben gerufene »SK Stiftung Kultur« (seit 2005 »SK Stiftung Kultur der Sparkasse KölnBonn«) unterhält seit 1983 die »Akademie för uns kölsche Sproch« (Sitz und Bibliothek: Im Mediapark 7). Neben zahlreichen anderen Aktivitäten veranstaltet sie für Kölner und Nichtkölner viersemestrige Kurse (pro Woche ein Abend), in denen von ausgewiesenen Kölschexperten fundierte Kenntnisse in Stadtgeschichte, Brauchtum, Literaturkunde und natürlich in der kölschen Sprache und Grammatik vermittelt werden. Den Abschluss bildet das »Kölsch-Examen«, das mit einer vom Oberbürgermeister unterschriebenen Urkunde attestiert wird. Von diesen existieren bereits mehrere Tausend *(siehe 952)*.

837. Welches Lehrangebot hat die Rheinische Musikschule Köln (RMS)?

Die Vermittlung von Musikunterricht wird in Köln bereits seit Mitte des 19. Jahrhunderts als wichtige öffentliche Aufgabe verstanden. Die heutige Rheinische Musikschule Köln (Vogelsanger Straße 28–32) wird von der Stadt Köln betrieben. Zu ihrem Angebot gehören die Grundausbildung für Kinder und Erwachsene, Unterricht in den einzelnen Instrumenten, Ensemble- und Orchesterspiel, aber auch Ballett. Zu ihren Schülern zählen sowohl die ganz Kleinen ab zwei Jahren als auch musikbegeisterte Jugendliche und Erwachsene. Der gebührenpflichtige Musik- und Ballettunterricht wird an zehn verschiedenen Regionalschulen der Stadt angeboten.

838. Welche Geschichte hat die Rheinische Musikschule Köln?

Die heutige Rheinische Musikschule Köln geht auf die 1845 durch bürgerschaftliche und städtische Initiative in Köln gegründete Rheinische Musikschule zurück, die 1858 unter ihrem bedeutenden Leiter Ferdinand Hiller in Conservatorium für Musik in Coeln umbenannt wurde. 1925 erfolgte unter Hermann Abendroth eine Aufteilung des Instituts in die Staatliche Hochschule für Musik *(siehe 827)* und die Rheinische Musikschule *(siehe 837)*, die der Förderung der musikalischen Volkskultur dienen sollte. Eine

Ballett- und Musikunterricht in zehn Schulen der Stadt

Skulptur Hillers steht auf der Ostseite des Ratsturms (2. Obergeschoss, Mitte).

839. Wie viele Schüler besuchen in Köln allgemeinbildende Schulen, wie viele Kölner sind Analphabeten?

2006 besuchten 105.570 Schüler die 285 allgemeinbildenden Schulen Kölns. Davon waren weniger als die Hälfte (52.402) Mädchen. 25.862 Schüler waren Ausländer (= etwa ein Viertel). Wie eine im Mai 2008 vorgestellte Studie des Bundesver-

Spannender Unterricht im Schulbetrieb, hier in der Freiluga *(siehe 979)*

bandes für Alphabetisierung ergab, leben heute in Köln trotz des umfangreichen Schul- und Lehrangebots rund 47.000 Menschen, die kaum oder gar nicht lesen und schreiben können (Analphabeten). Laut Aussage der Kölner Schuldezernentin Dr. Agnes Klein betrifft das nicht nur eingewanderte Einwohner anderer Kulturen, sondern auch Deutsche.

840. Wie viele Grundschulen, Hauptschulen und Förderschulen gibt es in Köln, wie viele Schüler besuchen sie?

2006 gab es in Köln 148 Grundschulen, die von 35.933 Schülern besucht wurden. 17.277 davon waren Mädchen, 9.135 Ausländer (26,1 %). Die 30 Kölner Hauptschulen besuchten 2006 10.603 Schüler. Davon waren 4.703, also deutlich weniger als die Hälfte, Mädchen, 4.599 waren Ausländer (43,4 %). In Köln gibt es 33 Förderschulen. 28 stehen in der Trägerschaft der Stadt, fünf unterhält der Landschaftsverband Rheinland. Der Begriff »Förderschule« ersetzt nach dem neuen Schulgesetz des Landes NRW die frühere Bezeichnung Sonderschule. Schüler, die wegen körperlicher, geistiger oder seelischer Behinderung oder wegen erheblich beeinträchtigten Lernvermögens nicht am Unterricht einer allgemeinbildenden Schule teilnehmen können, werden in den Förderschulen nach ihrem individuellen Bedarf sonderpädagogisch gefördert. 2006 wurden die Kölner Förderschulen von 5.601 Schülern besucht. Davon waren 1.995 Mädchen, 1.736 waren Ausländer (31,0 %).

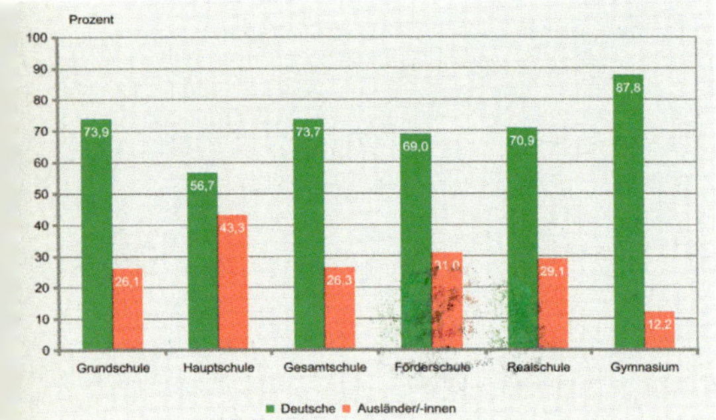

Schüler und Schülerinnen nach Schulformen

841. Wie viele Realschulen und Gymnasien hat Köln, wie groß ist ihre Schülerzahl?

Die 24 Kölner Realschulen wurden 2006 von 12.637 Schülern besucht. Davon waren knapp die Hälfte Mädchen (6.268), 3.676 Schüler waren Ausländer (29,1 %). Die 33 Kölner Gymnasien wurden 2006 von 28.448 Schülern besucht. Davon waren deutlich mehr als die Hälfte Mädchen (15.194). 3.216 Schüler waren Ausländer (11,3 %).

842. Welches ist das älteste Gymnasium Kölns?

Das älteste Gymnasium Kölns ist das 1982 in den Stadtteil Bilderstöckchen verlegte Dreikönigsgymnasium, dessen Geschichte bis 1450 zurückreicht. Die damals von dem Theologen Johannes von Kruyck gegründete Bursa Cucana wurde 1552 von der Stadt übernommen und in einem städtischen Gebäude untergebracht, das mit dem Stadtwappen mit den drei Kronen geschmückt war. Die Schule erhielt deshalb den Namen Bursa Tricoronatum. Sie wurde ab 1556 – über die Auflösung des Ordens 1773 hinaus – von Jesuiten geleitet *(siehe 272)*. Wegen ihres Standortes in der Marzellenstraße (seit 1582) hieß die städtische Schule fortan Marzellengymnasium. An ihm war von 1817–1826 der Naturwissenschaftler Georg Simon Ohm als Lehrer tätig. Er entdeckte während dieser Zeit das nach ihm benannte »Grundgesetz der elektri-

Gedenktafel für Georg Simon Ohm an der Fassade des ehemaligen Jesuitenkollegs in der Marzellenstraße

schen Ströme«. Das Gymnasium erhielt später, nach Umzug in einen Neubau am Thürmchenswall, den Namen Dreikönigsgymnasium.

843. Zu welcher Bevölkerungsprognose führen die Kölner Schülerzahlen?

Wenn heute bereits ein Viertel aller Schüler Ausländer sind, ist abzusehen, wann die Kölner Bevölkerung zu einem Viertel ausländischer Herkunft sein wird. Das führt zu der (in der Politik durchweg verdrängten) Frage, wie sich diese Entwicklung fortsetzen wird. Zurzeit beträgt der Ausländeranteil an der Gesamtbevölkerung der Stadt 17,2 % *(siehe 679)*.

844. Wie viele katholische / evangelische Kirchen gibt es in Köln?

In Köln gibt es 166 katholische und 81 evangelische Kirchen.

845. Wie viele Katholiken, wie viele Protestanten leben in Köln, wie hoch ist die Zahl der Kirchenein- und -austritte?

Nach der amtlichen Statistik der Stadt waren am 1. Januar 2007 von den 1.024.346 Einwohnern der Stadt 415.054 (= 40,5 %) katholisch, 178.060 (= 17,4 %) evangelisch. Bei beiden Konfessionen ist die Zahl der Ein- und Austritte erheblich. 2007 stieg im Erzbistum Köln die Zahl der Kirchenaustritte im Vergleich zu 2006 um 1.621 auf 9.356. 489 traten in die katholische Kirche ein (2006: 509), 1.293 kehrten in die Kirche zurück (2006: 1.383). Im »Evangelischen Kirchenverband Köln und Region« betrug 2007 die Zahl der Kirchenaustritte 2.060. Kircheneintritte gab es 565 (davon 70 Übertritte).

846. Wie groß ist die Zahl der in Köln lebenden Muslime, wie viele Moscheen gibt es?

Die Zahl der in Köln lebenden Muslime liegt (2008) bei etwa 125.000. Genaue Daten stehen nicht zur Verfügung, da die muslimische Religionszugehörigkeit statistisch nicht erfasst wird. Rund 25.000 Muslime sind eingebürgert. In Köln gibt es (2008) 30 eingetragene Moscheen.

847. Wann und wo soll in Köln eine türkische Großmoschee errichtet werden?

Seit Jahren verfolgt die Türkisch-Islamische Union Ditib den Plan, in Ehrenfeld Ecke Innere Kanalstraße/Venloer Straße eine Großmoschee zu bauen. Die wegen lebhafter Kritik aus der Bevölkerung mehrfach geänderten Pläne der Architekten Gottfried und Paul Böhm sehen inzwischen (2008) ein verkleinerte Version des Projekts vor: Danach soll das fünfstöckige Gebäude mit einer 35 m hohen Kuppel zwei runde, in sich gedrehte Minarette von je 55 m Höhe erhalten. Die Moschee soll 1.200 Gläubigen (ursprünglich 2.000) Platz bieten. Neben den Gebetsräumen ist auf rund 16.500 m² Nutzfläche die Unterbringung einer Bibliothek, von Schulungs- und Seminarräumen, Geschäften, Dienstleistungsbetrieben sowie eine Tiefgarage vorgesehen. CDU, SPD, Grüne und FDP hatten zunächst die Entscheidung des Bauherrn für den ursprünglichen Siegerentwurf des Architektenwettbewerbs begrüßt. Erst die Proteste aus der Bevölkerung führten dazu, dass der Entscheidungsprozess ins Stocken kam. Im August 2008 hat der Rat mehrheitlich (gegen die Stimmen der CDU) dem überarbeiteten Entwurf zugestimmt. Die politischen Kontroversen um das Projekt dauern an.

848. Wie viele Juden leben heute wieder in Köln?

Die Zahl der in Köln lebenden Juden liegt (2008) bei etwa 5.000. Genaue Zahlen liegen nicht vor, da die jüdische Religionszugehörigkeit statistisch nicht erfasst wird. Nicht alle Juden sind Mitglieder der Synagogengemeinde Köln, die über 4.000 Mitglieder zählt, dabei aber einen Einzugsbereich hat, der über die Stadtgrenzen hinausreicht. 2003 lebten 420 schulpflichtige jüdische Kinder in Köln. Die Schülerzahlen zeigen eine deutlich steigende Tendenz. 1959 waren es erst 98 (1928: 520).

849. Wie hat sich die Zahl der Juden Kölns seit Ende des Zweiten Weltkriegs entwickelt?

1933 zählten die jüdischen Gemeinden Kölns 18.281 Mitglieder *(siehe 550)*. Für Frühjahr/Sommer 1945 schwanken die Zahlen zwischen 100–200. Die Volkszählung vom 29. Oktober 1946 ergab 437 Angehörige der jüdischen Konfession. 1959 zählte die provisorische Synagoge in der Ottostraße in Ehrenfeld bereits 1.200 Gemeindemitglieder. Diese Entwicklung war Anlass für den Wiederaufbau der Synagoge in der Roonstraße, die am 20. September 1959 in Anwesenheit von Bundeskanzler Adenauer eingeweiht wurde. Heute (2008) zählt die Synagogengemeinde Köln, deren Einzugsgebiet allerdings über die Stadtgrenzen hinausreicht, über 4.000 Mitglieder *(siehe 848)*.

850. Wie viele Synagogen gibt es heute wieder in Köln?

Das erste Gemeindezentrum mit einer kleinen Synagoge entstand unmittelbar nach Kriegsende in den Restgebäuden des ehemaligen israelitischen Asyls für Kranke und Altersschwache in der Otto-

Die Synagoge in der Roonstraße, wieder aufgebaut bis 1959

straße in Köln-Ehrenfeld. Die Großstadt Köln hatte damit nur noch eine statt der ehemals sechs Synagogen. Am 20. September 1959 wurde die wiederaufgebaute Synagoge in der Roonstraße eingeweiht. Sie ist seitdem das Zentrum der Synagogengemeinde Kölns, die eine der größten jüdischen Gemeinden Deutschlands ist *(siehe 851)*.

851. Welche jüdischen Gemeinden gibt es in Köln?

In Köln gibt es zwei jüdische Gemeinden:

- die (orthodoxe) Synagogengemeinde Köln mit der Synagoge in der Roonstraße (über 4.000 Mitglieder)
- die 1996 gegründete »Jüdische liberale Gemeinde Köln Gescher La Massoret e.V.«, die Mitglied der Union progressiver Gemeinden in Deutschland und der »Union for progressiv Judaisme« ist. Der liberalen Gemeinde gehörte ursprünglich die Synagoge in der Roonstraße. In Ermangelung eigener Räumlichkeiten hält sie ihre Gottesdienste in der evangelischen Kreuzkapelle in der Stammheimer Straße in Köln-Riehl ab.

852. Wie viele Glaubensgemeinschaften gibt es in Köln?

Katholiken, Protestanten, Muslime und Juden ergeben zusammen rund 730.000 von 1.024.346 Einwohnern Kölns *(siehe 845–848)*. Soweit die verbleibenden rund 300.000 Einwohner nicht Atheisten sind, verteilen sie sich auf die über 360 Glaubensgemeinschaften, die in Köln im Jahr 2005 durch eine Untersuchung der Universität Köln festgestellt wurden. Im Kölner Telefonbuch befinden sich unter der Rubrik »Andere Kirchengemeinschaften und Konfessionen« 37 Eintragungen.

853. Ist Köln auch heute noch eine katholische Stadt?

Auch wenn inzwischen weniger als die Hälfte der Einwohner der katholischen Kirche angehören *(siehe 845)*, ist Köln auch heute noch unübersehbar eine katholisch geprägte Stadt. Dazu tragen nicht nur der Dom und die weltweit bekannten romanischen Kirchen bei, sondern auch die zahlreichen Einrichtungen des Erzbistums, der Kirchen, der Caritas und der verschiedensten katholischen Organisationen und Ordensgemeinschaften, denen man im Zentrum des größten deutschen Bistums auf Schritt und Tritt begegnet. Ohne sie wäre das geistige, geistliche und soziale Leben der Stadt ein völlig anderes.

854. Wie viele katholische Ordensgemeinschaften sind in Köln ansässig?

Im Kölner Telefonbuch findet man (unter »Klöster und klösterliche Anstalten«) unter der Rubrik »Frauenklöster Köln« 24, unter der Rubrik »Männerklöster Köln« 16 Eintragungen *(siehe auch 373)*.

Benediktinerinnenkloster in Köln-Raderthal, Brühler Straße

Das Gabelkruzifix in St. Georg

855. Wie viele romanische Kirchen gibt es in Köln, wie heißen sie?

Der »Kranz der zwölf romanischen Kirchen Kölns« bildet ein einzigartiges kulturelles Erbe. Die sämtlich in der Innenstadt gelegenen Kirchen stammen aus der Zeit vor der Grundsteinlegung des gotischen Doms (1248) und werden als wahre Kleinode betrachtet. Sie sind Zeugnisse des blühenden kirchlichen Lebens im hochmittelalterlichen Köln, das im Dombau seinen Höhepunkt fand. Die zwölf romanischen Kirchen sind in zahlreichen Publikationen ausführlich beschrieben. Es sind:

- St. Andreas, Stiftskirche um 1190. Diente 1947/48 als Ersatzkathedrale des Erzbistums anstelle des kriegsbeschädigten Doms. In der Krypta steht der Sarkophag von Albertus Magnus *(siehe 140)*. 1947 übertrug Kardinal Frings dem Orden der Dominikaner die Nutzung der Kirche. Infolge eines Erdbebens im April 1992 wurde eine umfassende Innen- und Außenrestaurierung erforderlich.
- St. Aposteln, gegründet Mitte des 11. Jahrhunderts als Grabkirche des Erzbischofs Pilgrim.
- St. Gereon, älteste (Märtyrer-)Kirche Kölns *(siehe 63)*. Der spätantike, ovale Gründungsbau des 4. Jahrhunderts wurde im 10. Jahrhundert durch Langchor mit zwei Flankentürmen erweitert. Der zentrale Ovalbau erhielt 1219 bis 1227 einen zehneckigen, kuppelgekrönten steinernen Mantel (Dekagon). Die Kuppel war die größte zwischen der Hagia Sophia in Konstantinopel und der Kuppel des später in der Renaissancezeit von Brunoleschi in Florenz gebauten Doms. In die nach dem Dom ranghöchste Kirche Kölns wallfahrten die deutschen Könige und Kaiser nach ihrer Krönung in Aachen, um anschließend im Dom am Schrein der Heiligen Drei Könige zu beten *(siehe 192)*.
- St. Kunibert, jüngste der romanischen Kirchen, 1215–1265 als Neubau über einer älteren Kirche errichtet *(siehe 85, 122)*.
- Groß St. Martin, ab 1150 in mehreren Bauabschnitten als Benediktinerabteikirche entstanden. Der hoch aufragende Vierungsturm mit seinen vier flankierenden Türmen ist neben dem Dom ein Charakteristikum der Stadtsilhouette.
- St. Pantaleon, ehemalige Benediktinerabteikirche aus dem 10. Jahrhundert. Im 10. Jahrhundert zur Basilika umgebaut. Grabstätte Erzbischofs Bruno († 965) und der Kaiserin Theophanu († 991).

- St. Cäcilien, 1130–60 als Damenstiftskirche errichtet. Beherbergt seit 1956 das Museum Schnütgen *(siehe 497, 869)*.
- St. Georg, 1067 als Säulenbasilika geweiht, im 12. Jahrhundert wegen neuer Gewölbedecke durch Pfeiler verstärkt.
- St. Maria im Kapitol, 1040–1065 von der Äbtissin Ida (Enkelin Kaiser Ottos II.) mit aufwendigem Kleeblattchor (1. Dreikonchenanlage Kölns) errichtet. Sie war Ersatz für eine um 700 von Plektrudis *(siehe 90)* auf den Ruinen des römischen Kapitolstempels gebaute kleinere Kirche. Der Neubau gehörte zu dem Nonnenkloster, das Erzbischof Bruno an dieser Stelle stiftete. Es wurde im 12. Jahrhundert in ein adeliges Damenstift umgewandelt, das im Mittelalter zu den vornehmsten Institutionen des Reichs zählte.
- St. Maria Lyskirchen. Um 1220 als Emporenbasilika mit Osttürmen errichtet.
- St. Severin, »Dom« der Südstadt (des »Vringsveedels«). Wie ein ausgedehntes fränkisches Gräberfeld bezeugt, reichen die Wurzeln der Kirche bis ins 4. Jahrhundert. Hier wird seit 1.600 Jahren Gottesdienst gefeiert. Schon im 10. Jahrhundert war die Pfarrkirche ein dreischiffiges Bauwerk, dem um 1040 ein Langchor mit dreischiffiger Krypta angefügt wurde. Durch mehrere Um- und Anbauten in den folgenden Jahrhunderten erhielt die Kirche ihre jetzige Gestalt.
- St. Ursula, in der Nachfolge verschiedener frühchristlicher Kultbauten etwa ab 1135 als Emporenbasilika mit zweigeschossigem Westbau errichtet, dem im 13. Jahrhundert ein wuchtiger Turm aufgesetzt wurde. Die barocke Turmhaube stammt aus dem 17. Jahrhundert. In der Kirche wird die heilige Ursula verehrt, die neben dem heiligen Gereon und den Heiligen Drei Königen zu den Kölner Stadtpatronen gehört.

856. Welche Zerstörungen erlitten die romanischen Kirchen im Zweiten Weltkrieg?

An allen zwölf romanischen Kirchen entstanden im Bombenkrieg schwerste Zerstörungen. Der Wiederaufbau und die Rettung dieses einmaligen Kulturerbes gehören zu den herausragenden kulturellen Leistungen der Nachkriegszeit. Sie geben zugleich Zeugnis von Können und Kunst des Kölner Handwerks. Die Wiederherstellung ist hervorragend dokumentiert in dem 2007 als Band 2 der Reihe Stadtspuren erschienenen Buch »Die Romanischen Kirchen – Zerstörung und Wiederherstellung« von Ulrich Krings und Otmar Schwab (Bachem-Verlag).

Groß St. Martin, 1945

857. Gab es auch nach dem Krieg noch gravierende Schäden an den romanischen Kirchen?

1948 stürzte die Ostkonche von St. Maria im Kapitol ein, weil keine Chance bestanden hatte, sie rechtzeitig zu sichern.

Durch ein Erdbeben in der Kölner Bucht im April 1992 erlitt besonders St. Andreas erhebliche Schäden, sodass in den Jahren bis 1997 eine umfassende Innen- und Außenrestaurierung erforderlich wurde, die außen an den Chorstreben durch das dunklere Steinmaterial deutlich erkennbar ist.

858. Wann war das »Jahr der romanischen Kirchen«?

1985 feierte Köln das Jahr der romanischen Kirchen. Die zwölf bekannten Kölner Kirchen, sämtlich älter als der 1248 begonnene Dom, waren nach schwersten Kriegsschäden wiedererstanden und für die Öffentlichkeit zugänglich. Mit zahlreichen Veröffentlichungen, Filmen, TV- und Rundfunksendungen, Symposien, Konzerten, verschiedenen anderen Veranstaltungen und mit einer großen Schreinsprozession durch die Innenstadt wurde dieses weltweit beachtete Ereignis gewürdigt.

859. Seit wann gibt es den Förderverein Romanische Kirchen Köln e.V.?

Der fast 4.000 Mitglieder zählende Förderverein Romanische Kirchen wurde 1981 im Hansasaal des Historischen Rathauses gegründet. Er ist neben dem Zentral-Dombau-Verein von 1842 *(siehe 217)* die zweite bürgerschaftlich getragene, bedeutende Vereinigung Kölns, die sich dem Wiederaufbau und der Ausgestaltung des großen Kulturerbes der mittelalterlichen Kirchen Kölns widmet. Mitglied kann jede natürliche und juristische Person werden. Der Jahresbeitrag beträgt zurzeit (2008) 36,– Euro. Die Mitglieder erhalten als Jahresgabe das seit 1986 erscheinende Jahrbuch »Colonia Romanica«. Die Geschäftsstelle des Vereins ist am Willy-Brandt-Platz 2 in Köln-Deutz.

860. Welche Bedeutung hat der Förderverein?

Der Förderverein Romanische Kirchen hat im ersten Vierteljahrhundert seines Bestehens über 8 Millionen Euro an Beiträgen und Spenden aufgebracht. Die Mittel wurden unter anderem verwendet für den Wiederaufbau des Westwerks von St. Kunibert, die Anschaffung der Orgel in St. Andreas, die Gestaltung der Langhausdecke in St. Pantaleon, die Ausmalung der Dreikonchenanlage in St. Aposteln sowie für die Einrichtung von Schatzkammern in St. Georg und St. Kunibert. Jüngstes Förderobjekt sind die von Prof. Markus Lüpertz für den Nord- und Südchor von St. Andreas geschaffenen farbigen Fenster, mit deren Einbau 2008 begonnen wurde. Der Verein veranstaltet fachkundige Führungen und unterstützt die wissenschaftliche Forschung zu den romanischen Kirchen.

861. Gibt es neben dem »Kranz der zwölf romanischen Kirchen« der Innenstadt noch weitere romanische Kirchen in Köln?

Auf Kölner Stadtgebiet befinden sich noch vier weitere romanische Kirchen.

- St. Amandus in Köln-Rheinkassel. Die ursprünglich einschiffige Saalkirche aus dem 10. Jahrhundert wurde im 13. Jahrhundert zu einer dreischiffigen Basilika ausgebaut.
- Alt St. Katharina in Köln-Niehl. Im 12. Jahrhundert als einfache Landkirche in Form einer dreischiffigen Basilika auf einem Hügel oberhalb des Rheinufers errichtet
- St. Nikolaus in Köln-Dünnwald. Im 12. Jahrhundert zunächst als Stiftskirche gegründet, wurde sie später von den Prämonstratensern zur Klosterkirche umgewandelt. Nach Aufhebung des

St. Stephan (Krieler Dömchen), Ursprünge in der Karolingerzeit

Klosters im Zuge der Säkularisation 1802 diente sie fortan als Pfarrkirche.

- St. Stephan (Krieler Dömchen) in Köln-Lindenthal. Die Ursprünge reichen in die Karolingerzeit zurück. Die Kirche wurde im 10., 11. und 12. Jahrhundert erneuert, erweitert, um- und ausgebaut.

862. Welche gotischen Kirchen blieben außer dem Dom erhalten?

In Köln überlebten die Säkularisation (1802) außer dem Dom vier gotische Kirchen. Sie wurden nach teilweise erheblichen Bombenschäden wiederhergestellt:

- die evangelische Antoniterkirche in der Schildergasse (mit dem schwebenden Engel von Barlach)
- die (seit 1928 evangelische) Kartäuserkirche in der Kartäusergasse
- die Minoritenkirche am Kolpingplatz (mit den Sarkophagen von Duns Scotus und Adolph Kolping)
- St. Peter (mit der Kreuzigung Petri von Rubens) in der Jabachstraße

863. Wie viele Barockkirchen gibt es in Köln?

In der Stadt befinden sich vier Barockkirchen. Sie überlebten 1802 die Säkularisation und wurden ebenfalls nach teilweise

Innenraum von St. Maria Himmelfahrt, größte Barockkirche Kölns

schweren Bombenschäden wiederhergestellt:

- St. Maria Himmelfahrt in der Marzellenstraße. Sie ist die bedeutendste und größte (Jesuiten-)Barockkirche Kölns. Sie wurde während des Dreißigjährigen Kriegs vom Jesuitenorden gebaut und ist nach dem Dom die größte Kirche der Innenstadt.
- die Elendskirche (An St. Katharinen)
- St. Maria vom Frieden (Vor den Siebenburgen)
- St. Maria in der Kupfergasse (Ecke Neven-DuMont-Straße/Schwalbengasse).

864. Welche Stellung nimmt Köln im modernen Kirchenbau ein?

Es überrascht viele Besucher, dass Köln auch ein Zentrum des modernen Kirchenbaus mit langer Tradition ist. Allein nach dem Zweiten Weltkrieg entstanden über 50 neue, moderne Kirchen. In Köln wirkte der Altmeister der katholischen

Kirchenbauer, Prof. Dominikus Böhm, bis zu seinem Tod 1955. Sein bekanntester früher und als revolutionär empfundener Kirchenbau aus dem Jahr 1932 ist St. Engelbert (Zitronenpresse) am Riehler Gürtel in Köln-Riehl. Zu den bekanntesten Kirchenarchitekten zählen außerdem Prof. Rudolf Schwarz, Fritz Schaller, Karl Band, Hans Schilling, Gottfried Böhm, Emil Steffann und Joachim Schürmann.

865. Welches sind architektonisch besonders interessante moderne Kirchenbauten?

Zu den architektonisch bedeutsameren Kirchen des 20. und 21. Jahrhunderts gehören:

- Melanchthonkirche (Thomas Merill, 1930, ev.), Breninger Straße, Köln-Zollstock
- St. Engelbert (Dominikus Böhm, 1932, k.), Riehler Gürtel, Köln-Riehl
- St. Mechtern (Rudolf Schwarz, 1954, k.), Mechternstraße, Köln-Ehrenfeld
- St. Joseph (Rudolf Schwarz, 1954, k.), Braunstraße, Köln-Braunsfeld
- Maria Königin, (Dominikus und Gottfried Böhm, 1954, k.), Goethestraße, Köln-Marienburg
- St. Gertrud (Gottfried Böhm, 1965, k.), Krefelder Straße, Neustadt-Nord

St. Engelbert in Köln-Riehl, 1932, Architekt Dominikus Böhm

- Erlöserkirche (Gerd Sauerzapf, Wolfgang Nathow, 1967, ev.), Sürther Straße, Köln-Rodenkirchen
- Martin-Luther-Kirche (Anneliese Vossbeck-Krahwinkel, Ulrich Vossbeck, 1968, ev.), Sportplatzstraße, Köln-Wahnheide
- Christi Auferstehung (Gottfried Böhm, 1970, k.), Brucknerstraße, Köln-Lindenthal
- Auferstehungskirche (Walter Ruoff, 1974, ev.), Görlinger Zentrum 39, Köln-Bocklemünd/Mengenich
- Petruskirche (Ulrich von Bonin, Ludwig Groh, 1979, ev.) Kieskauler Weg 53, Köln-Merheim
- Pauluskirche (Johannes Kister, Reinhard Scheithauer, Susanne Gross, 2003, ev.), Houdainer Straße 28, Köln-Porz-Zündorf

866. Welches ist die älteste, welches die größte evangelische Kirche Kölns?

Nachdem 1802 auch für Juden und Protestanten Religionsfreiheit galt *(siehe 337)*, erhielten die wenigen evangelischen Christen die ehemalige Klosterkirche der Antoniter in der Schildergasse als Gotteshaus zugewiesen, die infolge der Säkularisation *(siehe 364)* zur Verfügung stand. Da die Gemeinde rasch wuchs, wurde 1857 bis 1860 am Filzengraben die Trinitatiskirche im Stil einer römischen Basilika (»der evangelische Dom«) gebaut. In ihr fand 1880 in Anwesenheit Kaiser Wilhelms I. der Festgottesdienst zur Vollendung des Doms statt *(siehe 221)*. Die Kirche ist mit ca. 800 bestuhlbaren Plätzen bis heute die größte evangelische Kirche Kölns.

867. Welchen Rang hat Köln als Museumsstadt?

Köln beherbergt acht städtische Museen mit Sammlungen von Weltruf. Keine andere deutsche Stadt unterhält aus eigenem Etat so viele Einrichtungen. Daneben gibt es zahlreiche renommierte Museen in kirchlicher und privater Trägerschaft. Die Gesamtzahl liegt bei über 30.

868. Worauf beruht der Ruf Kölns als bedeutender Museumsstadt?

Köln hat als Sitz bedeutender Museen eine bald 200-jährige Tradition. Die in den Nachkriegsjahrzehnten mit großem finanziellen Aufwand völlig neu strukturierte Museumslandschaft genießt international größtes Ansehen. Wertvolle private Schenkungen und Stiftungen haben auch nach dem Krieg die Stellung Kölns als bedeutender Museumsstadt weiter gefestigt.

869. Welches sind die zehn berühmtesten öffentlichen Museen Kölns?

- Wallraf-Richartz-Museum & Fondation Corboud, Martinstraße 39 (weltweit umfangreichste Sammlung mittelalterlicher Malerei insbesondere aus der »Kölner Malerschule«, bedeutende grafische Sammlung mit ca. 75.000 Werken, *siehe 876*)
- Museum Ludwig, Bischofsgartenstraße 1 (Moderne Kunst, hochrangiger Querschnitt von der Klassischen Moderne bis zur aktuellen Kunstproduktion, *siehe 874*)
- Römisch-Germanisches Museum, Roncalliplatz 4 (reichhaltige archäologische Funde aus der römischen und merowingischen Epoche, *siehe 67–72*)
- Kölnisches Stadtmuseum, Zeughausstraße 1–3 (Sammlungsschwerpunkt: Kölner Stadtgeschichte)
- Museum für Angewandte Kunst, An der Rechtschule (Europäisches Kunsthandwerk vom Mittelalter bis zur Gegenwart *(siehe 877)*
- Museum für Ostasiatische Kunst, Universitätsstraße 100 (Ostasiatische Kunst)

Museum Ludwig vom Rhein aus zum Dom aufgenommen

Diözesanmuseum: Madonna im Rosengarten

Rembrandt, Selbstbildnis
Wallraf-Richartz-Museum

Ostasiatisches Museum, Luftaufname

- Rautenstrauch-Joest-Museum für Völkerkunde, Ubierring 45 (Völkerkunde)
- Museum Schnütgen, St. Cäcilia, Cäcilienstraße 29 (Christliche Kunst vom Mittelalter bis zum 19. Jahrhundert)
- Domschatzkammer, Nordseite des Doms (durch über zehn Jahrhunderte gewachsener Domschatz)
- Diözesanmuseum Kolumba, Brücken-/Kolumbastraße (mittelalterliche und zeitgenössische Kunst). Neubau fertiggestellt 2008.

870. Welche privaten Museen tragen zum Renommee Kölns als Museumsstadt bei?

Neben den renommierten öffentlichen Instituten gibt es zahlreiche private Museen und Sammlungen, die zum Ruf Kölns als bedeutender Museumsstadt beitragen. Zu den bekanntesten/beliebtesten zählen:

- Käthe-Kollwitz-Museum, Neumarktpassage, Neumarkt 18–24 (der weltweit umfassendste Bestand von Arbeiten der Künstlerin)
- Schokoladenmuseum, Rheinauhafen 1 a
- Deutsches Sport- und Olympia-Museum, Rheinauhafen 1
- Kölner Karnevalsmuseum, Maarweg 134–136
- Duftmuseum (Eau de Cologne Museum im Farina Haus), Obenmarspforten 21
- 4711-Museum, Glockengasse 4711
- Besteckmuseum Bodo Glaub, Burgmauer 68
- Museum Deutsches Tanzarchiv Köln, Im Mediapark 7
- Straßenbahn-Museum Thielenbruch der Kölner Verkehrsbetrieb AG, Gemarkenstraße 139, Köln-Dellbrück
- Skulpturenpark Köln, Riehler Straße/Zoobrücke. Das Sammlerehepaar Michael und Eleonore Stoffel hat dort 30 zum Teil überaus voluminöse Werke zeitgenössischer Bildhauer aufgestellt. 2014 geht der größte Teil der Sammlung nach München, der Park in Köln bleibt aber bestehen.

871. Auf welchen großen Kölner geht die Kölner Museumstradition zurück?

Ferdinand Franz Wallraf *(siehe 369)* erwarb sich unvergänglichen Ruhm, indem er bei der Auflösung und Verschleuderung des Kirchen- und Klosterbesitzes im Zuge der Säkularisation (1802) zahllose

Skulpturenpark in Zoonähe an der Riehler Straße

Kunstschätze unter Aufnahme persönlicher Schulden erwarb und dadurch rettete. Seine Sammlungen vermachte er testamentarisch der Stadt Köln, die dadurch bei seinem Tod 1824 unter anderem mehr als 120 antike Skulpturen, 2.000 Gemälde und Handschriften, 45.000 Kupferstiche, Holzschnitte und Zeichnungen, 3.000 Siegel, 13.000 Bücher und fast 500 Urkunden erhielt. Die Sammlungen Wallrafs wurden der Grundstock für das erste kommunale Museum Deutschlands, das »Wallrafianum«, das 1861 nach Umzug in ein neues Gebäude den Namen »Wallraf-Richartz-Museum« erhielt.

872. Weshalb ist das älteste Kölner Museum nach Wallraf und nach Richartz benannt?

Das »Wallrafianum« *(siehe 871)* war mit den von Wallraf geschenkten Sammlungen von 1827–1860 zunächst unzulänglich im Kölner Hof in der Trankgasse 7 (heute Deichmann-Haus) untergebracht. 1855–60 wurde auf dem Gelände des ehemaligen Minoritenklosters nach den Plänen von Dombaumeister Zwirner *(siehe 219)* ein im Zweiten Weltkrieg völlig zerstörter Museumsbau geschaffen. Stifter des für 232.000 Taler im Stil englischer Gotik errichteten repräsentativen Gebäudes war der Kölner Lederfabrikant Johann Heinrich Richartz. Das schon bald Weltruhm erlangende Museum trägt seitdem zu Ehren beider Stifter den Namen »Wallraf-Richartz-Museum«. Die vor dem Gebäude errichteten Denkmäler von Wallraf und Richartz stehen an alter Stelle vor dem Nachkriegsneubau, in dem heute das Museum für Angewandte Kunst untergebracht ist.

873. Inwiefern ist das Wallraf-Richartz-Museum (WRM) Mutter zahlreicher bedeutender Kölner Museen?

Die überwiegend auf Wallraf zurückgehenden Sammlungen und ständig anwachsenden Schätze des WRM wurden im Laufe der Zeit Keimzelle zahlreicher verselbstständigter Einrichtungen: Museum für Angewandte Kunst (1888), Kölnisches Stadtmuseum (1888), Museum Schnütgen (1910), Römisch-Germanisches Museum (1946). Das WRM selbst beherbergt heute die weltweit umfangreichste Sammlung mittelalterlicher Malerei, insbesondere der »Kölner Malerschule« sowie eine bedeutende grafische Sammlung (ca. 75.000 Werke). Die Barockabteilung zeigt Hauptwerke von Rubens und Rembrandt, die Abteilung des 19. Jahrhunderts Gemälde der Romantik, des Realismus und des Impressionismus (unter anderem die »Fondation Corboud«).

874. Seit wann existiert das Museum Ludwig?

Das Sammler-Ehepaar Peter und Irene Ludwig schenkte der Stadt 1976 rund 350 Werke moderner Kunst. Dies führte zur Gründung des »Museums Ludwig«, das anfangs in dem Nachkriegsgebäude des

Wallraf-Richartz-Museum An der Rechtschule mit untergebracht wurde. Als weitere umfangreiche Schenkungen von Werken der Russischen Avantgarde und schließlich von mehreren Hundert Werken Picassos folgten, wurde ein vom Ehepaar Ludwig geforderter Neubau unumgänglich. Dies führte zum Bau des lange umstrittenen Museumskomplexes (mit unterirdischem Konzertsaal, der Philharmonie) zwischen Dom und Rhein, der 1986 neuer Standort beider Museen wurde. Das WRM zog 2001 in den von Architekt Unger gebauten Neubau in der Martinstraße. Seitdem ist der moderne Museumsbau zwischen Dom und Rhein ausschließlich dem Museum Ludwig vorbehalten.

875. Welche bedeutenden Mäzene haben den Ruhm Kölns als Museumsstadt gefördert?

Seit Anfang des 19. Jahrhunderts haben immer wieder kunstsinnige Bürger großzügige Schenkungen gemacht, die Grundlage für die Entwicklung Kölns zur bedeutenden Museumsstadt waren. Die bekanntesten Kunstmäzene sind:

Statuen von Ferdinand Franz Wallraf und Johann Heinrich Richartz vor dem Museum für Angewandte Kunst (vormals Wallraf-Richartz-Museum)

- Ferdinand Franz Wallraf: vermachte 1816 seine umfangreichen Sammlungen der Stadt *(siehe 369)*.
- Johann Heinrich Richartz: stiftete das 1861 eingeweihte Gebäude des Wallraf-Richartz-Museums.
- Wilhelm Joest: schenkte 1899 der Stadt seine völkerkundlichen Sammlungen.
- Adele Rautenstrauch (Schwester von Joest): stiftete 1901 den Museumsbau (Ubierring).
- Domkapitular Alexander Schnütgen vermachte 1906 seine umfangreiche Sammlung mittelalterlicher Kunst der Stadt.
- Ehepaar Adolf und Frieda Fischer: stiftete 1913 das Museum für Ostasiatische Kunst.
- Ehepaar Peter und Irene Ludwig: ihre Sammlung begründete 1976 das Museum Ludwig.
- Gérard Corboud: stiftete 2001 die Fondation Corboud (Dauerleihgabe).

876. Wann und weshalb wurde für das Wallraf-Richartz-Museum (WRM) der jetzige Neubau errichtet, wie lautet heute der vollständige Name des Museums?

Für das Museum Ludwig und die Sammlungen des WRM reichte der Raum des neuen Museums unterhalb des Doms bald nicht mehr aus. Darum wurde 2001 für das WRM ein Neubau dicht am Rathausvorplatz errichtet (Architekt Oswald Mathias Unger). Dort ist ziemlich genau die Stelle, wo sich im 15. Jahrhundert das Atelier Stephan Lochners befand *(siehe 148)*. Als 2001 der Schweizer Sammler Gérard Corboud eine bedeutende Kollektion impressionistischer Gemälde als Dauerleihgabe überließ, wurde der Name des Museums erweitert. Er lautet seitdem offiziell »Wallraf-Richartz-Museum & Fondation Corboud«.

877. Wann entstand das Museum für Angewandte Kunst?

Das Museum wurde 1888 von engagierten Kölner Bürgern gegründet. Es zeigt europäisches Kunsthandwerk vom Mittelalter bis zur Gegenwart: Möbel, Keramik, Glas, Porzellan, Zinn, Silber und Schmuck. Der historische Kernbestand umfasst die Sammlungen von F. F. Wallraf *(siehe 369)* und des mit ihm eng befreundeten Matthias Josef de Noel. Das 1900 von dem Kölner Textilfabrikanten Otto Andreae gestiftete Museumsgebäude am Hansaring wurde 1943 zerstört. 1989 wurde das Museum in seinem jetzigen Gebäude An der Rechtschule untergebracht, das bis dahin das Wallraf-Richartz-Museum beherbergte.

878. Welches ist das jüngste Museum in Köln?

Im Juni 2005 wurde in Köln-Braunsfeld, Maarweg 134–136, das Kölner Karnevalsmuseum eröffnet. Es steht in der Trägerschaft des Festkomitees Kölner Karneval. Als größtes Museum seiner Art im deutschsprachigen Raum repräsentiert es auf 1.400 m² Geschichte und Vielfalt des Karnevals. Von der Antike über Mittelalter, Barock-, Franzosen-, Kaiser-, NS- und Neuzeit bis zur Gegenwart vermitteln Exponate sowie Audio- und Videoeinheiten Aspekte der unterschiedlichen Epochen.

879. Welche neuen Museen sind im Bau bzw. geplant?

- Am Neumarkt schreitet der Bau des Kulturzentrums samt neuem Rautenstrauch-Joest-Museum für Völkerkunde voran. Der 61 Millionen Euro teure Bau wird 2009 fertig.
- In Köln-Kalk entsteht nach den Plänen des Architekten Kaspar Kraemer das »Wissenschaftszentrum Odysseum Kalk«. Die Eröffnung ist für Frühjahr 2009 geplant.
- Nach einem hinsichtlich des Standorts unter Vorbehalten gefassten Beschluss des Rats vom Mai 2006 soll auf dem Rathausvorplatz ein Jüdisches Museum entstehen. Seit Abschluss des Architektenwettbewerbs im Juni 2008 herrscht lebhafter Streit, ob das Museum nicht besser auf dem Gelände des früheren Kaufhauses Kuz an der Martinstraße errichtet werden sollte, um den Rathausvorplatz von massiver Bebauung frei zu halten. Das Ergebnis ist offen.

880. Was ist der Kölnische Kunstverein?

Der 1839 in Köln gegründete Verein ist einer der ältesten Deutschlands. Sein Anliegen ist, zeitgenössische Kunst zu zeigen und sich mit internationaler Kunst der Gegenwart auseinanderzusetzen. Nach Abriss des Ausstellungsgebäudes am Neumarkt ist der Verein zurzeit in der Hahnenstraße im Gebäude des ehemaligen British Council »Die Brücke« untergebracht.

881. Was begründet den Ruf Kölns als Musikstadt?

Köln zählt zu den bedeutendsten Musikmetropolen Deutschlands. Die Stadt ist Sitz einer Musikhochschule *(siehe 827)*, der städtischen Oper, der Rheinischen Musikschule *(siehe 837, 838)*, des städtischen Gürzenich-Orchesters, des WDR-Rundfunk- und des WDR-Rundfunksymphonieorchesters, verschiedener renommierter Konzertchöre (unter anderem Gürzenichchor, Philharmonischer Chor, WDR-Rundfunkchor, Bachverein, Kölner Kammerchor, Kölner Kantorei) sowie zahlreicher weiterer Orchester, Musikgruppen und Vereinigungen der freien Musikszene, die sich klassischer, zeitgenössischer sowie moderner Rock-, Pop- und Unterhaltungsmusik widmen.

882. Wie weit reicht das Kölner Musikleben zurück?

Dass zum Leben der Menschen am Rhein bereits in der Antike Wein, Weib, Gesang, Tanz, Musik und Lebensfreude gehörten, bezeugt in augenfälliger Form das Dionysos-Mosaik *(siehe 68)*. Im Mittelalter wurde in den Kölner Kirchen, Stiften und Klöstern Chormusik gepflegt. Orgelbauer arbeiteten seit 1232 in einer eigenen Straße (der damaligen Tastegasse). Die Spulmannsgasse (heute Spielmannsgasse) war Zentrum fahrender und – schon im 13. Jahrhundert – ortsansässiger Musiker. Der 1447 vollendete Gürzenich war das Tanzhaus Kölns. Von 1598–1776 unterhielten die Jesuiten ein Musikseminar.

Gürzenich, Tanzhaus Kölns, vollendet 1447

883. Wer war der berühmteste Musiker, der jemals in Köln auftrat?

Die 1743 in Köln von Berufsmusikern und Musikliebhabern gegründete Musikalische Akademie veranstaltete in Zunfthäusern öffentliche Konzerte (auch im Abonnement), in denen auch auswärtige Virtuosen ihr Können zeigten. In einem dieser Konzerte trat 1778 im Alter von acht Jahren Ludwig van Beethoven, Sohn des in Bonn ansässigen kurfürstlichen Hoftenoristen Johann van Beethoven, erstmals auf.

884. Welche berühmten Musiker wurden in Köln geboren?

Max Bruch und Jacques Offenbach *(siehe 499)*.

885. Welchen Einschnitt in das Musikleben brachte die Franzosenzeit von 1794–1815?

Die französische Besatzungsmacht schaffte Kirchen- und Ratsmusik – die beiden Pfeiler des Musiklebens der Stadt – zunächst ab und untersagte lange Jahre öffentliche Musikveranstaltungen. Erst gegen Ende der Franzosenzeit konnte sich das Musikleben – auch im Dom und in Kirchen – langsam wieder erholen. Zur Preußenzeit blühte es nach 1814 unter zahlreichen bürgerlichen Initiativen erneut rasch auf.

886. Welches sind heute die tragenden Säulen des Kölner Musiklebens?

Der WDR, die Hochschule für Musik *(siehe 827)* und die Stadt Köln (Oper, Gürzenich-Orchester, Philharmonie) sind die wichtigsten Säulen. Daneben bildet die freie Musikszene mit ihren breit gefächerten und differenzierten Aktivitäten eine zentrale Kraft.

887. Welches sind die beiden großen Sinfonieorchester Kölns, seit wann sind sie hier beheimatet?

Das Gürzenich-Orchester und das WDR-Sinfonieorchester sind Spitzenorchester von internationalem Rang. Das Gürzenich-Orchester wurde 1857 anlässlich der Einweihung des gleichnamigen Konzertsaales als Nachfolgeorganisation der Musikalischen Gesellschaft gegründet. Das WDR-Sinfonieorchester wurde 1945 als Nachfolgeeinrichtung des 1926 gegründeten Orchesters des Reichssenders Köln gebildet.

888. Welche Tradition im Kölner Musikleben verkörpert der Kölner Männer-Gesang-Verein (KMGV), welche großen Komponisten widmeten ihm Werke?

Der heute in der ganzen Welt bekannte KMGV wurde 1842 gegründet. Er sang bereits im gleichen Jahr vor dem preußischen König Friedrich Wilhelm IV., als diesem zu Ehren in Brühl anlässlich der Grundsteinlegung zum Weiterbau des Kölner Doms ein Empfang gegeben wurde. 1857 erhielt er durch königliche Kabinettsorder Rechtspersönlichkeit als »Kunstanstalt für deutschen Männergesang«. Durch ihre Konzerte ersangen die aktiven Mitglieder (zurzeit 190) fast eine Million Euro für den Aufbau und die Erhaltung des Kölner Doms. Der Verein unterhält als Vereinslokal die Wolkenburg, Mauritiussteinweg 59. Nach ihr heißt die durch das jährliche »Divertissementchen« bekannte Bühnenspielgemeinschaft des Vereins »Cäcilia Wolkenburg« *(siehe 936)*. Unter den großen Musikern, die Stücke für den KMGV schrieben, befinden sich Johannes Brahms, Charles Gounod, Franz Liszt, Felix Mendelssohn-Bartholdy, Gioacchino Rossini, Friedrich Silcher, Richard Strauss, der Kölner Komponist Gerhard Jussenhoven und weitere.

Berühmte Söhne Kölns: Max Bruch und Jacques Offenbach

889. Über welche renommierten Musiksäle und Veranstaltungsorte verfügt Köln?

- Gürzenich, Martinstraße 29–37
- Lanxess Arena, Willy-Brandt-Platz 1
- Musical Dome, Goldgasse 1/Breslauer Platz (bis 2010)
- Musikhochschule, Dagobertstraße 38
- Opernhaus, Offenbachplatz
- Philharmonie, Bischofsgartenstraße 1
- RheinEnergie Stadion in Köln-Müngersdorf (51.000 Plätze)
- WDR (Klaus-von-Bismarck-Saal), Wallrafplatz 5

Ein nicht unerheblicher Teil des Musiklebens findet in Kölner Kirchen – vorwiegend in den alten romanischen Kirchen – statt. Die Aufführungen dort finden nicht zuletzt wegen der einzigartigen räumlichen Atmosphäre großen Anklang.

890. Wann wurde die Kölner Philharmonie gebaut, inwiefern liegt sie unter dem Rhein?

Der führende Kölner Konzertsaal bildet mit dem Museumskomplex zu Füßen des Doms (Museum Ludwig) eine architektonische Einheit. Das bauliche Ensemble wurde 1986 fertiggestellt und feierlich eröffnet. Die beiden Kölner Architekten Peter Busmann und Godfried Haberer legten den über 2.000 Sitzplätze fassenden Konzert-

Lanxess Arena, größte Eventhalle Deutschlands

saal so tief in das Untergeschoss des Museums, dass das Orchesterpodium sich unter dem Normalpegel des Rheins befindet. Darum musste der Baukörper durch eine höchst aufwendig konstruierte doppelschalige Betonwanne gegen Grund- und Rheinwasser geschützt werden.

891. Welchen Rang hat die Kölner Philharmonie im internationalen Musikleben?

Köln erhielt mit der Philharmonie einen der schönsten Konzertsäle der Welt. In dem wie ein Amphitheater konzipierten, mit amerikanischem Eichenholz getäfelten Raum finden jährlich über 400 musikalische Veranstaltungen mit pro Jahr durchschnittlich mehr als 600.000 Besuchern statt. Auf dem Programm stehen regelmäßig Konzerte berühmter Solisten, Symphonieorchester, Kammerensembles und großer Konzertchöre, aber auch Swing, Jazz, neue Musik und kölsche Klänge. Das Kölner Musikleben steht damit international in vorderster Reihe.

892. Wo fand nach dem Krieg das Konzertleben in Köln statt?

Nach 1945 dienten zunächst die Messehalle und die Aula der Universität als Konzertsäle. In der Messehalle fand 1953 Wilhelm Furtwänglers letztes Kölner Konzert statt. 1955 übernahm der wiederhergestellte Gürzenich-Saal die Rolle des führenden Musikraums der Stadt, konnte aber mit seinen 1.100 Plätzen und deutlichen Mängeln in der Akustik den Anforderungen eines erstklassigen Konzertsaales nicht genügen. Dies führte zum Bau der 1986 eingeweihten Philharmonie.

893. Wie heißen die Kölner Kultbands der Beat-, Rock- und Popszene, welche Bedeutung haben sie für die Verbreitung der kölschen Sprache?

Köln entwickelte sich nach dem Krieg zum führenden Zentrum der Beat-, Rock- und Popmusik. Nach dem erfolgreichen Start der Bläck Fööss 1970 entstanden rasch weitere, inzwischen deutschlandweit bekannte Bands, die nicht nur exzellente Musik machen, sondern mit ihren Texten Kölsch neben Englisch zum in ganz Deutschland meistgesungenen Idiom gemacht haben. Die bekanntesten Bands der Domstadt sind:

- Die Bläck Fööss (1970): kölsche Schlager, Rock, Pop, Jazz, Blues, a capella.
- Höhner (1972): singen kölsch und hochdeutsch.
- BAP (1976): Hardrockband mit Liedtexten auf Kölsch.
- Die Paveier (1986): singen kölsche Texte.
- Brings (1991): härterer Mundartrock
- De Räuber (1991): Mundartband
- De Boore (1998): Mundartband

894. Welche besonders beliebten Lieder werden im Karneval immer wieder gesungen?

- Mer losse d'r Dom en Kölle (Bläck Fööss)
- Drink doch eine met (Bläck Fööss)
- In unserem Veedel (Bläck Fööss)
- Kölle Du uns Stadt am Rhing (Bläck Fööss)
- Dicke Mädchen haben schöne Namen (Höhner 2001)
- Kumm loss mer fiere (Höhner)
- Echte Fründe (Höhner)
- Beinah, Beinah (Paveier)
- Denn wenn et Trömmelche jeiht (Räuber)
- Op dem Maat (Räuber)
- Rut, rut, rut sin de Ruse (De Boore)

895. Seit wann gibt es in Köln ein städtisches Theater und eine städtische Oper?

1872 wurde in der Glockengasse (auf dem Gelände der heutigen Kölner Ladenstadt) das erste städtische Schauspielhaus mit 1.266 Plätzen eingeweiht. Das im Zweiten Weltkrieg zerstörte Haus diente anfangs nicht nur dem Schauspiel, sondern auch Oper, Operette und Ballett. 1902 zog die Oper in das in der Neustadt am Habsburgerring errichtete Opernhaus. Träger der »Bühnen der Stadt Köln« mit Schauspiel und Oper ist die Stadt.

896. Wo stand das alte Opernhaus?

Das alte Opernhaus wurde 1902 am Habsburgerring 9–13 (heute Hotel-Komplex) eingeweiht. Der von Architekt Carl Moritz im Neubarockstil konzipierte, außen und innen aufwendig gestaltete Bau verfügte über 1.806 Sitzplätze. Obwohl im Zweiten Weltkrieg nur teilweise zerstört,

Frappante Unterschiede: Das alte Opernhaus hätte gerettet werden können.

entschied sich der Rat mehrheitlich gegen einen Wiederaufbau – eine Entscheidung, die heute scharfer Kritik begegnet *(siehe 657)*. Mit dem Abriss 1956 ging ein den Kölnern vertrauter repräsentativer Bau der Kaiserzeit unnötig verloren. 2003 wurde am alten Standort zur Erinnerung eine Gedenktafel enthüllt.

897. Von welchen Architekten wurden das neue Opernhaus und das neue Schauspielhaus gebaut?

1951 beschloss der Rat der Stadt Köln, statt einer Wiederherstellung des beschädigten Opernhauses ein kulturelles Zentrum inmitten der noch weitgehend zerstörten Innenstadt zu errichten. Es sollte als architektonisches Ensemble Opernhaus, Schauspielhaus und Opernhausterrasse vereinigen *(siehe 653)*. Verantwortlich für die Planung und Ausführung waren die Architekten W. Riphan und H. Menne. Das neue Opernhaus entstand 1954–57. Das moderne, in kubischen Formen gehaltene, innen und außen nüchterne Gebäude mit 1.346 Sitzplätzen verfügt über hervorragende Sichtverhältnisse, eine gute Akustik und zählt zu den besten Musiktheatern Deutschlands. Der nicht nur in der Anfangsphase umstrittene Bau (von den Kölnern bezeichnet als Grabmal des unbekannten Intendanten) steht auf dem Gelände der von den Nationalsozialisten 1938 niedergebrannten und im Krieg völlig zerstörten jüdischen Innenstadtsynagoge. Darauf weist eine Gedenktafel am Eingang Glockengasse hin. Namensgeber für den Opernplatz wurde der hier aufgewachsene Kölner Komponist Jacques Offenbach (1819–1880, *siehe 499*), dessen Vater als Kantor der Synagogengemeinde auf dem Gelände eine Dienstwohnung hatte. Das Schauspielhaus entstand 1960 bis 1962.

898. Wie sieht das weitere Schicksal des Opern- und des Schauspielhauses aus?

Das dringend sanierungsbedürftige Gebäude des Opernhauses war in den letzten Jahren Gegenstand kontroverser Diskussionen, die auch die Möglichkeit eines Abrisses und Neubaus auf der rechten Rheinseite einschlossen. 2006 entschied sich der Rat für Erhalt und Sanierung des Opernhauses, während für das Schauspielhaus ein Neubau am heutigen Standort vorgesehen wurde. Inzwischen hat der Rat den städtebaulichen und architektonischen Realisierungswettbewerb für Oper, Schauspielhaus und die Umgestaltung des Offenbachplatzes beschlossen und 2008 für die beiden Vorhaben 231 Millionen Euro an reinen Baukosten bewilligt. Die Arbeiten sollen alsbald beginnen und nicht länger als drei Jahre dauern.

899. Welchen Rang haben Schauspiel und Oper Kölns?

Seit geraumer Zeit liegt auf Schauspiel und Oper kein besonderer Glanz. Während im kulturellen Bereich das Kölner Musikleben und die Kölner Museen in der internationalen Championsleague spielen, werden Oper und Schauspiel anders eingestuft. Hoffnung gibt, dass im Juni 2008 die führenden Theaterkritiker NRWs das seit 2007 unter der Leitung Karin Beiers stehende Schauspiel Köln wegen mehrerer gelungener Inszenierungen als »das Theater der Saison« einstuften. Sieben von acht Kritikern setzten Köln auf den ersten Platz.

900. Seit wann und wie lange noch gibt es den Musical Dome?

Seit Oktober 1996 hat die Kölner Rheinpromenade mit dem Musical Dome ein neues Wahrzeichen. Mit über 4.500 m² überdachter Grundfläche ist der moderne Komplex am Rheinufer neben der Hohenzollernbrücke der größte Theaterbau Kölns mit 1.742 Sitzplätzen. Im Frühjahr 2008 fiel die Entscheidung, dass die einzigartige Membrankonstruktion in moderner Glas-Stahl-Bauweise noch bis 2011 an ihrem jetzigen Platz bleiben darf. Ein neuer Bau soll in Deutz entstehen.

901. Wie sieht die freie Theaterlandschaft Kölns aus?

Neben den Städtischen Bühnen gibt es in Köln eine vielseitige Theater- und Kabarettszene mit über 50 Bühnen und Lokalitäten der unterschiedlichsten Sparten und Programme (davon sieben Kabaretts). Zu den bekanntesten zählen:

- Theater am Dom, Glockengasse 11 (Opernpassage)
- Theater der Keller, Kleingedankstraße 6
- Theater im Bauturm, Aachener Straße 24
- Theater im Hof, Roonstraße 54
- Kölner Künstler Theater, Stammstraße 8
- Volkstheater Millowitsch, Aachener Straße 5
- Hänneschen-Theater (Puppenspiele der Stadt Köln), Eisenmarkt 2–4
- Atelier-Theater, Roonstraße 78
- Erstes Kölner Wohnzimmertheater, Probsteigasse 21
- Freies Werkstatt-Theater, Zugweg 10
- Horizont-Theater, Thürmchenswall 25
- Klüngelpütz Kabarett Theater, Gertrudenstraße 24
- Senftöpfchen, Große Neugasse 2–4

902. Worin zeigt sich die Bedeutung Kölns auf dem Gebiet der Archäologie?

Das Wallraf-Richartz-Museum richtete bereits im 19. Jahrhundert eine »Römische und Germanische Abteilung« ein und unternahm systematische archäologische Grabungen. Aus dieser Abteilung ging 1946 das Römisch-Germanische Museum hervor, dessen Neubau am Roncalliplatz auf dem Gelände des dort 1941 gefundenen Dionysos-Mosaik 1974 eingeweiht wurde. Die in Köln zusammengetragenen und wissenschaftlich aufgearbeiteten archäologischen Funde sind immens. Ihre Zahl liegt bei drei Millionen.

Römisch-Germanisches Museum, gleichzeitig Sitz des Amtes für Denkmalpflege

903. Welche Privilegien genießt Köln im Bereich der Archäologie?

Köln nimmt wegen seiner 2.000-jährigen urbanen Geschichte und wegen seines großen Engagements auf dem Gebiet der Archäologie eine privilegierte Sonderstellung ein. Während für alle anderen Kommunen des Landes NRW die jeweiligen Landschaftsverbände die Zuständigkeit für Bodendenkmäler haben, liegt diese innerhalb der Kölner Stadtgrenzen seit 1994 beim Römisch-Germanischen Museum als Amt für Archäologische Bodendenkmalpflege der Stadt Köln.

904. Was ist das größte archäologische Projekt in Köln?

Das Nord-Süd-Stadtbahnprojekt ist die größte archäologische Grabung dieses Jahrzehnts in Europa.

905. Wo liegt in Köln die »Archäologische Zone«?

Die Archäologische Zone ist eines der zentralen Projekte der Stadt Köln für die »Regionale 2010«. Das mit 13 Millionen Euro veranschlagte Vorhaben steht im Kontext mit der Via Culturalis *(siehe 906)* und soll das Prätorium *(siehe 50)* mit weiteren unterirdisch erhaltenen stadt- und kulturhistorisch herausragenden Relikten in der Umgebung des Rathauses verbinden. Der Rat hat im Juni 2006 die Verwaltung mit der Planung bis zur Entwurfsreife beauftragt mit der Maßgabe, europaweit einen kombinierten Realisierungswettbewerb auszuloben, der den Bau des am Rathausvorplatz geplanten Jüdischen Museums und die darunter liegende archäologische Zone einbezieht. Das Verfahren ist noch nicht abgeschlossen. Endgültige Entscheidungen insbesondere hinsichtlich des Standortes des Jüdischen Museums stehen noch aus.

906. Was ist die »Via Culturalis«?

Die von der Stadt projektierte Via Culturalis (Kulturmeile) ist eine Platzfolge kulturhistorisch und archäologisch bedeutender Fundorte. Sie reicht vom Dom bis zur Kirche St. Maria im Kapitol. Mittel- und Höhepunkte sollen der von Rathausbauten umrahmte Rathausplatz (Hansasaal, Rathausturm, Renaissance-Laube, Spanischer Bau), das Prätorium, dessen geplante Erweiterung (neues archäologisches Museum) sowie in weiterer Zukunft das gegenüber dem Rathaus geplante »Haus und Museum der Jüdischen Kultur« sein. Die Via Culturalis umfasst aber auch das neue Wallraf-Richartz-Museum, die Ruine von St. Alban mit den Trauernden Eltern von Käthe Kollwitz sowie weitere stille oder belebte Plätze, die mit Brunnen oder Denkmälern geschmückt sind.

Auf dem Weg durch die »Via Culturalis«, Teil der Römischen Wasserleitung, Ecke Große Budengasse/Unter Goldschmied

907. Welchen Rang hat Köln als Medienstandort?

Mit den insgesamt neun in der Stadt ansässigen Fernseh- und Hörfunksendern ist Köln der wichtigste Fernseh- und Hörfunkstandort Deutschlands. Hier sind unter anderem der WDR (größte öffentlich-rechtliche Rundfunkanstalt Europas) als größter Sender aus dem ARD-Verbund, der Deutschlandfunk sowie nahezu vollständig die Sender der Mediengruppe RTL mit SUPER RTL, VOX, n-tv und anderen beheimatet. Zahlreiche renommierte Medienveranstaltungen fördern die Bekanntheit des Standorts. So werden der Deutsche Fernsehpreis ebenso wie der Deutsche Kamerapreis in Köln überreicht. Seit 1991 gibt es den Sender »Radio Köln« (Frequenz 107,1 MHz), der sich in wenigen Jahren zum Marktführer in Köln entwickelt hat. Mit einer Hörerquote von 20,7 % hat er, bezogen auf ganz NRW, sogar den Konkurrenten WDR 2 geschlagen.

908. Welche bundesweite Bedeutung hat der WDR?

Außer seinen fünf Hörfunkprogrammen erstellt der WDR für das Fernsehen rund ein Viertel des ARD-Gemeinschaftsprogramms »Das Erste«. Daneben erbringt er mit seinen 4.400 Mitarbeitern Leistungen für den Kinderkanal, den deutsch-französischen Kulturkanal Arte, für Phoenix sowie für das deutschsprachige Kulturprogramm 3sat und ARD-Digital.

909. Seit wann ist der Westdeutsche Rundfunk in Köln?

Veranlasst durch von Oberbürgermeister Adenauer im Jahr 1926 angebotene günstige Unterbringungsmöglichkeiten, wählte die Westdeutsche Rundfunk AG (WERAG) Köln als neuen Standort und zog von Münster in die Rheinmetropole. Dort nahm sie am 15. Januar 1927 in der Dagobertstraße in dem von der Stadt gemieteten Haus (heute Standort der Hochschule für Musik) ihren Sendebetrieb auf.

910. Was ist das Coloneum, wer ist sein Betreiber?

Mit Unterstützung der Landesregierung NRW, die Köln als Medienstandort nachhaltig fördert, entstand in Köln-Ossendorf für 500 Millionen DM das 1999 eingeweihte Coloneum. Es steht auf dem Gelände des ehemaligen Zivil- und Militärflughafens Butzweiler Hof. Die Anlage verfügt über 19 hochmoderne Studios, eine Studiofläche von 25.000 m² und eine Gesamtfläche von 350.000 m². Zusammen mit dem benachbarten Magic Media Campus Hürth (100.000 m², 15 Studios) ist dieser Medienkomplex einer der größten und modernsten Film- und Fernsehproduktionsstandorte Europas. Betreiber des Coloneums wie auch des benachbarten Campus Hürth ist die 1992 gegründete »Magic Media Company TV-Produktionsgesellschaft m.b.H.« (MCC). Die Sender RTL und Pro7 sind zu je 25 % an der Gesellschaft beteiligt. Die MCC ist mit dem Campus Hürth und dem Kölner Coloneum Europas größte und modernste Medienlandschaft für TV-, Film-, Musik- und andere Unterhaltungsprojekte.

Vierscheibenhaus, Teil des Komplexes des Westdeutschen Rundfunks in der Innenstadt

911. Sind die Stadt und ihre Bürger in die Fernsehproduktion eingebunden?

Zahlreiche Produktionen finden in den Straßen und auf den Plätzen der Stadt und im Kölner Milieu statt. Die Stadtverwaltung erteilt jährlich ca. 1.400 Drehgenehmigungen.

912. Welche wirtschaftliche Bedeutung hat die Anwesenheit der verschiedenen Rundfunk- und Fernsehsender für Köln?

Ein Großteil des WDR-Programms sowie der Sendungen der übrigen Anstalten wird von Unternehmen aus der Region produziert. Mit mehr als 800 mittelständischen Unternehmen, die in diesem Bereich tätig sind, gehört Köln zu einem der bedeutendsten Produktionsstandorte Deutschlands.

913. Wo wird in Köln der künftige Standort von RTL sein?

Als vor einigen Jahren RTL wegen beengter Raumverhältnisse aus Köln abzuwandern drohte (Hürth hatte bereits geeignete Flächen angeboten), schlug 2003 die Stadt die in bester Lage an der Rheinfront gelegenen Rheinhallen der Kölner Messe als neues RTL-Hauptquartier vor. Der europaweit größte Privatsender nahm das Angebot an. Für die Messe wurden als Ersatz vier neue Hallen gebaut. Der von RTL vorgenommene mediengerechte Umbau der Rheinhallen unter Beibehaltung der historischen Fassade der alten Messe steht vor dem Abschluss. Ab 2009 ist der Sender an seinem neuen repräsentativen Standort mit Blick auf den Dom zu finden.

914. Inwieweit sind die Kölner Bildungseinrichtungen auf den Medienstandort der Region Köln ausgerichtet?

Der Mediapark mit Fernsehanstalten, dem Großkino Cinedom und vielem mehr.

Die in der Region ansässige Medienbranche benötigt Fachkräfte. Neben der Universität zu Köln, der Fachhochschule Köln, der Kunsthochschule für Medien und der Cologne Business School *(siehe 828, 830)* bieten unter anderem die Medienakademie Köln, die RTL-Journalistenschule für TV und Multimedia sowie auch verschiedene Schulen und Berufskollegs in und um Köln Bildungsangebote für Medienschaffende und Berufseinsteiger an. Die Industrie- und Handelskammer Köln hat entsprechende Schwerpunkte eingerichtet. Bei ihr werden Prüfungen für Auszubildende als Mediengestalter für Digital- und Printmedien, als Kaufmann/Kauffrau für audiovisuelle Medien sowie als Fachkraft für Veranstaltungstechnik abgenommen.

915. Wie viele Firmen sind in der Filmbranche tätig, auf welchem Platz rangiert Köln als Filmstandort?

Nach einer 2004 bundesweit durchgeführten Erhebung war Köln 2004 mit ca. 14.500 Beschäftigten und rund 650 Firmen nach München (15.800/1.400) der zweitgrößte Filmstandort Deutschlands.

916. Seit wann wird in Köln Karneval (Fastelovend) gefeiert?

Die recht unterschiedlichen Wurzeln des Karnevals reichen bis in die Antike zurück. Der Brauch der Griechen und Römer, zu Ehren von Dionysos und Saturn fröhliche Frühlingsfeste zu feiern, war auch im römischen Köln lebendig, wie Dionysos-Mosaik und zahlreiche antike Masken belegen. Zur christlichen Zeit wurden heidnische Frühlingsfeste zur Vertreibung der Winterdämonen auf den Beginn der Fastenzeit gelegt und damit als »Fastnacht« in den christlichen Jahreskreis eingebunden. Das Fest wurde erstmals 1341 als »Vastavent« (= Fastelovend) im Eidbuch der Stadt urkundlich erwähnt. Die Bezeichnung »Carneval« setzte erst Ende des 18. Jahrhunderts ein. Über die Geschichte des Karnevals und alle seine Facetten informiert mit zahlreichen Exponaten das 2005 eröffnete Karnevalsmuseum in Köln-Braunsfeld, Maarweg 134–136 *(siehe 878).*

917. Was bedeutet Fastnacht, woher stammt die Bezeichnung Karneval?

Vor dem Osterfest hatten alle Christen eine 40-tägige Fastenzeit, in der jeglicher Fleischverzehr untersagt war, streng zu beachten. Am Abend vor Beginn der Fastenzeit wurde mit ausgelassenen und üppigen Gelagen noch einmal ordentlich gefeiert. Das war Fastnacht, auf Kölsch »Fastelovend«. Für die im 18. Jahrhundert aus Italien importierte Bezeichnung »Carneval« gibt es zwei Deutungen: Carne vale (= Fleisch ade) und carro navalis (Wagen, mit dem im Frühjahr die Fischer ihre Boote zu Wasser ließen).

918. Wann war das Geburtsjahr des heutigen Kölner Karnevals?

Während der Franzosenzeit 1794–1815 *(siehe 292ff.)* wurden die adligen Höfe, die kurfürstliche Obrigkeit, Kirchen, Klöster und Zünfte aufgelöst, die bis dahin den Charakter des Karnevals geprägt und gezügelt hatten. Nunmehr war das Bürgertum gefordert, das von den Franzosen *(siehe 319)* wie auch später von den Preußen zunächst verbotene, ausgelassene Volksfest neu zu strukturieren. Den Grundstein dazu legte die vom gehobenen Bürgertum getragene »Olympische Gesellschaft«, der unter anderem. F. F. Wallraf *(siehe 369)* angehörte. Aus ihren Aktivitäten ging das »Festordnende Comité« von 1823 hervor, das 1823 nach italienischem

Warten auf Kamelle und Strüsjer – Jecke am Karnevalszugweg

Vorbild erstmals einen geordneten Festzug organisierte, der von da an Brauch wurde. Im gleichen Jahr wurden die beiden ältesten Karnevalsgesellschaften, die Roten Funken und »Die Große«, gegründet. 1823 gilt daher als Jahr der Wiedergeburt des Kölner Karnevals.

919. Wann wurde im Kölner Karneval der »Held Carneval« eingeführt

Mit der Wiedergeburt des kölnischen Karnevals 1823 ging eine demonstrative Umbenennung einher. Die rohen und derben Hanswurste der Vergangenheit wurden durch den »Held Carneval« abgelöst. Der Karneval erhielt damit vom »Festordnenden Comité« eine »edle Gestalt« als repräsentativen Mittelpunkt.

920. Seit wann gibt es im Kölner Karneval einen Prinzen?

Im Jahr nach der Gründung des zweiten deutschen Kaiserreichs, auf dem Höhe-

Der Cölnische Held Carneval im Jahre 1824

punkt nationalen Stolzes und monarchischen Glanzes, wurde 1872 der Held Karneval erstmals »Prinz Karneval« genannt. Es gibt Historiker, die diese Umbenennung als eine Konzession des Kölner Karnevals an Preußen deuten. Die vorherrschende euphorisch-nationale Stimmung spiegelt eine Proklamation des damaligen Festkomiteepräsidenten August Wilcke wider, in der es heißt: »Unser nächster Karneval soll ein wahrhaft deutscher sein, ein von einer nationalen Idee durchdrungener und getragener.«

921. Woher stammen die Figuren von Bauer und Jungfrau?

Bauer und Jungfrau hatten ursprünglich nichts mit dem Prinzen zu tun. Beide Figuren tauchten zunächst nur sporadisch im Rosenmontagszug als stadtgeschichtliche Symbole auf. Der Bauer – erstmals 1422 in einem Gedicht erwähnt – verwies seit dem 15. Jahrhundert auf die Rolle der Reichsstadt Köln als Vertreter der Reichsbauernschaft in der Ständeordnung des Heiligen Römischen Reichs Deutscher Nation. Von dieser glanzvollen agrarischen Vergangenheit ist nicht mehr viel übrig geblieben. Immerhin gibt es auch heute in Köln – dank der Eingemeindungen – noch Pferde, Kühe, Schafe und sogar Schweine *(siehe 975)*. Die Jungfrau war seit dem 16. Jahrhundert Symbol für die unversehrte, freie, unabhängige und (bis 1794) keiner fremden Macht unterworfene Freie Reichsstadt Köln.

922. Seit wann gibt es das »Dreigestirn«?

Erst Ende des 19. Jahrhunderts wurden Bauer und Jungfrau dem Prinzen enger zugeordnet und sind seitdem regelmäßig neben ihm zu sehen. 1902 gründete sich – gegen große Widerstände – für ihre Begleitung die Ehrengarde, der Prinz erhielt 1906 die Prinzengarde. Seit 1938 werden Prinz, Bauer und Jungfrau offiziell als Dreigestirn bezeichnet. Heute werden die Darsteller des Dreigestirns vom Festkomitee ausgewählt. Sie stammen fast immer aus den dem Festkomitee angeschlossenen Gesellschaften.

923. Wann fand die erste »Prinzenproklamation« statt?

1936 erfolgte erstmals eine Prinzenproklamation. Seitdem wird alljährlich das neue Dreigestirn durch den Kölner Oberbürgermeister feierlich in sein närrisches Amt eingeführt (proklamiert).

924. Weshalb wird die Jungfrau durch einen Mann dargestellt?

Der organisierte Karneval ist in Köln traditionsgemäß eine reine Männerangelegenheit. Die traditionsbewussten Gesellschaften, die auch heute noch meistens das Dreigestirn stellen, haben keine Frauen als Mitglieder. Aus dieser Tradition heraus wird auch die Rolle der Kölner Jungfrau von einem Mann dargestellt.

925. Wann und wie lange wurden die Kölner Jungfrau und die Tanzmariechen weiblich?

Während der nationalsozialistischen Zeit wurde im ganzen Reich ein verschärfter Kampf gegen die Homosexualität geführt. Dem Druck der Partei musste 1937 der damalige Präsident des Festausschusses, Thomas Liessem, schließlich nachgeben. Tanzmariechen und die Kölner Jungfrau wurden hinfort von Frauen dargestellt. 1938 übernahm erstmals eine Frau, die 20-jährige Paula Zapf, die Rolle der Jungfrau. 1939 folgte die 23-jährige Else Horion. Sie konnten als weibliche Wesen jedoch keiner Gesellschaft beitreten und wurden auch nicht in die Traditionsgemeinschaft aufgenommen. Nach dem Krieg kehrte man zur männlichen Jungfrau zurück, während man auf den weiblichen Charme der Tanzmariechen nicht mehr verzichten wollte.

Dreigestirn 1938. Paula Zapf, die erste weibliche Jungfrau

926. Was ist Weiberfastnacht (Wieverfastelovend)?

Als Ausgleich für den durchweg männlich dominierten Karneval wird am Donnerstag vor Rosenmontag Weiberfastnacht gefeiert. Dieser Tag, an dem das weibliche Geschlecht das Regiment führt, gilt im gesamten Rheinland als inoffizieller Feiertag, an dem an den meisten Arbeitsplätzen ab Mittag nicht mehr gearbeitet wird. Dieses Element des Karnevals entstand Anfang des 19. Jahrhunderts als Protest gegen die Vorherrschaft der Männer. In Köln beginnt der »Wieverfastelovend« am Donnerstag um

Weiberfastnacht: Frauen übernehmen das Regiment im Straßenkarneval

11.11 Uhr auf dem Alter Markt. Er markiert den Übergang vom Sitzungskarneval zum Straßenkarneval, der am Aschermittwoch endet.

927. Seit wann gibt es den Sitzungskarneval?

Die Geschichte des Sitzungskarnevals reicht in das Jahr 1823 zurück. Damals veranstaltete der »Lustige Rat« des Festordnenden Comités *(siehe 918)* jeden Sonntag zwischen Neujahr und Aschermittwoch eine abendliche Karnevalssitzung mit humorigen Wort- und Musikbeiträgen. Heute veranstalten alle Karnevalsgesellschaften und -vereine, aber auch Pfarreien, Schulen und Betriebe teilweise sogar mehrere Sitzungen. Es gibt Prunk-, Kostüm-, Herren-, Mädchen- und Kindersitzungen. Hinzu kommen die Puppensitzungen im Hänneschentheater, seit 1984 die alternative »Stunksitzung« *(siehe 933)* und seit einigen Jahren die »Protssitzung« (Karnevalssitzung der Protestanten). Der Sitzungskarneval beginnt am 11.11. und endet Weiberfastnacht. Von da ab beginnt der fünftägige Straßenkarneval, der Aschermittwoch endet.

928. Wie viele Karnevalslieder gibt es?

Das Karnevalslied ist von jeher wesentliches Element des Karnevals. Es darf auf Sitzungen und im Straßenkarneval nicht fehlen. Der Rheinländer ist sangesfreudig. Die Zahl rheinischer Lieder wird auf 40.000 geschätzt. Karnevalslieder – auf Hochdeutsch und auf Kölsch – bilden davon ein besonders fröhliches Kapitel, dessen Umfang keiner genau bestimmen kann, das aber jährlich anwächst. Neben Eintagsfliegen gibt es Evergreens (Einmal am Rhein, Kornblumenblau, Treue Husar), die jahrein, jahraus immer wieder neu erklingen. Um kölschen Nachschub haben sich besonders die bekannten Kölner Kultbands *(siehe 893)* verdient gemacht.

929. Welchen Liedermachern verdankt der Karneval unsterbliche Evergreens?

Die Zahl Kölner/rheinischer Liedermacher ist unendlich, was bei geschätzt etwa 40.000 Liedern nicht verwundert. Zu den ganz großen zählen:

- Willi Ostermann (1876–1936), Altmeister des Kölner Karnevals- und Heimatliedes (Dem Schmitz sing Frau ess durchgebrannt; Wenn ich su an ming Heimat denke ...)
- Karl Berbuer (1900–1977), Bäckermeister (Heidewitzka; Herr Kapitän; Wir sind die Eingeborenen von Trizonesien)
- Jupp Schlösser (1902–1983), Textdichter und Sänger (Immer wieder neue Lieder ...; Die hinger de Gadinge ston un spinxe; De Hüsger bunt om Aldermaat)
- Dr. Gerhard Jussenhoven (1911–2006), Jurist, komponierte an die 1.200 Lieder (Kornblumenblau; Schau nicht auf die Uhr; Sag ens Blootwoosch ...)
- Dr. Henner Berzau (geb. 1921 in Magdeburg, gest. 2008 in Köln), Kinderarzt

in Köln, schrieb neben Prosa und Versen rund 250 Lieder (Kutt joht heim)
- Hans R. Knipp (1946), Komponist, Texter, Musiker, schrieb über 250 Lieder (Mer losse d'r Dom en Kölle; Mer schenke der Ahl e paar Blömcher)

930. Welche Funktionen hat das »Festkomitee Kölner Karneval von 1823 e.V.«?

Der vollständige Name weist darauf hin, dass das Festkomitee sich in der Tradition des »Festordnenden Comités« von 1823 *(siehe 918)* sieht. Es versteht sich als Interessenvertretung der Mehrheit der im Kölner Karneval tätigen Gesellschaften und Vereine. Zu seinen Funktionen gehört die Aufstellung des Dreigestirns und die Organisation des Rosenmontagszuges. Als seine Hauptaufgabe betrachtet das Festkomitee die Traditions- und Brauchtumspflege des Kölner Karnevals, den es in seiner Ursprünglichkeit bewahren möchte. Wie schwierig das ist, zeigen die auf manchen Sitzungen festzustellenden Ausrutscher ins Zweideutige und Ordinäre, wozu bedauerlicherweise mitunter auch Liedermacher beisteuern (»Ich habe was, was du nicht hast, nimm es in deine Hand«).

931. Was sind die »Schull- un Veedelszöch«?

Am Karnevalssonntag finden in der Innenstadt auf dem offiziellen, 6,5 km langen Zugweg die »Schull- un Veedelszöch« statt, deren Entstehung in die Jahre 1933 (Veedelszöch) und 1951 (Erweiterung um Schulgruppen) zurückreicht. Sie zeichnen sich durch Originalität und die in den Stadtteilen (Veedel) noch lebendige Volkstümlichkeit aus und zeugen von der Brauchtumspflege der Kölner Schulen. Die besten Fuß- und Wagengruppen werden prämiert und dürfen im Rosenmontagszug mitgehen.

Zum Rosenmontagszug kommen mehr als 1 Million Zuschauer, wenn's regnet: 1.000.000

932. Wie viele Karnevalsumzüge gibt es insgesamt in Köln?

Köln wird nicht von ungefähr die Hochburg des rheinischen Karnevals genannt. Neben den großen offiziellen Zügen (Rosenmontagszug und Schull- un Veedelszöch) veranstalten viele Stadtteile (Veedel) am Tag nach Rosenmontag eigene Umzüge. Die Gesamtzahl liegt bei 50. An der Spitze stehen der Ehrenfelder und der Nippeser Zoch mit jeweils bis zu 300.000 Zuschauern.

933. Was ist der »alternative Karneval«, seit wann gibt es den »Geisterzug«?

1984 veranstalteten Studenten erstmals als ironisierenden Kontrast zu den Prunksitzungen des etablierten Karnevals eine »Stunksitzung«. Inzwischen gehört diese außerordentlich beliebte alternative Sitzung zum festen Bestandteil des Kölner Karnevals und findet bei stets ausverkauftem Haus (E-Werk in Köln-Mülheim) während der Session fast täglich statt. Zum alternativen Karneval zählt auch der »Geisterzug«, der am Karnevalssamstag zu später Stunde auf einem vorher festgelegten Weg stattfindet. Er entstand spontan als Anti-Golfkrieg-Demo, als 1991 wegen des Golfkriegs der offizielle Rosenmontagszug vom Festkomitee abgesagt wurde. Seitdem findet er jährlich statt, soweit den Organisatoren nicht, wie 2006, Geld und Puste ausgehen.

934. Wie viele Karnevalsgesellschaften gibt es heute in Köln?

Insgesamt gibt es in Köln rund 160 Karnevalsgesellschaften und -vereine. Man unterscheidet uniformierte Gesellschaften (Korpsgesellschaften, Garden), Komitee- oder Frackgesellschaften (die Mitglieder tragen Frack, Smoking oder eine Litewka in den Farben der Gesellschaft) und sonstige Karnevalsvereine. Vereinsgeselligkeit und gemeinnützige Aktivitäten unterschiedlichster Art sind bei vielen nicht auf die Karnevalssession beschränkt. Die großen Traditionskorps leisten einen wertvollen Beitrag zum Denkmalschutz des historischen Erbes der Stadt, indem sie ihre Hauptquartiere in den mittelalterlichen Torburgen oder Mauertürmen unterhalten (Rote Funken: Ulrepforte, Blaue Funken: Turm der Stadtmauer am Sachsenring, Prinzengarde: Sachsenturm in der Stadtmauer am Salierring, Ehrengarde: Hahnentorburg).

Das Traditionskorps der Kölsche Funke rut-wieß besteht seit 175 Jahren

935. Welches sind die neun Traditionskorps des Kölner Karnevals, seit wann existieren sie?

Die bekannten uniformierten Kölner Traditionskorps sind:

- Kölsche Funken rut-wieß vun 1823 e.V., »Rote Funken« (Uniform: rot-weiß nach der Uniform der Stadtsoldaten, die bis 1794 die Stadt bewachten)
- Kölner Funkenartillerie blau-weiß von 1870, »Blaue Funken« (Uniform: blau-weiß nach dem Vorbild der Ansbach-Bayreuther Dragoner)
- Ehrengarde der Stadt Köln von 1902 (Uniform grün-gelb – »Spinat mit Ei«)
- Bürgergarde »blau-gold« von 1904 e.V. (Uniform: blau mit goldenem Revers)
- Kölner K.G. »Nippeser Bürgerwehr« 1903 e.V. (Uniform: orange – »Appelsinefunke«)
- Prinzengarde Köln 1906 e.V. (Uniform: weiß, nach österreichischem Vorbild)
- Altstädter Köln 1922 e.V. (Uniform: grün-rot, den kurkölnischen Farben entsprechend)
- Reiter-Korps Jan von Werth von 1925 e.V. (benannt nach dem Kölner Reitergeneral des Dreißigjährigen Kriegs, Wallensteinische Uniform)
- Treuer Husar Blau-Gelb von 1925 e.V. (blaue Husarenuniform mit gelbem Revers)

936. Was ist das Divertissementchen?

Die seit 1874 bestehende Bühnengemeinschaft des Kölner Männer-Gesang-Vereins *(siehe 888)* ist nach dessen in der Altstadt gelegenen Vereinslokal »Cäcilia Wolkenburg« genannt. Sie führt jährlich zur Karnevalszeit das »Divertissementchen« (frz. divertissement = Belustigung) auf. Es ist ein parodistisches Musiktheater eigener Art, in dem nur Kölsch gesprochen und gesungen wird. Sämtliche

Rollen – auch die der Balletttänzerinnen – werden von Männern dargestellt. Der Inhalt ist meistens ein Ereignis der Stadtgeschichte. Die humorvollen Aufführungen sind aus dem Kölner Karneval nicht mehr wegzudenken. Jährlich amüsieren sie im Opernhaus etwa 30.000 Besucher.

937. Was bedeutet »Kölle Alaaf«?

Der Ausruf »Kölle Alaaf« ist 1635 erstmals schriftlich belegt. Das Wort Alaaf stammt von dem altkölnischen »all af« ab. Der Ausruf bedeutet so viel wie »Köln vor allem (anderen)«. Erst nachdem der Karneval seit 1823 in gewandelter Form Sitzungssäle, Straßen und die Öffentlichkeit eroberte, wurde »Kölle alaaf« der unverwechselbare Schlachtruf der Kölner Fastelovendsjecken.

938. Wie lang ist der Rosenmontagszug, wie viele Teilnehmer hat er?

»Der Zoch kütt«! Mit diesem Ausruf begrüßen die Jecken den Rosenmontagszug, der in Zahlen wie folgt aussieht (2007):

Länge des Zugs:	7 km
Länge des Zugwegs:	6,5 km
Teilnehmer:	10.200
Pferde:	440
Fest-, Prunk-, Persiflagewagen:	99
Bagagewagen (für das Wurfmaterial):	78
Musikkapellen:	124
Vorbeimarschzeit:	4 Stunden
Zuschauer am Zugweg:	mehr als 1 Million

939. Wie viel »Wurfmaterial« wird im Rosenmontagszug mitgeführt und geworfen?

Das im Rosenmontagszug unter die Zuschauer geworfene »Wurfmaterial«, das die Teilnehmer selbst finanzieren, ist ein Zeichen rheinischer Generosität und Freigebigkeit.

»Kamelle, Strüßjer« – Schlachtruf, Aufforderung, Gaudi …

2007 wurden geworfen:
150 t (= 3.000 Zentner) Süßigkeiten
700.000 Tafeln Schokolade
220.000 Schachteln Pralinen
300.000 »Strüßjer« (kleine Blumensträuße)
zahllose kleinere Präsente

940. Was sind die »Kölner Stämme«?

Die Lust am Verkleiden ist in Köln nicht auf die drei tollen Tage beschränkt. Es gibt zahlreiche Gruppen, die auch außerhalb der Session Freude daran haben, mit großem Aufwand in eine andere historische oder ethnische Identität zu schlüpfen – eine nicht alltägliche Rolle zu spielen. Hierzu zählen allein fünf voneinander völlig unabhängige Hunnenhorden, Kölsche Mongolen, Nomaden, Tartaren, Wikinger, Nordmänner, Afrikaner, Dschungelneger, Dschungelbrööder, Kannibalen, Präriefreunde, Böschräuber, Ritter der Tafelrunde und viele andere »Stämme« mehr. Im Sommer veranstalten sie regelmäßig ein mehrtägiges Stämmelager, das für Besucher offen ist. Dabei versammeln sich mitunter bis zu 40 Stämme.

Kölner Stämme, hier die Präriefreunde Köln

941. Wie steht der Kölner zur kölschen Sprache (»Kölsch«)?

Für den echten Kölner ist die kölsche Sprache ein kostbares und verpflichtendes kulturelles Erbe, das es zu bewahren gilt. In ihr spiegelt sich wie nirgendwo sonst Wesen, Gemüt, Humor, Geselligkeit und Verbindlichkeit des Kölners. Dem nachkriegsbedingten Rückgang der Heimatsprache folgen seit geraumer Zeit vielversprechende Bemühungen, Kölsch zu pflegen und zu erhalten.

942. Welche Bedeutung hat das Lied für das Weiterleben der kölschen Sprache?

Kölsch wird nicht nur gesprochen, sondern auch gesungen. Dank Bläck Fööss und anderer Kölner Kultbands *(siehe 893)* gibt es ein stetig nachwachsendes, aktuelles Liedgut, das Kölsch bei Alt und Jung lebendig hält und auch Nicht- und Neukölner singend an die Sprache heranführt. Wenn man bedenkt, dass die Stadt nach Abzug der Franzosen in nur hundert Jahren auf das Fünfzehnfache zunahm (von 46.800 Einwohnern 1814 auf 633.000 im Jahr 1919) und die Sprache trotz der enormen Zuwanderung – wenn auch mit zunehmenden Verwässerungen – weiterlebte, zeugt dies von einer außerordentlichen Assimilations- und Lebenskraft. Solange es Karneval, kölsche Lieder und gezielte Mundartpflege gibt, wird Kölsch nicht untergehen.

943. Welche Aktivitäten und Institutionen zur Erhaltung und Pflege der kölschen Sprache gibt es?

Es ist beachtlich, wie viele Einrichtungen sich neben den Liedermachern der Pflege der kölschen Sprache und Eigenart widmen. Zu nennen sind der Heimatverein Alt-Köln, die Kumede, das Hänneschen-Theater, das Divertissementchen, das Millowitsch-Theater, die Akademie för uns kölsche Sproch *(siehe 952)*, die Schull-zöch, die ca. 160 Karnevalsgesellschaften und -vereine, zahlreiche Schulen und Chöre, die das Dialektlied pflegen, die regelmäßigen kölschen Beiträge der Kölnischen Rundschau sowie zahlreiche in kölscher Sprache erscheinende Bücher und sonstige Publikationen. Sie alle tragen dazu bei, dass man heute von einer regelrechten Renaissance der kölschen Sprache sprechen kann.

944. Wann und aus welchen Gründen entstand der Heimatverein Alt-Köln?

Der »Heimatverein Alt-Köln« wurde 1902 aus privater, bürgerlicher Initiative als »Verein zur Pflege der Kölnischen Geschichte, Sprache und Eigenart« gegründet. Grund war die Befürchtung zunehmender Verfremdung durch Zuwanderung und durch die nivellierenden Einflüsse der modernen Industriegesellschaft. Die umfangreichen Aktivitäten des etwa 2.000 Mitglieder zählenden Vereins umfassen Vorträge, Liederabende, die Aufführungen der Kumede *(siehe 945)*, Exkursionen und Führungen sowie Forschungsaktivitäten und Publikationen, allen voran die sehr lesenswerten vierteljährlichen Mitteilungshefte »Krune un Flamme«. Die Mitgliedschaft steht jedermann zu einem Jahresbeitrag von 20,00 Euro offen. Vorsitzender (und zugleich Geschäftsführer und einer der Hauptdarsteller der Kumede) ist seit 2004 Willi Reisdorf.

945. Seit wann existiert die »Kumede«?

1947 gründete der Heimatverein Alt-Köln seine Theaterspielgemeinschaft »Kumede« (Komödie), die sich seitdem mit Komödien, Schwänken und Singspielen einen festen Platz in der Kölner Theaterlandschaft sichern konnte. Die etwa 24 alljährlich zwischen Oktober und Februar in der Aula des Berufskollegs Perlengraben stattfindenden Aufführungen erfreuen sich großer Beliebtheit und sind stets ausverkauft. Hier wird die kölsche Sprache von passionierten Laienschauspielern mit viel Liebe und Humor authentisch gepflegt und bühnenreif gesprochen. Spielleiter ist Hermann Hertling, der zugleich stellvertretender Vorsitzender des Heimatvereins Alt-Köln ist.

946. Wann entstand das Kölner Hänneschen-Theater, wie heißen seine Hauptfiguren?

Das Hänneschen-Theater wurde 1802 zur Franzosenzeit als Stockpuppentheater von dem Bonner Schneidergesellen Johann Christoph Winters in Köln gegründet. Es hielt sich über hundert Jahre in wechselnder privater Trägerschaft, bis schließlich 1926 die Stadt das Theater als »Puppenspiele der Stadt Köln« übernahm. 1938 erhielt das Theater am Eisenmarkt im Herzen der Stadt ein bleibendes Domizil. Es residiert bis heute dort. Seine beliebten und durchweg Kölsch sprechenden Hauptfiguren sind: Hänneschen, Bärbelchen, Besteva (Großvater), Bestemo (Großmutter), Speimanes, der sächsisch sprechende Schutzmann Schnäuzerkowski und die beiden Zentralfiguren zahlloser Kölner Witze, Tünnes und Schäl, die im frühen 19. Jahrhundert unter Winters' Regie im Hänneschen-Theater entstanden.

Szene aus einer Aufführung des Kumede-Theaters

947. Wo kommen die kölschen Volkstypen Tünnes und Schäl her?

Der Gründer des Hänneschen-Theaters *(siehe 946)*, J. C. Winters, etablierte 1803 in seinem Stockpuppenensemble den Tünnes als bäuerlich-biederen, deftigen Typen. Erst Jahrzehnte später führte er den Schäl als hinterhältige, listige, städtisch-elegant gekleidete Figur ein. Dies wird auf Winters' Verärgerung über Franz Millowitsch zurückgeführt, der in Deutz (op der schäl Sick) ein konkurrierendes Puppentheater betrieb. Tünnes und Schäl sind seitdem die bekannten Volkstypen Tausender Kölner Witze. Am Brigitten-

Bronzefigur des Volksschauspielers
Willy Millowitsch auf dem Eisenmarkt

gässchen vor Groß St. Martin sind sie in der Nachbarschaft der »Schmitzsäule« lebensgroß in Bronze verewigt *(siehe 998).*

948. Wie alt ist das Millowitsch-Theater?

Die Wurzeln des Volkstheaters Millowitsch reichen weit zurück. Ein 1792 erstmals erwähnter, zugereister Michael Millowitsch gilt als Begründer der bekannten Schauspielerdynastie, die heute in der siebten Generation in Köln Theater spielt. Wurde zunächst ambulant und später an einem festen Platz nur mit Puppen gespielt, wandelte 1894 Wilhelm Josef Millowitsch das Puppentheater in eine Schauspielerbühne um, die sich seitdem wegen ihrer volkstümlichen Schwänke und Kölner Originalität großer Beliebtheit erfreut. Besonders der große Volksschauspieler Willy Millowitsch (1909–1999) sowie über hundert Fernsehausstrahlungen haben das Theater, das seit 1996 unter der Leitung von Peter Millowitsch steht, bundesweit bekannt gemacht.

949. Wann und wo wurde Willy Millowitsch ein Denkmal errichtet?

Der durch über hundert Fernsehausstrahlungen bundesweit bekannte und beliebte Volksschauspieler und Liederinterpret (Ich bin ne Kölsche Jung, wat willste maache) Willy Millowitsch (1909 bis 1999) wurde bereits zu Lebzeiten durch ein Denkmal geehrt. Seit 1992 sitzt er als lebensgroße Bronzefigur auf einer Bank vor dem Hänneschen-Theater auf dem Eisenmarkt. Nach seinem Tod wurde ein in der Nähe seines an der Aachener Straße gelegenen Theaters ein Platz nach ihm benannt.

950. Gibt es auch Gottesdienste auf Kölsch?

Wer im Internet nachschaut (Gottesdienst auf Kölsch, Messe op Kölsch), wird erstaunt sein, wie oft und bei wie vielen Anlässen in Kölner Kirchen (beider Konfessionen) Kölsch gesprochen oder gepredigt wird. Auch der vom Heimatverein Alt-Köln jährlich veranstaltete Gottesdienst zum Gedenken an die Verstorbenen Vereinsmitglieder (alle zwei Jahre ökumenisch durch einen katholischen und einen evangelischen Geistlichen) findet auf Kölsch statt.

951. Seit wann gibt es die Schullzöch, was bedeuten sie für die Brauchtumspflege?

Seit 1951 gehen dem seit 1933 veranstalteten Veedelszoch Gruppen von Lehrern und Schülern voran. Diese zunächst nur von wenigen Schulen ausgehende Initiative zeugt von dem Engagement einzelner Pädagogen, der Geringschätzung gegenüber kölscher Eigenart und Sprache entgegenzuwirken und bei der Jugend Identifikation mit ihrer Stadt und Heimatliebe zu fördern. Aus den Anfängen entwickelte sich mit Unterstützung des Schulamtes rasch ein Brauch, der schon bald alle Schulformen umfasste. Inzwischen sind die »Schull- und Veedelszöch« mit ihrer Originalität und Ursprünglichkeit unverzichtbarer Bestandteil des Kölner Karnevals. Sie erfreuen sich gleich großer Beliebtheit wie der offizielle Rosenmontagszug.

952. Wann und von wem wurde die »Akademie för uns kölsche Sproch« gegründet?

Die »Akademie för uns kölsche Sproch« wurde 1983 von der Stadtsparkasse Köln (heute Sparkasse Köln-Bonn) als Bestandteil der »SK Stiftung Kultur« ins Leben gerufen »als ein Geschenk für die Kölner Bürger«, wie es in der Stiftungsurkunde hieß. Die Akademie hat sich Erhalt und Förderung der kölschen Sprache (»Kölsch«) zum Ziel gesetzt. Seit ihrer Gründung haben sich als Tätigkeitsschwerpunkte entwickelt:

- Sprachwissenschaft
- Seminare
- Unterhaltung eines Archivs und einer Bibliothek
- Veranstaltungen
- Veröffentlichungen

In den viersemestrigen Seminaren (ein Abend pro Woche) werden Kenntnisse über Brauchtum, Originale, Stadtgeschichte, Literatur sowie über die kölsche Sprache und ihre Grammatik vermittelt. Die Akademie (Sitz: Mediapark 7) ist europaweit die einzige Einrichtung ihrer Art.

953. Wo kommt die kölsche Sprache her, was gehört zum Kölner Sprachraum?

Kölsch ist entstanden aus der Sprache der ripuarischen Franken (Uferfranken), die nach der römischen Epoche den Bewohnern des Kölner Raumes ihren sprachlichen Stempel aufdrückten *(siehe 80)*. Das Herzogtum Ripuarien – mit Köln als Zentrum – reichte westlich bis Aachen und im Süden bis an die Ahr, bezog rechtsrheinisch aber auch das Siebengebirge und größere Teile des Bergischen ein. Der Rhein war damals wie heute nicht sprachtrennend. Die nördliche Grenze des ripuarischen (Kölner) Sprachgebietes gegen das Niederfränkische (das Niederrheinische, den Klever Sprachraum) bildet ein breiter Streifen Mischmundart zwischen der Benrather und der Uerdinger Linie. Im Süden schließt sich das Moselfränkische an.

954. Wie lässt sich die kölsche Sprache charakterisieren?

Kölsch ist eine breite, gemütlich und humorig klingende, leicht gesungene Sprache, die entschärfend und verbindlich wirkt. (»Halt ding Schnüss« ist weit weniger aggressiv und verletzend als »halt die Schnauze«.)

955. Gibt es ein eigenständiges kölsches Vokabular?

Die kölsche Sprache besitzt ein Vokabular, dessen Umfang über das Hochdeutsche hinausgeht. Es enthält eine Vielzahl eigenständiger Wörter. Das verleiht Kölsch große Flexibilität, Nuancenreichtum, Urigkeit und vor allem Witz. Beispiele:

Fisternöll – Liebschaft, Verhältnis
Kniesbüggel – Geizhals
Blötschkopp – Dummkopf
Panz, Pänz – Kind, Kinder
bläck (de Bläckfööss) – nackt, bloß (die Barfüßigen)
schwade – quatschen, sprechen
verjöcke – verjubeln
op Jöck – unterwegs, auf Achse

Knubbel – Verdickung, Ansammlung, Menge
Quetschebüggel – Akkordeon
Ping (Buch-, Zan-, Rögge-) – Schmerz (Bauch-, Zahn-, Rücken-)
Mämm – weibliche Brust (lat. mamma)
Flönz – Blutwurst
Öllig – Zwiebel
Jedöns – Getue, umständliches Gebahren
Möpp – Hund

956. Gibt es eine eigene Grammatik der kölschen Sprache?

Neben einem umfangreichen eigenständigen Vokabular hat die kölsche Sprache auch eine eigene Grammatik. Das gilt für Konjugation, Deklination, Satzbau und vieles mehr.

Beispiel: jon – gehen
(zur Schreibweise siehe 959)

ich jon – ich gehe
do jeis – du gehst
hä jeit – er geht
mer jon – wir gehen
ehr joht – ihr geht
se jon – sie gehen
Imperativ: jangk/joht! geh/geht!

Wer sich mit der kölschen Sprache und Grammatik näher befassen möchte, sei verwiesen auf die Kurzgrammatik von Alice Tiling-Herwegen »De kölsche Sproch« (Bachem-Verlag). (Zur umstrittenen Schreibweise des anlautenden g *siehe 959*.)

957. Was ist der kölsche Genitiv?

Neben vielen anderen Besonderheiten zeichnet sich die kölsche Sprache dadurch aus, dass bei der Deklination der Substantive der zweite Fall (Genitiv) umschrieben wird: »mingem Ühm singe Son« oder »der Son vun mingem Ühm« (meines Onkels Sohn). Diesem »kölschen Genitiv« hat Willi Ostermann ein unvergessliches musikalisches Denkmal gesetzt mit dem Lied »Dem Schmitz sing Frau es durchgebrannt, traleraleralala«.

958. Ist die kölsche Sprache sprachwissenschaftlich-lexikalisch erfasst?

Das erste »Wörterbuch der Kölner Mundart« erschien 1878. Verfasser war der Mundartdichter Fritz Hönig. Der Maternus Verlag hat 2002 einen preiswerten Nachdruck als »Kölner Wörterbuch« herausgebracht. 1956 veröffentlichte der bedeutende Volkstumsforscher und Sprachwissenschaftler Prof. Adam Wrede nach jahrzehntelanger Forschungsarbeit im Greven Verlag das dreibändige Standardwerk »Neuer Kölner Sprachschatz«. Auch er geht wie Hönig vom kölschen Wort aus, bietet also keine Übersetzung aus dem Deutschen. Diese Lücke schloss 1994 das von Peter Caspers und Willi Reisdorf im Greven Verlag herausgebrachte Wörterbuch »Op Kölsch jesaat« mit etwa 20.000 Begriffen.

Reicher Einblick in die Kölsche Sprache: die berühmten Kölschen Karnevalslieder

959. Wie wird Kölsch geschrieben, gibt es eine verbindliche Orthografie?

Die Rechtschreibung des Kölschen ist nicht verbindlich geregelt. Viele Vokale, Diphtonge (Doppellaute) und Konsonanten werden anders artikuliert als im Hochdeutschen, weshalb ein Lexikon mit Umschrift hilfreich ist. Ein besonderer Streitpunkt ist das anlautende g, das am Wortanfang und nach auf hellen Vokal endenden Silben stets als j gesprochen wird. Wrede *(siehe 958)* schreibt deshalb ausnahmslos j (»ich jon, do jeis, hä jeit«; »et hät noch immer jot jejange«), während zum Beispiel die sprachwissenschaftliche Abteilung der »Akademie för uns kölsche Sproch« *(siehe 952)* aus philologischen Gründen die von vielen Kölnern abgelehnte Schreibweise »ich gon, do geihs, hä geiht«, und »et hät noch immer god gegange« empfiehlt.

960. Seit wann gibt es eine Kölner Mundartliteratur?

Seit dem ausgehenden 19. Jahrhundert fanden sich zunehmend Autoren, die aus Liebe zu ihrer Heimatstadt und zur kölschen Sprache in Kölner Mundart schrieben und damit ein köstliches und kostbares literarisches Erbe hinterließen. Zu nennen sind:

- Fritz Hönig (1833–1903), Feuerlöschfabrikant, Mundartdichter
- Maria Heinrich Hoster (1835–1890), Maler und Fotograf
- Jakob Dreesen (1842–1907), städtischer Angestellter
- Wilhelm Koch (1845–1891), Postbeamter, Redakteur
- Dr. Wilhelm Schneider-Clauß (1862 bis 1949), Studienprofessor
- Wilhelm Räderscheidt (1865–1926), Lehrer, Handelsschuldirektor
- Peter Berchem (1866–1922), Lehrer
- Laurenz Kiesgen (1869–1957), Lehrer, freier Schriftsteller
- Hans Georg Braun (1890–1976), Diplombibliothekar
- Johannes Theodor Kuhlemann (1891 bis 1939), freier Schriftsteller
- Franz Peter Kürten (1891–1957), Kaufmann, freier Schriftsteller
- Hans Jonen (1892–1958), Lehrer, freier Schriftsteller
- Max Meurer (1892–1952), Lehrer, Oberschulrat
- Dr. rer. pol. Joseph Klersch (1893 bis 1969), Leiter des Kulturamts der Stadt, über dreißig Jahre Vorsitzender des Heimatvereins Alt-Köln
- Suitbert Heimbach (1894–1969), Lehrer, Rektor der Schule Friesenstraße
- Lis Böhle (1901–1990), freie Schriftstellerin
- Hein Paffrath (1901–1979), Schriftsteller
- Dr. jur. Heinz Weber (1909–1987), Reederei- und Versicherungskaufmann
- Albert Vogt (Gravelott) (1922–1998), Versicherungskaufmann, freier Schriftsteller
- Dr. med. Henner Berzau (1922–2008), Kinderarzt
- Heribert Klar (1933–1992), Justizamtmann

961. Welche zeitgenössischen Autoren schreiben in kölscher Sprache?

Neben den zahlreichen Liedermachern, die ihren Liedern kölsche Texte geben, gibt es eine Reihe lebender Autoren, die in Kölner Mundart schreiben. Zu nennen sind:

- Hilde Ströbert (1925), im Ruhestand als freie Schriftstellerin tätig
- Gaby Amm (1929), Mundartautorin
- Hermann Hertling (1930), Spielleiter der Kumede

- Martin Jungbluth (1935), Versicherungskaufmann
- Katharina Petzoldt (1939), Dozentin der Akademie för uns kölsche Sproch
- Heinz Thull (1939), Dipl.-Handelslehrer
- Margarete Schumacher (1940), Lehrerin
- Marita Dohmen (1941), Lehrerin, Dozentin der Akademie för uns kölsche Sproch
- Elfi Steickmann (1947), Mitglied der Kumede
- Volker Gröbe (1947), 1983–1997 Leiter der Akademie för uns kölsche Sproch
- Monika Kampmann (1956), Oberstudienrätin, Liedermacherin
- Ingeborg Nitt (1959), Mitarbeiterin der Akademie för uns kölsche Sproch
- Karl-Heinz Nagelschmidt (1961), Mitglied der »Gruppe Rheinischer Mundart-Schriftsteller e.V.«

962. Gibt es Radiosendungen auf Kölsch?

Leider nur noch sehr reduziert. Radio Köln (107,1 MHz) strahlt jeden Sonntag zwischen 21 und 24 Uhr die Musiksendung »Kölsch un jot« und jeden zweiten Montag im Monat von 21.04–22.00 Uhr eine von Paula Hiertz in kölscher Mundart gestaltete Stunde aus. Bis Ende 2007 hatte der Sender mit Förderung der Volkshochschule neben Beiträgen von Paula Hiertz regelmäßig weitere Sendungen über Köln und in kölscher Mundart im Programm, die von Seiten der VHS leider eingestellt wurden. So war Katharina Petzoldt (Dozentin der Akademie för uns kölsche Sproch) jeden Montag von 19 Uhr bis 19.30 Uhr in ihrer „Kölsch Ecke" mit einer Kölsch-Lektion auf Sendung, was für die authentische Vermittlung der kölschen Mundart von besonderer Bedeutung war. Für die Pflege der rheinischen Heimatsprache wäre es hilfreich, wenn die Medien vermehrt Sendungen der genannten Art in ihre Programme aufnehmen könnten.

963. Wie heißt das Kölner Heimatlied, wer ist sein Verfasser?

Willi Ostermann *(siehe 809),* unvergesslicher Komponist zahlreicher kölscher Evergreens, textete und komponierte 1936 kurz vor seinem Tod das bewegende Heimatlied »Heimweh noh Kölle«.

Wenn ich su an ming Heimat denke,
und sinn d'r Dom su vör mir stonn,
mööch ich tireck ob Heim an schwenke,
ich mööch zo Foß noh Kölle jonn!

964. Was ist »Kölsch«, seit wann gibt es die Bierbezeichnung »Kölsch«?

Das beliebte und sehr bekömmliche Kölner Nationalgetränk Kölsch ist nach der »Kölsch-Konvention« von 1986 *(siehe 965)* ein »nach dem Reinheitsgebot von 1516 hergestelltes helles, hochvergorenes, hopfenbetontes, blankes, obergäriges Vollbier«. Kölsch hat eine Stammwürze von durchschnittlich 11,3 % und einen Alkoholgehalt von durchschnittlich 4,8 %. Die Bezeichnung »obergärig« stammt von dem spezifischen Brauprozess, bei dem die für das Brauen von Kölsch verwendete Hefe oben schwimmt. Sie verlangt bei der Gärung eine Temperatur von 15–20 Grad Celsius. Gutes Bier wird in Köln seit über 600 Jahren gebraut. Die heutige Bezeichnung des schmackhaften Getränks als Kölsch gibt es aber erst seit etwa 100 Jahren. 1918 warb die Sünnerbrauerei erstmals mit dem Begriff »Kölsch«.

965. Wann wurde die »Kölsch-Konvention« unterzeichnet, was regelt sie?

Am 26. März 1986 unterzeichneten die Chefs der 24 Kölsch-Brauereien die

Genuss auf gut Kölsch – auch für den gesunden Durst

Rationell und schnell werden Kölner und Gäste bedient: 18 Kölsch auf einen Streich

Kölsch-Konvention, die eine vom Bundeskartellamt anerkannte Wettbewerbsregelung darstellt. Sie legt fest, welches Bier sich Kölsch nennen darf. In ihr heißt es: »Der Herkunftsbereich von Kölsch ist das Stadtgebiet von Köln. Zum Herkunftsbereich gehören darüber hinaus diejenigen Brauereien außerhalb des Stadtgebiets von Köln, die an der Bezeichnung ›Kölsch‹ bereits vor Inkrafttreten dieser Wettbewerbsregeln einen wertvollen Besitzstand erworben hatten.«

966. Was ist eine »Kölschstange«, wie prostet man sich damit zu, was ist ein »Kranz«?

Die Kölsch-Konvention *(siehe 965)* verpflichtet die Hersteller von Kölsch, sich dafür einzusetzen, dass Kölsch nur in der »Kölschstange« (Kölner Stange) zum Ausschank kommt. Der Kölner prostet mit diesen dünnen, zylindrischen 0,2-l-Gläsern zu, indem er mit dem »Stängelchen« unten anstößt. In den kölschen Gaststätten trägt der »Köbes« *(siehe 968)* die Kölschgläser im sogenannten »Kranz« aus, einem runden Tablett für bis zu 18 Stangen mit zentralem Tragegriff.

967. Wie viele unterschiedliche Kölschmarken sind auf dem Markt?

Von den ursprünglich ca. 100 Marken existieren noch etwa 30. Bekannte Namen, unter denen Kölsch ausgeschenkt wird, sind: Bürger, Dom, Früh, Gaffel, Ganser, Garde, Gilden, Küppers, Kurfürsten, Mühlen, Päffgen, Peters, Rats, Richmodis, Sester, Sion, Sünner, Zunft. Die »großen Drei« sind Reissdorf, Gaffel und Früh; sie teilen sich ca. 60 % des Kölsch-Marktes.

968. Woher stammt die Bezeichnung »Köbes«?

»Köbes« ist die Abkürzung von Jakob. Die Ursprünge dieser Bezeichnung für die Bedienung in Kölner Brauhäusern reichen ins Mittelalter zurück, als junge Pilger auf dem Weg zum Grab des heiligen Jacobus im spanischen Santiago de

In Köln ist Hahn nicht gleich Hahn …

75m² Grün für jeden Kölner

Compostela in Köln Rast machten und sich als Aushilfskellner ein Paar Groschen dazuverdienten. Der Köbes ist fester Bestandteil der Kölner Brauhauskultur. Er trägt traditionsgemäß eine blaue Schürze und eine lederne umgeschnallte Geldtasche.

969. Was ist ein »halver Hahn«?

In jeder kölschen Wirtschaft kann man zu seinem Kölsch »nen halven Hahn« bestellen. Dabei handelt es sich nicht um Geflügel, sondern um ein »Röggelchen« (Roggenbrötchen) mit einer fingerdicken Scheibe mittelalten Goudas, Butter und Senf. Für die Bezeichnung gibt es unterschiedliche Erklärungen. Vermutlich rührt sie von einem früher servierten kleinen Rundkäse her, der als Portion für den Einzelnen zu groß war. Man bestellte dann nur einen halben, wollte also nur »nen halven han« (einen halben haben).

970. Wie grün und wie naturverbunden ist Köln?

Die Gesamtfläche Kölns umfasst 40.515 ha. Davon sind 13.886 ha (34,3 %) bebaut, 6.421 ha (15,8 %) sind Verkehrsflächen. Das sind zusammen 50,1 %. Die andere Hälfte der Stadtfläche ist begrünt bzw. Wasserfläche. Für jeden der über eine Million Einwohner gibt es 75 m² Grün. Die Kölner leben deshalb in einer »grünen« Stadt. Die Aufteilung ist wie folgt:

Landwirtschaftlich und gärtnerisch genutzte Fläche	7.404 ha	(18,5 %)
Wald	5.763 ha	(14,2 %)
Parks, Grünflächen, Sportplätze	4.191 ha	(10,3 %)
Friedhöfe	474 ha	(1,2 %)
Wasser	2.073 ha	(5,1 %)

971. Welche großen Parks und Erholungsanlagen liegen im Kölner Stadtgebiet?

- Königsforst
- Frankenforst
- Stadtwald
- Äußerer Grüngürtel
- Innerer Grüngürtel
- Botanischer Garten
- Forstbotanischer Garten
- Rheinpark
- Das linke Rheinufer vom Niehler Hafen im Norden bis nach Godorf im Süden.
- Das rechte Rheinufer von Mülheim bis Langel.

972. Seit wann verfolgt die Stadt Köln bewusst eine Begrünungsstrategie?

Schon zur preußischen Zeit begann die innerhalb ihrer mittelalterlichen Mauer rasch wachsende Festungsstadt Köln *(siehe 487)* mit der Anlage von Grün- und Erholungsanlagen vor den Mauern der Stadt. So entstanden zur »Erholung und Erbauung« der städtischen Bevölkerung 1827 der Stadtgarten, 1860 der Zoologische Garten und 1863 die Flora *(siehe 977)*. Als 1880 die mittelalterliche Mauer abgetragen wurde *(siehe 486, 488)*, legte die Stadt die 4,5 km lange Ringstraße als begrünten Flanier- und Erholungsboulevard an. In der nach dem Mauerabriss entstehenden Neustadt folgten 1887 der Volksgarten, 1895 Stadtwald und Römerpark, 1898 der Südpark, 1910 der Blücherpark, 1911 der Vorgebirgspark, 1912 der Humboldtpark und 1914 der Friedenspark und der Botanische Garten.

973. Welche zukunftsweisende Grünplanung erfolgte nach dem Ersten Weltkrieg?

In den zwanziger Jahren unternahm die Stadt unter Oberbürgermeister Adenauer mit der Festlegung eines Inneren und eines Äußeren Grüngürtels eine Grünplanung in großzügigem und weit vorausschauendem Stil. Einzelne erhaltene Forts *(siehe 408, 409)* erinnern daran, dass beide Grüngürtel linksrheinisch auf ehemaligem Festungsgelände liegen. Der Innere Grüngürtel wurde 1922–24 von Gartenbaudirektor Fritz Encke gestaltet, nach dem in Lindenthal die Enckestraße und in Marienburg der Fritz-Encke-Volkspark benannt sind. Die Ausgestaltung des Äußeren Grüngürtels, der sich planerisch auch auf das rechtsrheinische Köln erstreckt, begann in den zwanziger Jahren. Sie wird von der Stadt seit 1950 bis heute fortgesetzt.

Prospekt der Stadt: Alle Informationen über die Kölner Umweltzone

974. Welche Bilanz weist Köln bei der Bekämpfung der Umweltverschmutzung auf?

Bis in die 70er Jahre litt Köln als Industriestandort (Chemiegürtel und Braunkohlekraftwerke im Westen der Stadt) unter hoher Luftverschmutzung, zu der auch die rasch zunehmende Pkw-Dichte beitrug. Durch Rauchgasentschwefelung der Kraftwerke und Einführung des Katalysators nahm die Belastung mit Schwefeldioxid im Jahresmittelwert von teilweise über 100 Mikrogramm pro m^3 Mitte der 60er Jahre auf 10 Mikrogramm Ende der 90er Jahre ab. Der durchschnittliche Kohlenmonoxidanteil verminderte sich im gleichen Zeitraum von 8 auf 2 Milligramm pro m^3. Ab Januar 2008 ist im zentralen Stadtgebiet eine Fläche von 16 km^2 als »Umweltzone« festgelegt, die nur mit roter, gelber oder grüner Schadstoffplakette befahren werden darf. Sie erstreckt sich linksrheinisch entlang des Eisenbahnrings, rechtsrheinisch umfasst sie Teile von Deutz und Mülheim. Das Areal ist durch das neue Verkehrsschild »Umweltzone« markiert. Von Westen kann die Umweltzone auf der Inneren Kanalstraße umfahren werden, von Süden auf der Rheinuferstraße.

975. Wie viele Schweine werden in Köln gehalten?

Die Zahl der (Haus-)Tiere ist, abgesehen von den Hunden, rückläufig. Die leider nur bis 2003 geführte amtliche Statistik weist für Köln die nachstehenden Zahlen aus. Da Hunde über die Hundesteuer erfasst werden, kann ihre Zahl auch für 2007 angegeben werden:

	1990	2001	2003	2007
Rinder	958	415	324	
Schweine	3.203	424	413	
Pferde	1.470	693	680	
Schafe	2.370	1.880	1.273	
Legehennen	23.021	18.650	10.959	
Hunde	28.457	24.656	25.903	29.162

Katzen, Kanarienvögel und andere Haustiere werden nicht gezählt.

Eins von 413 (morgen vielleicht nur noch 412 ...?)

976. Wie viele Straßenbäume stehen in Köln, kann man selbst einen pflanzen?

Auf den Kölner Straßen stehen 76.000 Bäume. Sie verschönern nicht nur die Stadt, sondern produzieren Sauerstoff und spenden im Sommer Schatten und Frische. Angepflanzt, unterhalten und gepflegt werden die Straßenbäume grundsätzlich vom Städtischen Amt für Landschaftspflege und Grünplanung (Willy-Brandt-Platz 2, Tel. 0221/221-25134), dem Spenden für die Anpflanzung neuer Bäume willkommen sind. Dabei versucht das Amt, Standortvorschläge und Wünsche zur Baumart zu berücksichtigen. Mit einer Spende von 500,– Euro kann man sicherstellen, dass ein fehlender Straßenbaum ersetzt wird.

977. Wann entstanden in Köln-Riehl die Flora und der Botanische Garten, wann wird das Floragebäude saniert?

Die Flora wurde 1863 von der privaten »Actien-Gesellschaft Flora zu Köln« als Parkanlage vor den Toren der Stadt in dem erst 1888 eingemeindeten Riehl nach Plänen des berühmten preußischen Gartenarchitekten Peter Josef Lenné angelegt. Die Gemahlin des preußischen Königs, Augusta, übernahm die Schirmherrschaft. Ihre Büste links vor dem Floragebäude blieb erhalten. Die Anlage, in deren Zentrum ein »in grandiosen Formen ausgeführter Glaspalast« stand, wurde 1914 um den Botanischen Garten erweitert, der Gewächshäuser für tropische und subtropische Pflanzen und Orchideen erhielt. Beide Teile wurden 1920 zu der heutigen 11,5 ha großen Anlage zusammengefasst. Jährlich finden über eine Million Besucher dort mehr als 10.000 kultvierte Pflanzenarten aus aller Welt. Der Eintritt ist frei. Das Florage-

Flora und Botanischer Garten sind – neben dem benachbarten Zoo – Anziehungspunkt für über ein Million Besucher.

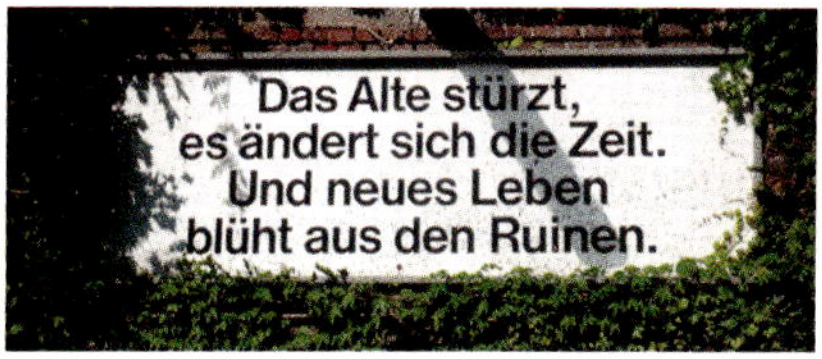

Zwischenwerk Va der preußischen Befestigungsanlagen aus dem 19. Jahrhundert, jetzt Teil der Gartenbauschule »Freiluga«.

bäude soll für 22 Millionen Euro saniert werden und sein altes Gesicht samt Kuppel wiedererhalten. Ob die geplante Eröffnung zum Termin Silvester 2010/2011 stattfinden wird, ist fraglich.

978. Was ist die »Grünschule Flora«?

Im Botanischen Garten befindet sich (im Haus »Frauen-Rosenhof«) ein ganz besonderer Lernort. Hier wird in der »Grünschule Flora« das Pflanzenreich mit allen Aspekten für die Schule geboten. Lehrkräfte unterrichten jährlich ca. 7.500 Schüler aller Schultypen in mehr als 25 verschiedenen Themen.

979. Seit wann gibt es die »Freiluga«, welche Funktion hat sie?

1925 entstand in Köln-Müngersdorf auf einem 4,8 ha großen Gelände des vormaligen Festungsrings (Zwischenwerk Va) die städtische Freiluft- und Gartenarbeitsschule (Freiluga). Oberbürgermeister Adenauer hatte bei der englischen Besatzungsmacht erreicht, dass diese im Äußeren Grüngürtel gelegene Festungsanlage nicht abgerissen werden musste, sondern schulischer Nutzung zugeführt werden konnte. Die von den Kölner Schulen, die keinen eigenen Schulgarten haben, hochgeschätzte und mit viel Liebe unterhaltene Einrichtung dient dazu, jährlich ca. 8.500 Schülern der Klassen 3–10 aller Schulformen einen biotopnahen und erlebnisorientierten Biologieunterricht zu vermitteln. Die Nachfrage bei den Schulen ist so hoch, dass oft lange Wartezeiten in Kauf genommen werden müssen. Der Jahresbeitrag beim Förderverein beträgt 12,– Euro.

980. Seit wann besteht der Forstbotanische Garten in Köln-Rodenkirchen?

1964 wurde unter der Regie der damals noch selbstständigen Gemeinde Rondorf auf einer ehemaligen Ackerfläche inner-

Zuchterfolge im Kölner Zoo

halb des Äußeren Grüngürtels der Forstbotanische Garten angelegt. Auf ein Terrain von 25 ha pflanzte man damals Bäume, Sträucher und Stauden aus vielen Teilen der Welt. Seit der Eingemeindung 1975 gehört die dendrologisch und botanisch lehrreiche Anlage eintrittsfrei zum öffentlichen Grün der Stadt Köln.

981. Wo liegt der »Friedenswald«?

An den Forstbotanischen Garten schließt sich im Süden der 20 ha große »Friedenswald« an, der in den 80er Jahren angelegt wurde. Dort pflanzte die Stadt Bäume und Sträucher aus allen Ländern, zu denen die Bundesrepublik damals diplomatische Beziehungen unterhielt. Dadurch wurde das dendrologische/botanische Spektrum des Forstbotanischen Gartens erheblich vergrößert.

982. Welche Naherholungsgebiete liegen in der Nähe Kölns?

In halbstündiger Autofahrt erreicht man von Köln aus rechtsrheinisch das Bergische Land, das Siebengebirge und den Westerwald, linksrheinisch die Eifel.

983. Wann entstand der Zoologische Garten in Riehl, welchen Rang nimmt er ein?

Auf Betreiben des Oberlehrers Dr. Caspar Garthe gründeten 1858 wohlhabende und tierliebende Kölner Bürger eine »Actiengesellschaft Zoologischer Garten zu Cöln«, die 1860 in Riehl (das erst 1888 eingemeindet wurde) den Zoologischen Garten einrichtete. Er war der dritte in Deutschland und sollte nach den Vorstellungen der Gründer für die Kölner Bevölkerung »eine Quelle der Erholung, des Vergnügens und der Erbauung« sein. In der Notzeit des Ersten Weltkriegs übernahm die Stadt die Aktienmehrheit. Das ursprüngliche Zooareal wurde im Laufe der Zeit – zuletzt 1957 – auf das Vierfache vergrößert. Es umfasst heute 20 ha. 1971 wurde ein Aquarium angegliedert. Die ursprünglich museale Anlage entwickelte sich in den letzten Jahrzehnten zu einem Zentrum des Tierschutzes und zu einem Zufluchtsort aussterbender Tierarten. Sie genießt als solche internationales Renommee. Insgesamt leben im Kölner Zoo über 7.000 Tiere von fast 700 Tierarten. Jüngstes Glanzlicht ist der 2004 eingeweihte, 4 ha umfassende »Elefantenpark Köln«, der für 15 Millionen Euro errichtet wurde.

Große Stars und großer Wirbel bei den großen Kölner Sportereignissen

984. Wie viele Sportvereine gibt es in Köln?

Köln ist ein sehr sportfreudiger Ort. Die Stadt bietet mit ihren umfangreichen Grün- und Wasserflächen reichhaltige Möglichkeiten der Freizeitgestaltung. Sie unterhält selbst 38 städtische Sportanlagen, die größte davon in Müngersdorf. Daneben gibt es 63 städtische Anlagen, die von Vereinen angemietet sind. 775 Kölner Sportvereine mit 182.516 Mitgliedern (2006) werden über die Sportförderrichtlinien der Stadt mit einer Gesamtsumme von zurzeit jährlich 2,86 Millionen Euro unterstützt. Bekanntester Sportverein und auch ein Markenzeichen der Stadt ist der 1. FC Köln.

985. Seit wann gibt es den 1. FC Köln, wie lautet sein offizieller Name?

Der in den 60er und 70er Jahren außerordentlich erfolgreiche 1. FC Köln entstand 1948 aus einer Fusion des Kölner Ballspiel-Clubs (KBC) von 1901 mit der Spielvereinigung Sülz 07. Sein offizieller Name lautet »1. Fußball-Club Köln 01/07 e.V.«. 2002 wurde der Profi-Fußballbereich des Vereins als »1. FC Köln GmbH & Co.KG« ausgegliedert.

986. Wie oft wurde der 1. FC Köln Deutscher Meister, wie oft stieg er auf und ab?

1960, 1962 und 1963 erreichte der Club das Finale der Deutschen Meisterschaft. 1962 konnte er sich im Endspiel gegen Nürnberg durchsetzen. Nach Gründung der Bundesliga 1963 wurde der 1. FC Köln 1964 Deutscher Meister. 1968 und 1977 gewann der Club den DFB-Pokal. 1978 holte er zum dritten Mal den deutschen Meistertitel. Seit den 90er Jahren ging es sportlich stetig bergab. 1998 musste der Club erstmals in seiner Geschichte absteigen. Nach dem Aufstieg 2000 folgte ein erneuter Abstieg 2002. Auf- und erneuter Abstieg wiederholten sich 2003 und 2004. 2008 gelang dem Club zum fünften Mal innerhalb von neun Jahren der Aufstieg in die Bundesliga.

987. Welches bundesweit bekannte Maskottchen hat der 1. FC Köln?

Als die Zirkuschefin Carola Williams 1952 dem Verein als Karnevalsscherz einen Geißbock schenkte, wurde er nach dem damaligen Trainer Hennes Weisweiler auf den Namen »Hennes« getauft und war fortan Maskottchen. Seitdem heißen alle Nachfolger so. Bis zum jüngsten Aufstieg des Clubs in die Bundesliga »amtierte« der bundesweit bekannte Hennes VII., der aber aus Altersgründen im

Geißbock Hennes, Maskottchen des 1. FC Köln

Sommer 2008 in Pension gehen und Hennes VIII. Platz machen musste. Der Club wird wegen seines Maskottchens familiär auch »die Geißböcke« oder »die Geißbock-Elf« genannt.

988. Wann und weshalb wurde das weltbekannte Müngersdorfer Stadion in »RheinEnergie Stadion« umbenannt?

Die unter Oberbürgermeister Konrad Adenauer 1923 in Köln-Müngersdorf angelegte 80 ha große Stadionanlage *(siehe 529)* hatte als Zentrum das große Stadion mit 80.000 Plätzen. Der 1975 aus Kostengründen etwas bescheidener errichtete Neubau bot 61.000 Zuschauern Platz. Im Hinblick auf die Fußballweltmeisterschaft 2006 musste er 2003 erneut einem Neubau weichen. Die aufgrund eines Sponsorenvertrags nach dem Kölner Energieversorger »RheinEnergie Stadion« genannte Anlage mit 51.000 Plätzen wurde am 31. März 2004 eröffnet. Dieses neue Stadion hat im Gegensatz zu seinen Vorgängerbauten keine Leichtathletikanlagen mehr. Es wurde 2005 vom IOC als eine der weltweit besten Sportstätten mit einer Bronzemedaille ausgezeichnet. Im Sommer 2006 fanden hier fünf Spiele der Fußballweltmeisterschaft statt.

989. Woher kommt der Name »Ford-Köln-Marathon«?

Der »Ford-Köln-Marathon« war eine jährlich im Kölner Stadtgebiet beiderseits des Rheins stattfindende Großveranstaltung und der drittgrößte Marathonlauf in Deutschland. Die von 1997 bis 2008 unter diesem Namen durchgeführte Veranstaltung mit Start und Ziel in Köln-Deutz zog in ständig wachsender Zahl Läufer, Handbiker und Inlineskater an. 2007 gab es für den 11. Köln-Marathon 28.773 Meldungen. Die Fordwerke GmbH waren bis 2008 Titelsponsor. Ab 2009 wir die Veranstaltung unter dem Namen »Köln-Marathon« fortgeführt.

990. Wie lässt sich einem eiligen Besucher rasch ein Eindruck von Kölns Geschichte, Kultur und Eigenart vermitteln?

Wer einen eiligen Gast durch Köln führen möchte, sollte an folgenden touristisch interessanten Weg denken:

- Domterrasse: Domfassade *(siehe 183)*, Modell der Kreuzblume *(siehe 182)*
- Bogen des römischen Nordtors *(siehe 39)*, römische Stadtmauer unter dem Nordtor (Eingang Tiefgarage gegenüber KölnTourismus)
- Gang durch den Dom: Gerokreuz, Mailänder Madonna, Dreikönigsschrein, Chorgestühl, Altar der Stadtpatrone

Man trifft sich an der Kreuzblume vor dem Dom …

Salzgasse in der Altstadt

von Stephan Lochner, mittelalterliche Fenster (Chor, nördliches Langhaus), Bayernfenster, Richterfenster, Mosaikboden im Chor *(siehe 190)*

- Südportal des Doms: Mataré-Türen.
- Römisch-Germanisches Museum: Wenigstens ein Blick durch das Fenster auf das Dionysos-Mosaik und das Poblicius-Grabmal *(siehe 68, 30)*
- Heinzelmännchenbrunnen vor dem kölschen Gasthaus Früh *(siehe 807)*
- Römischer Abwasserkanal Unter Goldschmied/Ecke Kleine Budengasse *(siehe 43)*. Dort ist auch gut das römische Straßenraster zu erkennen
- Besuch des Prätoriums *(siehe 50, 51)*
- Alter Markt: Jan-von-Werth-Standbild *(siehe 279)*, Glockenspiel und Figurenschmuck des Rathausturms *(siehe 991)*, Platzjabbeck *(siehe 995)*

Rheingarten und Altstadt

- Brigittengässchen: Schmitzsäule *(siehe 997)*, Tünnes und Schäl *(siehe 998)*
- Ostermann-Brunnen *(siehe 809)*
- Gang durch die engen Gässchen zum Rhein
- Blick auf Rhein, Brücken, weiße Flotte und die weltberühmte Kölner Rheinfassade mit Stapelhaus, Groß St. Martin und Dom

991. Wann erhielt der Ratsturm nach dem Zweiten Weltkrieg seinen Figurenschmuck zurück, wann sein berühmtes Glockenspiel?

Mitten im Zentrum der Altstadt liegt das geschichtsträchtige Kölner Rathaus *(siehe 154)*. Der schönste Baukörper ist der 1414 entstandene Ratsturm *(siehe 131)*, der schon im Mittelalter wegen seines Figurenschmucks berühmt war. Nach seiner fast völligen Zerstörung im Zweiten Weltkrieg beschloss der Rat 1988 auf Initiative der Stadtkonservatorin Hiltrud Kier, den Turm mit einem von einer Historikerkommission empfohlenen 124-teiligen Figurenprogramm neu zu schmücken. An der Ausführung waren 57 Bildhauer beteiligt. 1994 war das Projekt vollendet. Für seine Durchführung wurden 2,5 Millionen DM privat gespendet. Seit 1913 hatte der Ratsturm ein Glockenspiel, das dem Bombenkrieg zum Opfer fiel. Es bestand aus 27 Glocken. Nach dem Krieg erhielt der wiederaufgebaute Turm ein neues Glockenspiel bestehend aus 48 Glocken mit einem Gewicht von insgesamt 12.500 kg. Es wurde im Wesentlichen von den Kölner Innungen gespendet (die größte Glocke stiftete Bundeskanzler Adenauer). Der herrliche Klang des neuen Glockenensembles, dessen 24 Melodien der Jahreszeit entsprechend ausgewählt werden, veranlasste 1954 Jupp Schlösser und Gerhard Jussenhoven zu dem gern gesungenen Lied »Dat Glockespill vum Rothuusturm hät 'ne wunderschöne Klang«. Die Glocken sind täglich um 9, 12, 15 und 18 Uhr zu hören.

992. Weshalb mussten die 124 Figuren des Ratsturms erneuert werden?

Am 28. Januar 1988 beschloss der Rat der Stadt eine Liste von 124 Figuren, die den Ratsturm schmücken sollten. Die Skulpturen sollten Persönlichkeiten darstellen, »die die 2000-jährige Geschichte in ihren gesamten politischen, religiösen, wirtschaftlichen und kulturellen Aspekten repräsentieren«. Über die schwierige und bis zuletzt umstritten gebliebene Auswahl hatte zuvor sechs Jahre lang eine eigens hierfür eingesetzte Historikerkommission beraten.
Die ab 1988 aus einheitlichem Material (»Weiberner Tuff«) gearbeiteten Statuen wurden mit einem Verfahren konserviert, das sich später als untauglich erwies. Schließlich mussten alle Figuren 2006

Traurig wirkte der Rathausturm ohne Figurenschmuck. Aber jetzt sind sie wieder da.

wegen irreparabler Schäden (Risse) abgenommen und durch Kopien ersetzt werden. Die Finanzierung erfolgte aus den Haushaltsmitteln, die ursprünglich für die Sanierung des Reiterstandbildes Friedrich Wilhelms III. *(siehe 212)* am Heumarkt vorgesehen waren. Für die Fertigung der Kopien wurde diesmal Savonière-Stein verwendet, der als verwitterungsresistent gilt. Die neuen Figuren stehen seit Herbst 2008 wieder an ihren alten Plätzen.

993. Wann entstand der neue »Spanische Bau«?

Zu dem Bautenensemble des Rathauses gehört der Spanische Bau, der im Zweiten Weltkrieg völlig zerstört wurde. 1957 wurde der Neubau des gegenüber dem mittelalterlichen Rathaus gelegenen Gebäudes fertiggestellt. Es ist neben dem Opernhaus, dem Museum für Angewandte Kunst und der Eingangshalle des Hauptbahnhofs eines der zentralen Bauwerke der Kölner Nachkriegsarchitektur der 50er Jahre. Am 12. April 1957 wurde der Ratssaal mit der großen Fensterfläche zum Dom hin feierlich eingeweiht. Der Bau ruht auf den Fundamenten des römischen Prätoriums *(siehe 50, 51)*, die erst nach dem Zweiten Weltkrieg entdeckt wurden. Der im Krieg völlig zerstörte Vorgängerbau erhielt seinen Namen deshalb, weil in ihm 1623 der sogenannte Kompositionstag der »Spanischen Liga«, des katholischen Militärbündnisses im Dreißigjährigen Krieg, stattfand.

994. Welche bedeutende historische Profanbauten blieben in der Innenstadt erhalten?

Das alte Köln fiel weitgehend den Bomben zum Opfer. Während man nach dem Krieg die überwiegend schwer zerstörten zwölf romanischen Kirchen alle wieder aufbaute, wurden von den historisch bedeutenden Profanbauten nur ganz wenige gerettet bzw. wiederhergestellt. Die bedeutendsten sind:

- Altes Rathaus mit dem Rathausturm am Alter Markt
- Gürzenich, Martinstraße 29–31
- Zeughaus (Stadtmuseum), Zeughausstraße 1
- Alte Wache, Zeughausstraße 3
- Regierungspräsidium, Zeughausstraße
- Appellhof, Appellhofplatz
- Das alte Stadtarchiv, Gereonskloster
- Overstolzenhaus, Rheingasse 8
- Haus Balchem, Severinstraße 15
- Haus Wolkenburg, Mauritiussteinweg 59
- Doppelhaus Zur Brezel/Zum Dorn, Alter Markt
- Haus Zum St. Peter, Heumarkt 77

Gasthaus St. Peter am Heumarkt

- Stapelhaus, Fischmarkt
- Die drei 1880 nicht abgerissenen Tore der Mittelalterlichen Stadtmauer: Eigelsteintor, Hahnentor, Severinstor
- Bayenturm, Am Bayenturm
- Die Ulrepforte, Kartäuserwall
- Die Bottmühle, Severinswall

995. Was ist der »Platzjabbeck«?

Über der Uhr des Rathausturms befindet sich seit 1445 die 1,53 m hohe hölzerne Maske des »Platzjabbecks«. Die einen Handwerker darstellende Figur öffnet beim Stundenschlag den Mund und streckt (erst seit 1913) dabei die Zunge heraus. Seit dem Sieg über die Patrizier *(siehe 128–131)* ist der Platzjabbeck Symbol für das selbstbewusste Auftreten (das Maulaufreißen) der handwerklichen Zünfte gegenüber dem städtischen Adel.

»Kallendresser«, Obergeschoss des Hauses 24 am Alter Markt

996. Wo findet man den »Kallendresser«, was symbolisiert er?

Der »Kallendresser vum Aldermaat« (Dachrinnenscheißer vom Alter Markt) ist eine 1960 von Ewald Mataré geschaffene Metallplastik am Obergeschoss des Hauses Nr. 24 (Em Hane). Er schuf sie als Ersatz für ein zerstörtes Relief am Haus Nr. 40. Die überzeugendste Deutung des entblößten Hinterteils dürfte in der kölschen Respektlosigkeit gegenüber der Obrigkeit liegen, denn in Augenhöhe gegenüber befindet sich der Amtssitz des Oberbürgermeisters.

997. Wo ist der Standort der »Schmitz-Säule«, seit wann existiert sie?

Am Brigittengässchen steht auf dem (namenlosen) Platz vor dem Eingangsportal von Groß St. Martin in enger Nachbarschaft der Bronzefiguren von Tünnes und Schäl die »Schmitz-Säule«, die auf ihre Art das kölnische Geschichtsbewusstsein dokumentiert. Sie wurde 1965 von dem Kölner Mäzen Jupp Engels gestiftet, der sie aus in der Nähe gefundenen römischen Mauerresten errichten ließ. Neben der

»Schmitzsäule« – nach dem in Köln häufigsten Namen genannt

beeindruckenden Markierung des Jahrtausendhochwassers von 1784 *(siehe 675)* und weiteren Texten (wie der Angabe der Entfernung zum Mond) steht auf der Säule folgende Inschrift, die Zeugnis der Identifikation des Kölners mit seiner Geschichte ist:

»An dieser Stelle lag einst, vom Rhein umflossen, die Martinsinsel. Vor dem Jahr 1000 n. Chr. wurde sie, durch Anschüttung des römischen Hafens, mit dem linksrheinischen Kölner Ufer verbunden. Auf der Insel trafen sich römische Legionäre und blonde Ubiermädchen: die Urahnen der Familie Schmitz.«

998. Wo stehen der Tünnes und der Schäl?

Auf dem namenlosen Plätzchen vor dem Hauptportal von Groß St. Martin stehen seit 1974 lebensgroß in Bronze die bei-

Tünnes und Schäl am Brigittengässchen

den urkölschen Typen Tünnes und Schäl. Sie verkörpern den Kölner Humor und sind die Zentralfiguren zahlloser Kölner Witze *(siehe 947)*.

999. Wer vermittelt Stadtführungen, wer Domführungen, was ist der »i-Guide«?

»KölnTourismus« am Domkloster gegenüber den Domtürmen vermittelt Stadtführungen. Dort kann man seit Kurzem auch einen elektronischen Führer (auf Deutsch oder Englisch) ausleihen (8,– Euro für vier Stunden), den die Stadtführer »i-Guide« nennen. Das handliche elektronische Info-Gerät wird um den Hals gehängt. Es funktioniert auf Knopfdruck über Kopfhörer. Auf seinem Programm stehen 47 Sightseeing-Punkte wie Dom, Gürzenich, Farina-Haus und andere. Auf dem mitgelieferten Stadtplan sind alle Sehenswürdigkeiten mit Zahlen vermerkt. Ein Rundgang mit dem »i-Guide« ist nicht nur für Fremde ein Gewinn. Domführungen vermitteln das Domforum und die Dombauverwaltung *(siehe 260)*.

1.000. Wie lautet das Kölsche Grundgesetz?

Die Quintessenz Kölner Philosophie und Lebensweisheit ist: »Jede Jeck es anders«. Wer über den Kölner Genaueres wissen möchte, sei auf das Kölsche Grundgesetz verwiesen. Es existiert – wie könnte es in Köln anders sein – in verschiedenen Varianten (von elf bis zu 14 Artikeln, *siehe Internet*). Wer nach ihm lebt, ist gewappnet gegen Schicksalsschläge jeder Art. Die gängigste Fassung dürfte sein:

Artikel 1	Et es, wie et es (Es ist, wie es ist)
Artikel 2	Et kütt, wie et kütt (Es kommt, wie es kommt)
Artikel 3	Et hätt noch immer jot jejange (Kölsch-Akademie: »got gegange«) (Es ist noch immer gut gegangen)
Artikel 4	Wat fott es, es fott (Was weg ist, ist weg)
Artikel 5	Nix bliev, wie et wor (Nichts bleibt, wie es war)
Artikel 6	Kenne mer nit, bruche mer nit, fott domet (Kennen wir nicht, brauchen wir nicht, weg damit)
Artikel 7	Wat wells de maache (Was willst du da machen)
Artikel 8	Mach et jot, ävver nit ze off (Mach es gut, aber nicht zu oft)
Artikel 9	Wat soll dä Quatsch (Was soll der Quatsch)
Artikel 10	Drinks de eine met? (Trinkst Du einen mit?)
Artikel 11	Do laachs de dich kapott (Da lachst du dich kaputt)

Nicht vergessen: Jede Jeck es anders!

Anhang

Ausgewählte Literatur

Standardwerke

Das große Köln Lexikon, Köln 2005
Die Chronik Kölns, Dortmund 1991
Dietmar, Carl/Jung, Werner: Kleine illustrierte Geschichte der Stadt Köln, 9. Auflage, Köln 2002
Dietmar, Carl: Das mittelalterliche Köln, 2. Auflage, Köln 2004
Eckert, Willehad Paul: Köln – Stadt am Rhein zwischen Tradition und Fortschritt, Köln 1976
Eckert, Willehad Paul: Kölner Stadtführer, 3. Auflage, Köln 1996
Historischer Atlas Köln, Köln 2003
Jung, Werner: Das neuzeitliche Köln, Köln 2004
Jung, Werner: Das moderne Köln, Köln 2006
Kirchen in Köln, München 2000
Köln: Der historisch-topographische Atlas, Köln 2002
Schäfke, Werner: Köln, zwei Jahrtausende Geschichte, Kunst und Kultur am Rhein, 2. Auflage, Köln 2003
Wilhelm, Jürgen: Das große Köln Lexikon, Köln 2005

Römerzeit

Clauss, Manfred: Die Römischen Kaiser, München 1997
Demandt, Alexander: Der Fall Roms, München 1984
Eck, Werner: Köln in römischer Zeit, Köln 2004
Fischer, Thomas: Die Römer in Deutschland, Stuttgart 1999
Grant, Michael: Roms Cäsaren, München 1978
Horn, Heinz Günter: Die Römer in Nordrhein-Westfalen, Hamburg 2002
Signon, Helmut: Alle Straßen führen nach Köln, Köln 1975
Wolf, Gerta: Das Römisch-Germanische Köln, 6. Auflage, Köln 2005

Mittelalter

Bergmann, Ulrike: Das Chorgestühl des Kölner Doms, Neuss 1987
Diederich, Toni/Trippen, Norbert/Herborn, Wolfgang: Das Erzbistum Köln, Das 19. Jahrhundert, Kehl am Rhein 1997
Herborn, Wolfgang: Das Erzbistum Köln, Vom Barockzeitalter bis zum Ende des alten Erzbistums, Kehl am Rhein 1996
Jansen, Wilhelm: Das Erzbistum Köln, Vom Spätmittelalter bis zum Kölnischen Krieg, Kehl am Rhein 1995
Kier/Ernsting/Krings: Köln, der Ratsturm (Stadtspuren Band 21) Köln 1996
Wagner, Guido: Vom Knochenfund zum Martyrium der 11.000 Jungfrauen, Geschichte in Köln, Band 48 (2001), S.11 ff.

Reformation, Gegenreformation, Freie Reichsstadt

Schäfke, Werner: Oh, de Cologne – die Geschichte des Kölnisch Wassers, Köln 1985
Schmidt, Klaus: Glaube, Macht und Freiheitskämpfe – 500 Jahre Protestanten im Rheinland, Köln 2007

Franzosenzeit

Franzosen in Köln, Köln 1999
Müller, Klaus: Köln von der französischen zur preußischen Herrschaft, Köln 2005

Preußenzeit

Amtsblatt der Königlichen Regierung zu Köln, Außerordentliche Beilage zum 47. Stück, 21.11.1837
Billstein, Reinhold: Das andere Köln, Demokratische Traditionen, Köln 1979
»De salute animarum«, Bulle Papst Pius VII. vom 16.7.1821, Gesetz-Sammlung für die Königlichen Preußischen Staaten 1821

Der Appellhof zu Köln, Bonn 2002
Gothein, Eberhard: Verfassungs- und Wirtschaftsgeschichte der Stadt Cöln von 1815–1915, 1916
Keinemann, Friedrich: Das Kölner Ereignis, sein Widerhall in der Rheinprovinz und in Westfalen, Münster 1974
Meynen, Henriette: Die preußische Festung Köln, Rheinische Kunststätten Heft 452, herausgegeben vom Rheinischen Verein für Denkmalpflege und Landschaftsschutz Köln, 1. Auflage, 2000
Parent, Thomas: Die Hohenzollern in Köln, Köln 1981
Prößdorf, Detlev: Blaukopp, 200 Jahre Protestanten in Köln, Eigenverlag 2002
Schlegel, Klaus: Köln und seine preußischen Soldaten, die Geschichte der Garnison und Festung von 1814–1914, Köln 1979
Schrörs, Heinrich: Die Kölner Wirren, Bonn 1927
Treitschke, Heinrich von: Deutsche Geschichte im neunzehnten Jahrhundert, 1885

Weimarer Republik

Billstein, Reinhold: Das andere Köln, Demokratische Traditionen, Köln 1979
Der Kölner Rat 1794–1919, Biographisches Lexikon, Band 1 Mitteilungen aus dem Stadtarchiv von Köln, 92. Heft, 2001
Führer durch die Verwaltung der Stadt Köln 1929 (Statistisches und Wahlamt der Stadt Köln)
Schulz, Günther: Konrad Adenauer 1917–1933 – Dokumente aus den Kölner Jahren, Köln 2007
Stehkämper, Hugo: Konrad Adenauer, Köln 1976
Valder-Knechtges, Claudia: … wie war unsere Arbeit damals schön … Oberbürgermeister Konrad Adenauer und das Kölner Musikleben (1917–1933/45), herausgegeben von Stefan Lübbe und Franz Xaver Ohnesorg, Bergisch Gladbach o. J.

Nationalsozialismus

Das braune Köln, 2. Auflage, Köln 2003
Golczewski, Frank: Kölner Universitätslehrer und der Nationalsozialismus, Köln/Weimar 1988
Köln unterm Hakenkreuz, Köln 2003
Luig, Klaus: Weil er nicht arischer Abstammung ist, herausgegeben von der Rechtsanwaltkammer, Köln 2004
Matzerat, Horst: Die Kölner und der Nationalsozialismus: eine kölsche Geschichte, in: Geschichte in Köln-Zeitschrift für Stadt- und Regionalgeschichte, Band 52, 2005

Zweiter Weltkrieg / Bombenkrieg

Köln im Luftkrieg 1939–1945, Statistische Mitteilungen der Stadt Köln, 1954
Taylor, Eric: 1.000 Bomber auf Köln, Düsseldorf 1979

Neubeginn 1945

Bunker in Köln, Schriftenreihe der Kunst- und Museumsbibliothek der Stadt Köln, Band 1
Hillebrand, Randolf: Migrationspolitik der Stadt Köln 1950–1961, in: Köln in den 50er Jahren, Veröffentlichungen des Kölnischen Geschichtsvereins e.V., Band 44, Köln 2001
Statistische Jahrbücher der Stadt Köln 1946, 1947,1948, 1949, 1950
Verwaltungsberichte der Stadt Köln 1945/46, 1947/48, 1948/49, 1950/51

Stadtplanung und Städtebau der Nachkriegsjahre

Lieb, Stefanie/Zimmermann, Petra Sophia: Die Dynamik der 50er Jahre, Architektur und Städtebau in Köln, Petersberg 2007

Köln heute

Hartmann, Petra/Schmitz, Stephan: Kölner Stämme, Köln 1991
Statistische Jahrbücher der Stadt Köln 2004, 2005, 2006

Personen- und Sachregister

(Alle Zahlen = Seitenangaben)

Bildnachweis

Zum Teil war es nicht möglich, die Herkunft der Abbildungen zu ermitteln. Wir bitten Fotografen und Archive, sich beim Verlag zu melden.

Barten: 8 o., 11, 16, 18, 19, 20 o./u., 21, 22 li/re, 23, 25 li/re, 26 beide, 27 u., 29, 30, 31 u./o., 40, 41, 44 li, 45, 46, 50, 51 li, 53, 54 re, 60, 64 o., 67, 70, 71 li, 73, 74, 75, 76, 77, 78, 79, 81, 85, 86, 87, 88, 90, 92, 93, 96, 97, 98, 101, 111, 113, 128, 129, 130, 132, 134, 135, 136, 137, 138, 139, 142, 145, 152, 155, 160, 165 li, 166 li, 166 re, 168, 170, 171 re, 173, 178, 180 li, 186 re o./u., 191 re, 192, 193 li/re, 196re, 199 o./u., 201 u., 203, 205 u., 207 li, 208 o./u., 218, 221 o./u., 223 o./u., 224, 225 re, 226, 227 re, 229, 230, 236, 237 li/re, 238, 239, 240, 241, 243 o.li/u.re, 245, 246, 248, 249, 251, 253, 254 li/re, 255 li/re, 256, 259, 263 u., 265, 266, 267, 268, 271 li/re, 272, 273 o. (Architekten: Busmann und Haberer), 274 o./u., 275, 276, 278, 280, 281 u., 284, 285, 286, 287, 290, 291, 292, 293, 295, 296, 298, 301 li/re, 302 li/re, 304, 305 o.li/o.re/mi.re, 306, 307 li, 308, 309 li, 310, 311, 312 li/re, 313, U1: 1. Reihe: 1/2/3/5 v.l., 2. Reihe: 1/3/4 v.l., 3. Reihe: 1/4 v.l., 4. Reihe: 1–5, 5. Reihe: 1/2/3/5 v.l.; Ulrike Bergmann: das Chorgestühl des Kölner Domes, Bd. 2, 1987: 49, U1: 2. Reihe: 5 v.l.; J. Blenck u.a.: Köln. Der historisch-topografische Atlas, 2001: 214, 219 o., 225 li, 231; Hugo Borger: Der Kölner Dom im Jahrhundert seiner Vollendung, 1980: 146 re, 150 li; Hugo Borger, Das Römisch-Germanische Museum, 1977: 283; Udo Bürger: Die Guillotine im Schatten des Domes, 2001: 118; Toni Diederich/Norbert Trippen/Wolfgang Herborn: Das Erzbistum Köln – Das 19. Jahrhundert, 1997: 140, 157; Carl Dietmar/Werner Jung, Kleine illustrierte Geschichte der Stadt Köln, 9. Auflage 2002: 10, 205 o.; Carl Dietmar, Die Chronik Kölns, 1991: 13, 32, 59, 61, 95, 103, 104, 114, 153, 154, 159, 162, 167, 169, 171 li, 206, 232, 244 o., 257, U1: 3. Reihe: 2 v.l.; Carl Dietmar/ Werner Jung, Kleine illustrierte Geschichte der Stadt Köln, 1996: 83, 94, 195, 196 li, 197 o.li, 158; Willehad Paul Eckert, 16 romanische Kirchen in Köln am Rhein, 1985: 62, 269; Willehad Paul Eckert, Kölner Stadtführer, 1990: 68, 72; Chris Farman, »Die industrielle Revolution« (Time-Life-Reihe Spektrum der Wissenschaft), 1990: 105; Dieter Froitzheim: Kardinal Frings – Leben und Werk, 1979: 202; Peter Fuchs, Köln damals – gestern – heute, 1987: 177; Peter Fuchs, Köln 2000 Jahre, 1997: 33 o., 34, 47, 51 re, 66, 69, 100, 109, 201 o., 211, 273 u., 288; E. Gohrbandt: Köln. Spaziergänge auf historischen Spuren, 2005: 176 re, 258; Petra Hartmann/Stephan Schmitz, Kölner Stämme – Menschen – Mythen – Maskenspiel, 1991: 294; H. Jansen u.a.: Der historische Atlas Köln, 2003: 14, 38, 48, 58, 133 o., 176 li, 180 re, 190; Harald W. Jürgensonn: Köln unterm Hakenkreuz, 2003: 179, 182, 184, 187, 200 li/re; Werner Jung: Das neuzeitliche Köln, 2004: 163, 220, 250, 281 o.; Werner Jung: Das moderne Köln, 2006: 198; Hiltrud Kier/Bernd Ernsting/Ulrich Krings: Köln – der Ratsturm (Stadtspuren 21) 1996: 36, 55 li/re, 57, 64 u., 65; Kölnisches Stadtmuseum: Köln und die Eisenbahn, Ausstellungskatalog 1985: 144, 146 li, 147, U1: 3. Reihe: 5 v.l.; Ledermann: 215, 309 re; Leipziger Illustrierte von 1880 (Nachdruck Verkehrsamt Köln, 1980): 80, 82, Umschlag Hintergrund; Stefanie Lieb/Petra Sophia Zimmermann: Die Dynamik der 50ger Jahre – Architektur und Städtebau in Köln, 2007: 216, 217; Meyers Enzyklopädisches Lexikon, 1981: 8 u.; Klaus Müller: Köln von der französischen zur preußischen Herrschaft, 2005: 106 li/re, 107, 108 li/re, 112 mi/u., 113 o., 117, 119, 121, 122, 125, 126, 127; Köln in alten Grafiken, Köln 1975: 143; Musikhochschule Köln: 260; Ilse Prass/ Klaus Zöller: Vom Helden Carneval zum Kölner Dreigestirn, 1993: 289; Prößdorf: 33 u., 35, 44 re, 188, 197 re, 207 re, 212; Federico Rausa, Volti di Roma Antica, 2008: 9 o., 12; Severin Roeseling: Das braune Köln, Köln 1999: 181, 185, 186 li, 191 li; »Werden – Wachsen – Wirken«, Prospekt der Stadt Köln, 1950: 71 re; Werner Schäfke, Köln von seiner schönsten Seite, Band 2, 2005: 133 u.; Arnold Wolff/Toni Diederich: Das Kölner Lese- und Bilderbuch, 1990: 54 li, 197 u.li

Die Autoren

Dr. jur. Klaus Prößdorf war während der Studienzeit Fremdenführer in Köln. Später Landrat des Kreises Herzogtum Lauenburg, Erster Beigeordneter beim Deutschen Landkreistag, zuletzt Hauptgeschäftsführer der Deutschen Krankenhausgesellschaft, Präsident der International Hospital Federation und Rechtsanwalt. Lebt in Köln.

Rudolf Barten, Werbeberater, Autor sieben illustrierter Köln-Bücher, Fotograf für Architektur in Köln, dreiundzwanzig Jahre Leiter der Fremdenverkehrswerbung der Stadt Köln, sechs Jahre Dozent für Werbetext an der Rheinisch-Westfälischen Werbefachschule Köln.

Gestaltung: Eva Kraskes, Köln
Druck und Weiterverarbeitung: Korotan Ljubljana-d.o.o.
Printed in Slovenia 2009
Erstausgabe 2008
ISBN 978-3-89705-598-8